中国-上海合作组织国际司法交流合作培训基地学术文库

商事仲裁法的多元发展向度：
法治化、市场化和国际化

Multidimensions of Commercial Arbitration Law's Developmental Trajectories:
Legalization, Marketization, and Internationalization

沈 伟 冯 硕 ◎著

中国政法大学出版社

2025·北京

声　明　1. 版权所有，侵权必究。

　　　　2. 如有缺页、倒装问题，由出版社负责退换。

图书在版编目（CIP）数据

商事仲裁法的多元发展向度：法治化、市场化和国际化/沈伟，冯硕著. —北京：中国政法大学出版社，2025.2

ISBN 978-7-5764-1448-6

Ⅰ.①商… Ⅱ.①沈… ②冯… Ⅲ.①国际商事仲裁－研究－中国 Ⅳ.①D997.4

中国国家版本馆 CIP 数据核字(2024)第 078674 号

出　版　者	中国政法大学出版社	
地　　　址	北京市海淀区西土城路 25 号	
邮寄地址	北京 100088 信箱 8034 分箱　邮编 100088	
网　　　址	http://www.cuplpress.com（网络实名：中国政法大学出版社）	
电　　　话	010-58908285(总编室) 58908433（编辑部）58908334(邮购部)	
承　　印	固安华明印业有限公司	
开　　本	720mm×960 mm　1/16	
印　　张	19.75	
字　　数	290 千字	
版　　次	2025 年 2 月第 1 版	
印　　次	2025 年 2 月第 1 次印刷	
定　　价	89.00 元	

序 PREFACE

打造法治化、市场化和国际化的营商环境是新时代中国推进高水平对外开放的重要目标,仲裁作为国际通行的争议解决方式,在优化营商环境的过程中发挥着重要作用。

自 1995 年《中华人民共和国仲裁法》(以下简称《仲裁法》)实施以来,中国仲裁制度得以全面建立并开始飞速发展。近 30 年来,中国已设立仲裁机构 270 余家,累计办理案件 400 余万件,涉案标的额超过 5.8 万亿元,涉外仲裁案件当事人涵盖 100 多个国家和地区。在中国仲裁快速发展的同时,相关问题也日益凸显,成为优化营商环境工作的重要方面。2014 年党的十八届四中全会明确将"完善仲裁制度,提高仲裁公信力"作为推动全面依法治国的重要内容,拉开了新时代仲裁制度改革的大幕。2018 年第十三届全国人大常委会将《仲裁法》修订列入二类立法规划,次年中共中央办公厅和国务院办公厅印发的《关于完善仲裁制度提高仲裁公信力的若干意见》(以下简称《仲裁意见》),正式确立了中国仲裁制度改革的具体方向,为《仲裁法》的修订奠定了基础。

2019 年以来,在司法部的主导下《仲裁法》修订工作逐步展开。经过近两年的起草与论证,2021 年 7 月 30 日司法部正式公布了《中华人民共和国仲裁法(修订)(征求意见稿)》(以下简称《意见稿》)。通观上述文件与立法草案,我国仲裁制度的完善和改革均围绕着法治化、市场化和国际化展开制度设计,三者既是中国仲裁发展历程所积累的经验,也是未来改革和完善的方向。这三个"化"也成为本书的论证框架和论证维度。

法治化是仲裁制度百余年来发展的总体趋势和基本规律。仲裁作为一种社会化的争议解决方式，其诞生之初并无明确的程序规范和制度框架，主要依靠市民社会私主体的意思自治展开。但随着政治国家与市民社会分离博弈的过程中法治国家的诞生，仲裁开始归顺于国家法秩序并嵌入到现代法律制度中，催生出现代仲裁法。而随着全球化的加速推进，市民社会的跨域融合促使内嵌其中的仲裁制度走向趋同，从而形成了以《承认及执行外国仲裁裁决公约》（以下简称《纽约公约》）为核心，以联合国《国际商事仲裁示范法》（以下简称《示范法》）为参照，以各国仲裁法和各类仲裁规则为支撑，以相关软法为补充的全球性规范体系。聚焦中国仲裁制度发展，虽然自20世纪50年代中国就已经建立相应的仲裁机构并形成规则，但此后40余年中国仲裁仍游离于法律之外直至《仲裁法》的颁布才改变这一局面。在仲裁法治化的进程中，《仲裁法》的关键作用是对国家司法权和社会司法权的有效划分，这便涉及有关法院对仲裁司法审查的内容。因此，本书在对仲裁法治化的讨论中聚焦仲裁司法审查机制，力图从宏观制度和微观裁判两个维度探讨我国《仲裁法》的优势与局限，为《仲裁法》的修订提供借鉴。市场化是中国改革开放40余年来经济体制改革的主线。仲裁从其诞生之初便服务于市民社会和市场经济的发展，是现代市场经济体制不可或缺的重要内容，被广泛认同为高端法律服务业的重要组成部分。从计划经济向社会主义市场经济转型的历程中，尽管我们已经明确了市场在资源配置中的决定性作用，但由于《仲裁法》形塑于中国市场经济改革的初始阶段，使得中国仲裁制度仍带有浓厚的计划经济色彩而难以适应当前的改革需求。所以，在新一轮的仲裁制度改革和《仲裁法》修订的过程中，提升仲裁对市场经济的服务能力并弱化行政权力对仲裁的过度干预成为当前中国仲裁界的基本共识和仲裁制度优化的重要方向。

本书在对仲裁市场化的探讨中，重点围绕当前中国仲裁在制度发展、规则裁量和时代需要等方面展开论述，分别探讨了中国仲裁市场化的短板及在数字经济发展趋势下如何进一步完善的问题。

国际化既是当前中国推进高水平对外开放的应然选择，更是作为国际通行的争议解决方式的仲裁不可回避的发展方向。在《纽约公约》和《示范法》的保障下，仲裁已经成为国际商事主体解决商事争议的最佳选择。仲裁基于当事人意思自治，当事人选择按照哪种仲裁法律并在何地进行仲裁完全出于自我的利益考量，但对于各国而言却直接影响着该国仲裁市场的收益和法律市场的竞争力。所以在晚近的几十年间，世界主要法域均围绕国际仲裁中心建设展开竞争。自2015年中央要求上海打造面向全球的亚太仲裁中心以来，包括北京、上海、深圳在内的主要城市均围绕仲裁中心建设工作展开谋划，这也成为当前中国仲裁国际化的核心工作、历史机遇和动力之源。因此，本书第三部分重点围绕国际仲裁中心建设展开论述，通过明确国际仲裁中心的评价指标和域外发展趋势，探讨中国在自贸区改革、"一带一路"建设等背景下打造国际仲裁中心的难点与路径，希冀从理论分析和比较研究的视角下为相关工作的展开提供助力。

由于本书的主要内容基于作者之前的研究，尽管在出版之际已经结合中国仲裁的最新发展作出调整，但目前正值中国仲裁制度改革的加速期，所以相关讨论并未涵盖过多的结论而将重点放在了理论框架的建构和分析范式的讨论。当然，中国仲裁制度的改革与完善并非一日之功，本书也仅仅是对中国仲裁制度发展某一片段的截取，许多内容仍有待业界同仁共同探讨并留待以后的修订和补充。总之，理论观点的对错有待读者品评，仲裁制度改革的成败也有待历史检验。

是为序。

作　者

2024年3月7日

目 录 CONTENTS

商事仲裁的法治化：制度生成与规则解释

第一章 我国仲裁司法审查制度的缘起、演进、机理和缺陷
——基于法教义学的规范分析………………………… 003

第二章 论仲裁司法审查对公共政策的平衡
——从最高人民法院指导性案例 199 号切入………… 041

第三章 地方保护主义的司法抑制之困：中央化司法控制进路的实证研究
——以执行涉外仲裁裁决内部报告制度为切入视角…… 063

第四章 论承认及执行外国仲裁裁决审查期间申请财产保全的困境与出路
——以"大韩海运株式会社与海航集团案"为视角…… 097

商事仲裁的市场化：商业逻辑与时代选择

第五章 约定仲裁机构要件在仲裁中的功能转变及制度逻辑……… 115

第六章 国际仲裁第三方资助的披露制度研究
——以中国香港地区和新加坡立法监管为切入………… 130

第七章 个人信息跨境监管背景下在线纠纷解决方式的发展困境与出路
——以软法为路径……………………………………… 155

第八章　仲裁的数据化与中国应对 ………………………… 175

商事仲裁的国际化：历史规律与中国机遇

第九章　什么因素促成国际仲裁中心？
　　　　——基于六要素说的相关性学理分析 ……………… 201
第十章　大变局时代的国际仲裁？
　　　　——2021年《国际仲裁调查报告》述评 …………… 248
第十一章　国际商事争议多元化解决的理论基础与体系生成
　　　　——兼论上海自贸区商事争议多元化解决的改革
　　　　经验 ………………………………………………… 271
第十二章　境外仲裁机构内地仲裁的政策动因与法治保障 … 297
后　记 …………………………………………………………… 309

商事仲裁的法治化：

制度生成与规则解释

我国仲裁司法审查制度的缘起、演进、机理和缺陷
——基于法教义学的规范分析[1]

2017年12月26日,最高人民法院(本章简称"最高院")发布了关于仲裁司法审查的两个司法解释,即《最高人民法院关于仲裁司法审查案件报核问题的有关规定》(本章简称2017年《报核规定》)及《最高人民法院关于审理仲裁司法审查案件若干问题的规定》(本章简称《仲裁司法审查规定》);在此前,最高院于2017年5月22日发布了《最高人民法院关于仲裁司法审查案件归口办理有关问题的通知》(本章简称《归口办理通知》);此后,最高院又于2018年2月22日发布了《最高人民法院关于人民法院办理仲裁裁决执行案件若干问题的规定》(本章简称《仲裁裁决执行规定》)。这些司法解释进一步完善了人民法院办理仲裁裁决执行案件以及处理仲裁裁决撤销、不予执行案件的规则,规范和优化了我国仲裁司法审查制度。

本章以2017年《报核规定》和《仲裁司法审查规定》为分析对象,结合《归口办理通知》《仲裁裁决执行规定》等近期出台的司法解释,梳理我国仲裁司法审查制度的发展变迁历程,比较原内部报告制度与现报核制度的具体操作规则,进而分析我国现行的仲裁裁决司法审查制度的特点和瑕疵。

---

[1] 本章作者沈伟。

一、仲裁司法审查制度的缘起与发展

（一）内部报告制度产生的背景

1. 克服地方保护主义

我国于 1986 年正式加入《承认及执行外国仲裁裁决公约》（本章简称《纽约公约》），并在 1995 年《中华人民共和国仲裁法》（本章简称《仲裁法》）实施以后初步建立了商事仲裁制度。在商事仲裁，特别是涉外商事仲裁的起步阶段，由于业务水平不足、地方保护主义严重等原因，部分地方法院对于仲裁裁决和仲裁协议的司法审查采取实质审查和程序审查并行的双重审查模式，法院深度介入仲裁活动，一定程度上弱化了仲裁裁决的终局性和确定性，给仲裁和司法制度的总体信誉带来了负面影响。

法院以仲裁裁决违背"社会公共利益"为由，行地方保护主义之实，拒绝承认和执行仲裁裁决。由于法律对"社会公共利益"的内容没有作出明确界定，法官事实上享有很大的自由裁量权。实践中，曾经出现法官滥用自由裁量权，对"社会公共利益"作过于宽泛的解释，甚至存在将本地某个国有企业的利益解释为"国家的经济利益和社会利益"的个案。

河南省开封市东风服装厂申请执行中国国际经济贸易仲裁委员会仲裁裁决案就是刻意混淆"公共利益"概念，拒绝承认及执行涉外仲裁裁决的案例之一。该案可追溯至 1989 年，争议发生后，中国国际经济贸易仲裁委员会裁决认定河南省服装进出口（集团）公司构成违约并赔偿经济损失。但在当事人向郑州市中级人民法院申请执行该仲裁裁决时，郑州市中级人民法院在裁定中认为："依据国家现行政策、法规规定，如予以执行将严重损害国家经济利益和社会公共利益，影响国家对外贸易秩序。依照 1991 年《中华人民共和国民事诉讼法》第二百六十条第二款规定，裁定仲裁裁决不予执行。"

最终案件层报至最高院，1992 年 11 月 6 日最高院向河南省高级人民法院作出复函：经我院审查认为，郑州市中级人民法院以仲裁裁决的执行将严重损害国家经济利益和社会公共利益，影响国家对外贸易秩序为由，裁定不予执行，是不正确的。案件经媒体披露后，舆论哗然。该案涉及涉外仲裁裁决，

引起了最高院对国际商事仲裁裁决执行问题的关注,〔1〕被认为是催生内部报告制度的直接导火线。〔2〕

2. 司法权有限让渡

仲裁法理论的核心是法院和仲裁机构的司法权划分问题。学界通常认为仲裁和其他替代性争端解决机制在本质上承担了法院解决民商事纠纷的功能,具有一定的司法属性。仲裁之所以能够存在并发挥法律效力,本质上是法院司法权让渡的结果。但在实践之中,法院对仲裁制度可能存在天然的抗拒和不信任,这也解释了法院对仲裁协议和裁决进行司法审查的法理逻辑。然而,法院对仲裁的司法权让渡是不充分的。例如,我国可仲裁性事项范围相对狭窄,仲裁对法院的依赖程度相对较高。

仲裁之所以受到司法权制约,还因为仲裁的自身局限性和法律公正性之间的冲突。〔3〕一方面,依据我国1995年《仲裁法》第40条〔4〕的规定,仲裁庭审理案件以不公开审理为原则,以公开审理为例外。封闭进行的仲裁虽然有利于保护当事人的商业秘密,维护当事人商业信誉,但也容易引起对仲裁公正性的质疑。另一方面,仲裁员的专业和职业素质是保证仲裁结果公正的关键,但仲裁员作出的裁决受到主观经验和专业知识的限制,具有局限性。这些原因合理化了法院对仲裁的司法监督。

(二) 内部报告制度的初步确立

最高院于1995年8月28日发布了《最高人民法院关于人民法院处理与涉外仲裁及外国仲裁事项有关问题的通知》,规定由最高院行使不予执行涉外仲裁裁决以及拒绝承认和执行外国仲裁裁决的决定权,初步确立了涉外仲裁裁决内部报告制度和内外有别的"双轨制"仲裁裁决司法审查制度。

此后,最高院于1998年4月23日发布了《最高人民法院关于人民法院撤销涉外仲裁裁决有关事项的通知》将内部报告制度的适用范围扩展至撤销

---

〔1〕 参见《我国仲裁裁决核报制度将内外并轨》,载http://www.chinatradenews.com.cn/shangshi/201712/21/c8370.html,最后访问日期:2018年4月23日。

〔2〕 参见陈治东、沈伟:《我国承认和执行国际仲裁裁决的法律渊源及其适用》,载《法学》1997年第4期。

〔3〕 参见江伟、肖建国主编:《仲裁法》,中国人民大学出版社2016年版,第25页。

〔4〕 1995年《仲裁法》第40条规定,仲裁不公开进行。当事人协议公开的,可以公开进行,但涉及国家秘密的除外。

外国或涉外仲裁裁决的裁定。连同最高院于 1998 年 11 月 14 日发布的《最高人民法院关于承认和执行外国仲裁裁决收费及审查期限问题的规定》（本章简称《收费及审查期限规定》）和 2000 年 4 月 17 日发布的《最高人民法院关于审理和执行涉外民商事案件应当注意的几个问题的通知》，涉外仲裁裁决和仲裁协议司法审查的内部报告制度基本建立，一直延续并影响至今。

（三）仲裁司法审查制度改革

内部报告制度的实施虽然有效保障了我国履行《纽约公约》的条约义务，但是区别对待国内仲裁与涉外仲裁的"双轨制"颇受诟病。此外，内部报告制度存在违反审级独立原则、违背诉讼原理等诸多问题。[1]党的十八届四中全会《中共中央关于全面推进依法治国若干重大问题的决定》（本章简称党的十八届四中全会《决定》）中明确指出，要健全和完善多元化纠纷解决机制，完善仲裁制度，提高仲裁公信力。最高院在 2016 年 6 月 28 日发布了《最高人民法院关于人民法院进一步深化多元化纠纷解决机制改革的意见》，要求加强人民法院与仲裁机构的对接，并表明了对仲裁制度改革积极支持的态度。[2]

以此为背景，《归口办理通知》明确规定国内及涉外仲裁司法审查案件均由专门业务审判庭统一归口管理；2017 年《报核规定》比照涉外仲裁裁决的内部报告制度，将国内仲裁裁决也纳入报核的范围之内，指引了国内仲裁向涉外仲裁"并轨"的趋势。我国在涉外仲裁裁决和国内仲裁裁决司法审查上的"双轨制"已然成为历史。与此同时，《仲裁司法审查规定》进一步规范了仲裁司法审查实践中出现的、此前法律及司法解释又缺乏明确规定的问题。随后，《仲裁裁决执行规定》对于人民法院办理仲裁裁决执行案件及仲裁裁决撤销、不予执行案件的司法实践进行了进一步的规制。这些司法努力是最高院尊重商事仲裁和支持仲裁事业立场的具体体现，符合党的十八届四中全会《决定》中所确立的宗旨。

---

[1] 参见朱科：《国际商事仲裁司法审查案件内部请示报告制度的转型》，载《法学杂志》2017 年第 6 期。

[2] 参见任雪峰：《〈最高人民法院关于审理仲裁司法审查案件若干问题的规定〉解读》，载《人民法治》2018 年第 5 期。

二、仲裁司法审查制度的具体操作

（一）内部报告制度具体规则的今昔比较

表1　原有和现有内部报告制度的异同

比较项	原有内部报告制度		现有内部报告制度
适用范围	（1）确认涉外仲裁协议效力案件； （2）拒绝申请执行我国涉外仲裁机构裁决或拒绝申请承认和执行外国仲裁机构裁决的案件； （3）撤销我国涉外仲裁裁决或通知仲裁庭重新仲裁的案件		（1）申请确认仲裁协议效力案件； （2）申请撤销我国内地仲裁机构的仲裁裁决案件； （3）申请执行我国内地仲裁机构的仲裁裁决案件； （4）申请认可和执行香港特别行政区、澳门特别行政区、台湾地区仲裁裁决案件； （5）申请承认和执行外国仲裁裁决案件； （6）其他仲裁司法审查案件。
报告主体：案件管辖法院	（1）确认外国或者涉外仲裁协议效力的案件	仲裁协议约定的仲裁机构所在地、仲裁协议签订地、申请人住所地、被申请人住所地的中级人民法院或者专门人民法院管辖（海事海商案件）	相同
	（2）申请执行或申请承认和执行涉外和外国仲裁裁决	被执行人住所地或者被执行的财产所在地的中级人民法院	相同〔1〕

---

〔1〕申请认可和执行香港特别行政区、澳门特别行政区、台湾地区仲裁裁决案件涉外管辖法院如下：申请认可和执行香港仲裁裁决由被申请人住所地或者财产所在地中级人民法院管辖。申请认可和执行澳门仲裁裁决由被申请人住所地、经常居住地或者财产所在地的中级人民法院管辖。申请认可和执行台湾地区仲裁裁决由申请人住所地、经常居住地或者被申请人住所地、经常居住地、财产所在地中级人民法院或者专门法院管辖。

续表

比较项		原有内部报告制度	现有内部报告制度
	（3）申请撤销我国涉外仲裁裁决案件	仲裁委员会所在地的中级人民法院	无
	无规定		（4）申请撤销我国内地仲裁机构的仲裁裁决案件：仲裁委员会所在地的中级人民法院管辖。
			（5）申请执行我国内地仲裁机构裁决或仲裁调解书案件：被执行人住所地或者被执行的财产所在地的中级人民法院管辖；特殊情况可由基层人民法院管辖；[1]对不予执行仲裁裁决申请的审查，仍由中级人民法院管辖。
			（6）其他仲裁司法审查案件：例如民事诉讼中因涉及仲裁协议效力而作出不予受理、驳回起诉、管辖权异议的裁定，当事人不服提起上诉，由二审法院按规定逐级报核。
接收报告主体	高级人民法院、最高人民法院		相同

[1]《仲裁裁决执行规定》第2条规定，当事人对仲裁机构作出的仲裁裁决或者仲裁调解书申请执行的，由被执行人住所地或者被执行的财产所在地的中级人民法院管辖。符合下列条件的，经上级人民法院批准，中级人民法院可以参照民事诉讼法第38条的规定指定基层人民法院管辖：①执行标的额符合基层人民法院一审民商事案件级别管辖受理范围；②被执行人住所地或者被执行的财产所在地在被指定的基层人民法院辖区内；被执行人、案外人对仲裁裁决执行案件申请不予执行的，负责执行的中级人民法院应当另行立案审查处理；执行案件已指定基层人民法院管辖的，应当于收到不予执行申请后三日内移送原执行法院另行立案审查处理。

续表

比较项	原有内部报告制度	现有内部报告制度
报告时间	（1）确认涉外仲裁协议效力案件：决定受理一方当事人起诉之前； （2）申请撤销我国涉外仲裁裁决案件：裁定撤销裁决或通知仲裁重新仲裁之前，受理申请后三十日内	相同
报核流程	无规定	下级法院报核时提交书面报告和案件卷宗材料；上级法院收到下级法院的报核申请后，认为案件相关事实不清的，可以询问当事人或退回下级法院补充查明事实后再报；上级人民法院应当以复函的形式将审核意见答复下级人民法院。
处理结果	以最终接收报告主体的意见为准	相同

（二）原内部报告制度的缺陷

根据数据统计，2016 年我国仲裁机构受理案件已超过 20.8 万件。[1]最高院分析了 2013 年至 2015 年间各级法院撤销和不予执行国内外仲裁裁决的案件比例，仲裁裁决被撤销的案件中，涉外案件占比 5.33%，国内案件占比 15.77%；[2]仲裁裁决被裁定不予执行的案件中，涉外案件占比 0.14%，几乎可以忽略不计，而国内案件的比例达到 4.67%。[3]显然，最高院审查涉外仲裁裁决的这"最后一道闸口"对于维护仲裁裁决的执行和仲裁当事人权利保

---

[1] 参见《我国仲裁裁决核报制度将内外并轨》，载 http://www.chinatradenews.com.cn/shangshi/201712/21/c8370.html，最后访问日期：2018 年 4 月 23 日。

[2] 参见《我国仲裁裁决核报制度将内外并轨》，载 http://www.chinatradenews.com.cn/shangshi/201712/21/c8370.html，最后访问日期：2018 年 4 月 23 日。最高人民法院民四庭法官于 2017 年 12 月 6 日至 8 日召开的中国仲裁法学研究会 2017 年会员代表大会暨第十届仲裁与司法论坛透露相关数据，由引文作者姜业宏整理。

[3] 参见《我国仲裁裁决核报制度将内外并轨》，载 http://www.chinatradenews.com.cn/shangshi/201712/21/c8370.html，最后访问日期：2018 年 4 月 23 日。

护的可预见性作用显著。一直以来，最高院内部报告制度在提升我国履行《纽约公约》义务水平等方面也发挥了重要作用。总体而言，内部报告制度的实施效果显著，但仍存在诸多问题。

1. 未能得到严格执行

在实践中，并非所有拒绝承认或者不予执行仲裁裁决的涉外案件都严格按照内部报告制度被层报至最高院。公开资料显示，至少就提单仲裁条款问题，存在地方法院未上报即自行作出管辖权裁定的情形，最高院对此作了批评。[1]

2. 报告制度时间过长且缺乏透明性[2]

适用内部报告制度的案件往往时间冗长且极不确定，有违诉讼时效和时限原则。1998年《收费及审查期限规定》规定了一审法院应于受理之日起两个月内上报最高院，但没有规定最高院的审核期限。在司法实践中，从法院上报到获得批复往往需要一年以上甚至数年的时间。[3]在经历漫长等待以后，当事人或许只能得到不予执行仲裁裁决的裁定，不但为仲裁所作的努力前功尽弃，还要付出巨大的时间成本。更重要的是，最高院作出复函的过程透明度不高，且复核程序中当事人既无法发表意见，也无法获知案件进展。对于案件当事人，内部报告制度的程序存在瑕疵。

3. 标准不一

涉外、涉港澳台司法审查案件实行内部报告制度，人民法院凡不予认可涉外或涉港澳台仲裁协议效力、撤销或不予执行涉外或涉港澳台仲裁裁决、拒绝承认和执行外国仲裁裁决的（合称"否定性裁定"），必须报经本辖区高级人民法院审查，并最终报请最高院答复后方可作出裁定。对于内地（中国大陆）仲裁协议或裁决司法审查，最终权限主要由中级人民法院控制，仅北京等少数地方对涉外仲裁司法审查内部报告制度加以了复制，规定若相关中级人民法院在裁定撤销国内仲裁裁决或通知仲裁庭重新仲裁之前，须先报请相关高级

---

[1] 参见《仲裁司法审查的报核制度浅析（上）——报核制度的前世今生》，载http://www.sohu.com/a/218472744_740841，最后访问日期：2018年4月23日。

[2] 参见《仲裁司法审查的报核制度浅析（上）——报核制度的前世今生》，载http://www.sohu.com/a/218472744_740841，最后访问日期：2018年4月23日。

[3] 数据显示，2000年到2015年期间公布的220起案件中，从提起报告程序到最高院最终复函的时间平均分别为800多天（承认和执行仲裁裁决案件）、100多天（仲裁协议效力）以及500多天（撤销仲裁裁决案件），时间最长的案件甚至长达7年。参见《仲裁司法审查的报核制度浅析（上）——报核制度的前世今生》，载http://www.sohu.com/a/218472744_740841，最后访问日期：2018年4月23日。

人民法院进行审查。

这种差异从我国法院在涉外仲裁和内地（中国大陆）仲裁案件中对公共政策或社会公共利益例外的适用情况便可见一斑。一方面，由于内部报告制度的存在，我国法院在审理承认或认可和执行外国及港澳台仲裁裁决的案件时，对公共政策例外的适用非常慎重，基本符合国际普遍实践和惯例；[1]但另一方面，在对内地（中国大陆）仲裁司法审查的过程中，法院适用社会公共利益例外的标准和尺度不一，侵害了司法公正和仲裁公信力。

内部报告制度建立和完善的过程也是内地（中国大陆）仲裁机构发展的过程。在此期间，仲裁机构的受案数量持续增长、社会大众对仲裁的认可度也在逐渐提高。更为重要的是，虽然1995年《仲裁法》的相关规定认可了涉外仲裁机构的存在，[2]但在实践中，几乎所有的仲裁机构都同时受理内地（中国大陆）案件和涉外案件，单独强调涉外仲裁机构这一概念并没有现实意义。但内部报告制度的有关文件仍继续使用"涉外仲裁机构"一词。将涉外仲裁和内地（中国大陆）仲裁司法审查"并轨"的呼声一直就有，且不断高涨。

（三）2017年报核制度的优化规范

1. 适用范围：从涉外仲裁扩展至国内仲裁

与原内部报告制度相比，现报核制度有以下几点不同：

其一，适用范围扩大。2017年《报核规定》将报核制度的适用范围扩展至"国内仲裁"。第一，仲裁协议效力案件不再区分涉外与否（第1条第1项）；第二，明确报核制度同样适用于"内地仲裁机构裁决"的撤销和执行

---

[1] 作者使用北大法宝，检索涉及公共利益的仲裁案件。全文检索"涉外仲裁＊公共利益-非涉外"，检索结果为253个案例。其中有1个案件为国内仲裁裁决执行案件。全文检索"涉外仲裁＊公共秩序-非涉外"，检索结果为27个案例。其中有4个案例裁决书行文"严重违反社会公共法律秩序及公共利益"，与以上第1种检索结果有重复。另外，有11个案例为国内仲裁案例。全文检索"涉外仲裁裁决＊公共利益-非涉外"，检索结果为199个案例。其中有1个案件为国内仲裁裁决执行案件。全文检索"涉外仲裁裁决＊公共秩序-非涉外"，检索结果为8个案例。其中有4个案例裁决书行文"严重违反社会公共法律秩序及公共利益"，与以上第2种检索结果有重复。全文检索"涉外仲裁裁决执行＊公共秩序-非涉外"，检索结果为3个案例。其中有1个案件为国内仲裁裁决执行案件。全文检索"涉外仲裁裁决执行＊公共秩序-非涉外"，检索结果为0个案例。这些检索结果从一个侧面说明，法院在涉外仲裁案件中使用公共利益或公共政策的情况并不如实务界或理论界预想的那样多见。

[2] 1995年《仲裁法》第66条规定，涉外仲裁委员会可以由中国国际商会组织设立。涉外仲裁委员会由主任一人、副主任若干人和委员若干人组成。涉外仲裁委员会的主任、副主任和委员可以由中国国际商会聘任。

(第1条第2、3项); 第三, 兜底条款涵盖了 "其他仲裁司法审查案件", 为将来可能出现的一些新类型案件留有余地。[1]

其二, 条文措辞更加规范。《报核规定》分别将内外两种裁决表述为 "内地仲裁机构的仲裁裁决" 和 "外国仲裁裁决" 以及 "香港特别行政区、澳门特别行政区、台湾地区仲裁裁决", 而不再使用以往的 "我国涉外仲裁机构裁决" 一词, 一定程度上反映了1995年《仲裁法》实施以来我国仲裁业发展的现状和趋势, 也与国际商事仲裁惯例和实践相吻合。

2. 管辖法院: 各中级人民法院或专门人民法院

与原内部报告制度相比, 现报核制度中确认仲裁协议效力案件的管辖法院有以下变化:

第一, 统一了国内案件、涉外案件管辖权确定的标准。近年来我国致力于建立国内国际仲裁司法审查案件统一归口管理机制, 将申请确认国内和涉外仲裁协议效力的案件区分不同的联结点确定管辖法院已不再适宜。最高院于2006年8月23日发布的《最高人民法院关于适用〈中华人民共和国仲裁法〉若干问题的解释》(本章简称《仲裁法解释》) 第12条在规定涉及海事海商纠纷仲裁协议效力案件的管辖问题时并未对国内案件和涉外案件进行区分。《仲裁司法审查规定》第2条的规定也统一确定管辖权的标准, 采取了《仲裁法解释》第12条关于确定涉外仲裁协议效力和涉及海事海商纠纷仲裁协议效力案件的标准, 而不再区分国内案件和涉外案件。[2]

第二, 对于确认仲裁协议效力的案件,《仲裁司法审查规定》修正了《仲裁法解释》第12条可能出现的问题。依据《仲裁法解释》第12条的规定,[3]

---

[1] 例如, 最高院2016年12月30日发布的《关于为自由贸易试验区建设提供司法保障的意见》规定 "在自贸试验区内注册的企业相互之间约定在内地特定地点、按照特定仲裁规则、由特定人员对有关争议进行仲裁的, 可以认定该仲裁协议有效"。参见任雪峰:《〈最高人民法院关于审理仲裁司法审查案件若干问题的规定〉解读》, 载《人民法治》2018年第5期。

[2] 参见任雪峰:《〈最高人民法院关于审理仲裁司法审查案件若干问题的规定〉解读》, 载《人民法治》2018年第5期。

[3]《仲裁法解释》第12条规定, 当事人向人民法院申请确认仲裁协议效力的案件, 由仲裁协议约定的仲裁机构所在地的中级人民法院管辖; 仲裁协议约定的仲裁机构不明确的, 由仲裁协议签订地或者被申请人住所地的中级人民法院管辖。申请确认涉外仲裁协议效力的案件, 由仲裁协议约定的仲裁机构所在地、仲裁协议签订地、申请人或者被申请人住所地的中级人民法院管辖。涉及海事海商纠纷仲裁协议效力的案件, 由仲裁协议约定的仲裁机构所在地、仲裁协议签订地、申请人或者被申请人住所地的海事法院管辖; 上述地点没有海事法院的, 由就近的海事法院管辖。

案件应由仲裁协议约定的仲裁机构所在地中级人民法院管辖，约定不明时，才由仲裁协议签订地等其他连接点指引的法院管辖。然而，就当事人提起的确认仲裁协议效力之诉而言，仲裁协议当中约定的仲裁机构是否明确，也许恰恰是案件的争议焦点和当事人主张仲裁协议无效的理由。《仲裁司法审查规定》规定四个连接点的中级人民法院中的任何一个均有管辖权，避免了在确定案件管辖权时对"约定的仲裁机构是否明确"这一本应该在受理案件后需要审查认定的问题先行作出认定。[1]同时，为了解决可能产生的管辖冲突问题，第4条进一步规定，申请人向两个以上有管辖权的人民法院提出申请的，由最先立案的人民法院管辖。[2]

与原内部报告制度相比，现报核制度中仲裁裁决执行案件管辖进行了适当调整。一方面，坚持以中级法院管辖为原则；另一方面，若经上级人民法院批准且执行案件符合基层法院一审民商事案件级别管辖受理范围，则可以由被执行人住所地或者被执行的财产所在地的基层法院管辖。管辖范围调整后，中级人民法院可以批准由基层法院直接管辖仲裁裁决执行标的较小的案件。事实上，根据《仲裁裁决执行规定》对司法案例数据库中仲裁裁决执行案例的统计，对于该类案件的处理，中级人民法院与基层人民法院的比例大致为1∶10。换言之，在司法实践中，仲裁裁决执行标的较小的案件大多被中级人民法院参照法院判决执行级别管辖的规定下放至了基层法院。[3]

若被执行人或者案外人在基层法院受理仲裁裁决执行申请后提出不予执行仲裁裁决的申请，则对该不予执行申请的审查属于仲裁司法审查，基层法院无权对其进行审查。《仲裁裁决执行规定》规定，对不予执行申请的审查仍由中级人民法院负责，即使案件已指定基层法院管辖的，也应移送原执行法院另行立案审查处理。该规定对应了最高院在《仲裁司法审查规定》和2017年《报核规定》中明确的仲裁司法审查管辖权集中于中级人民法院并逐级上报的制度，有利于对仲裁裁决司法监督审查尺度的统一，提升仲裁制度的稳

---

〔1〕 参见任雪峰：《〈最高人民法院关于审理仲裁司法审查案件若干问题的规定〉解读》，载《人民法治》2018年第5期。

〔2〕 参见任雪峰：《〈最高人民法院关于审理仲裁司法审查案件若干问题的规定〉解读》，载《人民法治》2018年第5期。

〔3〕 参见戴月等：《支持与监督并行：新规下的仲裁裁决执行》，载http://www.chinalawinsight.com/2018/03/atticles/dispute-resolution/支持与监督并行：新规下的仲裁裁决执行/，最后访问日期：2018年5月1日。

定性和可预见性。

3. 审核主体：高级人民法院、最高院

对于非涉外仲裁协议和仲裁裁决的司法审查采取"以上报高院为原则，以上报最高院为例外"的做法，有助于统一司法实践，符合仲裁裁决一裁终局的基本原则。特别是就以违背社会公共利益为由作出否定性裁定并上报最高院的案件而言，这一做法对于仲裁司法审查中"公共利益"的内容和范围有重大意义。[1]

三、我国仲裁司法审查制度的规范性评价

2017年《仲裁司法审查规定》和2017年《报核规定》，连同2017年修正的《仲裁法》、2017年《中华人民共和国民事诉讼法》（本章简称《民事诉讼法》）、2008年的《仲裁法解释》、2022年的《最高人民法院关于适用〈中华人民共和国民事诉讼法〉的解释》（本章简称为《民事诉讼法解释》）以及2018年的《仲裁裁决执行规定》，共同构建了我国仲裁司法审查制度的整体框架，体现了人民法院对仲裁鼓励支持和适度监督的原则。司法解释不断细化了内部报告制度，统一了司法审查的标准，提高了仲裁制度的可预见性，有利于节约仲裁资源和司法资源。报核制度有其进步之处，亦有不足。

（一）优化之处

1. 由双轨制走向单轨制

《仲裁司法审查规定》、2017年《报核规定》及《归口办理通知》都体现了最高院在仲裁司法审查上无差别对待国内案件和涉外案件，从双轨制走向单轨制的努力。这些规定的出台是最高院提升仲裁司法审查公开性、透明度，[2]强化对当事人程序权利保障的体现。

---

[1] 参见《千呼万唤始出来——解读最高院两大仲裁司法审查解释》，载 https://mp.weixin.qq.com/s/tPpYlCyefulvSE66TwEcdA，最后访问日期：2018年4月25日。

[2] 2017年《报核规定》共八条，将内部报告制度升级为报核制度，在适用范围上从涉外仲裁司法审查案件推广到所有仲裁司法审查案件，在形式上用司法解释升级了原来的内部通知文件，赋予其更高的法律效力。

2. 涉外审判庭统一归口管理国内及涉外仲裁司法审查案件[1]

在 2017 年 5 月底之前，我国法院对仲裁司法审查案件的审查部门并无统一规定和实践。一般而言，商事审判庭审查确认国内仲裁协议效力案件及撤销国内仲裁裁决案件，涉外审判庭审查确认涉外仲裁协议效力案件及撤销涉外仲裁裁决案件，而不予执行案件有的法院交由审判庭审查，有的法院则交由执行庭审查。[2]

《归口办理通知》明确要求，各级人民法院审理涉外商事案件的审判庭作为专门业务庭，归口办理当事人申请确认仲裁协议效力、撤销内地仲裁裁决、认可和执行港澳台仲裁裁决及承认和执行外国仲裁裁决等仲裁司法审查案件；专门业务庭经审查裁定认可和执行港澳台仲裁裁决，承认和执行外国仲裁裁决的，交由执行部门执行。归口办理安排有利于保障法院对仲裁司法审查案件管辖权的统一行使，有利于统一裁判尺度，提高仲裁司法审查质量。《归口办理通知》还进一步规定，一审法院作出的不予受理、驳回起诉、管辖权异议裁定涉及仲裁协议效力的，当事人不服该裁定提起上诉的案件，由二审人民法院专门业务庭办理。

客观来看，归口办理有助于提高仲裁司法审查的质量，兼顾效率。此外，《归口办理通知》还要求，各级人民法院应当建立仲裁司法审查案件的数据信息集中管理平台，以加强对相关仲裁司法审查案件的信息化管理和数据分析，有效保证仲裁司法审查案件法律适用的正确性和裁判尺度的统一性。但《归口办理通知》及 2018 年 2 月发布的《仲裁裁决执行规定》皆未对申请执行或申请不予执行内地仲裁裁决案件的审查部门作出明确规定。根据 2017 年 12 月发布的《北京市法院执行局局长座谈会（第八次会议）纪要——关于仲裁裁决执行与不予执行申请审查若干问题的意见》，被执行人提出不予执行申请的，原则上由执行裁判部门负责审查。

3. 增加申请承认与境内案件关联的外国仲裁裁决案件的管辖连接点

在近年来的司法实践中，被申请人住所地、财产所在地均不在我国境内

---

[1] 参见朱华芳、郭萌：《最高院新规解析：2017 年中国仲裁司法审查制度发展观察 | 法务芳谈》，载 https://mp.weixin.qq.com/s/VOfE5KgoDuXd9KS7yuVgVw，最后访问日期：2018 年 4 月 25 日。

[2] 青岛市中级人民法院为了执行最高院《关于仲裁司法审查案件归口办理有关问题的通知》，自 2018 年 1 月 1 日起，民四庭作为审理涉外商事案件的专门业务庭，负责涉外仲裁以及国内仲裁案件的司法审查工作。

的情形时有出现,而出于审理关联案件的需要,申请人又需要我国法院承认外国仲裁裁决的效力。在此种情形下,根据《民事诉讼法》[1]第283条的规定,无法确定对当事人申请承认外国仲裁裁决案件具有管辖权的法院。

为充分保护当事人的合法权益,《仲裁司法审查规定》第3条规定,外国仲裁裁决与人民法院或者我国内地仲裁机构审理的案件存在关联,被申请人住所地、被申请人财产所在地均不在我国内地,申请人申请承认外国仲裁裁决的,由受理关联案件的人民法院或者仲裁机构所在地的中级人民法院管辖。这样的规定有利于便利当事人,增加司法审查案件的可预见性,防范同类案件出现多个不同结果情形的发生。[2]

本条仅规定了承认外国仲裁裁决的情形,并未明确规定对认可港澳台仲裁裁决是否同等适用。目前关于认可和执行港澳台仲裁裁决的管辖规定,分别散见于《最高人民法院关于内地与香港特别行政区相互执行仲裁裁决的安排》、《最高人民法院关于内地与澳门特别行政区相互认可和执行仲裁裁决的安排》和《最高人民法院关于认可和执行台湾地区仲裁裁决的规定》。根据规定,申请认可和执行香港仲裁裁决由被申请人住所地或者财产所在地中级人民法院管辖;申请认可和执行澳门仲裁裁决由被申请人住所地、经常居住地或者财产所在地的中级人民法院管辖,申请认可和执行台湾地区仲裁裁决由申请人住所地、经常居住地或者被申请人住所地、经常居住地、财产所在地中级法院或者专门人民法院管辖。上述三个安排或规定对管辖的不同规定,除了管辖涉及两地磋商所达成的不同结果的影响外,安排或规定制定的时间也是一项重要因素。可以看出,管辖连接点在不断扩大。由于管辖涉及两地的互相认可需要两地磋商一致,故而在这些文件更新之前,尚不宜任意扩大管辖连接点。[3]

4. 简化承认与执行外国仲裁裁决应提供的材料

《仲裁司法审查规定》第6条规定,当事人申请承认外国仲裁裁决的,应当提供申请书及裁决书正本或者经证明无误的副本,外文申请书、裁决书及

---

[1] 若无特别注明,本章中《民事诉讼法》指2017年修正后的法律。

[2] 参见《千呼万唤始出来——解读最高院两大仲裁司法审查解释》,载 https://mp.weixin.qq.com/s/tPpYlCyefulvSE66TwEcdA,最后访问日期:2018年4月25日。

[3] 参见张清姬:《一线法官眼中的仲裁司法审查新规亮点解析 | 万邦仲裁》,载 https://mp.weixin.qq.com/s/oxYUm_e8YcZ3DO2o3fQfrg,最后访问日期:2018年4月23日。

其他文件应当提供中文译本。而《仲裁司法审查规定》未要求申请承认外国仲裁裁决时所提交的外国裁决文书必须经过公证认证程序。部分法院在实践中会要求申请人提交公证、认证的境外文书，使得当事人申请承认和执行的成本大幅增加，并不符合《纽约公约》的相关规定。《仲裁司法审查规定》明确了承认与执行外国仲裁裁决申请不再需要公证认证程序，一定程度上简化外国裁决的承认程序。

5. 明确不符合受理条件的仲裁司法审查案件的处理

一直以来，我国立法对于如何处理不符合受理条件的案件缺乏规定。《仲裁司法审查规定》第5条、第6条对申请人提出申请所应当提交文件的规定，应视为立案时人民法院应当审查的确认申请人的申请是否符合受理条件的内容，包括主体信息、需要审查对象的内容、具体的请求和理由等。因此《仲裁司法审查规定》第7条第1款和第2款规定，申请人提交的文件不符合第5条、第6条的规定，经人民法院释明后提交的文件仍然不符合规定的，裁定不予受理。同时还明确，申请人向对案件不具有管辖权的人民法院提出申请，人民法院应当告知其向有管辖权的人民法院提出申请，申请人仍不变更申请的，裁定不予受理。〔1〕

《仲裁司法审查规定》第5条并没有包含申请认可和执行港澳台仲裁裁决案件。除此之外，这两个条款特别单列了其他四类仲裁司法审查案件。从文义解释和体系解释的角度出发，对于申请认可和执行港澳台仲裁裁决案件，这两个条款仅具有参考意义。但是，第七条规定的法律后果不适用于申请认可和执行港澳台仲裁裁决案件。〔2〕

对于人民法院应当如何处理立案后发现案件不符合受理条件的情形，同样缺乏规定。参照《民事诉讼法解释》第208条、第212条的规定，《仲裁司法审查规定》第8条规定，立案后发现不符合受理条件的，裁定驳回申请。裁定驳回申请的案件，申请人再次申请并符合受理条件的，人民法院应予受理。该条进一步规定，当事人对于驳回申请的裁定不服的，可以提起上诉。该规定主要是基于以下原因考虑：第一，《民事诉讼法》第154条规定不予受

---

〔1〕 参见任雪峰：《〈最高人民法院关于审理仲裁司法审查案件若干问题的规定〉解读》，载《人民法治》2018年第5期。

〔2〕 参见张清姬：《一线法官眼中的仲裁司法审查新规亮点解析 | 万邦仲裁》，https://mp.weixin.qq.com/s/oxYUm_e8YcZ3DO2o3fQfrg，最后访问日期：2018年4月23日。

理、驳回起诉的裁定可以上诉，虽然仲裁司法审查案件的审查程序与普通程序存在差异，但就民事诉讼中人民法院所作的裁定而言，均应适用第154条的规定；第二，2015年7月1日起施行的《最高人民法院关于认可和执行台湾地区仲裁裁决的规定》第8条规定，对于不予受理的裁定，当事人可以提起上诉。为保证司法解释规定的一致性和法律适用的统一性，亦应对其他仲裁司法审查案件提供相同的上诉机制。[1]

《仲裁司法审查规定》第9条规定了法院决定是否受理仲裁司法审查案件的审查期限为7日，且人民法院应当在受理仲裁司法审查案件后5日内向申请人和被申请人发出通知书，告知其案件受理情况及双方当事人的相关权利义务。

这些规定增加了不符合受理条件的情形，并明确规定了立案后发现案件不符合受理条件的情形的处理方式，填补了仲裁司法审查案件程序上的空白。

6. 规范了管辖权异议程序

各地法院对于仲裁司法审查案件当事人可否提出管辖权异议的实践也不尽相同。对于仲裁司法审查案件，法律、司法解释均对其管辖法院作出明确规定，因此也应当允许当事人对此类案件提出管辖权异议。由于目前尚未对仲裁司法审查案件被申请人提交答辩意见作出规定，因此对于被申请人提出管辖权异议的期限，《仲裁司法审查规定》第10条结合第9条向当事人发出通知的规定，明确了被申请人对管辖权有异议的，应当自收到通知之日起15日内提出，对在我国领域内没有住所的被申请人规定了30日的期限。同时，根据《民事诉讼法》第157条规定，亦明确对管辖权异议的裁定当事人可以提起上诉，也与《仲裁司法审查规定》关于不予受理和驳回申请的裁定可以上诉相一致。[2]

7. 确认仲裁司法审查案件法律适用

对于确认涉外仲裁协议的效力而言，准据法的选择至关重要。《中华人民共和国涉外民事关系法律适用法》（本章简称《法律适用法》）第18条将确认涉外仲裁协议效力的准据法区分为两个层次，且在第二个层次中出现了两

---

[1] 参见任雪峰：《〈最高人民法院关于审理仲裁司法审查案件若干问题的规定〉解读》，载《人民法治》2018年第5期。

[2] 参见任雪峰：《〈最高人民法院关于审理仲裁司法审查案件若干问题的规定〉解读》，载《人民法治》2018年第5期。

个并列选项即仲裁机构所在地法律或者仲裁地法律。因此适用仲裁机构和仲裁地的法律可能会对仲裁协议效力作出不同的规定。〔1〕为正确适用《法律适用法》的该条规定,基于支持仲裁的原则,《仲裁司法审查规定》引入了类似于《瑞士联邦国际私法》的"有利于协议有效"原则(in favorem validitatis),〔2〕在这种情况下应当适用确认仲裁协议有效的法律作为准据法。〔3〕该条规定明确了仲裁机构所在地法律与仲裁地法律存在冲突时的法律适用——以有效认定为准。第 15 条规定仲裁协议未约定仲裁机构和仲裁地时,如果依照约定的仲裁规则能够确定仲裁机构或仲裁地,也可以将其作为准据法连接点,这些规定均体现了对仲裁的支持。〔4〕

《仲裁司法审查规定》第 13 条至第 16 条明确规定了涉外仲裁协议效力的法律适用。基于 1995 年《仲裁法》第 19 条所确立的仲裁协议独立性的原则,人民法院多年以来在司法实践中把握的准则是当事人约定仲裁协议适用的法律必须作出明确的意思表示,且当事人约定的合同适用的法律,不能当然视为确认合同中仲裁条款(协议)效力的法律。《仲裁司法审查规定》第 13 条对该问题予以明确,〔5〕明晰了当事人协议选择仲裁协议效力的法律适用应作出明确的意思表示,而不以合同适用的法律为准据法。

8. 明确了仲裁协议效力及申请执行仲裁裁决的法律适用

(1) 关于准确认定仲裁机构和仲裁地的问题

根据《法律适用法》第 18 条的规定,某些当事人签订的仲裁协议中没有选择仲裁协议适用的法律,适用仲裁机构所在地法律或者仲裁地法律。《仲裁司法审查规定》第 15 条结合以往的司法实践规定,根据当事人约定适用的仲裁规则可以确定仲裁机构或者仲裁地的,应认定其为《法律适用法》第 18 条中所指的仲裁机构或仲裁地,从而据此确定人民法院审查案件应适用的

---

〔1〕 参见任雪峰:《〈最高人民法院关于审理仲裁司法审查案件若干问题的规定〉解读》,载《人民法治》2018 年第 5 期。

〔2〕 参见《千呼万唤始出来——解读最高院两大仲裁司法审查解释》,载 https://mp.weixin.qq.com/s/tPpYlCyefulvSE66TwEcdA,最后访问日期:2018 年 4 月 25 日。

〔3〕 《仲裁司法审查规定》第 14 条。

〔4〕 参见张清姬:《一线法官眼中的仲裁司法审查新规亮点解析|万邦仲裁》,载 https://mp.weixin.qq.com/s/oxYUm_e8YcZ3DO2o3fQfrg,最后访问日期:2018 年 4 月 23 日。

〔5〕 参见任雪峰:《〈最高人民法院关于审理仲裁司法审查案件若干问题的规定〉解读》,载《人民法治》2018 年第 5 期。

法律。[1]

(2) 关于适用《纽约公约》时确定仲裁协议效力准据法的问题[2]

人民法院审查涉外仲裁协议的效力,应当首先确认适用的准据法。

对于人民法院受理的申请确认涉外仲裁协议效力的案件,人民法院应当根据冲突规范对准据法作出认定。根据《仲裁法解释》第16条、《法律适用法》第18条和《最高人民法院关于适用〈中华人民共和国涉外民事关系法律适用法〉若干问题的解释(一)》的规定,在确认涉外仲裁协议效力案件中,人民法院确定准据法的原则是:第一,当事人约定适用的法律;第二,仲裁机构或仲裁地法律(《仲裁法解释》仅规定了仲裁地法律);第三,法院地法律即我国大陆法律。

在适用《纽约公约》对承认和执行外国仲裁裁决案件进行审查时,同样可能涉及确认仲裁协议效力的问题。《纽约公约》第5条第1款(甲)项规定,在审查是否应当承认和执行外国仲裁裁决时,如果涉及审查仲裁协议效力的问题,准据法的适用原则是:第一,当事人的属人法(对当事人的行为能力作出认定);第二,当事人选择的法律;第三,裁决地所在国法律。

上述两类案件在确认准据法方面最大的区别是,在人民法院受理的确认仲裁协议效力案件中,如果当事人没有选择仲裁协议效力准据法,也没有约定明确的仲裁机构和仲裁地,人民法院应当适用法院地法律对仲裁协议效力作出认定,即适用我国内地的法律。而根据《纽约公约》的规定,在前述情形下,人民法院应当根据裁决地所在国的法律对仲裁协议效力作出认定。由于仲裁裁决已经作出,因而裁决地所在国肯定是明确的。

(3) 关于审查申请执行国内仲裁裁决和涉外仲裁裁决法律适用问题[3]

由于审查对涉外仲裁裁决和国内仲裁裁决执行问题应适用不同的法律,为避免《民事诉讼法》相关条款表述不清引起歧义,在《民事诉讼法》修改不易的情形下,《仲裁司法审查规定》第17条对该问题加以明确,即人民法

---

[1] 参见任雪峰:《〈最高人民法院关于审理仲裁司法审查案件若干问题的规定〉解读》,载《人民法治》2018年第5期。

[2] 参见任雪峰:《〈最高人民法院关于审理仲裁司法审查案件若干问题的规定〉解读》,载《人民法治》2018年第5期。

[3] 参见任雪峰:《〈最高人民法院关于审理仲裁司法审查案件若干问题的规定〉解读》,载《人民法治》2018年第5期。

院对申请执行我国内地仲裁机构作出的非涉外仲裁裁决案件的审查,适用《民事诉讼法》第237条的规定;对申请执行我国内地仲裁机构作出的涉外仲裁裁决案件的审查,适用《民事诉讼法》第274条的规定。

9. 明确仲裁员枉法裁判的评判标准

仲裁员"索贿受贿,徇私舞弊,枉法裁决"的行为如何认定一直是一个难题。《仲裁司法审查规定》第18条明确,"索贿受贿,徇私舞弊,枉法裁决"是指已经由生效刑事法律文书或者纪律处分决定所确认的行为。[1]这与《民事诉讼法解释》[2]第394条所规定的法官枉法裁判的认定标准相一致,体现了我国法律适用标准的统一性,避免了法院在审查该问题时存在的不确定性和实体问题调查工作量的增加。[3]

10. 关于仲裁司法审查案件中所作裁定效力的问题[4]

对于仲裁司法审查案件中人民法院所作裁定何时生效、是否允许上诉、复议、申请再审等问题,《仲裁司法审查规定》第20条予以明确规定,即除不予受理、驳回申请、管辖权异议三类裁定外,人民法院在审查仲裁司法审查案件中可能作出的裁定,包括确认仲裁协议效力的裁定、是否撤销我国内地仲裁机构仲裁裁决的裁定、是否执行我国内地仲裁机构仲裁裁决的裁定、是否认可和执行港澳台仲裁裁决的裁定、是否承认和执行外国仲裁裁决的裁定、是否准许撤回申请的裁定等,一经送达即发生法律效力,均不允许当事人申请复议、上诉或者申请再审。

这主要基于以下理由考虑:第一,《民事诉讼法》第154条仅规定不予受理、驳回起诉和管辖权异议三类裁定当事人可以上诉,而并未明确其他裁定可以上诉;第二,此前的一些司法解释、批复等也遵循了这一基本原则,规定对不予执行仲裁裁决的裁定、是否撤销仲裁裁决的裁定等,当事人申请再审、人民检察院抗诉的均不予受理;第三,仲裁的突出特点之一是解决纠纷的高效性,这也是当事人选择通过仲裁方式解决争议的重要原因之一,若仲

---

[1] 参见《千呼万唤始出来——解读最高院两大仲裁司法审查解释》,载 https://mp.weixin.qq.com/s/tPpYlCyefulvSE66TwEcdA,最后访问日期:2018年4月25日。

[2] 若无特别注明,本章中《民事诉讼法解释》为2015年修正后的内容。

[3] 参见卢琦:《最高法院仲裁司法审查新司法解释亮点解析》,载 https://mp.weixin.qq.com/s/toVs0iBxCqo19LmKJk3rfg,最后访问日期:2018年4月25日。

[4] 参见任雪峰:《〈最高人民法院关于审理仲裁司法审查案件若干问题的规定〉解读》,载《人民法治》2018年第5期。

裁司法审查案件中复议、上诉、再审等程序设置过多，仲裁结果将长期处于不确定的状态，仲裁的高效性优势就无从谈起，背离了1995年《仲裁法》第9条所确立的仲裁一裁终局原则。

11. 法院在承认和执行外国仲裁裁决时对公共利益的认定

中国现有法律并未对公共政策的概念作出界定，也没有规定其适用的标准和范围。我国司法实践向来秉持"有利于执行"公约的理念，对《纽约公约》第5条第2款第2项规定的违背公共政策理由采取慎用的态度。最高院批复也明确指出，违反中国法律的强制性规定并不完全等同于违反中国公共政策。因此能够得出，违反我国法律、行政法规、部门规章中的强制性规定并不当然构成对我国公共政策的违反，人民法院不得当然以违反此类强制性规定为由拒绝承认与执行外国仲裁裁决。[1]

我国法院的立场是限缩公共利益条款的适用范围，而非将其作为拒绝承认与执行外国仲裁裁决的兜底条款。基于现有的案例，我国法院在审查外国仲裁裁决过程中对于公共利益的态度可归纳如下：一是事关公共利益的事项：违反我国法律基本原则（但并非为违反一般实体法原则，必须是对我国根本性法律原则，如违反宪法原则），侵犯我国国家主权，危害我国国家及社会公共安全，违反我国社会的善良风俗。二是与公共利益无关的事项：违反我国法律、行政法规、部门规章中的强制性规定，仲裁结果有失公平，错误理解我国法律均不能等同于违反我国的公共政策。[2]

12. 明确裁决执行内容不明确的认定标准及处理方法

根据《民事诉讼法解释》第463条，当事人申请人民法院执行的生效法律文书应当给付内容明确。但具体"明确"的标准为何，以及对于文书内容不明确的案件应当如何处理，法律尚缺乏指引。

为填补规则空白，明确裁判尺度，《仲裁裁决执行规定》主要在以下五个方面作出了规定：一是将实践中常见的仲裁裁决"不明确具体"的情形归纳为两大类：第一类是仲裁裁决或者仲裁调解书主文即执行内容不明确，第二

---

[1] 参见陈治东、沈伟：《国际商事仲裁裁决承认与执行的国际化趋势》，载《中国法学》1998年第2期。

[2] 参见刘炯等：《中国法院在承认执行外国仲裁裁决时对公共利益的认定及保全申请的态度——以执行一例最新LMAA裁决为例》，载 https://mp.weixin.qq.com/s/xKZHje6m6cMq615SqAaOHw，最后访问日期：2018年4月25日。

类是仲裁裁决或者仲裁调解书仅确定继续履行合同,但对继续履行的权利义务,以及履行的方式、期限等具体内容不明确,导致无法执行。二是规定仲裁裁决执行内容不明确具体的,应首先通过仲裁庭补正说明或者法院调卷查明等方式解决,以减轻当事人讼累。三是经补正等方式仍无法明确执行内容的,人民法院可以裁定驳回执行申请。四是明确当事人对人民法院驳回执行仲裁裁决申请不服的,可以直接向上一级法院申请复议。五是对于仲裁裁决确定交付的特定物确已毁损或灭失的,人民法院可以通过终结执行等方式处理。[1]

《仲裁裁决执行规定》第 4 条、第 11 条分别规定人民法院应当书面告知仲裁庭补正或者说明一些裁决主文的文字或者遗漏等,且可以要求仲裁庭对当事人申请不予执行仲裁裁决的事由作出说明。该条规定似乎过多地增加了仲裁庭的义务。实际上,一项法律文书作出并且生效后,应将其视为独立于作出者的存在。执行该文书时只能根据文字的通常含义以及通过法律规定的解释方式理解其含义。此外,我国仲裁机构的仲裁规则,一般只规定裁决书的更正程序以及补充裁决程序,而不规定仲裁庭应法院要求作前述说明的程序。若实践中仲裁庭前去法院进行说明的情况成为常态,仲裁机构可能还应当对这方面的规则进行完善。[2]

13. 适当拓展申请不予执行的主体范围[3]

仲裁庭作出仲裁裁决后,败诉的当事人未能自动履行仲裁裁决的,胜诉的当事人有权向有管辖权的法院申请执行仲裁裁决。根据 1995 年《仲裁法》第 63 条和第 71 条,《民事诉讼法》第 238 条和第 291 条,被申请执行的当事人有权在执行程序中对执行申请提出抗辩,有权提出证据证明仲裁裁决存在有法定的不予执行情形,从而请求人民法院裁定不予执行。1995 年《仲裁法》和《民事诉讼法》规定,有权申请法院不予执行仲裁裁决的是仲裁裁决的当事人(或其权利义务的承继人)。1995 年《仲裁法》和《民事诉讼法》

---

[1] 参见王生长:《〈仲裁裁决执行规定〉的新意与隐忧》,载 https://mp.weixin.qq.com/s/gW9EXIY_6YaB4eUa-O8SoA,最后访问日期:2018 年 4 月 25 日。

[2] 参见金立宇:《海问观察:〈最高人民法院关于人民法院办理仲裁裁决执行案件若干问题的规定〉解读》,载 https://mp.weixin.qq.com/s/N2SSa-dOPay-pds9jxTfzQ,最后访问日期:2018 年 4 月 25 日。

[3] 参见王生长:《〈仲裁裁决执行规定〉的新意与隐忧》,载 https://mp.weixin.qq.com/s/wRald4BFAawnRysbnWOHAg,最后访问日期:2018 年 4 月 25 日。

均未对仲裁案外人申请不予执行仲裁裁决制度作出规定。

《仲裁裁决执行规定》首次明确赋予了仲裁案外人申请不予执行仲裁裁决的权利,并在第 9 条[1]和第 18 条[2]分别规定了案外人申请不予执行仲裁裁决的程序条件和实质审查标准。只有在第 18 条规定第 1 项至第 4 项条件均满足的情况下,案外人对仲裁裁决或者仲裁调解书的不予执行申请才能得到人民法院支持。可见,案外人申请不予执行的证明标准较高。根据这些条件,恶意仲裁和虚假仲裁应当是出于双方当事人的共同故意行为,而非某一方当事人的单方行为。[3]

在实践中个别当事人存在恶意仲裁、虚假仲裁行为,不仅侵犯了案外人的合法权益,而且损害了仲裁与司法的社会公信力。设置第三人申请不予执行仲裁裁决的制度,扩大了申请不予执行的主体范围。法院唯有严格审查案外人提出的不予执行仲裁裁决或者仲裁调解书的申请,确认其主张是否成立,才能克服恶意或虚假仲裁。

对于案外人申请不予执行的审查结果,《仲裁裁决执行规定》赋予了当事人、案外人进一步救济的权利。[4]但是有观点认为,引入了案外人申请不予执行制度以此作为应对实践中偶发的虚假仲裁的药方,缺少实证研究的基础,结果反而是留下更大的裁量空间,降低执行效率。[5]

---

[1]《仲裁裁决执行规定》第 9 条规定,案外人向人民法院申请不予执行仲裁裁决或者仲裁调解书的,应当提交申请书以及证明其请求成立的证据材料,并符合下列条件:①有证据证明仲裁案件当事人恶意申请仲裁或者虚假仲裁,损害其合法权益;②案外人主张的合法权益所涉及的执行标的尚未执行终结;③自知道或者应当知道人民法院对该标的采取执行措施之日起三十日内提出。

[2]《仲裁裁决执行规定》第 18 条规定,案外人根据本规定第九条申请不予执行仲裁裁决或者仲裁调解书,符合下列条件的,人民法院应当支持:①案外人系权利或者利益的主体;②案外人主张的权利或者利益合法、真实;③仲裁案件当事人之间存在虚构法律关系,捏造案件事实的情形;④仲裁裁决主文或者仲裁调解书处理当事人民事权利义务的结果部分或者全部错误,损害案外人合法权益。

[3] 参见金立宇:《海问观察:〈最高人民法院关于人民法院办理仲裁裁决执行案件若干问题的规定〉解读》,载 https://mp.weixin.qq.com/s/N2SSa-dOPay-pds9jxTfzQ,最后访问日期:2018 年 4 月 25 日。

[4]《仲裁裁决执行规定》第 22 条第 3 款规定,人民法院基于案外人申请裁定不予执行仲裁裁决或者仲裁调解书,当事人不服的,可以自裁定送达之日起十日内向上一级人民法院申请复议;人民法院裁定驳回或者不予受理案外人提出的不予执行仲裁裁决、仲裁调解书申请,案外人不服的,可以自裁定送达之日起十日内向上一级人民法院申请复议。

[5] 参见宋连斌:《仲裁司法监督制度的新进展及其意义》,载《人民法治》2018 年第 3 期。

14. 统一不予执行仲裁裁决案件的审查标准

中国法将仲裁裁决分为外国仲裁裁决、国内仲裁裁决以及涉外仲裁裁决三大类，在申请执行、撤销或不予执行时分别适用不同的法律规定。国内仲裁裁决的不予执行理由规定于《民事诉讼法》第 248 条，《仲裁裁决执行规定》对该条款下不予执行的事由（"无权仲裁""违反法定程序""伪造证据及隐瞒证据"）进行了进一步阐释。[1]

针对"无权仲裁"，《仲裁裁决执行规定》第 13 条规定了四种情形：仲裁事项超出协议范围、裁决事项是法定或约定不可仲裁的事项、超出仲裁请求范围、非约定机构作出裁决。

其中，"不可仲裁事项"和"超出仲裁请求范围"值得特别注意。首先，"不可仲裁事项"范围有了扩大，是指"属于依照法律规定或者当事人选择的仲裁规则规定的不可仲裁事项"。传统上，在执行程序中，不可仲裁事项仅指执行地法律规定的不可仲裁的事项，对该情形的审查由法院依职权主动进行，无需当事人举证。此处，最高院明确，对于仲裁规则规定的不可仲裁事项，主要是超出仲裁机构案件受理范围的事项，也可以视为不可仲裁事项进行司法审查。依照本条规定，被执行人以存在不可仲裁事项为由提出不予执行的，被执行人须举证证明，而不是由法院主动依职权进行审查。其次，关于"超出仲裁请求范围"。最高院明确了"超裁"不仅指仲裁裁决超出仲裁协议约定范围的情况，也指仲裁裁决超出了当事人仲裁请求范围。此规定弥补了 1995 年《仲裁法》和《民事诉讼法》规定之不足，也与《纽约公约》第 5 条的规定相契合。为了确保仲裁裁决的可执行性，仲裁庭必须针对仲裁申请人的本请求和仲裁被申请人的反请求，在仲裁协议约定的仲裁事项范围内进行裁决，否则仲裁裁决将面临被裁定不予执行的风险。[2]

针对"违反法定程序"，《仲裁裁决执行规定》第 14 条第 1 款规定了三种情形：违反仲裁法的仲裁程序、违反约定选择的仲裁规则、违反当事人对仲裁程序的特别约定。

此外，最高院首次明确，当事人对仲裁程序的特别约定也视为属于"法

---

[1] 参见刘炯等：《仲裁裁决执行新规详解及实务贴士》，载 https://mp.weixin.qq.com/s/OCAD0vqV8DO0xxbj44N1LA，最后访问日期：2018 年 4 月 25 日。

[2] 参见王生长：《〈仲裁裁决执行规定〉的新意与隐忧》，载 https://mp.weixin.qq.com/s/gW9EXIY_6YaB4eUa-O8SoA，最后访问日期：2018 年 4 月 25 日。

定程序"的沁畴。仲裁的特点在于当事人享有高度的意思自治权，只要不违反强制性法律规定，当事人有权通过约定，自由设计和剪裁仲裁程序。从这个意义上讲，新增加的规定尊重当事人意思自治，并以司法审查的方式对意思自治原则予以支持和确认。当事人共同签署审理范围书、共同认可仲裁庭签发的程序令或者仲裁庭关于程序的决定、共同签署含有程序决定事项的庭审纪要等，均有可能被视为达成了关于仲裁程序的特别约定。仲裁庭违反此特别约定，将使裁决面临不予执行的风险。[1]

另外，《仲裁裁决执行规定》第14条第3款规定了国内首次入法的"放弃异议条款"。具体规定是，当事人经特别提示知道或者应当知道法定仲裁程序或选择的仲裁规则未被遵守，但仍然参加或者继续参加仲裁程序且未提出异议，在仲裁裁决作出之后以违反法定程序为由申请不予执行仲裁裁决的，人民法院不予支持。放弃异议原则是国际商事仲裁中被普遍接受的原则，[2]目的在于维护当事人意思自治及诚实信用，[3]有助于降低法院对仲裁程序的干预程度，增加仲裁裁决的可执行性，保证仲裁的高效、稳定，提高司法效率和可预测性。

针对"伪造证据及隐瞒证据"明确了三个前提：首先，该证据已被采信；其次，该证据为认定事实的主要证据；最后，该证据的形成或获取方式非法或不符合客观性、关联性、合法性要求。[4]《仲裁裁决执行规定》第15条和第16条分别规定了伪造证据和隐瞒证据规定的各项条件，均为共同构成要件，缺一不可。并且，被伪造或者被隐瞒的证据，必须是属于认定案件基本事实的主要证据。这杜绝了缺席仲裁程序的被申请人利用民事诉讼法的抽象性在执行程序中提出仲裁申请人隐瞒证据从而请求不予执行裁决等不合理情况的发生，体现仲裁的诚信原则。[5]

---

〔1〕 参见王生长：《〈仲裁裁决执行规定〉的新意与隐忧》，载 https://mp.weixin.qq.com/s/gW9EXIY_6YaB4eUa-O8SoA，最后访问日期：2018年4月25日。

〔2〕《联合国国际贸易法委员会国际商事仲裁示范法》第4条；《英国仲裁法》第73条。放弃异议原则一般仅限于开庭前程序和庭审程序。《仲裁裁决执行规定》并没有对此加以明确和限制。

〔3〕 参见宋连斌：《仲裁司法监督制度的新进展及其意义》，载《人民法治》2018年第3期。

〔4〕 参见刘炯等：《仲裁裁决执行新规详解及实务贴士》，载 https://mp.weixin.qq.com/s/OCAD0vqV8DO0xxbj44N1LA，最后访问日期：2018年4月25日。

〔5〕 参见金立字：《海问观察：〈最高人民法院关于人民法院办理仲裁裁决执行案件若干问题的规定〉解读》，载 https://mp.weixin.qq.com/s/N2SSa-dOPay-pds9jxTfzQ，最后访问日期：2018年4月25日。

《仲裁裁决执行规定》还列举了若干申请不予执行仲裁裁决明显违反诚实信用原则的情形，[1]明确规定人民法院不予支持此类申请。上述条文填补了司法实践中《民事诉讼法》相应规定过于宽泛而导致的适用问题，统一了审查尺度，明晰了相关司法审查的标准。

15. 缩短了申请不予执行的期限

《仲裁裁决执行规定》第8条规定，被执行人申请不予执行仲裁裁决应当在执行通知书送达之日起15日内提出书面申请，这一期限远远短于《民事诉讼法解释》第479条的规定。例外情况是，当裁决所依据的证据是伪造的或仲裁员在仲裁过程中存在贪污受贿，徇私舞弊，枉法裁决行为时，被执行人应当自知道或者应当知道有关事项之日起15日内提出书面申请。另外，根据《仲裁裁决执行规定》第9条，案外人应在执行程序尚未终结时，自知道或者应当知道法院采取执行措施之日起30日内提出申请。

同时，《仲裁裁决执行规定》第23条的规定，《仲裁裁决执行规定》第8条、第9条对仲裁裁决执行案件申请不予执行的期限自本规定施行之日起重新计算，即对正在执行的仲裁裁决执行案件，提出不予执行申请的期限为2018年3月15日。[2]

16. 明确撤销仲裁裁决与不予执行仲裁裁决司法审查的程序衔接

根据1995年《仲裁法》规定，申请撤销仲裁裁决与不予执行仲裁裁决两种救济程序双轨并行，提出申请的法定事由也大致相同。因此，对于同一法定事由，当事人有可能分别在申请撤销仲裁裁决与不予执行仲裁裁决两个救济程序中提起，受理法院有可能对同一法定事由重复审查。

为提高审查效率，减少司法资源浪费，《仲裁法解释》第25条[3]和第

---

[1] 体现了当事人意思自治及诚实信用要求的规定还有：被执行人申请不予执行仲裁裁决，对同一仲裁裁决的多个不予执行事由应当一并提出；人民法院对不予执行仲裁裁决案件应当围绕被执行人申请的事由、案外人的申请进行审查，对被执行人没有申请的事由不予审查，但仲裁裁决可能违背社会公共利益的除外；被执行人申请不予执行仲裁调解书或者根据当事人之间的和解协议、调解协议作出的仲裁裁决，人民法院不予支持，但该仲裁调解书或者仲裁裁决违背社会公共利益的除外。参见宋连斌：《仲裁司法监督制度的新进展及其意义》，载《人民法治》2018年第3期。

[2] 参见刘炯等：《仲裁裁决执行新规详解及实务贴士》，载 https://mp.weixin.qq.com/s/OCAD0vqV8DO0xxbj44N1LA，最后访问日期：2018年4月25日。

[3] 《仲裁法解释》第25条规定，人民法院受理当事人撤销仲裁裁决的申请后，另一方当事人申请执行同一仲裁裁决的，受理执行申请的人民法院应当在受理后裁定中止执行。

26条〔1〕首次规定了申请撤销仲裁裁决与不予执行仲裁裁决两种救济程序的衔接，〔2〕予以适当简化和明确。

（1）申请撤销仲裁裁决的申请被驳回后，被执行人可以再次提起不予执行之申请。〔3〕《仲裁裁决执行规定》第8条第2款规定，在申请不予执行之期限届满前，被执行人之申请撤销仲裁裁决已被受理的，被执行人申请不予执行的期限自法院驳回撤销仲裁裁决申请的裁判文书生效之日起重新计算期限。

（2）同一抗辩理由在两个程序中只能够被提出一次。〔4〕《仲裁裁决执行规定》第20条第1款规定，被执行人申请撤销仲裁裁决被驳回后，再以相同理由申请不予执行的，法院不予支持，反之亦然。实质上，这是两救济程序的受理法院相互承认在先裁定的既判力，避免司法资源的浪费。

（3）若两种程序并行，处于主导地位的是针对撤销仲裁裁决的司法审查。〔5〕《仲裁裁决执行规定》第20条第2款规定，若存在不予执行仲裁裁决申请及撤销仲裁裁决申请同时存在的情况时，法院应当裁定中止对不予执行申请的审查。仲裁裁决被撤销，法院应当裁定终结执行，并终结对不予执行申请的审查；撤销仲裁裁决申请被法院驳回或者被申请人撤回的，法院应当恢复对不予执行申请的审查。被执行人同时申请撤销仲裁裁决和不予执行仲裁裁决时，其撤回撤裁申请的，法院应当裁定终结对不予执行申请的审查，但案外人申请不予执行仲裁裁决的除外。该项规定同样有利于减少重复审查。

另外，结合法院内部庭室部门分工来看，最高院执行局负责起草和编订《仲裁裁决执行规定》，而审查撤销仲裁裁决案件审理则由各级法院负责仲裁司法审查工作的专门业务庭室负责。这一规定也体现了最高院执行局出于更有利于公正审理撤销仲裁裁决案件的考虑，将此类案件留在专门业务庭室的

---

〔1〕《仲裁法解释》第26条规定，当事人向人民法院申请撤销仲裁裁决被驳回后，又在执行程序中以相同理由提出不予执行抗辩的，人民法院不予支持。

〔2〕参见王生长：《〈仲裁裁决执行规定〉的新意与隐忧》，载 https://mp.weixin.qq.com/s/gW9EXIY_6YaB4eUa-O8SoA，最后访问日期：2018年4月25日。

〔3〕参见刘炯等：《仲裁裁决执行新规详解及实务贴士》，载 https://mp.weixin.qq.com/s/OCAD0vqV8DO0xxbj44N1LA，最后访问日期：2018年4月25日。

〔4〕参见刘炯等：《仲裁裁决执行新规详解及实务贴士》，载 https://mp.weixin.qq.com/s/OCAD0vqV8DO0xxbj44N1LA，最后访问日期：2018年4月25日。

〔5〕参见刘炯等：《仲裁裁决执行新规详解及实务贴士》，载 https://mp.weixin.qq.com/s/OCAD0vqV8DO0xxbj44N1LA，最后访问日期：2018年4月25日。

态度。[1]

(二) 存在的不足

如前所述，2017年《报核规定》对此前逐级报告制度中存在的问题作了一定程度的改进，"内外合并"的单轨制报核体系理论上更有利于国内仲裁的发展。《仲裁司法审查规定》及《仲裁裁决执行规定》的出台使得仲裁司法审查规则更具操作性。但是，2017年《报核规定》同样存在不足，《仲裁司法审查规定》及《仲裁裁决执行规定》中的细化规则与既有规则亦有冲突或疏漏之处。[2]

1. 内外仍存在区别

2017年《报核规定》被认为是推进"双轨制"合并进程的重要举措。但是，报核制度仍然存在一定程度的"内外有别"：涉外案件仍然全部逐级上报至最高院，但大多数情况下内地仲裁机构案件则只上报至省高院。因此，2017年《报核规定》仅仅是缩小了内外仲裁裁决待遇差别。

合理的解释是，由于我国国内仲裁案件数量巨大（2016年为20.8万件），[3]如果国内仲裁司法审查案件同涉外仲裁司法审查案件一样都报核至最高院，将给最高院带来较高的工作压力，不但不利于最高院审判机构功能的发挥，也可能会降低司法审查的效率。[4]但在特定情形下，仍应向最高院报核，并根据最高院的审核意见作出裁定。2017年《报核规定》致力于打破仲裁司法审查中的地方保护主义，反映了在适用公共秩序条款引用方面的审慎立场。

2. 可能激励当事人的法院选择

根据2017年《报核规定》，国内仲裁司法审查案件涉及当事人住所跨省级单位的，应当层报至最高院。这有利于标准的统一，但可能驱动当事人为了实现或者避免案件最终被上报至最高院而选择管辖法院。可以想象的是，

---

[1] 参见金立宇：《海问观察：〈最高人民法院关于人民法院办理仲裁裁决执行案件若干问题的规定〉解读》，载 https://mp.weixin.qq.com/s/N2SSa-dOPay-pds9jxTfzQ，最后访问日期：2018年4月25日。

[2] 下述"内外仍存在区别、可能鼓励当事人选择法院、留下法院审查案件实体内容的隐患、报核制度的性质仍未明确"四点问题。参见《仲裁司法审查的报核制度浅析（下）——〈报核问题规定〉的是与非》，载 http://www.sohu.com/a/219662209_740841，最后访问日期：2018年1月29日。

[3] 参见宋连斌：《仲裁司法监督制度的新进展及其意义》，载《人民法治》2018年第3期。

[4] 参见宋连斌：《仲裁司法监督制度的新进展及其意义》，载《人民法治》2018年第3期。

在仲裁协议效力确认案件中,当事人可以通过选择管辖法院来回避仲裁机构所在地的中级法院,"跨区域"申请将会成为常态。〔1〕

尤其是《仲裁司法审查规定》第 2 条所规定的对仲裁协议效力确认案件具有管辖权的法院多达五个,即仲裁机构所在地法院、仲裁协议签订地法院、申请人住所地法院、被申请人住所地法院以及"专门人民法院"。当事人有更充分的法院选择空间,更可能会导致审查程序被滥用。

3. 留下法院进行实质审查的空间

2017 年《报核规定》第 5 条使用了"案件相关事实"一词,引发了学界对法院也可能审查案件实体内容的担忧。也有观点认为,总结 1995 年《仲裁法》和《民事诉讼法》的相关规定可以得出,对于仲裁裁决的司法审查应当限于程序性事项,那么在报核案件中,法院查明的"案件相关事实"也应当限于与撤销或不予执行仲裁裁决事项有关的程序性事实,而非案件实体事实。这种解释符合仲裁立法原意和仲裁制度内涵,但实践中法院是否会将审查事项局限于程序性事实,仍待考察。

4. 报核制度的性质仍未明确

根据 2017 年《报核规定》,报核制度的性质并不明确。如果认为报核制度应当归属于上诉制度,则部分报核案件从中级人民法院上报至最高院的过程,事实上经历了三审的程序,且剥夺了初审法院裁决的权利而最终以最高院的意见为依据作出裁判,是对我国宪法和法律规定的二审终审制度和审级独立原则的违背。〔2〕该问题在内部报告制度时期就已经存在,但若不修改现行法律,无法对其进行完善。

有建议认为,应该对内部请示报告制度中不予执行的裁决设置有限上诉程序,不设再审程序;上诉只限于一审法院对仲裁拟作出否定性裁定的案件;审查的范围仅限于上诉人提出上诉且法律有规定的事由;审查程序参照民事二审程序。〔3〕显然此类建议的逻辑是将内部报告制度完全纳入现有民诉法体

---

〔1〕参见卢琦:《最高法院仲裁司法审查新司法解释亮点解析》,载 https://mp.weixin.qq.com/s/toVs0iBxCqo19LmKJk3rfg,最后访问日期:2018 年 4 月 25 日。

〔2〕参见朱科:《国际商事仲裁司法审查案件内部请示报告制度的转型》,载《法学杂志》2017 年第 6 期。

〔3〕参见朱科:《国际商事仲裁司法审查案件内部请示报告制度的转型》,载《法学杂志》2017 年第 6 期。

系中,成为民诉法的内生制度,而不是现有的法外纠错制度。

5. 司法审查过程违背基本诉讼原理

法官中立、法官亲历、程序透明和两造平等是诉讼的基本要求。但是,案件经报核制度在高级法院和最高院司法审查期间,采取的是书面审查模式,双方当事人无法接触到法官,甚至没有机会在报核程序中发表己方观点和意见。新的规定没有对此作充分改进,对最高院的审查期设限也没有补充规定,案件拖延现象可能依旧无法得到很好制约。

6. 司法解释的模糊规定

（1）如何理解申请执行我国内地仲裁机构的仲裁裁决案件[1]

《仲裁司法审查规定》第1条第2项"申请执行我国内地仲裁机构的仲裁裁决案件"是否应当限缩解释为"申请不予执行我国内地仲裁机构的仲裁裁决案件"？

其一,1995年《仲裁法》第62条、《民事诉讼法》第248条均规定,一方当事人不履行仲裁裁决的,对方当事人向有管辖权的人民法院申请执行的,受申请的人民法院应当执行。换言之,在对方当事人未申请不执行仲裁裁决时,受申请的人民法院应当直接执行而无需审查仲裁裁决,这是法律赋予仲裁裁决与司法判决同等强制执行力的应有之意。

其二,如不将第2项限于"申请不予执行我国内地仲裁机构的仲裁裁决案件",而认为其包括了所有申请执行仲裁裁决的情形,则《仲裁司法审查规定》后文中的诸多条款会出现与执行程序不相适应或与现有的司法解释相互矛盾的情形。例如《仲裁司法审查规定》第10条规定仲裁司法审查案件的管辖权异议期间为15日,异议裁定可以提出上诉。《民事诉讼法》及其司法解释并没有有关执行程序管辖权异议的条款,但《最高人民法院关于适用〈中华人民共和国民事诉讼法〉执行程序若干问题的解释》第3条规定当事人对人民法院受理执行申请提出管辖权异议的期间是10日,对管辖权异议裁定不服的,可以向上一级人民法院申请复议。此处的强制执行程序,当然地包括强制执行仲裁裁决。该规定目前仍然处于有效状态。

在没有当事人提出不予执行仲裁裁决的情形的执行程序也被作为仲裁司

---

[1] 参见张清姬:《一线法官眼中的仲裁司法审查新规亮点解析 | 万邦仲裁》,载https://mp.weixin.qq.com/s/oxYUm_e8YcZ3DO2o3fQfrg,最后访问日期:2018年4月23日。

法审查案件而进行司法审查,将会导致司法解释的互相矛盾。同样地,《仲裁司法审查规定》第 11 条、第 17 条,仅应适用于当事人在执行程序中以仲裁裁决存在法定情形而申请不予执行仲裁裁决的执行异议程序,不应适用于执行仲裁裁决程序。

(2) 何谓关联案件[1]

《仲裁司法审查规定》第 3 条增加了申请承认与境内案件关联的外国仲裁裁决的管辖连接点,但并未明确规定何为"关联案件",这也许会是将来适用本条规定的重点和难点所在。

(3) 关于人民法院裁定不予执行后当事人的救济[2]

若执行法院裁定不予执行仲裁裁决,当事人之间原先订立的仲裁协议是否整体失效？1995 年《仲裁法》第 9 条第 2 款和《民事诉讼法解释》第 476 条对此问题提供了法教义学的思路。

1995 年《仲裁法》第 9 条第 2 款规定:"裁决被人民法院依法裁定撤销或者不予执行的,当事人就该纠纷可以根据双方重新达成的仲裁协议申请仲裁,也可以向人民法院起诉。"《民事诉讼法解释》第 476 条规定:"依照《民事诉讼法》第二百四十四条第二款、第三款规定,人民法院裁定不予执行仲裁裁决后,当事人对该裁定提出执行异议或者复议的,人民法院不予受理。当事人可以就该民事纠纷重新达成书面仲裁协议申请仲裁,也可以向人民法院起诉。"

这两个条文都有极其重要的限定性表述,即在人民法院裁定不予执行仲裁裁决后,当事人只可"就该纠纷"或者"就该民事纠纷"重新达成书面仲裁协议申请仲裁或向人民法院起诉。仲裁庭是根据当事人的本请求或反请求作出裁决的,裁决书处理的纠纷有可能是基础合同项下的所有纠纷,也有可能是基础合同项下的部分纠纷。对于当事人未请求仲裁庭裁决的纠纷,原仲裁协议自然继续有效,而不应因为部分纠纷之裁决书被不予执行受到牵连或影响。

《仲裁裁决执行规定》第 22 条第 2 款规定:"人民法院裁定不予执行仲裁

---

[1] 参见张清姬:《一线法官眼中的仲裁司法审查新规亮点解析丨万邦仲裁》,载 https://mp.weixin.qq.com/s/oxYUm_e8YcZ3DO2o3fQfrg,最后访问日期:2018 年 4 月 23 日。

[2] 参见王生长:《〈仲裁裁决执行规定〉的新意与隐忧》,载 https://mp.weixin.qq.com/s/gW9EXIY_6YaB4eUa-O8SoA,最后访问日期:2018 年 4 月 25 日。

第一章 我国仲裁司法审查制度的缘起、演进、机理和缺陷 ❖

裁决的，当事人可以根据双方达成的书面仲裁协议重新申请仲裁，也可以向人民法院起诉"，其中遗漏了"就该纠纷"或者"就该民事纠纷"等限定语，容易给人造成一旦裁决书被不予执行则原仲裁协议整体失效的片面理解或错误认识。笔者认为，虽然《仲裁裁决执行规定》第 24 条第 1 款规定"……本院以前发布的司法解释与本规定不一致的，以本规定为准"，但若《仲裁裁决执行规定》与 1995 年《仲裁法》第 9 条第 2 款的规定不一致并且产生歧义，依据法律规范的效力位阶，应以 1995 年《仲裁法》的规定为准。

（4）驳回不予执行仲裁裁决申请的裁定是否可以申请复议[1]

最高院 2015 年 1 月 1 日实施的《最高人民法院关于执行案件立案、结案若干问题的意见》（以下简称《执行案件立结案意见》）第 10 条第 3 项规定，当事人不服人民法院作出的不予执行仲裁裁决、驳回不予执行仲裁裁决申请的裁定，向上一级人民法院申请复议的，应予立案。2015 年 2 月 4 日实施的《民事诉讼法解释》第 478 条改变了该等规定，明确对不予执行仲裁裁决的裁定，当事人不能提出执行异议或复议。但第 478 条未明确对于人民法院驳回不予执行仲裁裁决申请的裁定，当事人是否可以申请复议。

一种开放式的解读可以是，既然《执行案件立结案意见》第 10 条第 3 项规定对于此种情况当事人可以申请复议，而《民事诉讼法解释》第 478 条又未予以禁止，那么可以认为允许当事人申请复议。但是限缩性的观点是，虽然根据《执行案件立结案意见》第 9 条第 6 项的规定，法院将不予执行仲裁裁决申请立案作为执行异议案件，但其性质不同于一般的执行异议案件，法院审查的依据也完全不同；为尽量减少司法对仲裁的干预，促进仲裁发展，不应就法院驳回当事人不予执行裁决申请赋予当事人申请复议权。

《仲裁司法审查规定》第 20 条的文意赞成第二种观点，即认为该种情况当事人无权申请复议；但该条末尾规定"法律和司法解释另有规定的除外"，似乎又将这个问题的答案指向了《执行案件立结案意见》第 10 条第 3 项的适用。对此，笔者认为，第 20 条所指"司法解释"的外延应只包括《最高人民法院关于修改〈最高人民法院关于司法解释工作的规定〉的决定》（法发〔2021〕20 号）中所规定的五种司法解释形式（即"解释"、"规定"、"规

---

[1] 参见朱华芳、郭萌：《最高法院新规解析：2017 年中国仲裁司法审查制度发展观察 | 法务芳谈》，载 https://mp.weixin.qq.com/s/VOfE5KgoDuXd9KS7yuVgVw，最后访问日期：2018 年 4 月 25 日。

则"、"批复"和"决定"），而最高院发布的意见、通知等规范性文件不在此列；因《执行案件立结案意见》并非该等意义上的司法解释，故该意见第10条第3项不能成为《仲裁司法审查规定》第20条"其他裁定不能申请复议"规定的例外。

7. 留待今后研究、解决的问题

2017年《报核规定》《仲裁司法审查规定》《仲裁裁决执行规定》的出台，是以司法解释的方式明确目前司法实践中某些缺乏法律规定的操作问题的处理办法，但是对于一些问题，司法解释还留有空白与遗憾，有待在今后进一步加以研究解决。

（1）是否需要明确知识产权仲裁协议管辖法院[1]

《仲裁法解释》出台之时，知识产权法院尚未成立，其第12条自然不涉及与知识产权有关的仲裁协议的管辖法院。但2014年以后，北京、上海、广州分别成立了知识产权法院，对于这些地方，应当进一步明确涉知识产权仲裁协议的管辖法院。

（2）管辖权明确时，是否需要限制当事人提起管辖权异议的权利[2]

《仲裁司法审查规定》第10条明确规定了也可以对仲裁司法审查案件提出管辖权异议。但是管辖权异议程序十分容易被当事人作为拖延程序的手段而滥用。

据统计，2016年至2017年X市中级人民法院审结的224件仲裁司法审查案件中，[3]很大一部分在受理时正处于仲裁、诉讼、执行阶段，也即其中一方当事人就相关案件已经向仲裁机构申请仲裁或向法院提起诉讼之后，另一方当事人针对某一仲裁条款申请确认仲裁协议效力，从而达到中止正在进行的仲裁或诉讼程序的目的；或者其中一方当事人已经申请强制执行仲裁裁决书，另一方当事人就申请撤销作为执行依据的仲裁裁决，以此中止正在执行的程序。从已审结的案件看，大量的仲裁司法审查案件并不存在正当的申

---

[1] 参见张清姬:《一线法官眼中的仲裁司法审查新规亮点解析丨万邦仲裁》，载 https://mp.weixin.qq.com/s/oxYUm_e8YcZ3DO2o3fQfrg，最后访问日期：2018年4月23日。

[2] 参见张清姬:《一线法官眼中的仲裁司法审查新规亮点解析丨万邦仲裁》，载 https://mp.weixin.qq.com/s/oxYUm_e8YcZ3DO2o3fQfrg，最后访问日期：2018年4月23日。

[3] 参见张清姬:《一线法官眼中的仲裁司法审查新规亮点解析丨万邦仲裁》，载 https://mp.weixin.qq.com/s/oxYUm_e8YcZ3DO2o3fQfrg，最后访问日期：2018年4月23日。

撤销仲裁裁决的事由。当事人明显是以启动仲裁司法审查案件来拖延、阻滞正在进行的仲裁、诉讼、执行程序。更有甚者，当事人依次分别对同一个仲裁案件中所涉及的主债务合同、担保合同申请确认仲裁协议效力，致使仲裁程序长时间停滞。

有鉴于此，应当对仲裁司法审查的管辖权异议申请增添附加条件，即若仲裁机构已经受理仲裁申请，当事人向仲裁机构所在地中级人民法院申请确认仲裁协议效力的，或者当事人向作出仲裁裁决的仲裁机构所在地中级人民法院申请撤销仲裁裁决的，不再赋予当事人提起管辖权异议的权利，因为该种情况下管辖权归属已经非常明确。

(3) 是否需要区分"驳回申请"包含的两类案件[1]

需要注意的是，可以上诉的"驳回申请"裁定，应当理解为《仲裁司法审查规定》第8条所指的立案后发现不符合受理条件而裁定驳回申请的情形，而不包括当事人请求未得到支持而驳回申请的情形。1995年《仲裁法》第60条规定，不予支持撤销仲裁裁决申请的，应裁定驳回申请，而在申请确认仲裁协议效力案件中，如人民法院不予支持当事人的请求，同样也裁定驳回申请。事实上，驳回申请是当前仲裁司法审查案件的主要结案方式之一。据统计，2016~2017年X市中级人民法院已审结的94件撤销仲裁裁决案件中，裁决驳回申请的案件共60件，占比63.83%；130件确认仲裁协议效力案件中，裁决驳回申请的案件共82件，占比63.08%。[2]这些案件中，大量案件很明显不存在正当的申请理由。如果允许这类驳回申请的案件当事人上诉，则反而可能会使当事人拖延仲裁、诉讼、执行程序的意图被进一步强化，这不仅浪费司法资源，而且损害仲裁的效率。

(4) 关于上诉案件逐级报核的标准[3]

根据2017年《报核规定》第7条，在民事诉讼程序中，对于上诉案件中法院因存在仲裁协议而作出不予受理、驳回起诉、管辖权异议裁定，上诉法

---

[1] 参见张清姬：《一线法官眼中的仲裁司法审查新规亮点解析 | 万邦仲裁》，载 https://mp.weixin.qq.com/s/oxYUm_e8YcZ3DO2o3fQfrg，最后访问日期：2018年4月23日。

[2] 参见张清姬：《一线法官眼中的仲裁司法审查新规亮点解析 | 万邦仲裁》，载 https://mp.weixin.qq.com/s/oxYUm_e8YcZ3DO2o3fQfrg，最后访问日期：2018年4月23日。

[3] 参见张清姬：《一线法官眼中的仲裁司法审查新规亮点解析 | 万邦仲裁》，载 https://mp.weixin.qq.com/s/oxYUm_e8YcZ3DO2o3fQfrg，最后访问日期：2018年4月23日。

院否定仲裁协议效力的，也应当逐级报核。该条规定与《仲裁司法审查规定》第 20 条关于仲裁司法审查中不予受理、驳回申请、管辖权异议裁定类裁定可以上诉的规定相对接。

可以认为 2017 年《报核规定》第 7 条是对"其他仲裁司法审查案件"报核程序的规定。但是值得研究的是，该条将报核的标准规定为仲裁协议不成立、无效、失效、内容不明确无法执行等是否合理。2017 年《报核规定》第 2 条、第 3 条以否定仲裁协议效力作为报核标准，与其不同的是，在诉讼案件中仲裁协议被认定为不成立、无效、失效、内容不明确无法执行的，通常并非因为人民法院与仲裁机构的认定存在分歧，相反，恰恰因为仲裁协议无效，案件才会进入诉讼程序。而 2017 年《报核规定》第 2 条、第 3 条所涉及的确认仲裁协议效力案件中的拟认定的仲裁协议无效，则可能是案件已经被仲裁机构受理（仲裁机构初步认定仲裁条款有效），而另一方当事人申请确认仲裁条款无效。此时，若法院拟认定仲裁条款无效，则表明法院与仲裁机构就仲裁协议效力的认定存在分歧，因此有必要就此种情形适用报核制度来进行统一和规范。

若一审法院根据 2017 年《报核规定》第 7 条的规定，在诉讼案件中因涉及仲裁协议效力而裁定不予受理、驳回起诉，则表明一审法院认定仲裁协议有效，法院不应当受理。若二审法院经审查拟认定仲裁协议不成立、无效、失效、内容不明确无法执行，表明一、二审法院认定仲裁协议效力存在分歧，适用报核程序也有利于统一法院对仲裁协议效力的认定。

但是，对于当事人以存在仲裁条款提出管辖权异议的，一审法院可能作出两种裁定，即裁定异议成立（仲裁条款有效）或不成立（仲裁条款无效），两种裁定均可以提起上诉。若一、二审法院均认定异议不成立（仲裁条款无效），即一审法院立案部门、业务部门、二审法院均认定仲裁条款无效，此时仍应逐级报核。

实践中，在涉及仲裁协议效力的管辖权异议上诉案件中，此种情形占据多数。因为只有当立案部门在立案阶段初步认定仲裁条款无效而受理时，案件才有可能进入诉讼阶段，进而提出管辖权异议。若合同约定的仲裁条款明显无效，当事人却仍然提出管辖权异议，那么这很可能只是当事人拖延诉讼的手段之一。反之，若一审法院认定异议不成立（仲裁条款无效），而二审法院认定异议成立（仲裁条款有效），虽然一、二审法院之间存在分歧，但由于二审法院认定仲裁条款有效,因此不属于 2017 年《报核规定》中应报核的情形。从保证裁判尺度统一和法律适用正确性的角度,似乎上述两种情况中后一种报核的理由更加充分。

因此,在诉讼案件中,当事人对因涉及仲裁协议效力而作出的不予受理、驳回起诉、管辖权异议的裁定不服提起上诉的,似乎应该以一、二审法院认定仲裁协议效力存在分歧作为报核的必要标准,而不将二审法院拟认定仲裁协议不成立、无效、失效、内容不明确无法执行等作为报核的标准。

(5) 关于案外人申请不予执行仲裁裁决制度中的"另案审查"[1]

向有管辖权的法院申请不予执行仲裁裁决原本从属于仲裁裁决执行程序,是被执行人在执行程序中对抗执行申请人(通常是仲裁裁决胜诉方)的一种被动防御手段。若胜诉方没有提出执行仲裁裁决申请,败诉方无权主动向法院申请不予执行仲裁裁决。1995 年《仲裁法》、《民事诉讼法》和 1958 年《纽约公约》均作如此设计,且没有提出任何关于案外人可以主动提出不予执行仲裁裁决申请的设想。

《仲裁裁决执行规定》突破了这种思维定势,首次规定案外人可以主动提出不予执行仲裁裁决的申请。其第 2 条第 3 款规定,案外人对仲裁裁决执行案件申请不予执行的,负责执行的中级人民法院应当另行立案审查处理。"另行立案审查处理"一语容易引起不同解读。如果案外人的申请在执行案件里由同一合议庭一并审查,则尚可解释为案外人不予执行仲裁裁决的申请从属于已经开始的执行程序,合并审查可以减少司法资源的浪费,阻却虚假仲裁对案外人的影响。如果案外人的申请非由执行法院同一合议庭一并审查,则案外人的申请有独立于已经开始的执行程序的嫌疑,而属于另一个并行的司法审查程序。《仲裁裁决执行规定》没有对该问题给出明确的解答。以司法解释的方式创设一个全新的不予执行仲裁裁决机制,若无后续立法加以背书,则容易给人造成法官造法的印象,给现有仲裁立法体系的稳定性带来变数。

(6) 关于仲裁员应否回避的司法审查[2]

《仲裁裁决执行规定》第 14 条第 2 款规定,人民法院经审查发现"仲裁

---

[1] 参见王生长:《〈仲裁裁决执行规定〉的新意与隐忧》,载 https://mp.weixin.qq.com/s/gW9EXIY_6YaB4eUa-O8SoA,最后访问日期:2018 年 4 月 25 日。

[2] 参见王生长:《〈仲裁裁决执行规定〉的新意与隐忧》,载 https://mp.weixin.qq.com/s/gW9EXIY_6YaB4eUa-O8SoA,最后访问日期:2018 年 4 月 25 日。

员根据仲裁法或仲裁规则的规定应当回避而未回避，可能影响公正裁决"的，可以认定存在仲裁庭的组成或者仲裁的程序违反法定程序情形，裁定仲裁裁决不予执行。

但现实情况并不简单。几乎所有仲裁机构制定的仲裁规则均就仲裁员应否回避的理由、决定程序和决定的效力都作出了明确规定。仲裁机构在决定仲裁员是否回避问题上都很慎重，给予各方当事人和各仲裁员（包括被申请回避的仲裁员）合理机会发表意见，有的仲裁规则特别规定仲裁机构就仲裁员是否回避作出的决定是终局的，对当事各方均有约束力。例如，贸仲委2015年版《中国国际经济贸易仲裁委员会仲裁规则》第32条第6项规定"……仲裁员是否回避，由仲裁委员会主任作出终局决定并可以不说明理由"。

现在的问题是，在仲裁裁决的执行程序中，仲裁员既不是当事人，也不宜作为证人出席合议庭的开庭询问。在涉事仲裁员无法发表意见或者自证清白的情况下，受理法院是否比仲裁机构处于更好的地位来对该仲裁员应否回避进行司法审查？此外，仲裁规则被视为当事人仲裁协议的组成部分，构成当事人合意的内容。如果仲裁规则明文规定仲裁机构就仲裁员回避作出的决定是终局的，受理法院对仲裁机构的终局决定对案件重新审查，是否有违既判力原则？

（7）关于当事人隐瞒证据的审查标准[1]

按照1995年《仲裁法》第43条和《民事诉讼法》第67条所设立的证据规则，当事人对自己提出的主张，有责任提供证据。当事人及其代理人因客观原因不能自行收集的证据，或者仲裁庭认为有必要收集的证据，仲裁庭可以决定自行收集。1995年《仲裁法》和《民事诉讼法》没有规定当事人有义务主动提交对自己不利的证据，但仲裁庭有权自行收集证据，对此双方当事人均应予以配合。如果没有仲裁庭关于从一方当事人调取证据或者要求该方当事人披露证据的命令或决定，该方当事人未主动提交对自己不利的证据应属不违法，对方当事人若疏于向仲裁庭提出披露证据要求而无法取得对方掌控的于己有利的证据，其应承担举证不能的后果。

现在，《仲裁裁决执行规定》第16条第1款第3项将被执行人曾"要求

---

[1] 参见王生长：《〈仲裁裁决执行规定〉的新意与隐忧》，载 https://mp.weixin.qq.com/s/gW9EXIY_6YaB4eUa-O8SoA，最后访问日期：2018年4月25日。

对方当事人出示"而对方没有出示也作为"对方当事人向仲裁机构隐瞒了足以影响公正裁决的证据"情形,没有将"请求仲裁庭责令其提交"作为唯一必要路径,这样的实际效果相当于降低了被执行人申请不予执行仲裁裁决的门槛,加大了仲裁裁决被不予执行的风险。这些规定一定程度上偏离了《民事诉讼法》第 248 条第 2 款第 5 项的设定。

(8) 案外人申请不予执行制度的局限[1]

根据《仲裁裁决执行规定》的规定,案外人申请不予执行制度仅适用于虚假仲裁形成的仲裁裁决、仲裁调解书进入执行阶段之时。但实际上此类仲裁裁决、仲裁调解书可能并不会进入执行阶段,原因有:一是仲裁裁决、仲裁调解书可能仅具有确认性质,不存在可执行内容;二是如果虚假仲裁当事人已经产生恶意串通损害案外人的意图,则其一般会选择自行履行仲裁裁决或仲裁调解书,避免因案件进入执行阶段而使案外人启动救济程序的条件得到满足;三是就稀释债权型虚假仲裁而言,虚假仲裁裁决往往对接破产程序,但现行破产法律制度并未为案外人设计针对虚假仲裁裁决的有效救济路径。

解决虚假仲裁的可行方案之一是建立第三人撤销仲裁裁决之诉制度。这需要兼顾和实现司法审查权与仲裁独立性之间的平衡,并且兼顾仲裁当事人与案外人的权益保护,有待进一步考察。

(9) 司法审查文书公开问题

目前的内部报告制度没有最高院批复文书的公开要求。事实上,最高院在批复中对相关法律问题的解释和说理也不统一。为了保证上诉审案件的质量,推进裁判文书公开,深化司法责任制改革,最高院针对下级法院提起的不予执行裁决的批复应当对相关的法律问题作适当交代和解释。[2]这也有利于提升下级法院司法质量,加强最高院的司法监督。

四、结语

中国的仲裁发展迅速,仲裁机构受案数量逐年递增。总体而言,通过一

---

[1] 参见朱华芳、郭佑宁:《最高法院"亮剑"虚假仲裁:评析〈最高人民法院关于人民法院办理仲裁裁决执行案件若干问题的规定〉案外人申请不予执行制度 | 法务芳谈》,载 https://mp.weixin.qq.com/s/J9XiwQ0T_QlrNWxe9a4fpw,最后访问日期:2018 年 4 月 25 日。

[2] 参见朱科:《国际商事仲裁司法审查案件内部请示报告制度的转型》,载《法学杂志》2017年第 6 期。

系列司法解释，我国司法机关正在不断促进、强化对仲裁的司法支持，进一步规范对撤销和不予执行仲裁裁决案件的处理、仲裁裁决的司法审查程序等，同时也进一步深化对可能存在的恶意仲裁、虚假仲裁等行为的监督。针对仲裁裁决司法审查制度的法教义学的研究，我们的基本判断是，我国能够提供相对稳定的法律制度来促进外国或涉外仲裁裁决的有效执行。

仲裁裁决司法审查制度长期以来被看作最高院支持仲裁的制度安排。这一制度间接反映了最高院通过执行仲裁裁决来控制仲裁结果的制度设计。这种"秘密通道"脱胎于地方法院依赖地方政府生存和发展的现实，似乎是将地方法院与严密的行政控制隔离开来的唯一方法。但是，从长远来看，目前地方法院在结构和专业上并不具备足够的司法审判能力，难以跟上最高院发起的支持裁决生效和仲裁执行的改革步伐。只有地方法院越早实现其机构的独立性并且真正提升判决的司法质量，执行仲裁裁决的法律框架才能得到更加有效和公正的发展。

CHAPTER 2 第二章

论仲裁司法审查对公共政策的平衡
——从最高人民法院指导性案例 199 号切入[1]

2022 年 12 月 30 日最高人民法院（本章简称"最高院"）发布的第 199 号指导性案例"高哲宇与深圳市云丝路创新发展基金企业、李斌申请撤销仲裁裁决案"（本章简称"199 号案"）明确了在涉及比特币的仲裁裁决审查中的裁量倾向，丰富和明晰了中国仲裁司法实践中对公共政策的理解和适用。该案中，当事人因合同履行产生纠纷，申请人主张被申请人支付与比特币资产相等价值的美元及利息以及其他赔偿金并得到仲裁庭支持。后被申请人请求法院撤销该仲裁裁决，法院认为仲裁裁决要求被申请人赔偿申请人与比特币等值的美元，再将美元折算成人民币，实际上变相支持了比特币与法定货币之间的兑付、交易，与我国金融监管机构禁止比特币交易的规定不符，违背了社会公共利益，故依据 2017 年 9 月公布的《中华人民共和国仲裁法》（本章简称《仲裁法》）第 58 条裁定撤销该裁决。[2]

以公共政策为由撤销仲裁裁决是仲裁司法审查的重要内容，得到了包括《承认及执行外国仲裁裁决公约》（本章简称《纽约公约》）和《联合国国际贸易法委员会国际商事仲裁示范法》（本章简称《示范法》）在内的相关立法的认可，成为仲裁制度中公私界限的重要界碑。但公共政策问题并非仅限于仲裁领域，其作为现代私法制度中的重要内容内嵌于整个民商事法律体系，在各类利益平衡中深刻影响法律制度的发展。

---

[1] 本章作者冯硕。
[2] 参见《指导性案例 199 号：高哲宇与深圳市云丝路创新发展基金企业、李斌申请撤销仲裁裁决案》，载 https://www.court.gov.cn/shenpan/xiangqing/384771.html，最后访问日期：2023 年 2 月 15 日。

因此，本章从199号案切入，首先明确司法通过仲裁公共政策平衡利益的维度，以明确仲裁公共政策的源流与价值。在此基础上，文章将聚焦当前仲裁制度发展中产生的新的演变趋势，明确司法在公共政策平衡中所面临的新情况。最后，笔者将立足中国司法实践，基于仲裁公共政策运用的法理基础和现实发展趋势，探寻中国法院在公共政策司法平衡的向度，以期助力中国仲裁公信力的提高。

一、仲裁公共政策司法平衡的基本维度

公共政策作为英美法的重要概念，在大陆法系国家被称为公共秩序、公共利益、保留条款或排除条款等。[1]尽管在不同法系它的概念与表述有所差异，但总体上表现为一种国家公权力对民商事私法关系介入的界碑。仲裁作为一种解决私人争议的私法制度，公共政策亦深刻影响着它的制度形塑，并在仲裁制度的发展中扮演着平衡各种利益的角色。

（一）私人与公共利益的平衡

公共政策在仲裁制度当中的首要功能在于对公私利益的界分和平衡，该功能伴随着政治国家与市民社会的分离与博弈中，形塑私法制度。商事仲裁作为一种在市民社会中兴起、受主权者立法保障的社会化司法方式，[2]凸显了政治国家对市民社会的妥协，此种妥协正是现代法治社会理想模式的表征之一。在"国家—社会"范式下形塑的仲裁制度中，公共政策成为划分公私权力（利）的界碑和联通公私利益的枢纽，其对内可以否定当事人妨害一国"文明的政治和社会基础"的约定，对外可以在一定程度上排除与该国一些基本信念相抵触的外国法适用，成为固定的法律制度。[3]

仲裁公共政策的界分性主要体现在可仲裁性和仲裁裁决执行两方面。前者决定着仲裁的启动，而后者决定着仲裁裁决的执行，其统摄于一国的国内法调整范畴，反映着各国对仲裁的基本态度。在政治国家与市民社会的博弈

---

[1] 参见李双元：《国际私法（冲突法篇）》，武汉大学出版社2001年版，第262页。

[2] 参见傅攀峰：《商事仲裁：一种"去剧场化"的司法方式》，载《重庆理工大学学报（社会科学）》2020年第10期。

[3] 参见[法]亨利·巴蒂福尔、保罗·拉加德：《国际私法总论》，陈洪武等译，中国对外翻译出版公司1989年版，第493页。

中，政治国家基本明确了哪些寓于市民社会平等主体之间的契约及财产权益争议可交由仲裁解决。一方面，这些平等主体之间的争议往往因契约的相对性不涉及其他人，故当事人可以基于意思自治自愿自主地处分权利并负担义务，无需政治国家过多干预而扭曲当事人的意思表示。另一方面，随着商品经济发展下争议的激增，繁重的诉讼压力也促使政治国家希冀通过其他方式解决争议，以降低法院的解纷成本并提升效率。因此，以《示范法》为代表的主要国家仲裁法均认为契约性或非契约性的一切商事性质纠纷一般具有可仲裁性，并且在"商事"的解释上倾向于广义理解，这成为各国法院适用公共政策的参考基准。

虽然在仲裁制度的演进中公共政策的控制力渐趋弱化，政治国家凸显出对市民社会的礼让与尊重。但适用公共政策的权力仍握于政治国家之手，反映着一国特定时期经济社会发展水平。所以，哪些事项属于可仲裁或可执行的范畴，取决于该国立法与司法的态度。这是寓于政治国家与市民社会博弈历程的客观现实，也是公共政策概念具有弹性空间的体现。

在199号案中仲裁庭的裁决和法院的撤裁，恰恰反映了公共政策在公私利益平衡中的张力。就当事人和仲裁庭而言，该案实际上是一个基于股权转让协议所产生的合同纠纷，相关证据也证明被申请人存在违约而应承担相应的赔偿责任。尽管在合同中涉及比特币，但以何种方式履行合同义务属于当事人意思自治的范畴而归入私人利益的平衡，所以仲裁庭裁决被申请人履行以比特币为标的的合同义务。

不同于仲裁庭作为私主体在私人利益平衡中进行定分止争的定位，法院对仲裁裁决的司法审查则是站在国家公权力的行使者和社会公共利益的维护者的角度作出考察。所以，虽然该案作为一个合同纠纷看似与其他的契约性商事纠纷并无二致，但由于仲裁裁决将比特币等同于货币的认定与我国目前禁止私人数字货币交易的金融监管政策存在龃龉，一旦其产生效力并经国家法律背书无疑会挑战我国在该领域的公共政策。

由上观之，仲裁庭和法院对以比特币为标的的合同纠纷所持有的不同立场，涵摄于仲裁公共政策对公私利益平衡的空间。仲裁庭对申请人要求给付比特币的支持，是基于当事人意思自治作出的合理裁决，其关注于个案的定分止争而并不过多关注案外利益。但公共政策作为划分公私权力（利）的界碑，它的存在是在"国家—社会"范式下仲裁制度形塑中的意思自治与统一法秩序融合的产物。其强调在现代私法制度中，私主体意思自治虽仍应被尊重但也需归顺于国家法秩序,从而令自由与秩序两人价值相互融合,让我们在获得自由价值的同时必然也相应地获得秩序价值。〔1〕所以,以公共政策为由撤销199号案,是法院作为公共政策的维护者在仲裁制度框架下所具有的权力,裁判的倾向也符合目前中国对私人数字货币监管的政策考量,凸显出公共政策在公私利益平衡中的兜底性。

(二) 国内与国际利益的平衡

公共政策作为平衡公私利益的工具,虽然倾向于尊重市民社会意思自治,但这种礼让是政治国家自我选择的结果。面对这一现实,市民社会的商人群体本着崇尚意思自治并反对公权干预的初衷,始终希冀通过各种方式来限制公共政策的触角。尤其随着市民社会跨域融合中仲裁呈现出国际化的趋势后,在公共政策的考量上便不仅要反映一国特定的利益立场,也要顾及整个国际社会的利益取向。

1958年《纽约公约》令仲裁裁决成为可以全球流通的法律文书,但各国是否承认与执行来自本国域外的仲裁裁决完全取决于其主权让渡的程度。〔2〕《纽约公约》恰是在尊重各国司法主权的基础上,希冀各国让渡部分司法主权以形成缔约国互惠的仲裁裁决执行机制。其协调各国意志形成相对统一的仲裁裁决承认与执行标准,促成了公约第5条。该条以被请求承认与执行地法院是否可以主动审查分为两款,因公共政策拒绝承认与执行仲裁裁决属于法院主动审查内容,尊重了缔约国的司法主权。该款规定一旦被承认及执行的仲裁裁决将同缔约国的公共政策相抵触,则该裁决可以被拒绝承认与执行。这一规定赋予了各国法院基于本国实际适用公共政策的空间,但公共政策作为国际法上的重要概念,对公约中公共政策的理解与适用也应兼顾国内法与国际法。〔3〕

---

〔1〕 参见龙文懋:《"自由与秩序的法律价值冲突"辨析》,载《北京人学学报(哲学社会科学版)》2000年第4期。

〔2〕 See Emmanuel Gaillard, *Legal Theory of International Arbitration*, Martinus Nijhoff Publishers, 2010, pp. 28-29.

〔3〕 See "UNCITRAL Secretariat Guide on the Convention on the Recognition and Enforcement of Foreign Arbitral Awards (New York, 1958) 2016 Edition", p. 239, UNCITRAL official website, https://uncitral.un.org/sites/uncitral.un.org/files/media-documents/uncitral/en/2016_guide_on_the_convention.pdf, last visited: 7 February 2023.

第二章　论仲裁司法审查对公共政策的平衡 ❖

19世纪末瑞士学者布鲁歇（Brocher）就提出对国内公共政策与国际公共政策的区分。在百余年的演进中国际公共政策一般包含两层含义：一是国际公法上的公共政策，即国际法强制规则，维护的是对整个国际社会的义务；二是布鲁歇及很多学者所称的国际私法上的公共政策，该公共政策虽然常被称为"国际公共政策"，但本质上属于国内公共政策，不过其程序性的指导效能的确超出一国纯粹国内法制度的范围。[1]从含义上考察，虽然难以给出公共政策的具体定义，但国际公共政策作为国际社会普遍认可的一个概念显然在涵摄范围上小于国内公共政策，并带有一定的国际共识性。恰因二者含义上的差异，使得缔约国法院在适用公共政策过程中往往需要作出衡量。虽然199号案作为国内裁决并不涉及《纽约公约》的适用，但从公共政策上该案却也反映着我国司法对相关问题的态度，进而会影响国内利益和国际利益的考量。

主权国家在参与国际事务时虽然渴望捍卫独立和自由，但也不得不以让渡主权的方式参与到国际活动中谋取国际合作利益。在《纽约公约》中，公共政策的适用恰恰徘徊其间，成为缔约国法院适用公约的难点之一。199号案所撤销的虽为国内仲裁裁决，但由于公共政策的司法适用往往具有联动性，故其也会影响到未来类似外国仲裁裁决在我国的承认与执行。这种担忧也引发了相应的评论甚至批评，并有域外类似判例等认为司法适用公共政策应具有相对独立性。故应崇尚《纽约公约》等国际法所倡导的限制公共政策适用的解释倾向，[2]将司法公共政策和金融监管公共政策相区别并认定裁决的合法性。

虽然《纽约公约》倡导对公共政策的限缩解释，但本质上其仍是交由各国自我裁量的权力。从域外的实践看，对公共政策的司法适用本身便无法脱离特定国家的宏观政策考量。例如，印度法院就曾认为一旦一项仲裁裁决违背了印度本国利益，其便满足了法院基于公共政策拒绝承认与执行的条件。[3]俄

---

〔1〕参见何其生：《国际商事仲裁司法审查中的公共政策》，载《中国社会科学》2014年第7期。

〔2〕See Albert Jan van den Berg, *The New York Arbitration Convention of 1958: Towards A Uniform Judicial Interpretation*, Kluwer Law International, 1981, p.382.

〔3〕See *Renusagar Power Co. Ltd. v. General Electric Co.*, Supreme Court, India, 7 October 1993, 1994 AIR 860; *Penn Racquet Sports v. Mayor International Ltd.*, High Court of Delhi, India, 11 January 2011; *Shri Lal Mahal Ltd. v. Progetto Grano S.p.A.*, Supreme Court, India, 3 July 2013.

罗斯法院亦认为,那些违背公认的道德和伦理规则或将威胁公民生命健康和国家安全的仲裁裁决均可视为违反公共政策而不予承认和执行。[1]所以从司法的角度,如果参照美欧等国家的司法实践认可了199号案中的仲裁裁决便挑战了我国的宏观政策,这在很大程度上超出了司法权的界限甚至引发金融市场混乱。换言之,那些承认与比特币相关的仲裁裁决的法域均是本国金融监管政策允许私人数字货币交易的国家,它们法院对公共政策的适用也符合国家的宏观政策。在199号案中公共政策的严格适用,尽管会影响中国仲裁的国际竞争力并可能不利于国际合作,但在宏观政策的指导下这也是司法不得不做出的选择。

(三) 现时与未来利益的平衡

公共政策作为经由法律确认的一项仲裁司法审查的内容,其在国际公约中的存在为各国基于本国国情审查仲裁裁决留有空间。该空间的存在除了涵盖了不同法域的差异性外,由于公共政策反映的是特定时期的司法立场并受制于不同阶段的经济社会发展水平,故在时间维度上公共政策会具有浮动性。作为一个法律概念,公共政策的司法适用亦体现着法律的指引、评价及预测等功能。[2]所以在仲裁的司法审查中,法院因公共政策作出的裁定既会对现时存在的法律关系作出评价,也影响着未来相关法律活动,故在该过程中法院需要有效平衡现时利益与未来利益。

仲裁视野下现时利益与未来利益的冲突,本源于市民社会与政治国家的利益指向差异。市民社会以意思自治为底色始终反映着私主体的利益追求,以商人为核心的私主体在商品经济的活动中多是以成本收益为基准作出趋利避害的行为选择。也恰是为了实现成本收益的最优化,商人在大量的实践中不断创新,以促进商事活动的高效便捷。[3]因此,市民社会作为以自治为追求的私法场域,其利益指向于成本收益的最优化,以期实现现时利益与未来利益的贯通,相关活动有时也会突破现时规范。仲裁作为根植于市民社会的争议解决机制,它的制度构建亦体现着私主体的实践创新。从仲裁协议有效

---

[1] See Patricia Nacimiento & Alexey Barnashov, "Recognition and Enforcement of Arbitral Awards in Russian", *Journal of International Arbitration*, Vol. 27, No. 3., 2010, pp. 300-301.

[2] 参见 [德] 伯恩·魏德士:《法理学》,丁晓春、吴越译,法律出版社2013年版,第38~45页。

[3] 参见郑少华:《营商司法组织论》,载《法学》2020年第1期。

要件的确定，到自裁管辖原则的确立，再到晚近快速仲裁程序的形成，仲裁制度往往经由私主体协议认可再经国家法律确认，反映了市民社会创新的价值。

在仲裁制度演进过程中，虽然市民社会的创新产生未来利益并引领制度发展，但政治国家也在其中扮演着否定与自我否定的角色。无论是起初对自裁管辖权的否定，还是晚近对快速仲裁程序的纠偏，法院对于这些创新往往持有一种谨慎的立场。因为，为维护法秩序的稳定和统一，立法与司法往往需要从整个社会利益出发调和利益冲突，从而在求取平衡中稳步推进国家发展。作为垄断社会多数利益的政治国家而言，较之于那些尚在萌芽甚至虚无缥缈的未来利益，其更关注对现时利益的维护，这反映着政治国家对稳定秩序的追求。这也使得在仲裁纳入国家法律制度并带有准司法性后，其需要为了现时利益和秩序稳定作出让步，以保证制度的延续。[1]

虽然市民社会侧重于指向未来利益而作出创新，而政治国家专注于现时利益并偏向稳定。但在包括仲裁在内的现代商事法律的形塑中二者的作用都不容忽视，无论是从否定自裁管辖权到认可并强调法院的最终决定权，还是否定快速仲裁到认可并为其设立严格的条件。这些市民社会的制度创新都在反复的博弈中找寻折中的方案，[2]维护了现时利益并为未来利益的产生保留空间。在仲裁制度发展中，两种利益的碰撞所产生的制度张力亦映射进公共政策的司法适用。

就199号案而言，面对以比特币作为给付标的的仲裁裁决，一方面法院需要面对私主体之间基于利益衡量的选择，回应他们对新型交易媒介的青睐；另一方面其也要面对金融监管部门相对严格的监管政策，防范可能引发的金融科技风险。支持前者会损害现时利益而突破法秩序的统一，支持后者则可能影响商业活动对私人数字货币的价值预期而阻碍其发展。从个案出发这种利益的权衡的确让法院处于困境，但最终选择维护现时利益以公共政策为由否定仲裁裁决或许是现阶段法院不得不作出的理性选择。

从合法性上，公共政策本身便是法律赋予法院的裁量空间，法院拥有最

---

〔1〕 See Tony Cole & Pietro Ortolani, *Understanding International Arbitration*, Routledge, 2019, pp. 8-9.

〔2〕 参见李贤森：《国际商事仲裁意思自治的保障与限制问题——兼评〈仲裁法〉的修改》，载《法学》2022年第4期。

终的合法裁量权，其作出的任何裁量都可以在法治的框架下予以认可。从裁量倾向上，尽管这一裁决可能阻碍私人数字货币在中国的发展并影响未来利益的产生，但面对监管机构代表国家作出的否定性评价，法院即使认可了裁决的合法性也无益于行业的发展，反而会侵蚀现时利益突破法秩序。从裁量依据上，虽然裁定引用的监管部门规章或许位阶较低，但我们应认识到法院对公共政策的适用本身便是一种抽象的裁量活动，它的主观因素是得到法律认可的。[1]即使不存在相关文件的支持，只要法院认为其突破公共秩序便可以作出决断。该文件的援引在更大程度上是支持法院裁判倾向的材料，呈现了法院得出该结论的依据。

质言之，在199号案的裁量中，法院所作出的裁定是现阶段的合理选择，从法解释的角度看具有合法性和现实性。当然，笔者也认为该裁定的作出可能会影响私人数字货币领域未来利益的产生，但这或许会随着行业的大发展和监管政策的调整作出改变，这便指向了仲裁公共政策的司法平衡趋势。

二、仲裁公共政策司法平衡的演进趋势

公共政策在仲裁司法审查中会在公私利益、国内与国际利益以及现时与未来利益三个维度展开平衡。而维度的厘定仅确定了仲裁公共政策适用的框架，作为一个极具伸缩性的制度，公共政策的适用需要根据时代的演进作出调整。因此，在对仲裁公共政策的讨论中，离不开从更为宏大的视角明确当前仲裁甚至法律制度的演进趋势，这也直接反映在199号案例的司法裁量之中。

（一）公私交融中公共政策的平衡趋势

公共政策作为仲裁制度中公私利益的界碑，其在功能上虽希冀将市民社会的私法活动与政治国家的公法秩序相区分，以保证私人利益归私法、公共利益归公法。但仲裁公共政策制度的出现本身便意味着公私利益难以分割，随着现代经济社会发展中公私利益交融不断深入，私法的公法化渐趋成为不可回避的趋势。[2]作为服务于市场经济且带有准司法性质的争议解决机制，

---

[1] 参见李娜：《仲裁司法审查实践中的"公共政策"研究》，载《北京仲裁》2022年第1期。
[2] 参见田喜清：《私法公法化问题研究》，载《政治与法律》2011年第11期。

仲裁制度也在这种公私利益加速交融中产生变化，深刻影响着公共政策的适用并反映在199号案中。

公私利益融合使得平等主体之间产生的契约或非契约纠纷涉及更多公共利益，令可仲裁范围不断扩大。过去几十年来，包括证券交易、反垄断和知识产权在内的争议渐趋纳入可仲裁范畴。[1]恰因可仲裁范围扩大，大量带有公法属性的争议进入到仲裁，这种私法裁判会产生一定的公法效应。[2]这使得各国法院需要更加重视司法审查，尤其是考察复杂多样的仲裁裁决是否会冲击本国特定领域的公共政策。

总之，伴随着公私利益交融的不断深入与加速，仲裁公共政策在适用的过程中将呈现出"前端"持续宽缓和"末端"灵活多变的趋势。即在仲裁程序启动时，作为决定争议是否可仲裁的前端阀门，公共政策将保持宽缓适用的基本趋向以发挥仲裁在争议解决中的功能。也恰是由于可仲裁范围的扩大，导致大量带有公共利益的争议进入仲裁，使得法院在司法监督中会加强对公共政策的适用，以解决那些难以通过明确标准拒绝执行的仲裁裁决。但也由于各国公共政策的立场差异和因时代变化导致的政策变动，使得公共政策的末端适用会呈现出灵活多变的趋向。

199号案的产生和法院的审查，亦反映着公私利益交融中公共政策的司法适用。近年来，数字经济的快速发展使得数据、数字货币等新兴经济要素的作用不断凸显，围绕其产生的商业纠纷也日益增多。在公共政策限制不断放宽令可仲裁范围持续扩大的趋势下，各国立法以及仲裁规则均显露出允许相关纠纷仲裁的倾向。因为无论数字经济时代涉案要素和交易架构如何变化，本质上其仍未改变基于合同或财产所形成的法律关系，属于传统私法制度的调整范畴。在面对涉及比特币的199号案时，仲裁机构行使了管辖权，法院最终也并未因不具有可仲裁性而作出否定评价。所以，从仲裁"前端"持续宽缓的趋势看，199号案基本顺应了公私利益交融下公共政策适用的主流趋势。

虽然包括数字货币在内的新型经济要素主要涵摄于传统私法体系内，但

---

〔1〕 参见刘晓红、袁发强主编：《国际商事仲裁法案例教程》，北京大学出版社2018年版，第38~41页。

〔2〕 See Kathrin Betz, "Arbitration and Corruption: A Toolkit for Arbitrators", *Journal of Anti-Corruption Law*, Vol. 2, No. 2., 2018, pp. 187-189.

无论是数据还是数字货币均因为无体性而区别于传统意义上的资产，即使它们能够获得相应的价值也主要依靠国家通过法律等手段的拟制确权。也恰是由于它们属性的特殊，令权利人在占有、使用、收益和处分的过程中离不开国家公权力的辅助。[1]尤其对于货币这种以国家强制力保障交换价值的一般等价物而言，它的存在和流通更关涉公共利益并带有极强的公权色彩。尽管数字货币在私人间的商业交往中已经开始扮演着类似"货币"的交易媒介角色，但其能否成为真正的货币仍有赖于国家基于公共利益作出的政策和法律认定。

在公私利益交融中公共政策"末端"适用的灵活多变，实际上赋予了法院更大的裁量权。其并不同于过去放松公共政策限制不断尊重私法自治的惯例，而是根据数字经济时代商业活动快速多变的现实作出的调整。因为任何新生事物的出现都会对现行法秩序造成冲击，特定主体或行业的进步或许会产生效益，但同时带来的经济负外部性也会侵蚀社会公共利益。在面对公私利益交融加速的背景下，一味地压制公共政策会令仲裁渐趋侵蚀本应由诉讼发挥的功能。所以，在199号案的司法审查中，我国法院的裁判倾向再一次明确了在涉私人数字货币的交易中国公共政策的底线所在，这是公私利益交融加速的背景下不得不作出的决断，符合公共政策司法适用的基本趋势。

（二）跨域竞争中公共政策的平衡趋势

仲裁作为解决国际争议的重要方式，得益于全球化推进下国际仲裁市场的建立，并依靠《纽约公约》和《示范法》连接了各法域仲裁法而形成了国际商事仲裁法律体系。市场的形成必然带来各主体之间的竞争，起初在市民社会的跨域融合中这种竞争主要囿于以仲裁机构为主的私主体之间，各机构通过不断地创新与发展为当事人提供更加优质的仲裁服务而吸引全球业务。但随着公私利益交融的叠加影响，仲裁跨域竞争渐趋从私主体上升至国家层面。

在国家层面，仲裁的跨域竞争主要体现在仲裁地的受欢迎程度。仲裁地作为裁决作出地，决定了仲裁裁决的国籍并影响着仲裁协议效力认定的准据法、

---

[1] 参见李晶：《论法定数字货币的法律性质及其监管》，载《上海政法学院学报（法治论丛）》2022年第2期。

仲裁程序及实体的准据法适用，仲裁地法院也享有撤销仲裁裁决的权力。[1]一旦某地成为全球当事人优选的仲裁地，该地将在国际争议解决中获得巨大经济收益并提升该地法律的域外效力，故晚近各国和地区愈加重视对仲裁地的建设。但由于仲裁地的选择往往基于当事人意思自治，这便要求各国在竞争中要通过不断提升本国仲裁环境博取全球私主体的青睐，树立友好型的司法审查模式便成为重点，[2]弱化公共政策对仲裁裁决的限制也成为考察指标。通观过去几十年国际仲裁业的发展，新加坡和中国香港地区逐步超越巴黎、斯德哥尔摩等传统国际仲裁中心跻身全球前列，尤其是新加坡在短短十年间一跃成为全球最受欢迎仲裁地而引发业界关注。[3]在司法上新加坡法院高度支持仲裁裁决的有效性，对公共政策的适用可谓慎之又慎，甚至认为支持仲裁本身便是新加坡的一项公共政策。尽管这一立场也曾遭受批评，但客观上其也的确在仲裁司法审查中得到贯彻并推动了新加坡仲裁业的崛起。[4]

当然，新加坡之所以不断放宽公共政策限制，很大程度上与其外向型经济模式有关。因为新加坡自独立以来始终围绕全球化和区域化建构并完善本国经济发展模式，通过与整个国际经贸体系的联通获取收益，其对国际金融资本和产业资本的依赖使其几乎不存在完全本地化的产业利益。[5]故在仲裁公共政策对国内和国际利益的平衡中其会选择支持后者，以保证对外资的吸引与沉淀。所以，在仲裁跨境竞争的背景下，想要提升本国仲裁竞争力并与国际接轨，就需要采用宽缓的公共政策。但这一立场也与各国经济社会发展模式存在联系，需要法院基于国家宏观政策立场平衡国内和国际利益。

过去几十年间，在最高院的主导下我国法院在仲裁司法审查中日益形成

---

[1] 参见沈伟、陈治东：《商事仲裁法：国际视野和中国实践》（上卷），上海交通大学出版社2020年版，第174~175页。

[2] Anselmo Reyes et al., *The Developing World of Arbitration: A Comparative Study of Arbitration Reform in the Asia Pacific*, Hart Publishing, 2018, p. 3.

[3] See "2021 International Arbitration Survey: Adapting Arbitration to A Changing World", p. 6, Queen Mary University of London official website, https://arbitration.qmul.ac.uk/media/arbitration/docs/LON0320037-QMUL-International-Arbitration-Survey-2021_19_WEB.pdf, last visited: 12 February 2023.

[4] See Robert French, "Arbitration and Public Policy: 2016 Goff Lecture", *Asia Pacific Law Review*, Vol. 24, No. 1., 2016, pp. 1-2.

[5] 参见邓杰：《"21世纪海上丝绸之路"建设背景下亚太海事仲裁中心之争——新加坡海事仲裁制度考察及借鉴》，载刘晓红主编：《"一带一路"法律研究》（第3卷），中国政法大学出版社2021年版，第272~273页。

了友好型立场,在仲裁公共政策的司法适用中参照国际主流做法走向谨慎,〔1〕以期消除地方保护主义换取国际合作利益。尤其在报核制度建立后,我国法院以公共政策为由否定仲裁裁决的数量大幅度减少。因而学界普遍认为中国仲裁司法审查已经开始成为中国打造国际仲裁中心的重要支撑。也恰是由于这种观点的形成,使得199号案作出后便招致批评,认为其令中国法院打造的友好形象毁于一旦。

但笔者认为,在仲裁跨域竞争的总体格局下,各国和地区采用各种方式优化本国仲裁环境是一项综合性工程,其他法域的成功经验虽然值得借鉴但并不一定完全适用于我国。不同于新加坡外向型经济发展模式依靠不断的创新和开放提升竞争力,中国巨大的经济体量和复杂的现实问题更需要在改革中寻求稳定,这决定了中国的公权力机关更加强调法秩序的统一和稳定。或许在与199号案类似的情况下,新加坡等地的法院会选择认可仲裁裁决,从而打消以私人数字货币为标的的新类型纠纷到该地仲裁,并且不会对本地经济造成巨大风险。但如果中国法院贸然认可该裁决,便等同于默认了私人数字货币的合法性并允许其进行交易,由此引发的诸如洗钱、非法杠杆和金融泡沫或许会产生系统性的金融风险,这种巨大的责任是法院不敢承担的。所以,即使在跨域竞争格局下需要放宽公共政策限制换取国际合作利益,但面对触及本国核心利益的问题时,对公共政策依旧要从严适用。这并非悖逆国内利益和国际利益平衡趋势的司法保守主义,而是平衡改革与稳定的现实选择。

(三) 技术迭代中公共政策的平衡趋势

21世纪以来,以互联网、人工智能、大数据以及区块链等为代表的数字技术的发展,促使人类社会进入信息化时代。数字技术正以新理念、新业态、新模式全面融入人类经济、政治、文化、社会、生态文明建设各领域和全过程,给人类生产生活带来广泛而深刻的影响。而数字经济发展速度之快、辐射范围之广、影响程度之深前所未有,其正在成为重组全球要素资源、重塑全球经济结构、改变全球竞争格局的关键力量。〔2〕所以,数字经济时代的仲

---

〔1〕 参见刘晓红、冯硕:《改革开放40年来中国涉外仲裁法律制度发展的历程、理念与方向》,载《国际法研究》2019年第6期。

〔2〕 参见《习近平在中共中央政治局第三十四次集体学习时强调把握数字经济发展趋势和规律 推动我国数字经济健康发展》,载《人民日报》2021年10月20日,第1版。

裁制度也将面临重塑的契机。如何在博取技术迭代带来的未来利益的同时兼顾现时利益，关键在于形成符合本国实际的技术监管政策，这便与仲裁公共政策的司法适用产生联系。

199号案所涉及的数字货币监管问题是近年来各国关注的重点，比特币作为一种数字货币是通过非对称加密、分布式记账和点对点支付等技术保障的私人货币。由于在产生和交易的过程中无需依靠国家的货币发行和央行的统一记账，使其极大地削弱了国家的货币监管权。自其面世以来，各国纷纷制定了不同的监管政策。截至2023年2月，全球257个国家和地区中，已有57%的国家制定了数字货币监管政策。其中除了包括中国在内的3%的国家严禁私人数字货币交易外，其余国家均在某种程度上承认了数字货币的存在，这种监管倾向的差异很大程度上取决于各国的金融监管理念与实力。[1]

美国作为比特币的诞生地，对于私人数字货币的监管基本保持了开放包容的立场，这是美国金融实力和监管理念所决定的。作为战后国际金融市场的绝对主导者，美国依靠美元的国际货币地位牢牢控制着全球资本的流动，并通过环球同业银行金融电讯协会管理的国际资金清算系统（SWIFT）和纽约清算所银行同业支付系统（CHIPS）掌握着货币流通的国际通道。因此，面对各类金融产品的不断产生，美国既希冀通过不断的创新来提升本国金融竞争实力以获取收益，也希望借助全球金融市场转移并消化产生的风险。所以，对于比特币等数字货币而言，美国一方面允许市场主体创新机制并展开交易，另一方面也在竞争中选取优势技术并用于数字美元中维系法定货币的地位，以博取全球数字货币未来市场竞争的主导权。[2]

相较于美国的开放包容立场，欧盟在数字货币的监管上则更显谨慎。自2008年金融危机以来，作为遭受冲击较为严重的地区，欧盟日渐认识到，由于缺乏像美国一样的风险转移通道，欧洲的金融市场更加脆弱，故需采用审慎监管模式提升风险抵御能力。[3]自比特币产生并在美国金融市场快速发展

---

〔1〕 See "Coin Dance: Global Bitcoin Political Support & Public Opinion", https://coin.dance/poli, last visited 15 February 2023.

〔2〕 参见赵炳昊：《应对加密数字货币监管挑战的域外经验与中国方案——以稳定币为切入点》，载《政法论坛》2022年第2期。

〔3〕 参见鲁篱、熊伟：《后危机时代下国际金融监管法律规制比较研究——兼及对我国之启示》，载《现代法学》2010年第4期。

以来，欧盟就高度重视其对本地金融市场的影响。欧洲银行管理局（EBA）和欧洲证券与市场管理局（ESMA）等从宏观层面呼吁欧盟及成员国对私人数字货币展开全面且长期的监管，并重点就运营主体资格认证、交易流程监管以及反洗钱等问题作出建议。在审慎监管的政策导向下，欧盟各国纷纷基于本国实际形成相应的监管政策。随着各国监管的成熟，2022年6月欧盟理事会与欧洲议会达成的《加密资产市场条例》（Markets in Crypto-Assets Regulation, MiCA）开启了对私人数字货币的全面监管。其将私人数字货币定位为一种投资资产，明确了交易所等各类交易主体的准入资格，为泰达币等稳定币的发行设定了准备金底线和交易量上限，要求超过一定金额的匿名交易上报等。[1]

面对美欧在私人数字货币监管上的差异，中国作为与之经济体量相近的重要市场也加强在数字货币领域的监管与开发。一方面，2017年中国人民银行等七部门发布《关于防范代币发行融资风险的公告》后，我国境内不再允许加密数字资产交易所直接进行法定货币与加密数字货币之间的兑换。2021年中国人民银行等发布《关于进一步防范和处置虚拟货币交易炒作风险的通知》，将加密数字货币相关业务定性为非法金融活动，彻底禁止了与私人数字货币有关的金融活动。另一方面，中国也加紧对数字人民币的技术开发与推广，并于2019年正式在线下推广数字人民币，开启了法定数字货币的发行与流通。中国的这一系列举动也表明，在数字货币的监管上，现阶段主要是通过封禁私人数字货币来保障金融市场的稳定性，为数字人民币的推广争取窗口期并维护其法定性。随着数字人民币技术成熟并普及后，或许会采用相对谨慎的开放监管模式与国际数字货币市场联通，从而实现稳定与发展的平衡。

总之，随着技术迭代的加速和监管模式的升级，国家对相关技术的监管立场也会不断调整和变化，其需要有效平衡现时稳定利益和未来发展利益。这种立场的变化亦会投射到仲裁公共政策的司法适用中，令其需要面对更加复杂多变的现时与未来利益交织，故要求法院需作出更加精细化的司法判断和平衡。在199号案中我国法院以公共政策为由否定比特币交易相关的仲裁裁决，实际上是遵照了我国目前基于维护金融稳定作出的宏观政策选择，符

---

[1] *Proposal for a REGULATION OF THE EUROPEAN PARLIAMENT AND OF THE COUNCIL on Markets in Crypto-assets, and amending Directive* (EU) 2019/1937, 24. Sept. 2020 COM (2020) 593 final.

合现阶段我国发展的利益需求。

三、中国仲裁公共政策的司法平衡向度

199号案中法院的裁定是在公共政策司法平衡的维度内作出的裁判，会对后续的仲裁司法审查工作产生影响。但从当前仲裁公共政策平衡的趋势和中国仲裁制度完善的需求出发，仲裁司法审查中的公共政策适用仍需进行动态化的调适，因此需要对其平衡向度作出思考。

（一）以利益衡量为司法平衡的依循

每一条法律都决定着利益冲突，都建立在各种对立利益间的相互作用上，是这些对立力量角力和妥协的结果。[1]内嵌于仲裁法律制度中的公共政策亦是利益平衡的工具，它的司法适用需平衡私人与公共利益、国内与国际利益和现时与未来利益，公私交融、跨域竞争和技术迭代也将对其产生影响，故利益衡量是中国仲裁公共政策司法适用的基本方法。

仲裁公共政策的司法平衡是对法律解释和适用的过程，其需要遵循法律解释的逻辑与方法，在追求立法者的规定意图及想法的同时探求法律在今日法秩序的标准意义。[2]无论是《纽约公约》《示范法》，还是各国的国内仲裁法，公共政策都是具有一定伸缩性的概念，以期为各国法院贯彻和维护公共利益或秩序保留空间。但公共政策的司法适用并非任意，其需要遵从整个仲裁制度设计的初衷，平衡自由、秩序、正义和效率这四个基本价值，[3]令具体个案或整体制度达到收益最大化。

聚焦199号案，法官如果选择认可该裁决，便意味着其既尊重当事人基于契约自由选择的偿付方式，也符合违约必须赔偿的正义准则。但这无疑认可了私人数字货币交易的合法性，与我国金融监管禁止私人数字货币交易的立场产生龃龉，令其他社会主体无法判定在类似商业活动中究竟应以何者为准而导致法律秩序的混乱。另外，个案中的正义的确要求违约者必须赔偿。但从社会正义的角度允许其以私人数字货币偿付，则会令那些无法进行私人

---

[1] 参见［德］菲利普·黑克：《利益法学》，傅广宇译，商务印书馆2016年版，第18页。
[2] 参见［德］卡尔·拉伦茨：《法学方法论》，陈爱娥译，商务印书馆2003年版，第199页。
[3] 参见梁上上：《利益衡量论》，法律出版社2016年版，第86~87页。

数字货币交易的私主体遭受不公平待遇。显然，法院作为维护社会总体利益和秩序的公权力机关，其需要基于法秩序和社会正义作出判断，故在该案的利益衡量中以公共秩序为由撤销裁决是法院职责所在。

跳出个案的利益衡量，在仲裁公共政策的司法适用中仍应确立利益衡量的基本次序。在"国家—社会"的理论范式下，仲裁庭作为当事人实体争议的裁判者，其基于当事人的选择获得管辖权，需要在仲裁程序的推进中满足当事人对契约自由和高效解纷的追求，这是仲裁程序的天然优势。也因此令其并不会过多关心社会公共利益，而主要在乎个案的公正与效率。[1] 但法院对仲裁的司法监督是防止私法活动超出必要限度而损害第三人或社会公众之利益，公共政策则是法院在具体裁判中实现上述目的的工具之一。所以，不同于仲裁庭对自由、效率和个案正义的追求，法院适用仲裁公共政策应将公共秩序和社会正义置于首位。

在具体的司法裁量中，借助公共政策维护公共秩序和社会正义应强调协同性规制，即司法对公共政策的把握应与国家的宏观政策及社会主流认知保持一致。如前所述，在部分域外的司法实践和理论分析中认为司法公共政策应保持独立性，不应将任何公权力机关所颁布的政策或规定作为公共政策使之无限扩大。笔者认为，该观点的出现具有相对的合理性并且有利于促进司法对仲裁的支持，但需要在公共政策的适用中对国家宏观政策和部分公权力机关的特殊政策进行区分。所谓国家的宏观政策主要体现在一定的时期和背景下，包括立法、行政和司法机关共同维护并符合整个社会公共利益的一种政策。其或许没有被法律明文规定，但却因其特殊性而得到整个社会的普遍认可。例如在 199 号案中，阶段性的禁止私人数字货币交易虽主要是我国金融监管机构所确立的政策，但由于金融活动的联动性和货币的基础性使得该问题显然已上升到现阶段我国的宏观政策层面。所以，对于任何想要突破该政策底线的活动都需要加以控制，否则便可能影响整个金融领域的秩序和稳定。换言之，此时的司法公共政策是政治国家意志在私法制度中的投射，它从属于国家宏观政策并发挥相应的作用。

当然，公共政策在司法中的适用也具有时际性，这是由于国家宏观政策

---

[1] 参见沈伟：《国际商事法庭的趋势、逻辑和功能——以仲裁、金融和司法为研究维度》，载《国际法研究》2018 年第 5 期。

往往会随着经济社会发展的现实需要和各国的发展战略作出调整。这并不是否定司法裁判的稳定性，而是从现实出发司法公共政策审查所应遵循的客观规律。故在199号案的司法裁量中，现阶段的否定主要是遵从当前我国禁止私人数字货币交易的监管政策。随着我国数字货币制度的完善和监管模式的厘定，这种否定式的政策或许会有所松动，在类似案件的处理中法院或将作出相应的调整。

（二）以分轨审查为司法平衡的框架

仲裁公共政策对国内和国际利益的平衡关系到中国仲裁的国际化，尤其在仲裁跨域竞争的趋势下，增强仲裁的竞争力亦是中国仲裁制度改革的重要目标。如前所述，以新加坡为代表的新兴仲裁中心的建设对不断放松仲裁公共政策的限制具有重要价值，但这一选择是基于其本国的经济社会发展现状。对于中国而言，简单地放松管制、追求国际利益虽可能提升中国仲裁的国际吸引力，但也可能影响本国利益甚至国家安全。所以在我国法院适用公共政策时，对国内和国际利益的平衡应考虑更加全面。基于目前我国分轨制的仲裁司法监督模式，在国内仲裁和涉外与国际仲裁的司法监督中采用不同的公共政策适用方式或许是相对现实的选择。

根据《仲裁法》和2022年1月公布的《中华人民共和国民事诉讼法》（本章简称《民事诉讼法》）的相关规定，在有关涉外仲裁的司法审查中，我国参照《纽约公约》的规定形成了相对一致的程序性审查标准。对于国内仲裁而言，则是在前述基础上允许就有关证据等仲裁实体问题进行审查，扩大了法院司法审查的范畴。虽然上述两种标准均认可法院可以基于公共政策主动对仲裁作出审查，但笔者认为在具体的适用中也应存在侧重点的差异。

在仲裁公共政策的适用中存在程序性公共政策和实质性公共政策的分类，前者保障当事人有权根据适用的程序法，就其交付仲裁庭的材料和事实得到独立判决；在公认的基本原则受到违反时，后者也受到违反，导致与正义理念无法相容的矛盾，以致相关裁定似乎违背了法治国家所认可的价值观。[1]笔者认为，程序性和实质性公共政策的适用并非相互排斥的对立关系，由于公共政策的抽象性与灵活性，在具体的司法审查中可以根据利益平衡的取向

---

〔1〕 See *X S. p. A. v. Y S. r. l.*, Federal Tribunal, Switzerland, 8 March 2006, Arrêts du Tribunal Fédéral (2006) 132 III 389, 392.

进行综合运用。

对于涉外及国际仲裁中公共政策的适用，应倡导以程序性为主、实质性为辅的方式。即在相关司法审查中，重点关注仲裁是否违背了必要的程序性要求，侧重于当事人地位平等和第三方独立公正裁判的程序正义价值。[1]具言之，法院应当根据当事人在仲裁中形成的相关材料与事实，根据仲裁所适用的程序规则作出比对，以实现仲裁程序的实际推进符合仲裁协议的约定和仲裁规则的规定。当然，这其中会有部分情况与《纽约公约》第5条中须经当事人申请方可审查的事由重合。故在审查中应先将相关情况剔除，并针对那些不在申请范围内但可能突破程序性公共政策的问题进行审查。而对于那些可能有违本国某些宏观监管政策甚至现行法律规范的情况，除非情况非常严重否则也不应随意以实质公共政策否定仲裁。

之所以强调在涉外及国际仲裁中侧重于程序性公共政策的适用，一方面，这能够保证我国仲裁司法审查尺度与《纽约公约》和《示范法》相一致，进一步体现我国仲裁友好型法域的形象。从而在仲裁的跨域竞争当中提升中国仲裁的国际竞争力，吸引更多的国际性仲裁案件到中国内地开展仲裁，促进我国仲裁市场和行业的发展。另一方面，由于涉外仲裁与国际仲裁与我国本国利益及法秩序的统一联系不大，即使某些裁决可能会影响部分行业或领域的利益，但减少公共政策的干预除了能获取相应的国际合作利益外，亦会增强境外当事人对中国司法公正性的信任，这种声誉价值也是促进仲裁国际化所需要的。

对于国内仲裁中的公共政策适用，现阶段应坚持以实质性为主、程序性为辅的方式，并随着中国仲裁制度的完善向程序性为主、实质性为辅的方向迈进。当前，我国依旧处于社会主义市场经济体制完善期，经济的高速发展和社会的加速转型使得社会矛盾日益增多，某种程度上体制转型期也成为社会矛盾凸显期。[2]尽管仲裁作为社会化的争议解决方式有其独立性，但在社会主义法治体系中其仍是带有准司法性质的解纷机制，故在解决国内争议时需要与法院诉讼保持相对一致。因此，当国内仲裁裁决需要借助法院力量进

---

[1] 参见[美]戈尔丁：《法律哲学》，齐海滨译，生活·读书·新知三联书店1987年版，第240页。

[2] 参见张文显：《法治与国家治理现代化》，载《中国法学》2014年第12期。

行执行时,司法审查应在《仲裁法》的规范下保证仲裁裁决与判决裁定的统一。

从中国仲裁司法审查体制发展的角度看,程序性审查标准作为普遍认可的审查模式,弱化实质公共政策对仲裁的影响也是一种现实趋向。尽管目前我国采用分轨制的仲裁司法监督模式,但该模式的建立很大程度上也是为解决转型时期仲裁法治水平不成熟的现状,其最终目标应是国内仲裁向涉外与国际仲裁靠拢并实现并轨。[1]所以,在公共政策的适用上应认识到目前之所以侧重于实质,主要是基于我国现实国情作出的阶段性选择。而从发展中国仲裁制度的角度看,以程序为基准才是应予追求的共识性标准。

(三) 以仲裁友好为司法平衡的立场

公共政策作为仲裁制度当中界分公私利益的界碑,在公私利益加速交融的趋势下更应成为平衡二者利益动态演变的阀门。无论是基于仲裁制度演进中对公共政策适用的普遍共识,还是基于中国仲裁制度改革与完善的现实需求,坚持友好型的仲裁司法审查并谨慎适用公共政策都应继续坚持。

从仲裁演进的趋势看,仲裁作为一种根植于市民社会的纠纷解决机制,其制度基因中便带有对政治国家公权力介入的抵触。尽管在政治国家与市民社会的博弈与妥协中划分了仲裁制度的公私界限,并将公共政策作为重要的司法工具用以防止私法争议的解决影响国家法秩序的统一和稳定。但无论是《纽约公约》划定缔约国介入仲裁的底线并倡导各国采取更优惠的政策,还是在近年来仲裁的实践中通过扩大可仲裁范围并以竞争方式促使各国降低公共政策门槛,实际上都为法院通过公共政策否定仲裁戴上了紧箍咒。因此,坚持谨慎适用公共政策否定仲裁的理念,符合现代仲裁制度发展理论逻辑和制度导向。

从中国仲裁的现实情况出发,党的十八届四中全会提出要健全社会矛盾纠纷预防化解机制,完善调解、仲裁、行政裁决、行政复议、诉讼等有机衔接、相互协调的多元化纠纷解决机制,并在此基础上强调完善仲裁制度并提高仲裁公信力。[2]中国仲裁公信力的缺失很大程度上在于市场化机制尚未形

---

[1] 参见刘晓红、冯硕:《对〈仲裁法〉修订的"三点"思考——以〈仲裁法(修订)(征求意见稿)〉为参照》,载《上海政法学院学报(法治论丛)》2021年第5期。

[2] 参见《中共中央关于全面推进依法治国若干重大问题的决定(二〇一四年十月二十三日中国共产党第十八届中央委员会第四次全体会议通过)》,载《人民日报》2014年10月29日,第1版。

成,严重依靠地方政府支持和管理的仲裁机构组织形式导致仲裁带有强烈的行政化和地方化色彩,难以获得私主体对其公正性和独立性的信任。[1]而对于法院而言,行政化与地方化也令其在仲裁司法审查中产生某些干涉仲裁实体审判或地方保护主义的倾向,地方法院动辄以公共政策为由推翻仲裁裁决,加重了当事人对仲裁的不信任。因此,为了防范地方法院与仲裁可能存在的暗箱操作,过去二十余年来最高院通过不断完善仲裁司法审查机制,逐步建立起一套中央控制型的审查模式,统一了司法裁量尺度并有效克服行政化与地域化存在的弊端。[2]也恰是最高院主导的一系列改革,使得我国法院日益树立起仲裁友好型立场,谨慎适用公共政策否定仲裁并减少司法干预。

从中国仲裁的完善方向看,谨慎适用公共政策并尊重当事人意思自治和仲裁自主性,将有利于市场经济发展并助力中国式现代化建设。党的二十大报告提出要在法治轨道上全面建设社会主义现代化国家,并将坚持社会主义市场经济改革方向充分发挥市场在资源配置中的决定性作用作为中国式现代化的应有之义。[3]市场经济体制的建立关键在于公权力应尊重市场主体基于意思自治作出的价值选择,并以法治的方式有效规范公权力的运行。作为解决私主体争议的解决方式,仲裁以意思自治为基石,法院在司法监督中更应尊重市场的逻辑和规律而保持谦抑。尤其在经济发展模式升级、公私利益加速融合的背景下,仲裁司法监督更应秉持友好型立场,努力包容仲裁的创新和当事人的选择,防止机械化地适用公共政策扭曲意思自治。同时也应将这些基于意思自治的考量纳入公共政策的规范体系,在规范形塑和司法活动中实现秩序与自由的统一。当然,在市场利益的驱使下私主体的某些选择或许会突破法治所倡导的公平正义之意旨。故在仲裁司法监督中,应在现行法律规范的基础上对仲裁活动作出精细化的分析和裁量,防范诸如恶意申请仲裁或

---

〔1〕 参见袁发强主编:《中国商事仲裁机构现状与发展趋势研究》,复旦大学出版社2011年版,第20页。

〔2〕 参见沈伟:《地方保护主义的司法抑制之困:中央化司法控制进路的实证研究——以执行涉外仲裁裁决内部报告制度为切入视角》,载《当代法学》2019年第4期。

〔3〕 参见习近平:《高举中国特色社会主义伟大旗帜 为全面建设社会主义现代化国家而团结奋斗——在中国共产党第二十次全国代表大会上的报告(2022年10月16日)》,载《人民日报》2022年10月26日,第1版。

虚假仲裁等对法秩序的冲击，保障仲裁的基本公正。[1]

基于上述考量，在具体的仲裁司法审查中，对公共政策的适用应坚持谨慎的立场和规范的论证。立场的谨慎强调在仲裁司法审查中要根据《仲裁法》和相关国际公约的立法体系，少用慎用公共政策否定仲裁裁决，减少私主体对司法权行使的误解。而规范的论证则强调如果法院要以公共政策为由否定仲裁，则在相关的裁判文书中应当对适用公共政策的原因与理据作出分析，明确相关仲裁活动究竟违反了哪一类公共政策。在我国的仲裁司法审查框架下，尽管报核制度要求对仲裁的否定性评价应由最高院作出，但在具体的裁判与论证中则依赖于相关下级法院。笔者理解在许多敏感的案件中过多的说理或许会引发其他问题，但司法作为定分止争的裁判活动是无法回避利益衡量的敏感问题的。作为宪法赋予的独立行使审判权，法院与其对裁判理由讳莫如深，倒不如通过充分的说理表明裁判立场，[2]以消除民众可能的误解并维护司法权威。

四、结语

在199号案中，我国法院基于公共政策撤销与比特币交易有关的仲裁裁决引发关注。仲裁公共政策制度的存在和司法的适用是基于对公私利益、国内与国际利益以及现时与未来利益的平衡，这构成了仲裁公共政策司法平衡的基本维度。随着时代的发展和仲裁制度的演进，近年来公共政策也随着公私利益的加速交融呈现出"前端"持续宽缓和"末端"灵活多变的趋势；仲裁跨域竞争的强化，促使各国采取更为宽缓的公共政策适用标准以博取竞争优势；随着技术迭代与广泛运用加速仲裁的虚拟化、数据化和智能化，公共政策的司法平衡面临更加复杂的局面而需作出精细化地分析。

基于仲裁公共政策司法平衡的维度和演进趋势，中国法院以利益衡量的方法重视公共政策对秩序和社会正义的维护，以协同性规制的方式保证司法公共政策与国家宏观政策的一致性。在坚守政策底线的基础上，法院应以友好型立场指引公共政策的适用，坚持对市场经济模式和当事人意思自治的尊

---

[1] 参见宋连斌：《仲裁司法监督制度的新进展及其意义》，载《人民法治》2018年第3期。
[2] 参见雷磊：《从"看得见的正义"到"说得出的正义"——基于最高人民法院〈关于加强和规范裁判文书释法说理的指导意见〉的解读与反思》，载《法学》2019年第1期。

重，弱化公权力对司法活动的干预；借助分轨制司法审查模式适用公共政策，在涉外及国际仲裁的司法审查中倡导程序性为主、实质性为辅，在国内仲裁的司法审查中以实质性为主、程序性为辅并逐步向涉外及国际仲裁司法审查标准靠拢。所以，在199号案中，中国法院的司法裁量表明了我国现阶段对有关比特币交易纠纷的基本立场，这是基于我国司法主权和利益诉求的现实选择。当然，随着时代的发展，公共政策也可能会随之产生变化，类似仲裁裁决是否会在将来得以执行都有待时间给出答案。

第三章 地方保护主义的司法抑制之困：中央化司法控制进路的实证研究

——以执行涉外仲裁裁决内部报告制度为切入视角[1]

仲裁作为争端解决的方式之一，越来越受到商事主体的青睐。政府始终强调营造仲裁友好型司法环境的重要性，倡导利用仲裁解决争端以及重视执行仲裁裁决。《中华人民共和国仲裁法》（本章简称《仲裁法》）的条款主要从《联合国国际贸易法委员会国际商事仲裁示范法》（本章简称《示范法》）移植而来。[2]但基于《仲裁法》，仲裁受到行政和司法的双重监督，不利于我国成为一个"受欢迎的"国际商事仲裁中心。[3]另一方面，虽然中国早在1986年就已经加入《承认及执行外国仲裁裁决公约》（本章简称《纽约公约》），《中华人民共和国民事诉讼法》（本章简称《民事诉讼法》）的相关条款也起到了仲裁裁决执行的促进作用，[4]但是外国企业和律师对中国法院执行涉外和外国仲裁裁决的评价较低。国际法律实务界与学术界长期致力于国内法院执行涉外或外国仲裁裁决有效性的研究。

由于我国仲裁裁决执行机制的复杂性以及获取执法数据的困难，这个领

---

[1] 本章作者沈伟。作者感谢合作者商舒博士的贡献和林喜芬、徐文鸣对实证研究部分的建议。

[2] See Tang Houzhi, "Arbitration-A Method Used by China to Settle Foreign Trade and Economic Disputes Lecture", *PACE Law Review*, Vol. 4, No. 3., 1984, p. 519.

[3] See Davis A Williams QC, "Defining the Role of the Court in Modern International Commercial Arbitration", Herbert Smith Freehills - SMU Asian Arbitration Lecture, Singapore -2012, available at http://www.globalarbitrationreview.com/cdn/files/gar/articles/david_williams_Defining_the_Role_of_the_Court_in_Modern_Intl_Commercial_Arbitra.pdf, last visited: 8 July 2023.

[4] See Xia Xiaohong, "Implementation of the New York Convention in China", *International Commercial Arbitration Brief*, Vol. 1, No. 1, 2011, pp. 20-24.

域的实证研究有限。例如，Peerenboom 于 2001 年进行的一项研究反映了我国仲裁裁决执行的一些实际情况，被视为是该领域研究的开山之作，其研究根据经验数据、轶事证据、中国国际经济贸易仲裁委员会仲裁研究机构（ARI）信息、调查结果以及通过个人关系获取的信息展开。[1]基于 ARI 提供的数据，Peerenboom 得到了在我国境内经营的外国公司及其法律顾问的答复，这些答复显示涉外和外国仲裁裁决在执行过程中存在着各种壁垒。[2]但是，他的结论表明最常被援引、广为诟病、作为执行难和执行迟延的障碍的地方保护主义，在测算国内和国外当事人仲裁执行率差异时不具有重要的统计学意义。[3]

中国的法律制度历经巨变，新的研究需要填补这个领域的知识缺口。例如，针对内部报告制度（亦称事先报告制度或监督报告制度）的执行情况就鲜有研究。就不予执行涉外仲裁及外国仲裁事项的裁定，中级人民法院要遵循上级法院的指示。[4]根据 1995 年的《通知》，当中级人民法院裁定拒绝执行涉外或者外国仲裁裁决时，应当报请高级人民法院进行审查，如果高级人民法院同意不予执行或者拒绝承认和执行，再由高级人民法院将其审查意见上报至最高人民法院（本章简称"最高院"），并等待最高院就不予执行裁定予以答复。[5]这种内部报告制度的目的是限制地方法院在不予执行涉外或外国仲

---

[1] See Randall Peerenboom, "The Evolving Regulatory Framework for Enforcement of Arbitral Awards in the PRC", *Asian-Pacific Law & Policy Journal*, Vol. 12, No. 2., 2000.

[2] See Randall Peerenboom, "The Evolving Regulatory Framework for Enforcement of Arbitral Awards in the PRC", *Asian-Pacific Law & Policy Journal*, Vol. 12, No. 2., 2000.

[3] See Randall Peerenboom, "Seek Truth from Facts: An Empirical Study of Enforcement of Arbitral Awards in the PRC", *American Journal of Comparative Law*, Vol. 49, No. 2., 2001, pp. 249-327.

[4] 参见《最高人民法院关于人民法院处理与涉外仲裁及外国仲裁事项有关问题的通知》（最高人民法院 1995 年 8 月 28 日颁布并实施），(本章简称《通知》)，前述《通知》中第 2 条已被《最高人民法院关于调整司法解释等文件中引用〈中华人民共和国民事诉讼法〉条文序号的决定》(2008 年 12 月 16 日发布，2008 年 12 月 31 日实施) 调整为："凡一方当事人向人民法院申请执行我国涉外仲裁机构裁决，或者向人民法院申请承认和执行外国仲裁机构的裁决，如果人民法院认为我国涉外仲裁机构裁决具有民事诉讼法第二百五十八条（笔者注：现为二百九十一条）情形之一的，或者申请承认和执行的外国仲裁裁决不符合我国参加的国际公约的规定或者不符合互惠原则的，在裁定不予执行或者拒绝承认和执行之前，必须报请本辖区所属高级人民法院进行审查；如果高级人民法院同意不予执行或者拒绝承认和执行，应将其审查意见报最高人民法院。待最高人民法院答复后，方可裁定不予执行或者拒绝承认和执行。"

[5] 参见《最高人民法院关于人民法院处理与涉外仲裁及外国仲裁事项有关问题的通知》（最高人民法院 1995 年 8 月 28 日颁布并实施），(本章简称《通知》)，前述《通知》中第 2 条已被《最高人民法院关于调整司法解释等文件中引用〈中华人民共和国民事诉讼法〉条文序号的决定》(2008 年 12 月

第三章 地方保护主义的司法抑制之困：中央化司法控制进路的实证研究

裁裁决时享有过度的自由裁量权，确保严格遵守《纽约公约》的规定。这种内部报告制度是约束地方保护主义的一种有效手段，将下级人民法院置于上级人民法院的控制之下，保障我国商事仲裁的声誉不受地方保护主义负面影响。[1]

然而，这种内部报告制度因效率低下和程序性保障缺失遭到国内学者的广泛批评。[2]《通知》是最高院颁布的一项内部命令，内部报告制度没有被吸纳至《仲裁法》或者《民事诉讼法》。这种制度实际上是一种超国民待遇。[3] 内部报告制度的关键在于提高执行涉外或外国仲裁裁决的比例。自从《通知》下达之后，高级人民法院和最高院的审查减少了各地法院错误裁定不予执行涉外仲裁裁决的情况，维护了我国涉外仲裁的地位和国际声誉。[4] 但制度是否有助于防止地方保护主义干预涉外或外国仲裁裁决的执行，还未经过实证检验。

本章的研究立足于公开获取的最高院在1995年至2015年期间发布的98项关于不予执行涉外或外国仲裁裁决的批复，这些仲裁裁决都被要求在国内法院强制执行。结合统计学方法，本章的研究虽不能指出与不予执行涉外或外国仲裁裁决密切关联的特定因素，但它能反映内部报告制度是否实现既定的政策目标，即内部报告制度能否有效地隔离地方保护主义的干预，或者中国不予执行涉外或外国仲裁裁决是否受制于地方保护主义。

在"集权化"司法改革的背景之下，内部报告制度可以被视为最高院和高级法院通过复核以加强纵向司法控制并影响仲裁执行结果的制度方案。我国数次

（接上页）16日发布，2008年12月31日实施）调整为："凡一方当事人向人民法院申请执行我国涉外仲裁机构裁决，或者向人民法院申请承认和执行外国仲裁机构的裁决，如果人民法院认为我国涉外仲裁机构裁决具有民事诉讼法第二百五十八条（笔者注：现为二百九十一条）情形之一的，或者申请承认和执行的外国仲裁裁决不符我国参加的国际公约的规定或者不符合互惠原则的，在裁定不予执行或者拒绝承认和执行之前，必须报请本辖区所属高级人民法院进行审查；如果高级人民法院同意不予执行或者拒绝承认和执行，应将其审查意见报最高人民法院。待最高人民法院答复后，方可裁定不予执行或者拒绝承认和执行。"

[1] See Houzhi Tang, "Arbitration Awards–Challenge and Enforcement", ICFAI Conference, 2008, p. 177. 转引自曹建明、陈治东主编：《国际经济法专论》（第6卷），法律出版社2000年版，第675页。

[2] See Fiona D'souza, "The Recognition and Enforcement of Commercial Arbitral Awards in the People's Republic of China", *Fordham International Law Journal*, Vol. 30, No. 4., 2006, p. 1318.

[3] 这与国内仲裁双轨体制相对应，即将仲裁划分为国内仲裁和涉外仲裁或外国仲裁。

[4] 参见郭晓文：《中国涉外仲裁裁决撤销制度中存在的问题及其立法完善———种从实践到理论的分析》，载陈安主编：《国际经济法论丛》（第1卷），法律出版社1998年版，第428页。

司法改革一直在中央集权与地方分权之间展开,[1]在保障中央司法集权化控制能力和维护地方司法自治能力之间寻求良好的司法治理模式。在强调"理顺中央和地方职责关系,更好发挥中央和地方两个积极性"[2]的体制性改革背景之下,通过对内部报告制度与司法地方保护主义之间关联性和关联度的实证研究,有助于廓清当前"集权化"司法改革在中央与地方司法权力配置上的现实意义。针对公共治理难题,本章的研究有利于学界和司法界理解以遏制地方保护主义为出发点的"矛盾回应性"[3]的司法改革能否实现司法的"去地方化"。

一、地方保护主义

地方保护主义有多种形式,最后的结果是判决或者判决的执行会受到地方政府政策或举措的过度影响,导致司法不公。例如,执行阶段中,A区法院可以阻碍B区原告对居住地在A区的被告不利判决的执行。[4]这种情况也可能发生在外部法院前往其他区域执行对当地当事人不利的判决或者裁决时,当地的法院拒绝配合。[5]当地方法院与争议方秘密交涉,告知其将资金和财产转移到别处,使得外地法院无法执行判决或裁决时,这种不正当影响可能更为微妙。例如,在Revpower案中,美国公司于1991年6月向斯德哥尔摩商会仲裁院提出仲裁申请,要求中方支付违约赔偿。1993年7月,仲裁庭在斯德哥尔摩作出美国公司胜诉的仲裁裁决。由于中方拒绝履行裁决,美国公司于1993年12月向上海市中级人民法院提出申请,请求法院强制执行该裁决。[6]上海市中级人民法院认为当事双方在本院还存在一项国内未决诉讼而拒绝执行该裁决,美国公司无法获得490万美元赔偿。[7]在最高院的推进下,该案

---

[1] 参见孟涛:《改革开放以来法院体制的分权与集权》,载《新视野》2010年第4期(指出改革开放以来中国法院体制改革经历了先高度分权、后轻度集权的变迁历程)。

[2] 《中国共产党第十九届中央委员会第三次全体会议公报》。

[3] 参见姜峰:《央地关系视角下的司法改革:动力与挑战》,载《中国法学》2016年第4期。

[4] See Donald C. Clarke, Power and Politics in the Chinese Court System: The Enforcement of Civil Judgments, Columbia Kumal of Asian Law, Vol. 10, No. 1., 1996, pp. 1-92.

[5] See Donald C. Clarke, Power and Politics in the Chinese Court System: The Enforcement of Civil Judgments, Coluabia Kumal of Dsion Law, Vol. 10, No. 1., 1996, pp. 1-92.

[6] 参见赵健:《国际商事仲裁的司法监督》,法律出版社2000年版,第262~263页。

[7] See Alberto Mora, The Revpower Dispute: China's Breach of the New York Convention in Dispute Resolution in the PRC: A Practical Guide to Litigation and Arbitration in China 153-158 (1995).

第三章 地方保护主义的司法抑制之困：中央化司法控制进路的实证研究 ❖

最终于1999年进入执行阶段，此时距离仲裁裁决的作出已过去六年，而在此期间，中方当事人已将其企业资产全部移转至母公司和其他关联公司，使得仲裁裁决的执行变得愈发不可能。〔1〕经媒体广泛报道，〔2〕不仅给国内商事仲裁和上海法院的国际声誉造成巨大损害，〔3〕而且损害了国家的对外开放政策和法治环境的声誉。〔4〕

在更为一般的层面上，国内存在两种形式的地方保护主义。第一种是被动干预，即司法机关迫于压力而改变案件结果。这种形式的干预，相当于胁迫法院判决，严重影响司法机关独立行使职权。第二种是采取更积极主动的方式。由于存在一些个人（既得）利益，法官可能自愿按照当地政府的利益和需求来裁判，成为地方政府实质上的工具。这种形式的影响更为恶劣，可能使案件结果更为糟糕，因为既得利益可能会驱使法官过度解读地方政府领导的真实意图而过度保护地方利益。〔5〕无论如何，尽管会出现地方保护主义的个别案件，但是很难推定地方保护主义已经成为严重损害中国司法机关运作的主要因素；相反，近期研究似乎表明地方保护主义的弱化倾向。〔6〕一些实证研究甚至对一种所谓"众所周知"的论断，即中国企业主要仰仗地方保护主义产生了质疑，一定程度上可能是因为中国经济总量不断加大以至于地方政府难以控制，依靠中央政府能获得更好的保护或优待，过去二十年里依靠中央政府保护的企业比例有所增加。〔7〕

---

〔1〕 See David T Wang, Judicial Reform in China: Improving Arbitration Award Enforcement by Establishing a Federal Court System, 48 Santa Clara Law Review 649 (2008).

〔2〕 See "China's Rocky Road to Dispute Resolution: Rough Justice", Business China, February 2, 1998; James D. Zirin, "Confucian Confusion", Forbes, February 24, 1997, at 136.

〔3〕 See e.g., Matthew Lam, Enforcement in China -What the Cases Show, Kluwer Arbitration Blog, available at: http://kluwerarbitrationblog.com/2013/12/06/enforcement-in-china-what-the-cases-show/?print=print. Also Alberto Mora, "The Revpower Dispute: China's Breach of the New York Convention?" in Dispute Resolution in the PRC: A Practical Guide to Litigation and Arbitration in China (1995) 151-58.

〔4〕 参见陈治东、沈伟：《我国承认和执行国际仲裁的法律渊源及其适用》，载《法学》1997年第4期。

〔5〕 See "Regional Protectionism Weakening State Capacity", available at: http://china.org.cn/english/2001/Mar/9673.htm, last visited 8 July 2023.

〔6〕 See data comes from Department of Justice, available at: https://www.justice.gov/civil/current-and-recent-cases, last visited 8 July 2023.

〔7〕 Wang Yuhua, "Beyond Local Protectionism: China's State-Business Relations in the Last Two Decades", China Quarterly, 2016, pp. 3196-341.

地方保护主义在法律领域影响的弱化至少部分归功于国内司法审判程序改革的努力，几轮旨在加强法治建设的司法改革在一定程度上巩固了最高院对地方各级法院的纵向控制。例如，最高院于2010年建立了指导性案例系统，明确了只有最高院享有可以选择和公布指导性案例的排他性权力；同时，对围绕各级上诉法院（中级人民法院和高级人民法院）在其管辖区域内是否也有权编纂、公布指导性案例问题的各种争论也给出了答复。指导性案例系统正式上线运行后，最高院成为通过精选案例指导全国范围内法院司法裁判的唯一法院。实际上，这些案例的作用类似于普通法系中的遵循先例原则，[1]确保了下级法院裁判更高程度的一致性。就任命法官问题，部分法院进行了包括赋予上级法院更多话语权的一些尝试。这将减少地方政府过度干预法庭成员委任的机会，逐步增强裁判独立性。[2]

二、执行涉外及外国仲裁裁决的内部报告制度

（一）不予执行仲裁裁决的法律框架

承认和执行仲裁裁决的法律框架基本成型。在1982年《民事诉讼法》颁布之前，国内尚无承认或执行外国或涉外仲裁裁决的法律存在，该法颁布之后的五年内也没有外国仲裁裁决得以执行。[3]《民事诉讼法》颁布以来经历了五次修改，但承认和执行仲裁裁决的规则始终没有改变。我国于1986年加入《纽约公约》，以鼓励和吸引外商投资。[4]结合相关法律法规，国内仲裁裁决执行体制根据裁决的来源分成三类：一是由外国仲裁机构作出的外国裁

---

[1] See Deng Jinting, The Guidance Case System in China's Mainland, 10 Frontiers of Law in China 3 (2015); See also Chinese Common Law? Guiding Cases and Judicial Reform, 129 Harv. L. Rev. 2213.

[2] Jerome A. Cohen, "Struggling for Justice: China's Courts and the Challenge of Reform", *World Politics Review*, available at: https://www.worldpoliticsreview.com/articles/13495/struggling-for-justice-chinas-courts-and-the-challenge-of-reform (2014) last visited 8 July 2023. Donald C. Clarke, "Power and Politics in the Chinese Court System: The Enforcement of Civil Judgments", *Columbia Journal of Asian Law*, availabel at: https://doi.org/10.7916/cjal.Vloil.3152, last visited 8 July 2023.

[3] See Randall Peerenboom, "The Evolving Regulatory Framework for Enforcement of Arbitral Awards in the PRC", *Asian-Pacific Law & Policy Journal*, Vol. 12, No. 2., 2000.

[4] See Ellen Reinstein, "Finding a Happy Ending for Foreign Investors: The Enforcement of Arbitration Awards in the People's Republic of China", available at http://law.bepress.com/expresso/eps/506/, last visited 8 July 2023.

第三章　地方保护主义的司法抑制之困：中央化司法控制进路的实证研究

决；二是由国内仲裁机构作出的涉外仲裁裁决，它包含最高院司法解释中提到民事关系中的"涉外"因素；[1] 三是由国内仲裁机构作出的完全不含涉外因素的国内仲裁裁决。这种三元结构与《纽约公约》规定的国内仲裁和非国内仲裁的二元结构有所不同。[2] 执行仲裁裁决的路径也分成三条，导致不同仲裁裁决受制于不同形式和程度的司法审查。[3]

在我国，对于上述三种仲裁裁决，当事人和法院，甚至案外人[4]都可以通过撤销和（不予）执行两种不同的程序使仲裁裁决失去效力。撤销程序可以在仲裁裁决作出后六个月内由任何一方当事人启动，然而执行只能在仲裁裁决被某一国内法院承认以后，由仲裁案件中胜诉方的当事人启动，[5]不予执行的申请可以由仲裁程序的败诉方向人民法院提出。[6] 这两种程序一般都由被执行人住所地、财产所在地或者作出仲裁裁决的仲裁机构所在地的中级人民法院组成一个新的合议庭作出裁定，[7]特定情况下可以由基层人民法院管辖。[8]

对于外国或涉外仲裁裁决的撤销和（不予）执行，通常情况下，法院会根据申请人的申请，适用与《纽约公约》相同的不予执行的理由：（i）当事人在合同中没有订有仲裁条款或者事后没有达成书面仲裁协议的；（ii）被申请人没有得到指定仲裁员或者进行仲裁程序的通知，或者由于其他不属于被

---

[1]　参见《最高人民法院关于适用〈中华人民共和国涉外民事关系法律适用法〉若干问题的解释（一）》，第1条，2020年12月29日公布，2021年1月1日施行。

[2]　参见《最高人民法院关于适用〈中华人民共和国涉外民事关系法律适用法〉若干问题的解释（一）》，第1条，2020年12月29日公布，2021年1月1日施行。

[3]　参见《最高人民法院关于适用〈中华人民共和国涉外民事关系法律适用法〉若干问题的解释（一）》，第1条，2020年12月29日公布，2021年1月1日施行。民事诉讼法的书籍一般不涉及司法审查制度。参见刘家兴主编：《民事诉讼法学教程》，北京大学出版社2001年版；李祖军主编：《民事诉讼法学论点要览》，法律出版社2001年版。

[4]　根据最新的司法解释，仲裁案外人可以申请不予执行仲裁裁决。《最高人民法院关于人民法院办理仲裁裁决执行案件若干问题的规定》第9条、第18条。

[5]　参见《民事诉讼法》（2017年修正）第273条，《仲裁法》（2017年修正）第58条、第62条。

[6]　参见《最高人民法院关于人民法院办理仲裁裁决执行案件若干问题的规定》第8条。

[7]　参见《民事诉讼法》（2023年修正）第289条、第290条、第291条，《仲裁法》（2017年修正）第58条、第62条。新出台的司法解释扩大了仲裁司法审查案件的地域管辖范围，尤其确定了外国仲裁裁决可由相关联的中级人民法院管辖。《最高人民法院关于审理仲裁司法审查案件若干问题的规定》第2条、第3条、第4条。

[8]　参见《最高人民法院关于人民法院办理仲裁裁决执行案件若干问题的规定》第2条第2款。

申请人负责的原因未能陈述意见的；(iii) 仲裁庭的组成或者仲裁的程序与仲裁规则不符的；(iv) 裁决的事项不属于仲裁协议的范围或者仲裁机构无权仲裁的。[1] 不予执行的裁定还可以基于另外一项事由作出，即公共政策或"国家的社会公共利益"。[2] 虽然外国投资界不断表达他们的担忧，认为国内法院对《纽约公约》中公共政策的解释进行扩张和滥用，但是这种观点从来没有得到实证证实。[3] 正如最高院所声称的那样，它很少以公共政策为依据拒绝承认或执行一项仲裁裁决。[4]

另一方面，国内仲裁裁决实际上受到法院更为严格的司法审查。[5]《仲裁法》第58条概述了中级人民法院撤销一项国内仲裁裁决的理由，其中前3项与《民事诉讼法》（2023年修正）第291条第1款关于撤销涉外仲裁裁决之理由的规定非常相似，还进一步补充了以下几点理由："裁决所根据的证据是伪造的""对方当事人隐瞒了足以影响公正裁决的证据的""仲裁员在仲裁该案时有索贿受贿，徇私舞弊，枉法裁决行为的"。[6] 这些额外的理由使得法院有权对国内仲裁裁决进行实质性审查。重新审查不仅关注仲裁程序上的瑕疵，而且还可以对仲裁庭适用实体法进行审查。与外国或涉外仲裁裁决的执行相比，当事人在申请执行国内仲裁裁决的案件中，更容易或更有机会受到地方

---

〔1〕《民事诉讼法》（2023年修正）第274条。最新的司法解释对"仲裁庭的组成或者仲裁的程序与仲裁规则不符的""裁决的事项不属于仲裁协议的范围或者仲裁机构无权仲裁的"进行了细化，《最高人民法院关于人民法院办理仲裁裁决执行案件若干问题的规定》第13条、第14条。

〔2〕《民事诉讼法》（2023年修正）第274条。最新的司法解释对"仲裁庭的组成或者仲裁的程序与仲裁规则不符的""裁决的事项不属于仲裁协议的范围或者仲裁机构无权仲裁的"进行了细化，《最高人民法院关于人民法院办理仲裁裁决执行案件若干问题的规定》第13条、第14条。而且根据最新的司法解释，人民法院可以在（不予）执行申请中，对该条进行主动审查。《最高人民法院关于人民法院办理仲裁裁决执行案件若干问题的规定》第11条。

〔3〕See Xia Xiaohong, "Implementation of the New York Convention in China", *International Commercial Arbitration Brief*, Vol. 1, No. 1, 2011, pp. 20-24.

〔4〕See Lan-fang Fei, "A Case Study of the Reporting Mechanism of International Arbitration in China", *Contemporary Asia Arbitration Journal*, Vol. 5, No. 1，2012, pp. 89-90.

〔5〕在司法解释颁布后，申请执行国内仲裁裁决的案件也被提高到由中级人民法院管辖。载 http：//paper.yunnan.cn/html/20060908/news_91_20700.html，最后访问日期：2023年7月8日。

〔6〕See Randall Peerenboom, "The Evolving Regulatory Framework for Enforcement of Arbitral Awards in the PRC", *Asian-Pacific Law & Policy Journal*, Vol. 12, No. 2，2000.《仲裁法》（2017年修正）第58条。最新的司法解释对"裁决所根据的证据是伪造的""对方当事人隐瞒了足以影响公正裁决的证据的"进行了细化，参见《最高人民法院关于人民法院办理仲裁裁决执行案件若干问题的规定》第15条、第16条。

保护主义的影响。

为了决定适用的准据法，更准确地说是为了适用相关的司法审查标准，法院执行来自涉港澳台的仲裁裁决制度和《纽约公约》的规定一致。内地和香港特别行政区代表在1999年6月21日签署了《关于内地与香港特别行政区相互执行仲裁裁决的安排》（简称《内地与香港的安排》）的备忘录。[1]《最高人民法院关于内地与澳门特别行政区相互认可和执行仲裁裁决的安排》（简称《内地与澳门的安排》）于2008年1月1日起生效。最高院在2015年颁布了《最高人民法官关于认可和执行台湾地区仲裁裁决的规定》，明确列举了拒绝执行台湾地区所作仲裁裁决的理由，[2]这使得人民法院在执行台湾地区和其他外国法域作出的仲裁裁决时，存在一些不同之处。其一，台湾临时仲裁庭作出的裁决在大陆能够予以执行，然而其他法域的临时仲裁庭作出的裁决在大陆是不予承认和执行的;[3]其二，对于需要法院审查的台湾仲裁裁决可以适用快速程序;[4]再者，人民法院可以以违背一个中国原则或者裁决不具有拘束力为由裁定不予执行某一台湾仲裁裁决。[5]这些规定表明，人民法院在执行台湾仲裁裁决方面更为宽容，通常以更快更广泛方式进行审查。此外，已经被某一台湾法院撤销的裁决，或者仲裁程序与台湾地区仲裁规定不符的将不被执行。在内地与香港、澳门地区之间的互惠协定中，并无此类规定。

（二）审查报告制度

《仲裁法》通过的当年，最高院就宣布建立报告制度。[6]1995年，最高院颁布了《最高人民法院关于人民法院处理与涉外仲裁及外国仲裁事项有关问题的通知》，构建了报告制度的基本结构。起初，这一制度仅涉及不予执行

---

[1] 参见邵文虹、高莎薇：《最高人民法院〈关于内地与香港特别行政区相互执行仲裁裁决安排〉的理解与适用》，载 http://www.chinacourt.org/article/detail/2017/06/id/2903816.shtml. 最后访问日期：2023年7月8日。

[2] 参见《最高人民法院关于认可和执行台湾地区仲裁裁决的规定》第14条。

[3] 参见《最高人民法院关于认可和执行台湾地区仲裁裁决的规定》第14条。

[4] 参见《最高人民法院关于认可和执行台湾地区仲裁裁决的规定》第14条。

[5] 参见《最高人民法院关于认可和执行台湾地区仲裁裁决的规定》第14条。

[6] 1998年4月23日，最高人民法院以法〔1998〕40号文件作出《最高人民法院关于人民法院撤销涉外仲裁裁决有关事项的通知》，在此通知中又对人民法院撤销我国涉外仲裁裁决建立报告制度。

外国或涉外仲裁裁决的裁定，之后，最高院将该制度的覆盖面扩展到撤销外国或涉外仲裁裁决的裁定。[1]这一制度的目的是通过上级法院乃至最高院加强监督外国或涉外仲裁裁决的执行。[2]2017年12月，最高院发布《最高人民法院关于仲裁司法审查案件报核问题的有关规定》的司法解释并于2021年进行修正，健全了内部报告制度的法律框架。该规定明确和扩大了仲裁司法审查案件的范围、[3]对三种仲裁案件施行"并轨"报核、[4]明确和细化了上下级法院之间的操作程序和职能等。

根据这一报告制度，任何中级人民法院或专门法院在裁定不予执行一项仲裁裁决之前，必须报请本辖区所属高级人民法院进行审查。如果高级人民法院同意不予执行或者拒绝承认和执行，高级人民法院再报给最高院，最高院对案件有权作出有拘束力的最终裁定。但一般情况下，对于国内仲裁案件，只需要由高级人民法院审核。如果中级人民法院同意执行仲裁裁决，但是高级人民法院在上诉中推翻了原裁定，情形同上。最高院通常会成立一个特别合议庭审查下级法院提交的案件。[5]在报告制度中，上级法院的意见是以复函或者批复的方式下达下级法院的，其中不存在行政或党派的干预。因此，由报告制度产生的公开决定包含最高院向高级人民法院传达的指示，进而指导中级人民法院作出一项裁定。这些由最高院发出的信函是本章研究的基础。然而，这些公开的复函（或批复）在细节的质量上各有不同，有的包含对每一个法律问题的全面分析，有的仅对基本事实进行简要描述。从更深的层面上讲，这个报告制度的目的是对不执行外国或涉外仲裁裁决的司法决定进行严格的审查，纠正并解决地方保护主义。

起初，外国投资者欢迎报告制度的实施，但是该制度并未受到国内投

---

[1] 参见《最高人民法院关于人民法院撤销涉外仲裁裁决有关事项的通知》。

[2] 参见《最高人民法院关于人民法院处理与涉外仲裁及外国仲裁事项有关问题的通知》。

[3] 参见《最高人民法院关于仲裁司法审查案件报核问题的有关规定》第1条。

[4] 参见对国内仲裁裁决的报核制度与适用于涉外仲裁裁决的内部报告制度仍有细微差别。如果中级人民法院不予执行我国内地仲裁机构的仲裁裁决，应当向本辖区所属高级人民法院报核；待高级人民法院审核后，方可依高级人民法院的审核意见作出裁定。在特定情况下，如高级人民法院拟认定不予执行，还要报最高人民法院审核，即以违背社会公共利益为由不予执行或者撤销我国内地仲裁机构的仲裁裁决。《最高人民法院关于仲裁司法审查案件报核问题的有关规定》（2021年修正）第2条、第3条。

[5] 《最高人民法院关于人民法院处理与涉外仲裁及外国仲裁事项有关问题的通知》、《最高人民法院关于仲裁司法审查案件报核问题的有关规定》（2021年修正）。

者同等地欢迎,因为报告制度并不适用于国内的仲裁裁决,所以这一机制因忽视国内当事人的利益而受到批评。报告制度受到质疑的另一个理由是,上级法院对下级法院裁决的干涉违背了正当程序原则以及每一级法院独立行使审判权的原则。这一审查监督制度的功能建立在这样的推断上,即审级较高的法院在处理涉及跨境商业交易的法律问题时比下级法院更具司法资格和专业能力。国内法院的司法审判能力参差不齐,因而长期受到诉讼当事人和西方观察者的质疑。[1]在司法改革之前,国内法官的招聘严重依赖法外来源,[2]特别是在基层法院,许多法官是没有足够法律知识和法律训练的退伍军人。某一法院中被安排到执行庭从事司法执行工作的法官可能是最缺乏法律和专业训练的人。[3]人们通常认为,执行工作不具备太高的复杂度,不需要太多的法律知识和技能,从而往往导致负责执行的法官比负责审判业务的法官能力更低。[4]由此可能得出的结论是,在执行阶段受地方保护主义影响而造成的错误或许是最严重的。[5]有效的报告制度不仅是上级法院抵制地方保护主义的一种手段,也是抵制司法渎职行为的手段。

三、基于最高院 98 份批复的实证研究

进行实证研究的目的是调查仲裁执行制度在国内的实际运行情况。中国国际经济贸易仲裁委员会仲裁研究所在 1996 年调查研究发现,当时外国仲裁裁决的执行率为 71%。然而 Peerenboom 的发现是,国内法院在 20 世纪 90 年代对外国仲裁裁决的执行率为 52%。[6]两者的研究都指出地方保护主义是不

---

[1] See Zhang Taisu, "The Pragmatic Court: Reinterpreting The Supreme People's Court of China", *Columbia Journal of Asian Law*, Vol. 25, No. 1., 2012, pp. 1-61.

[2] See Zhang Taisu, "The Pragmatic Court: Reinterpreting The Supreme People's Court of China", *Columbia Journal of Asian Law*, Vol. 25, No. 1., 2012, pp. 1-61.

[3] See Randall Peerenboom, "The Evolving Regulatory Framework for Enforcement of Arbitral Awards in the PRC", *Asian-Pacific Law & Policy Journal*, Vol. 12, No. 2., 2000.

[4] See Randall Peerenboom, "The Evolving Regulatory Framework for Enforcement of Arbitral Awards in the PRC", *Asian-Pacific Law & Policy Journal*, Vol. 12, No. 2., 2000.

[5] 参见刘作翔:《中国司法地方保护主义之批判——兼论"司法权国家化"的司法改革思路》,载《法学研究》2003 年第 1 期。

[6] See Randall Peerenboom, "Seek Truth from Facts: An Empirical Study of Enforcement of Arbitral Awards in the PRC", *American Journal of Comparative Law*, Vol. 49, No. 2., 2001, pp. 249-327.

予执行国内外仲裁裁决的一项重要影响因素。[1] 最高院根据 2002 年至 2006 年间发生的 610 个涉及仲裁裁决的案件（其中 74 个案件涉及承认和执行外国仲裁裁决）所做的实证研究发现，外国仲裁裁决的执行率为 93%。[2] 这些研究的局限性是显而易见的，其严重依赖受访者的个人经历和访问调查。在一些其他的实证研究中，数据采集数量很小并且不完全，数据的范围可能并未涵盖所有相关案件。

本章实证研究的基础是最高院对下级法院不予执行外国或涉外仲裁裁决之初始裁定所作的 98 份批复。根据这 98 个案件，有可能构建起一个执行外国及涉外仲裁裁决司法实践状况的相对完整的图景。但是，这种实证研究也存在局限性。其一，虽然这 98 个案件覆盖了 1995 年至 2015 年间被提交审查的不予执行的大部分裁定，但是由于国内司法体系的透明度相对较低，所收集的数据或许并未包含经历过该项制度的所有案件。即便最高院已经努力通过公开更多的判决或裁定来提高司法透明度，但能够查到和研究的经过报告制度的批复仍然是有限的。[3] 其二，实证研究试图通过对批复的司法推理和分析进行案件调查和梳理，但即便仅仅是在 98 个案件中，批复信函中的矛盾也引起了一些分析中的不匹配。例如，虽然准据法是影响中级人民法院是否拒绝执行外国或涉外仲裁裁决之申请的因素，但是我们无法测试这一因素的相关性，因为大多数公布的批复中并未指出引起纠纷的原始合同中所指定的准据法。一个相对合理的解释是法院回避适用外国法的倾向，这与保护性的司法方法和趋势相吻合。显然，数据集中方面的缺陷难以补充或补救，可能会对绘制报告制度功能的完整图景造成一些技术上的困难。

---

[1] Wang Shengchang, *Enforcement of Foreign Arbitral Awards in the People's Republic of China*, in ICCA Congress Series No. 9, Improving the Efficiency of Arbitration and Awards: 40 Years of Application of the New York Convention (Albert Jan van Den Berg ed., 1999). See Randall Peerenboom, "Seek Truth from Facts: An Empirical Study of Enforcement of Arbitral Awards in the PRC", *American Journal of Comparative Law*, Vol. 49, No. 2., 2001, pp. 249-327.

[2] Yang Honglei, "Report on the Judicial Review of International Arbitration in Chinese Courts", *International Law Review of Wuhan University*, Vol. 9, 2009, pp. 304-321.

[3] 根据这些早期研究，至少在最初的几年里，最高院一般每年审查 30 个案件。Ellen Reinstein, "Finding a Happy Ending for Foreign Investors: The Enforcement of Arbitration Awards in the People's Republic of China", note 223, email reply from a Judge of Supreme People's Court in China.

此外，内部报告制度没有规定明确的时限。[1]对此，普遍的批评是内部报告制度可能不合理地延长了司法审查程序，在技术上使得外国或涉外仲裁裁决的执行变得更为困难。根据数据统计，最高院审查不予执行的外国或涉外仲裁裁决平均需要约3个月的时间，这在国内的不同地区基本保持稳定。[2]这验证了早先的假设：增加最高院审查的额外程序可能会不必要地延长执行仲裁裁决的时间，从而对仲裁案件的外国当事方造成不必要的负担。

（一）统计结果：概述

在本章所研究的98个案例中，有39个案件是由一方当事人提出撤销仲裁裁决申请，其余则是不予执行的案件，其执行仲裁裁决的申请最初都被中级人民法院驳回。一方当事人申请撤销或执行仲裁裁决的案件中，有20个案件由国内当事人提起，其余则是由外国当事人提起的。外国投资者实际上对这一内部报告制度有很强的依赖，希望其保护外国或涉外仲裁裁决不被国内法院否定。还有一个案件是由外国第三人申请撤销仲裁裁决，即崇正国际联盟集团有限公司申请撤销第V19990351号仲裁裁决案（案件编号：34），但该案的信息十分有限。[3]

表1 被最高院推翻的不予执行裁定的数量

类别	案件数量	被最高院确认的不予执行（包括被最高院撤销的）案件的数量	最高院执行案件的数量	推翻率
所有最高院报告案例	98	58	40	40.8%

[1] 根据《最高人民法院关于人民法院撤销涉外仲裁裁决有关事项的通知》，受理申请撤销裁决的人民法院如果认为应予撤销裁决或通知仲裁庭重新仲裁的，应在受理申请后30日内报请其所属的高级人民法院，该高级人民法院如同意撤销裁决或通知仲裁庭重新仲裁的，应在15日内报最高人民法院，以严格执行仲裁法第60条的规定。遗憾的是2021年修正的《最高人民法院关于仲裁司法审查案件报核问题的有关规定》仍然没有明确审查仲裁案件的期限。

[2] 我们计算了98个案件的审查期间，从中级人民法院将案件提交审查之日起，到最高院发布批复之日止，平均而言，每个不予执行案件的审查需要90天。

[3] Fan Yang, Foreign-Related Arbitration in China: Commentary and Cases, *Cambridge University Press*, 2016.

如表1所示，在98个案例中，有40个案件在经过最高院的审查后最终得以执行。下级法院最初作出的不予执行的裁定有40.8%被最高院推翻。[1] 推翻率相对较高的原因可能是审级较低的法院法官能力不足从而导致法律解释错误，也可能是低级别法院的审查标准更为严格，这与地方保护主义可能有一定关联。40.8%的推翻率可能足以证明建立这种报告制度的必要性，这可以被视为对不执行外国或涉外仲裁裁决的有效制约。

表2 根据申请人国籍统计的执行结果
（执行案件）

	国内申请人	国外申请人
执行案件数量	10	49
最高院执行案件的数量	4	22
推翻率	40%	44.9%

表3 根据当事人国籍统计的执行结果
（撤销案件）

	国内申请人	国外申请人	国内被申请人	国外被申请人
撤销案件（37）	8	10	11	8
最高院不予撤销案件数量	4	2	6*	1
推翻率	50%	20%	54.5%	12.5%

* 该6个案件中有4例实际上是被发回中级人民法院重新裁定的。

假设地方保护主义是影响外国或涉外仲裁裁决在地方一级法院能否得到执行的决定性因素，涉及外方当事人的执行案件本应该更有可能被最高院推翻。然而，目前的分析结果大不相同。从表2可以看出，虽然由外国申请人

---

[1] 根据2000年至2011年作出的58个不予执行裁定而进行的一项田野调查表明，执行率（或最高法院改判率）高达62%。参见刘贵祥、沈红雨：《我国承认和执行外国仲裁裁决的司法实践述评》，载《北京仲裁》2012年第1期。另一项更早的研究显示，最高法院推翻了下级法院80%的拒绝执行裁定。

第三章 地方保护主义的司法抑制之困：中央化司法控制进路的实证研究

提出的执行申请更多地被中级人民法院推翻，但是比较国内当事人和国外当事人提出的执行申请时可以发现，最高院对两者的推翻率大致相同（40%与44.9%）。由外国申请人提出的强制执行申请（共49件）多于由国内申请人提出的强制执行申请（共10件）。这可能说明由国内申请人发起的执行申请大部分在实际上得到了中级人民法院的承认和执行。因此，较少提交至最高院审查的案件是外方发起的案件。这表明，国内申请人在地方一级法院执行裁决相对容易。

撤销案件可能得出一个比较杂乱的情形。如果撤销申请是由外国当事人发起的，该外国当事人是仲裁中的申请人还是被申请人并不重要，最高院将其推翻的概率很低，这意味着对于国内当事人的影响微乎其微。这种低概率或许表明，在权利保护方面，外国或者涉外仲裁裁决相对有利于国外当事人。然而，由国内当事人发起的撤销申请的推翻率就很高，当国内的申请人或被申请人试图申请撤销仲裁裁决时，在任何一种情形下，最高院的推翻率都达到50%以上。一种可能的解释是，当国内的当事人试图使一项仲裁裁决被地方法院撤销时，地方保护主义表现得更为强烈。这是有道理的，因为国内当事人更易于在当地申请撤销仲裁裁决，以防止外方当事人收到不利的仲裁结果时采取进一步的执行措施，因为地方保护主义可以在支持和保护国内各方的合法权益或经济利益方面发挥一定的作用。我们可以得出结论：在大多数撤销案件中，外国当事人受到最高院更好的保护。相比而言，地方法院可能会更偏袒国内当事人。

另一个值得注意的因素是，当国内申请人试图撤销仲裁裁决时，提交的证据不明确或未严格遵守程序要求时，就会导致发回重审。这表明，国内被申请人试图撤销裁决时，司法审查较为不严厉。地方法院更有可能操纵此类程序。例如，2004年《最高人民法院关于不予执行国际商会仲裁院10334/AMW/BWD/TE 最终裁决一案的请示的复函》认为太原中院应该重审该案，因为在拒绝申请之前，太原中院没有给予当事人足够的时间来重新提交相关材料。而山西高院认为在证据材料瑕疵方面给予当事人第二次救济机会将更为适当。由于申请撤销仲裁裁决的国内当事人和当地法院之间的密切关系，法院很可能作出类似裁定。另一个案例是 Paul Castro 案（案件编号：60），当国内当事方申请撤销由国内仲裁机构作出的仲裁裁决时，当地中院以仲裁程序瑕疵和存在矛盾为由同意撤销。但高级人民法院发回该裁决，允许仲裁庭使用更灵活的方式来满足当事人的偏好意图和安排。这种情况下更难判断是否为地方保护主义导致裁决无效，因为国内当事人是一家山西公司，而执行申请发生在辽宁。山西当事方意图避开地方保护，从而选择仲裁裁决作出地而不是财产所在地申请撤销仲裁裁决。

　　一般而言，当事方的国籍不应在执行结果中起主导作用。虽然在国内当事方试图撤销仲裁裁决时可能存在一定程度的地方保护，但这并不意味着外国当事方试图在国内执行仲裁裁决时必然处于弱势地位。结果可能与预期恰恰相反，最高院可能欢迎执行有利于外国申请方的仲裁裁决。最高院做出的批复更有利于外国当事方而不是国内当事方。这与Peerenboom之前的研究结果相符，即中国当事方申请执行裁决的成功率略低于外国当事方申请执行裁决的成功率（以财产得到实际执行为标准）。[1]原因在于政府非常重视吸引外资，法院作为当地司法机构应当支持这一积极吸引外资的投资政策。承认和执行外国或涉外仲裁裁决是向外国投资者表达善意的一种方式。事实上，这种内部报告机制本身的执行可以视为进一步保护外国投资者产权的一种方式，从而在争议解决机制方面给予外国投资者更多信心，这也正是国内投资者对此颇有微辞的原因。[2]

（二）执行地点（由中级人民法院所在地决定）

表4　不同一审法院所在地的执行结果

	经济较发达地区	经济欠发达地区
案件总数	68	30
执行案件数量	24	15
不予执行案件的数量	44	15
推翻率	35.3%	50%

　　以首次被申请执行仲裁裁决的中级人民法院所在地为标准，可以按照人

---

[1] See Randall Peerenboom, "Seek Truth from Facts: An Empirical Study of Enforcement of Arbitral Awards in the PRC", *American Journal of Comparative Law*, Vol. 49, No. 2., 2001, pp. 249-327.

[2] See Christina Cheung, "The Enforcement Methodology of Non-Domestic Arbitral Awards Rendered in the United States & Foreign-Related Arbitral Awards Rendered in the People's Republic of China pursuant to Domestic Law and the New York Convention", *Santa Clara Journal of International Law*, Vol. 11, No. 1., 2012, p. 237.

均GDP将其分为两类：经济较发达地区和经济欠发达地区，[1]在各中级人民法院所在地中，北京、广东、上海、浙江、江苏、天津、福建、辽宁和山东被划分为"经济较发达地区"，其他地区划归为"经济欠发达地区"。可以发现，执行案件集中发生在经济较发达地区，这可能是因为大部分国际或跨境交易经常发生在这些地方。另外一个原因可能是，较多的裁决争议当事方已经在经济较发达地区积累了财富。根据《仲裁法》规定，国内所有仲裁机构都可以负责涉外仲裁案件，然而只有少部分仲裁机构受到国外当事人的欢迎而被当事方选择作为仲裁机构。中国国际经济贸易仲裁委员会，包括其在北京、上海和深圳的分支机构，是目前中国最受欢迎的处理涉外仲裁案件的仲裁机构。一些内陆省份，如河南、云南、甘肃等，没有收到任何申请仲裁裁决执行的案件。值得注意的是，广西有5个被报道的案件，主要涉及香港地区当事方，这可能与广西地理位置靠近香港地区有关。

表4简单比较了两组地区的仲裁裁决执行案件的情况。这一比较显示经济欠发达地区法院审理案件的推翻率高于经济较发达地区，这可能是因为经济欠发达地区存在一定的地方保护主义。然而进一步分析这些案件，可以发现上级法院推翻许多裁定的原因是经济欠发达地区的地方法院对法律的解释较为窄化，地方法院的法官通常认为自己具备较为有限的司法解释权或自主权，因此可能倾向于不予执行仲裁裁决。

（三）争议类型

表5　不同争议性质的执行结果

（合同类型）

	执行	不予执行	推翻率
买卖合同	15	14	51.7%
投资合同	10	30	25%
许可合同	3	3	50%
租赁合同	0	5	0

---

[1] 参见中国经济数据省份图，载 https：//www.dbresearch.com/PROD/DBR_INTERNET_EN-PROD/PROD0000000000356963/China's_provinces%3A_Mapping_the_way_forward.PDF，最后访问日期：2023年7月8日。

续表

	执行	不予执行	推翻率
服务合同	1	6	14.3%
其它合同	8	3	72.7%

在98个案例中，大多数争议要么是买卖（包括国际买卖）争议，要么是投资争议（包括外国公司在中国投资成立企业），这两种类型的争议是提交司法审查的主要争议类别。但是，实证数据并没有显示争议种类和裁决执行情况之间的正向关联关系。

通常情况下，假定争议涉及投资合同时，政府更有可能进行操纵性活动，因为合资企业可以为当地增加税收或者合资企业的中国投资方可能与当地政府有紧密的政治联系，导致投资合同争议的仲裁裁决不予执行的推翻率较高。如表5所示，买卖合同争议的推翻率高于其他类型的争议。我们进一步分析这些案例就会发现，这些不予执行的买卖合同争议通常涉及农产品的进口和出口。根据我国进出口管理部门规定的农业安全标准，特定产品的进出口需要特别许可，尤其是进口到国内的食品。进口许可和我国现存的贸易壁垒有紧密联系，可能隐含着变相的地方保护主义。

例如，在《最高人民法院关于路易达孚商品亚洲有限公司申请承认和执行国际油、种子和脂肪协会作出的第3980号仲裁裁决请示一案的复函》（案件编号：14）中，湛江市中级人民法院拒绝执行由国际油、种子和脂肪协会作出的仲裁裁决，该仲裁裁决支持外国当事方路易达孚商品亚洲有限公司。这个案例涉及大豆买卖合同，争议双方选择英国法作为准据法。湛江中院认为该案的英国仲裁员错误地解释了中国法律，而且进口这些腐烂的产品也将对我国公民的健康造成风险。裁决违背了《纽约公约》规定的公共政策条款，因而不予执行该仲裁裁决。最高院审查该案事实后予以推翻，最高院认为，无论是对国内法律的错误解释，还是进口腐烂大豆，都不构成对《纽约公约》公共政策的违反。这一推理在后来的一系列案件中得到了确认。[1] 这些外国商品的当地竞争者（如进口商）可能会在执行阶段对当地法院施加一些影响，

---

[1]《最高人民法院关于舟山中海粮油工业有限公司申请不予执行香港国际仲裁中心仲裁裁决一案的请示报告的复函》。

从而导致执行偏好。

(四) 仲裁机构类型

在这 98 个案例中，有 35 个裁决由国外仲裁机构在我国境外作出，其余由国内的仲裁机构作出。在 35 个由国外仲裁机构作出仲裁裁决的案件中，有 19 个案件经最高人民法院审核后推翻了下级法院不予执行的决定。如表 6 所示，国外机构作出的仲裁裁决不予执行决定的推翻率要稍高于国内机构作出的仲裁裁决。这可能是因为地方法院具有更强的地方保护主义，对外国仲裁机构的仲裁裁决抱有更大的敌意。一些人认为最高人民法院对外国或涉外仲裁裁决不予执行决定的推翻率稍高于国内仲裁裁决的原因是：前者更多因程序违规被拒绝执行，国内仲裁裁决更多涉及对仲裁庭管辖权的挑战。[1] 本质上讲，《纽约公约》提供了一个有利于仲裁裁决执行的体系，使得在外国或外国仲裁机构作出的仲裁裁决更容易在国内得到承认和执行。因此，推翻率的差异（54%对38%）可能表明，由于包括地方保护主义在内的各种原因，在国外作出的裁决很可能受到地方法院的歧视。

表 6　不同仲裁机构的执行结果

	由国外仲裁机构作出的裁决	由国内仲裁机构作出的裁决
总计	35	63
执行	19	24
不予执行	16	39
推翻率	54%	38%

(五) 仲裁请求标的额

裁决所涉标的额越大，申请执行的当事方通常会有更大的动力坚持执行仲裁裁决。裁决的争议标的额越大，更容易滋生地方保护主义。本章研究的 98 个案例大部分涉及货币补偿。这些案件中特别履行的诉求很少。其中有 21 个案例的争议当事人要求解除合同，不涉及仲裁请求的金额，因此不包括在

---

[1] See Alyssa S. King, "Procedural Perils: China's Supreme People's Court on the Enforcement of Awards in International Arbitration", *Asian-Pacific Law and Policy Journal*, Vol. 17, No. 1., 2015, pp. 1–17.

本章分析标的金额的案件中。根据争议数额的不同，这些案例可以分为6组。大多数外国或涉外仲裁裁决涉及大额争议金额，从50万美元到100万美元不等。仲裁请求金额较小的仲裁裁决似乎会有更高的推翻率，没有展现出一个清晰的模式或规律。争议涉及较大金额或不涉及货币金额的仲裁裁决不予执行决定的推翻率更低。

假设地方保护主义是影响执行结果的一个重要因素，这个结果貌似反常。若不探究案件的具体事实，该结果可能归因于这样一个事实，即法院通常花费更少的时间来审查小额仲裁裁决，对涉及争议标的额更高的案件给予更多的关注，导致小额案件中出现更多的错误。法院可能极少会因为仲裁请求标的额较小的案件发生错误而受到舆论或司法谴责。在这类案件中，司法能动主义可能稍微逊色。本研究的数据文本显示，一般来说，标的额和推翻率之间的相关性较弱。

表7 不同仲裁请求标的额的执行结果

	执行裁决	裁决总数	推翻率
1-10 000 美元	2	3	66.7%
10 000-100 000 美元	2	5	40%
100 000-500 000 美元	13	23	56.5%
500 000-1 000 000 美元	5	11	45.5%
1 000 000-5 000 000 美元	14	24	58.3%
>5 000 000 美元	4	11	36.3%
不涉及标的额	6	21	28.6%

（六）不予执行的理由

根据《通知》的规定，最高院无须在答复中给出撤销不予执行外国或涉外仲裁裁决决定的详细理由。尽管最高院在批复中提供的信息有限，但是这些批复指出了致使裁决瑕疵的法律条款，这些可以作为分析最高院推理和案例研究的依据。这些批复在一定程度上表达了最高院对仲裁和仲裁裁决执行的关切，对更广泛的利益相关者如执业律师和企业有所帮助。

第三章 地方保护主义的司法抑制之困：中央化司法控制进路的实证研究

表 8　中级人民法院不予执行的理由

不予执行的理由	案件总数	执行案件数	推翻率
无有效仲裁条款或协议	14	6	42.86%
未能送达〔1〕或未能陈述意见〔2〕	9	3	33.33%
仲裁庭组成或仲裁程序不符合仲裁协议	15	6	40%
超出仲裁协议范围或仲裁庭无权仲裁〔3〕	13	9	69.23%
公共政策	8	7	87.5%
不可仲裁性	0	0	0%
未及时申请执行	3	0	0%

表 9　高级人民法院不予执行的理由

不予执行的理由	不予执行案件数量
无有效仲裁协议	19
未能送达或未能陈述意见	9
程序瑕疵	13
超出仲裁协议范围	11

---

〔1〕　迄今为止，国内法院只援引了"未予通知"条款作为不予执行的理由，而未援引更广泛的"程序不正当"条款。参见 Roger P. Alford et al., "Perceptions and Realities: Enforcement of Foreign Arbitral Awards in China", *Pacific Basin Law Journal*, Vol. 33, No. 1., 2016, p. 13.

〔2〕　《民事诉讼法》（2023 年修正）第 291 条第 1 款第 2 列举了三种情形：被申请人没有得到指定仲裁员或者进行仲裁程序的通知，或者由于其他不属于被申请人负责的原因未能陈述意见的。

〔3〕　《民事诉讼法》第 291 条第 1 款第 4 项规定，"……经人民法院组成合议庭审查核实，裁定不予执行：（四）裁决的事项不属于仲裁协议的范围或者仲裁机构无权仲裁的"。仲裁裁决是瑕疵裁决。超出仲裁也指虽然当事方将争议提交仲裁，但争议根据法律不具有可仲裁性。《纽约公约》第 5 条规定的"裁决涉及仲裁协议所没有提到的，或者不包括仲裁协议规定之内的争议"，说的也是这种情况。《最高人民法院关于人民法院办理仲裁裁决执行案件若干问题的规定》第 13 条将该种情况具体分为四类：（一）裁决的事项超出仲裁协议约定的范围；（二）裁决的事项属于依照法律规定或者当事人选择的仲裁规则规定的不可仲裁事项；（三）裁决内容超出当事人仲裁请求的范围；（四）作出裁决的仲裁机构非仲裁协议所约定。

续表

不予执行的理由	不予执行案件数量
公共政策	2
未及时申请执行	3
其它法定理由	6

研究这 98 个案例可以发现，缺乏有效的仲裁协议（或条款）是法院拒绝执行申请最常援引的理由之一。仲裁庭组成或仲裁程序不符合仲裁协议以及仲裁事项超出仲裁协议范围或仲裁庭无权仲裁是拒绝执行申请的主要理由。在具体裁决中，下级人民法院依据这些理由拒绝执行裁决的比例较高，而最高院的推翻率也比较高，原因可能是下级人民法院对涉外仲裁没有采取较为包容的态度，比较严格地执行了这些拒绝执行的法定理由。我国法院对待外国或涉外仲裁裁决态度较为苛刻，只要裁决存在《纽约公约》或者法律规定的程序缺陷，就毫无例外地否定仲裁裁决。法院会以微不足道的瑕疵拒绝执行裁决，这种司法取向不利于保护当事人的合法权益，造成争端解决机制低效和资源浪费。在对待仲裁裁决的承认和执行以及撤销问题上，大多数国家的法院会努力维持仲裁裁决的效力，即使仲裁裁决存在一定的程序瑕疵，只要结果的公正性或者当事人的权利不会遭致重大影响，法院一般裁定承认和执行或者不予撤销仲裁裁决。[1]

尽管指出不予执行外国或涉外仲裁裁决的特定理由和地方保护主义之间的关系存在困难，但这些理由是分析外国或涉外仲裁裁决执行情况的重要因素。衡量不予执行外国或涉外仲裁裁决理由的重要性是一项技术性的挑战，因为法院通常不会根据《民事诉讼法》、《仲裁法》或者《纽约公约》对不予执行外国或涉外仲裁裁决给予多种理由。[2]

《民事诉讼法》规定了一项模糊的公共政策例外，即法院可以基于公共政

---

[1] 参见赵健:《国际商事仲裁的司法监督》，法律出版社 2004 年版，第 270~271 页。

[2] See Meg Utterback, Holly Blackwell, "Enforcing Foreign Awards in China – A Review of the Past Twenty Years", available at: http://www.kwm.com/en/knowledge/insights/enforcing-foreign-arbitral-awards-in-china-20160915, last visited: 8 July 2023.

策而拒绝执行仲裁裁决。[1]尽管不断有批评和担忧认为公共政策条款可能在中国遭到滥用，但这在现实中并未发生。事实上，国内法院极少援引公共政策条款拒绝执行外国或涉外仲裁裁决。在这98个案例中，高级人民法院最早援引公共政策条款的案件——美国制作公司和汤姆·胡莱特公司诉中国妇女旅行社演出合同纠纷案，建立了基于公共政策不予执行仲裁裁决的高标准。在该案中，美国作品因为表演包含了"不适宜中国观众观看"的素材而被禁止在国内表演。[2]虽然美国制作公司在CIETAC仲裁中获得了有利裁决，但法院以公共政策为由驳回了仲裁裁决。除此之外，公共政策条款极少被援引。

以《纽约公约》中的公共政策例外为由拒绝执行的另一实例是在 Hemofarm DD，MAG国际贸易公司和苏拉业媒体有限公司诉济南永宁制药股份有限公司的因合资合同产生的租赁纠纷案件中，济南中级人民法院裁定，永宁公司的申请财产保全措施违反了中国的公共政策，不应在中国强制执行。最高院维持这一裁决，显然是感觉到，强制执行这样的裁决会侵犯中国的司法主权。

可见，缺乏有效仲裁协议或不具有可仲裁性的案件在最高法院会有较高的推翻率。法院在援引这些条款时，法律的模糊性可能会造成更多的司法滥用。但至少从数据来看，不予执行的理由和地方保护主义之间的相关性不强。

（七）年份

表10 根据年份整理的执行数据

年份	案件总数	予以执行案件数量	推翻率
1997	1	0	0
2001	7	4	57.1%
2002	4	1	25%
2003	12	6	50%
2004	7	4	57.1%
2005	5	3	60%
2006	13	8	61.5%

---

[1]《民事诉讼法》（2023年修正）第291条第2款。
[2] 参见赵秀文：《国际商事仲裁现代化研究》，法律出版社2010年版，第311~312页。

续表

年份	案件总数	予以执行案件数量	推翻率
2007	10	3	30%
2008	14	3	21.4%
2009	6	3	50%
2010	9	5	55.6%
2011	3	1	33.3%
2012	1	0	0
2013	5	3	60%
2015	1	1	100%

最后，本研究统计了这98个案件在不同年份的分布数据。数据显示，从2003年到2010年，越来越多的案件通过内部报告制度提交申请执行，这表明这期间越来越多的案件被中级人民法院拒绝执行；2003年至2006年间的推翻率特别高，但2006年之后推翻率大幅下降。中级人民法院不予执行案件的数量和最高人民法院推翻比例的下降，可能与中级人民法院、高级人民法院和最高人民法院日益积累的执行案件处理经验和最高法院在内部报告制度运转过程中找到了明智的做法有关。各级别的法院更加适应这种内部报告制度，使得这一制度功能性和透明度也更加显现。推翻率的波动也可能与同期对外政策和国内改革进程的变化有关，这暂时不在本章的讨论范围。[1]

四、实证研究的回归分析

为了更加准确地对本章所探讨的地方保护主义和司法抑制的相关性进行分析，需要运用实证模型进行回归分析。在实证分析模型中将最高院推翻或未被推翻的案件作为因变量，由于因变量的性质为离散被解释变量，因此，本章选取probit模型对地方保护主义行为进行分析。在此模型中，本章选取申诉方、被申诉方、仲裁机构、标的金额、年份五个变量为自变量。其实证模

---

[1] 2007年正值肖扬卸任最高法院院长一职。肖扬就任最高院时强调加强最高院的权力和对下级法院的管理。尽管之后新一轮的司法改革启动，司法改革与法院结构的关联并不显著。这不在本章讨论的范围之内。

型可由以下方程表示：

$$Y^* = \alpha + \beta X + \mu \quad \text{-----} \quad (1)$$

以及

$$Y^* = \begin{cases} 1, & \text{当 } Y^* > 0 \text{ 时，被推翻} \\ 0, & \text{当 } Y^* < 0 \text{ 时，未被推翻} \end{cases} \quad \text{----} \quad (2)$$

其中，式子（1）中的 μ 为扰动项，服从标准正态分布，进而影响中级人民法院被推翻或未被推翻的案件的二元离散模型可以表示为：

$$\text{prob}(Y=1|X=x) = \text{prob}(Y^*>0|x)$$
$$= \text{prob}([\mu>(\alpha+\beta x)]|x)$$
$$= 1-\phi[-(\alpha+\beta x)]$$
$$= \phi(\alpha+\beta x)$$

其中，φ 为标准正态累计分布函数，Y^* 是不可观测的潜在变量，Y 是实际观测到的因变量，当中级人民法院被推翻时为 1，未被推翻时为 0；X 为影响因素向量，x 为实际观测到的影响因素，主要包括申诉方、被申诉方、仲裁机构、标的金额、年份这五个标量，它们分别由申诉方、被申诉方、仲裁机构、价值和日期表示。其中，申诉方、被申诉方、仲裁机构属于本国的为 1，属于外国的为 0。

在实证分析的过程中，本章删去了缺失数据的样本和数据结构不符合本章实证分析的部分样本。本模型的实证分析结果如下：

被执行的	系数	标准误差	z值	[95%置信区间]
申请方	.3741303	.4930848	0.76	0.448 -.5922981 1.340559
被申请方	.8912672	.5038072	1.77	0.077 -.0961767 1.878711
价值	-2.99e-08	3.41e-08	-0.88	0.381 -9.68e-08 3.70e-08
仲裁机构	.3179343	.3367653	0.94	0.345 -.3421136 .9779823
日期	.0073028	.0447041	0.16	0.870 -.0803156 .0949212
常项款	-15.4072	89.67972	-0.17	0.864 -191.1762 160.3618

其中，仅被申诉方在地方保护主义中有比较明显的作用（关联性），其他几个变量均不显著；我们进一步对这些变量进行边际效应分析，分析结果如下：

变量	边际效应	标准误差	z值	P>|z|	[95%置信区间]	X
申请方	.1435178	.18202	0.79	0.430	-.213235　.500271	.220588
被申请方	.3418332	.17521	1.95	0.051	-.001578　.685245	.808824
价值	-1.18e-08	.00000	-0.88	0.381	-3.8e-08　1.5e-08	2.6e+06
仲裁机构	.125294	.13206	0.95	0.343	-.133538　.384126	.588235
日期	.0028784	.01762	0.16	0.870	-.031654　.037411	2006.26

从边际效应分析的结果看，被申诉方在司法地方保护主义中的作用最为显著，其他变量均不显著。在使用probit模型时，事件发生的概率依赖于解释变量，因此进一步分析了边际效应，其结果与上一个实证结果基本一致。只是在本模型中，被申诉方在边际效应中的显著性提升了，进一步佐证了被申诉方受地方保护主义的现象。换言之，被申诉方如果是国内当事人的话，下级人民法院不予执行仲裁裁决的决定被最高院推翻的可能性更高。

最后，我们进一步验证本模型准确预测的比率，其结果如下：

```
Classified  |        D        |   ~D        |   Total
------------+-----------------+-------------+-----------
     +      |       31        |   17        |    48
     -      |        7        |   13        |    20
------------+-----------------+-------------+-----------
   Total    |       38        |   30        |    68

Classified + if predicted Pr(D) >= .5
True D defined as enforced != 0

Sensitivity                      Pr( +| D)      81.58%
Specificity                      Pr( -|~D)      43.33%
Positive predictive value        Pr( D| +)      64.58%
Negative predictive value        Pr(~D| -)      65.00%
--------------------------------------------------------
False + rate for true ~D         Pr( +|~D)      56.67%
False - rate for true D          Pr( -|PD)      18.42%
False + rate for classified +    Pr(~D| +)      35.42%
False - rate for classified -    Pr( D| -)      35.00%
--------------------------------------------------------
Correctly classified                            64.71%
```

由以上结果可知，本模型正确预测结果的比率为64.71%。正确预测比率表明的是将预测值与实际值（样本数据）进行比较，进而得到准确预测百分比，体现的是模型预测能力。64.71%表明本实证模型能够对该研究进行合理的预测。

五、中央化司法控制：内部报告制度对抑制地方保护主义的有效性

根据实证研究的结果，我们可以得出的一个基本结论是：国内的地方保护主义对外国或涉外仲裁裁决执行的影响并不如我们想象的那么强烈，至少在内部报告制度实施后是这样。这一结果与Peerenboom早期根据72项不予执行仲裁裁决的裁定实证研究的结果相吻合。他的主要结论是，破产诉讼而非地方保护主义对我国执行外国或涉外仲裁裁决的阻碍作用最大。[1]他还提到，地方保护主义可能成为法院为了逃避不称职招致的指责而使用的"替罪羊"。[2]

在目前的研究中，我们可以用一组已判决的案件来更精确地描绘外国或涉外仲裁裁决在国内法院得以执行的现状。根据本章的研究，地方保护主义和不予执行外国或涉外仲裁裁决之间没有令人信服的强关联性。这个结论可能有两个解释：其一，内部报告制度可能通过高度集中且自上而下的司法架构强化了司法控制，进而对地方司法机关产生了强烈的威慑作用，因此该制度通过控制执行案件结果有效地将地方保护主义在外国或涉外仲裁裁决司法执行上的影响减至最小；其二，地方保护主义可能尚未强烈干预外国或涉外仲裁裁决的执行过程。我们可以认为内部报告制度已经较好地发挥了作用。

我国的地方保护主义大多采取了一种被动的方式，即地方司法机关受到行政机关不当行使行政权力的压力。[3]随着中国经济的迅速发展，法治的重要性及社会对司法的尊重得以加强，地方审判机关为了在作出司法决定的过程中获得更多独立性，呼吁建立一项将其与所受行政压力隔离开来的制度。[4]与美国的法院不同，国内的上级法院很少改变下级法院作出的司法决定的实质性内容。[5]这一限制性做法很大程度上与许多下级法院采用的考评制度有关，这种考评制度不会排除对解释和适用法律错误的法官进行评估和惩罚。由此推定，中国的法院总体上在表达关于法律解释的意见时是很谨慎的。[6]与1995年的《中华人民共和国法官法》和1998年最高院印发的《人民法院审

---

[1] See Randall Peerenboom, "The Evolving Regulatory Framework for Enforcement of Arbitral Awards in the PRC", *Asian-Pacific Law & Policy Journal*, Vol. 12, No. 2., 2000, pp. 24-5.

[2] See Randall Peerenboom, "The Evolving Regulatory Framework for Enforcement of Arbitral Awards in the PRC", *Asian-Pacific Law & Policy Journal*, Vol. 12, No. 2., 2000, pp. 27-8.

[3] 参见刘作翔：《中国司法地方保护主义之批判——兼论"司法权国家化"的司法改革思路》，载《法学研究》2003年第1期。

[4] 对海南中级人民法院法官的采访，载 http://www.66law.cn/lawarticle/2187.aspx，最后访问日期：2023年7月8日。

[5] See Xin He, "Judicial Decision-Making in An Authoritarian Regime: Piercing the Veil of the Adjudication Committee in a Chinese Court", available at: http://www.cityu.edu.hk/slw/lib/doc/RCCL/RCCL_Working_Paper_Series-He_Xin%282011.07%29.pdf, last visited: 8 July 2023.

[6] See Ellen Reinstein, "Finding a Happy Ending for Foreign Investors: The Enforcement of Arbitration Awards in the People's Republic of China", available at: http://law.bepress.com/expresso/eps/506/, last visited: 8 July 2023.

第三章　地方保护主义的司法抑制之困：中央化司法控制进路的实证研究

判人员违法审判责任追究办法（试行）》[1]不同，地方法院仍然明确处罚在审判工作中犯法律错误的法官。[2]这一严厉的纪律制度迫使基层法院与上级法院工作一致，这种"不言而喻"的规则导致上级法院在上诉审查中的矫正率较低，限制了上诉程序监督功能的发挥。

在我国当代的司法实践中，当下级法院在审判阶段遇到疑难案件时，他们通常在没有深思熟虑的情况下向上级法院咨询这些疑难问题。[3]可以承认的是，诉诸这种内部监督或咨询制度反映了国内司法的艰难现实，征求上级法院关于一个案子如何判决的意见可能是一种政治谨慎；同时，内部报告制度本身可能被国内法院用作一种隔离地方行政干预压力的工具，尤其是当司法机关需要与当地强烈对抗时。[4]内部报告制度为基层法院获得上级法院在处理具有重要政治意义或敏感性案件，或提出法律、现实难题的案件上的指导搭建了内部渠道，在加强由上至下的司法问责制度方面发挥着一些特殊功能。其一，它使得法官在上级法院的帮助下有更多恰当解释法律的机会；其二，它增强了地方司法机关和上级司法机关对公众的问责。通过运用这种交流方式，下级法院和上级法院都可以更加清晰地表达各自相互矛盾的意见。我国极其脆弱的上诉审查制度给审判造成沉重压力，司法机关在正确解释法律方面的能力很弱，而内部报告制度的引进保障了下级法院在独立发挥司法决定功能的同时正确解释涉外法律问题。

在外国或涉外仲裁裁决的执行程序中，第一次审查的管辖权从基层人民法院上移到了中级人民法院。[5]这至少表明，鉴于基层人民法院与地方政府之间的关系，上级法院对基层法院（或其法官）并不信任。以基层法院为代表的下级法院被认为是地方保护主义的温床，具有司法权滥用的环境。[6]法院的执

---

[1]　参见《人民法院审判人员违法审判责任追究办法（试行）》《人民法院审判纪律处分办法（试行）》。

[2]　参见《人民法院审判人员违法审判责任追究办法（试行）》《人民法院审判纪律处分办法（试行）》。

[3]　参见《人民法院审判人员违法审判责任追究办法（试行）》《人民法院审判纪律处分办法（试行）》。

[4]　参见邵书平：《我国法院在具体案件上适用法律的请示与批复的理性思考》，载《湖南公安高等专科学校学报》2004年第2期。

[5]　参见《民事诉讼法》（2023年修正）第290条。

[6]　参见杨秀清：《协议仲裁制度研究》，法律出版社2006年版，第269页。

行庭通常由非审判官员组成,他们大多是行政机构中的同级官员。[1]审判法院(此处指基层人民法院)可能比中级人民法院更加关心当地公司运营不佳而引起的失业率上升和社会不稳定问题。[2]在关于债务执行案件的研究中,有学者将地方保护主义与不同地区的发展情况联系起来。在这项研究中,从基层法院收集的数据表明地方保护主义更多发生于基层的法院。[3]该研究指出,珠江三角洲和山西省研究结果的差异在某种程度上是因为珠江三角洲私有化程度(民营企业比例)更高,珠三角自20世纪90年代末采取了更多的改革措施以建立相对独立的执行局、分离审判和执行程序、提高法官资格的入职门槛等。[4]

最近几年,中央司法机关支持仲裁的态度是明确的。[5]尽管内部报告制度在制止和纠正地方保护主义方面发挥着作用,但它为防止过度的地方保护主义,将会对司法领域实行一种直接的控制。[6]为了保持对国外投资和国际贸易的吸引力,使外国投资者对伴随着稳定政治环境的有效产权保护法律体系保持信心,[7]使其确信自己可以诉诸一个独立的法院很有必要。企业能够与大量的市场参与者进行交易,并消减对政府专断的担忧。我国在21世纪早期没有一个外国仲裁裁决在国内法院得以执行的案件。[8]尽管实行了多轮司

---

[1] See Donald C. Clarke, "Power and Politics in the Chinese Court System: The Enforcement of Civil Judgements", 10 *Columbia Journal of Asian Law*, Vol. 10, No. 1., 1996.

[2] See Donald C. Clarke, "Power and Politics in the Chinese Court System: The Enforcement of Civil Judgements", 10 *Columbia Journal of Asian Law*, Vol. 10, No. 1., 1996.

[3] See Xin He, "Debt Collection in the Less Developed Regions of China: An Empirical Study from a Basic-Level Court in Shaanxi Province", *The China Quarterly*, Vol. 206, 2011, pp. 253-275.

[4] See Xin He, "Debt Collection in the Less Developed Regions of China: An Empirical Study from a Basic-Level Court in Shaanxi Province", *The China Quarterly*, Vol. 206, 2011, pp. 253-275.

[5] See Weixia Gu, "Judicial Review Over Arbitration in China: Assessing the Extent of the Latest Pro-Arbitration Move by the Supreme People's Court in the People's Republic of China", *Wisconsin International Law Journal*, Vol. 27, No. 2., 2009, p. 221.

[6] See Weixia Gu, "Judicial Review Over Arbitration in China: Assessing the Extent of the Latest Pro-Arbitration Move by the Supreme People's Court in the People's Republic of China", *Wisconsin International Law Journal*, Vol. 27, No. 2., 2009, p. 221.

[7] See John F. Pierce, "Philippine Foreign Investment Efforts: The Foreign Investment Act and the Local Governments Code", *Pacific Rim Law & Policy Journal*, Vol. 1, No. 1, 1992, pp. 169-197.; Elliot Glusker, "Arbitration Hurdles Facing Foreign Investors in Russia: Analysis of Present Issues and Implications", *Pepperdine Dispute Resolution Law Journal*, Vol. 10, No. 3., 2010, pp. 595-622.

[8] See "New Disputes Dilemmas", available at http://www.chinaeconomicreview.com/node/23321, last visited: 8 July 2023.

第三章　地方保护主义的司法抑制之困：中央化司法控制进路的实证研究

法改革，外国投资者对我国司法制度的信心依然不足，执行被称为我国争端解决机制的致命弱点。[1]由于没有一个监督地方官员的恰当机制，[2]中央政府选择依靠司法制度实现加强投资者保护和信心的目标，而非进一步对现存的司法等级制度和结构予以复杂化或改变。内部报告制度可以被视为对我国司法机关的功能性补充，通过控制执行案件的最终结果建立一个纵向控制机制。在2016年发表的一项最新研究中，根据从在我国执行仲裁裁决有坚实经验的执业者处获取的数据，高效的执行更多发生于没有司法偏见或对仲裁持友好态度之时，这些执业者的证言进一步弥合了由可获得的公开案件意见仅仅代表少数执行决定这一事实导致的差距。

司法监督程序的目的是弥补法律程序规定的不足，[3]但也存在严重的缺陷。首先，这种制度是一种纯粹的内部监督方法。各方当事人既没有收到有关"报告"的通知，也没有机会参与到上级人民法院的司法决策过程中去。如果争议各方没有进入司法程序的权利，就可能引发正当程序问题。其次，允许对一个案件进行无限审查可能造成司法资源的利用效率低下。这种报告制度的运作实际上损害了司法的独立性。最后，这一制度并不适用于中国的国内仲裁裁决的执行，客观上对国内仲裁裁决和当事人的司法保护有歧视之嫌。双重监督模式实际造成对当事人双方的不公平。[4]这种报告制度应被视为当下功利性需求明显超过合法性顾虑的国内司法现状的一种现实妥协。[5]2018年1月1日起实施的《最高人民法院关于仲裁司法审查案件报核问题的

---

〔1〕 See "New Disputes Dilemmas", available at http://www.chinaeconomicreview.com/node/23321, last visited: 8 July 2023.

〔2〕 See Thomas A. Metzger, The International Organization of Ching Bureaucracy: Legal, Normative, Communication, Harvard University Press, 1973, p.291.

〔3〕 See Weixia Gu, "Judicial Review Over Arbitration in China: Assessing the Extent of the Latest Pro-Arbitration Move by the Supreme People's Court in the People's Republic of China", Wisconsin International Law Journal, Vol.27, No.2., 2009, p.267.

〔4〕 See Weixia Gu, "Judicial Review Over Arbitration in China: Assessing the Extent of the Latest Pro-Arbitration Move by the Supreme People's Court in the People's Republic of China", Wisconsin International Law Journal, Vol.27, No.2., 2009, p.227.

〔5〕 早有学者指出，中国《仲裁法》对国内仲裁裁决监督和涉外仲裁监督实行双轨制，不符合中国参加有关国际条约以及当代各国仲裁立法的通例，应该实行统一全面监督。参见陈安：《中国涉外仲裁监督机制申论》，载《中国社会科学》1998年第2期。在完善涉外仲裁监督机制的前提下，以涉外仲裁的监督模式为标准，使国内仲裁监督向涉外仲裁靠拢，实行二者的最终并轨。参见张斌生主编：《仲裁法新论》，厦门大学出版社2002年版，第601页。

有关规定》结束了仲裁裁决司法审查程序长期"内外有别"的双轨制实践，比照涉外仲裁裁决的报核制度，把国内仲裁纳入了报核的范围之内。国内仲裁向涉外仲裁并轨，统一了仲裁裁决司法审查制度，体现了最高院对国内仲裁的支持，有利于营造仲裁友好型的司法环境、有利于维护司法公正和仲裁公信力。

六、结论：以司法改革为背景

本章基于 98 个最高院关于拒绝在国内执行外国或涉外仲裁裁决的批复实证研究，得出这样的结论。首先，地方保护主义在执行外国或涉外仲裁裁决的过程中，并没有像很多人认为的那样发挥很大的负面作用；其次，由于统计数据始于 1995 年，同年实施的内部报告制度可能实质上发挥了抑制地方保护主义的功能。这项研究的数据无法使得我们从统计学意义上发现地方保护主义与执行外国或涉外仲裁裁决的缺陷之间相关的特定因素。我们的基本判断是，我国能够提供相对稳定的法律制度来促进外国或涉外仲裁裁决的有效执行。长期以来，外国投资者对于我国执行外国或涉外仲裁制度的质量和有效性的担忧可能更多地与我国缺少西方式司法制度或早期拒绝执行外国仲裁裁决的实践有关。

内部报告制度长期以来被看作是最高院支持仲裁的制度安排。这一制度显示了国家对司法权的一种变异的控制，间接反映了最高院通过执行仲裁裁决来控制仲裁结果的制度设计。从长远来看，由于目前地方法院在结构和专业上并不具备足够的司法审判能力跟上最高院发起的支持裁决生效和仲裁执行的改革步伐，因此，缺乏地方法院的合作可能仍会降低最高院支持仲裁的倡议带来的益处。只有地方法院越早实现机构的独立性并且真正提升判决的司法质量，执行仲裁裁决的法律框架才能得到更加有效和公正的发展。

目前，改革者将新一轮司法改革的主旋律定位为司法改革的"去地方化"，强调"彰显审判权的中央事权属性"。[1]法院体制改革推出了"省以下地方法院、检察院人财物统一管理"和"探索建立与行政区划适当分离的司

---

[1] 最高人民法院：《关于全面深化人民法院改革的意见——人民法院第四个五年改革纲要（2014-2018）》，法发〔2015〕3 号，发布日期：2015 年 2 月 4 日，实施日期：2015 年 2 月 4 日。

第三章 地方保护主义的司法抑制之困：中央化司法控制进路的实证研究

法管辖制度"等措施。[1]

本章的研究显示，内部报告制度能够有效隔绝地方保护的不当影响，而且还可能发挥其他有益的功能。可以预见的是，目前"集权化"司法改革可能有助于防止地方保护主义或者与之相关联的不当影响，可能有助于地方司法机关获得更多独立的决策权。但是"集权化"司法改革也有其弊端。司法行政管理权的过于集中，上下级法院之间所具有的类似于行政机关之间越来越明显的完全垂直领导关系，有可能进一步扭曲上下级的关系，以致破坏本就岌岌可危的审级独立，出现一种新型的司法地方保护主义，或者"司法的惟上级化"。[2]我国法院上下级之间的关系是监督关系，而不是领导关系，各级法院依法独立行使审判权。通过"集权化"的方式推动司法的"去地方化"，违背长期以来坚守的政治理念和《宪法》《人民法院组织法》等法律的规定。

此次"矛盾回应性"的司法改革，短期来看会释放出一定的改革红利，但是这种基于应对央地关系失衡而导致的国家治理危机推动的司法改革，既会偏离司法规律的一般要求，也可能使法院不堪重负，长远来看有碍于其既定目标的完成。[3]"集权化"司法改革并不能根治地方保护主义出现的体制性弊端。在循序渐进的改革过程中，根本在于选择良好的平衡央地关系的国家治理模式，[4]政府单向垄断公共权力未必能解决地方政府治理失败的困境。[5]政治领域的中央统一领导能够有效地维护中央权威，强力推动改革的步伐，经济和社会领域的地方分权化有助于调动地方积极性，促进地方经济发展。[6]国家机构体制改革应当逐步厘清中央与地方之间的混乱的人权、事权和财权关系，做到平衡配置，并给予其法治化和制度化的保障。在司法体制改革领域，则需要注重司法规律，让司法回归本源，回到"规则确认性"

---

[1] 中共中央：《中共中央关于全面深化改革若干重大问题的决定》，发布日期：2013年11月12日，实施日期：2013年11月12日。

[2] 陈瑞华：《法院改革的中国经验》，载《政法论坛》2016年第4期。

[3] 姜峰：《央地关系视角下的司法改革：动力与挑战》，载《中国法学》2016年第4期。

[4] 也有学者认为中国国家治理的一个深刻矛盾在于中央一统体制和地方有效治理之间的矛盾，集权和分权两条线并进的改革本身就有不兼容之处。周雪光：《中国国家治理的制度逻辑》，生活·读书·新知三联书店2017年版，第7~29页。

[5] 邓聿文：《响水爆炸：中国地方政府治理失败的样本》，载《金融时报》（中文版），2019年3月26日，http://www.ftchinese.com/story/001082027?archive，最后访问日期：2019年5月11日。

[6] 王建学：《中央的统一领导：现状与问题》，载《中国法律评论》2018年第1期。

改革路径上。合理确定中央与地方、地方与地方之间司法权的界限。[1]解决地方保护主义的根本出路不是简单地将"控制"与"自治"、"集权"与"分权"严格对立,而是按照法治的要求和规律,[2]从制度上保证地方法院从盘根错节的地方利益中解脱出来,通过制度性安排保证实现司法公正性。

---

[1] 葛洪义、江秋伟:《中国地方司法权的内在逻辑》,载《南京社会科学》2017年第1期。
[2] 李拥军:《司法改革中的体制性冲突及其解决路径》,载《法商研究》2017年第2期。

论承认及执行外国仲裁裁决审查期间
申请财产保全的困境与出路
——以"大韩海运株式会社与海航集团案"为视角[1]

一、问题的提出

《承认及执行外国仲裁裁决公约》（本章简称《纽约公约》）施行六十余年来，国际仲裁日益得到各方青睐，并逐步成为解决跨国争议的重要方式。[2]我国自 1986 年加入该公约以来，在不断探索与实践中越发重视对外国仲裁裁决的承认及执行，逐步确立了支持和发展仲裁的基本立场。而随着中国企业的"走出去"，我国商事主体参与国际仲裁的机会不断增多，承认及执行外国仲裁裁决也愈发成为我国法院的重要工作。尤其是在"一带一路"倡议的指引下，最高人民法院明确指出了当前正确理解《纽约公约》，确立统一的外国仲裁裁决司法审查尺度的重要性。[3]因此，如何在支持和发展仲裁的基本立场上对《纽约公约》进行更为精细化的理解与解释，将是未来我国在承认及执行外国仲裁裁决领域的重点，而这也将主要体现在我国法院在具体案件的处理上。

长久以来，关于承认及执行外国仲裁裁决审查期间申请财产保全的问题

---

〔1〕 本章作者冯硕。

〔2〕 根据伦敦玛丽女王大学国际仲裁学院和 White & Case 律师事务所联合发布的 2018 年国际仲裁调查报告（以下注释均简称《QMUL 报告》）显示，97%的受访者均表示国际仲裁是解决跨国争议的首选方式。See Queen Mary University of London, White & Case, "2018 International Arbitration Survey: The Evolution of International Arbitration", p. 1.

〔3〕 《最高人民法院关于人民法院为"一带一路"建设提供司法服务和保障的若干意见》（法发〔2015〕9 号）。

始终处于《纽约公约》的空白地带,而缔约各国的差异化处理更令该问题始终处于争议当中。2017年4月,海口海事法院以"无法律依据"为由撤销之前对大韩海运株式会社(本章简称"大韩海运")在仲裁裁决审查期间对海航集团财产保全申请的裁定,使得该问题再次成为争论焦点。因此,本章将以"大韩海运株式会社与海航集团案"(本章简称"海航案")为视角,探究当前我国在承认及执行外国仲裁裁决审查期间申请财产保全的困境所在。在明确困境的基础上,将从国际法和国内法两个角度探索化解困境的可行出路,以期得出相关结论。

二、承认及执行外国仲裁裁决审查期间申请财产保全的困境

承认及执行外国仲裁裁决审查期间申请财产保全之所以陷入困境,一方面与《纽约公约》下仲裁临时措施的承认与执行问题有关,另一方面也与我国当前立法空白有关。想要对当前的困境予以充分认识,就需要从仲裁理论与立法现状两个方面入手,而上述两方面问题也集中体现在了"海航案"中。

(一)"海航案"基本案情

2008年8月5日,大韩海运作为船东与承租人大新华轮船(香港)有限公司(以下简称"大新华公司")签订了《租船合同》。同日,海航集团向大韩海运签发《履约保函》,对大新华公司在前述《租船合同》下的履约义务承担保证责任。《租船合同》和《履约保函》均约定适用英国法,同时《履约保函》下产生的所有争议均依照《租船合同》相关条款通过仲裁解决并约定仲裁机构为伦敦海事仲裁员协会、仲裁地为伦敦。在《租船合同》履行期间,因大新华公司违约,大韩海运依据《履约保函》中的约定提起仲裁。2016年1月13日,仲裁庭作出裁决裁定海航集团向大韩海运支付违约金及利息。仲裁裁决生效后海航集团始终未履行裁决,故大韩海运向海口海事法院申请承认与执行相关仲裁裁决,法院于2016年7月13日立案。[1]在法院对该案司法审查期间,大韩海运提出财产保全申请,并由中国人民财产保险股份有限公司为其上述保全申请提供人民币5.6亿元的不可撤销担保。海口海事法院于2016年8月30日作出(2016)琼72协外认1号民事裁定书,依据

---

[1] 参见海口海事法院(2016)琼72协外认1号之二民事裁定书。

第四章　论承认及执行外国仲裁裁决审查期间申请财产保全的困境与出路 ❖

2012 年修正的《中华人民共和国民事诉讼法》（本章简称《民事诉讼法》）第 100 条、第 102 条、第 103 条的规定，准许了大韩海运的财产保全申请，裁定依次对被申请人的银行资金及其在部分公司投资的股权在人民币 5.6 亿元的额度内进行冻结。

裁定作出后，被申请人海航集团不服该裁定向法院提出复议，请求依法撤销前述民事裁定书，驳回大韩海运的保全申请，并由其承担保全费用。具体理由为以下三点：第一，外国仲裁裁决在申请承认与执行的司法审查期间，仲裁胜诉方在中国法院申请财产保全没有法律依据；且大韩海运未能提供符合中国法律和《纽约公约》要求的文件，法院有权退回其或驳回其申请，对其保全申请亦应一并驳回。第二，海航集团作为世界 500 强企业，在国际上享有极高的商业信誉，有履行裁决的能力，且不存在隐匿、转移财产等需要进行财产保全的紧急情况，大韩海运申请保全属滥用诉权。第三，中国目前尚无外国仲裁裁决在执行前保全的司法判例。对此，申请人大韩海运向法院提交了书面答辩意见，认为海航集团的复议请求没有事实和法律依据，不应得到支持。理由为：第一，大韩海运的保全申请属于涉外民事诉讼的诉讼中财产保全，在《民事诉讼法》第四编"涉外民事诉讼程序的特别规定"中对其没有规定的情况下，应当适用该法第 100 条关于诉讼保全的规定；同时，大韩海运在本案中的财产保全属诉讼中的海事请求保全，海口海事法院准许其保全申请亦符合《中华人民共和国海事诉讼特别程序法》及其司法解释的有关规定。第二，在申请承认与执行外国仲裁裁决的过程中，大韩海运已经提交了符合要求的文件，该仲裁裁决应当得到承认与执行；且该仲裁裁决能否被承认与执行与是否应当准许大韩海运的保全申请无关，现在大韩海运已经提供了足额的保全担保，其保全申请符合法律规定，应予准许。第三，海航集团在本案所涉合同的履行及仲裁过程中，并未表现出良好信誉，具有对其财产进行保全的必要。

针对双方意见，海口海事法院于 2017 年 4 月 17 日裁定撤销对海航集团的财产保全裁定，具体理由如下：首先，当事人在法院对承认与执行外国仲裁裁决进行司法审查期间请求财产保全属于国际司法协助的范畴，必须以我国缔结或者参加的国际条约或者我国与该仲裁裁决作出国之间存在的互惠原则作为依据。本案申请人大韩海运在向法院申请承认和执行外国仲裁裁决的同时申请对被申请人海航集团有限公司的财产进行保全，属于这种国家之间的司法协助事项，应当以我国与涉案仲裁裁决作出国英国共同参加的国际条约或我国与英国之间存在的互惠原则作为依据。但我国与英国共同参加的《纽约公约》未对该司法审查期间能否进行财产保全作出规定，我国与英国就该问题也无相关司法协定。其次，我国现有法律也未对外国仲裁裁决承认与执行的审查期间能否进行财产保全作出具体规定。《民事诉讼法》第100条所规定的保全仅适用于在我国进行的诉讼，不适用于在外国进行的诉讼和仲裁，也不适用于国家之间的司法协助。综上，申请人大韩海运在法院对涉案仲裁裁决承认与执行的审查期间申请对被申请人海航集团的财产进行保全，无法律依据，被申请人海航集团的复议理由成立。〔1〕

（二）外国仲裁裁决审查期间财产保全困境的国际法检视

如前所述，在"海航案"中法院之所以最终撤销了财产保全裁定，首先是因为在该问题上国际条约的空白。可以讲，其充分展现了围绕在外国仲裁裁决审查期间财产保全问题上两个层次的国际法问题，即宏观层面《纽约公约》的刻意留白以及微观层面国际条约的解释与适用方法。

其一，《纽约公约》对临时措施的留白，反映了威斯特伐利亚模式的影响。通观《纽约公约》全文，其对临时措施的规定仅出现在第6条"倘裁决业经向第五条第一项（戊）款所称之主管机关声请撤销或停止执行，受理援引裁决案件之机关得于其认为适当时延缓关于执行裁决之决定，并得依请求执行一造之声请，命他造提供妥适之担保。"可以讲，该条的适用始终是围绕着各国法院（主管机关）展开的，撤销与否、延缓与否、担保与否都取决于各国法院的决定。这种尊重各国司法权的条文设计，本质上反映了以国家主权平等为基础的威斯特伐利亚模式。《威斯特伐利亚和约》作为奠定现代国际秩序的重要法律文本，其所强调的国家主权平等原则成了当代国际公约的基础。〔2〕在国际仲裁领域，承认及执行外国仲裁裁决本身便应由各国法院基于司法主权加以决定。而国际公约的达成本质上便是在追求统一的承认与执行标准的确立，一定程度上是在对各国司法主权的限制。然而，这种限制并非一蹴而就，它需要在尊重与限制主权之间找寻平衡，唯有如此才能够实现公

---

〔1〕 参见海口海事法院（2016）琼72协外认1号之一民事裁定书。

〔2〕 See A. Cassese, *International Law and Politics in a Divided World*, Oxford University Press, 1986, pp. 220-228.

第四章　论承认及执行外国仲裁裁决审查期间申请财产保全的困境与出路

约的达成。1927年《日内瓦公约》作为国际仲裁领域第一个国际公约，其在条文设计上高度突出对国家主权的尊重。例如在裁决的效力认定上，《日内瓦公约》第1条d款强调对仲裁地司法主权的尊重，一旦裁决被仲裁地撤销，该份裁决便不能称为"终局裁决"便也失去了在他国承认和执行的可能。[1]而随着时代的发展，想要实现仲裁裁决的全球执行便需要对各国司法主权进行进一步的限制。因此，在《纽约公约》起草的过程中，以国际商会（International Chamber of Commerce, ICC）为代表的国际组织曾一度想要以"国际裁决"的概念来打破主权国家对仲裁裁决效力的限制。[2]尽管《纽约公约》最终已然大大削弱了仲裁地对仲裁裁决效力的影响，强调了裁决的承认及执行与仲裁地法院的态度无直接关系。但其仍然在具体条文中渗透出对各国司法主权的尊重，强调每个国家在公约允许范围内保留审查仲裁裁决的权利，同时不把自己对仲裁裁决的观点强加于他国。可以讲，这实际上是在尊重主权的基础上进一步推进了主权平等原则在国际仲裁领域的运用，反映了威斯特伐利亚模式的影响。[3]所以，决定包括财产保全在内的临时措施的权力本质上归属于各国司法主权，在威斯特伐利亚模式基础上构建的《纽约公约》当然会选择对其留白，而这也恰恰将该问题排除在了条约规制的范畴之外。

其二，《纽约公约》对包括财产保全在内的相关临时措施的留白并不意味着该问题完全无法解决。一方面，《纽约公约》希望通过各国国内法及双边或多边条约解决该问题。公约虽然强调对各国司法主权的尊重，但其在理念上仍希望各国能够通过对司法主权的限制来为外国仲裁裁决的承认与执行提供便利。因此，公约第7条第1款规定的"本公约之规定不影响缔约国间所订关于承认及执行仲裁裁决之多边或双边协定之效力，亦不剥夺任何利害关系人可依援引裁决地所在国之法律或条约所认许之方式，在其许可范围内，援

---

〔1〕 该条英文为"That the award has become final in the country in which it has been made, in the sense that it will not be considered as such if it is *open to opposition*, *appel or pourvoi en cassation* (in the countries where such forms of procedure exist) or if it is proved that any proceedings for the purpose of contesting the validity of the award are pending".

〔2〕 See Enforcement of International Arbitral Awards: Report and Preliminary Draft Convention adopted by the Committee on International Commercial Arbitration at its meeting of 13 March 1953, Brochure No. 174. of the International Chamber of Commerce, published in ICC Bulletin., May 1998, p. 32.

〔3〕 参见［法］伊曼纽尔·盖拉德：《国际仲裁的法理思考和实践指导》，黄洁译，北京大学出版社2010年版，第29页。

用仲裁裁决之任何权利"实际上是将公约的留白部分交由各国国内法及其他条约进行填补。而恰恰是这种依赖于缔约各国国内法及相关条约的方式，使得在财产保全等临时措施的适用上常会面临无法可依的局面，从而令其陷入困境。另一方面，基于互惠原则等国际习惯法也可促成该问题的解决。我国在加入《纽约公约》时曾作出明确的互惠保留，在理论上留下了基于互惠原则进行仲裁国际协助的通道。从国际法渊源角度看，习惯是国际法的原始渊源，而条约渊源的力量来自习惯。[1]互惠原则作为国际习惯法的一般原则，其所强调的是各国基于平等主权而赋予他国对等的待遇，故该原则是国家主权平等原则在国际关系中产生的必然结果。[2]从这一角度，《纽约公约》实际上是将互惠原则加以确定的载体，是推动仲裁裁决绕开国际习惯法繁冗的查明而直接得以承认和执行的国际法渊源。但是，在财产保全问题上公约的空白，使得各国又不得不退回到国际习惯法层面，令该问题的解决充满不确定性从而陷入困境。

因此，从国际法的视域下。一方面，《纽约公约》基于对各国司法主权的尊重而做出的刻意留白，使得该问题无法直接解决。另一方面，想要通过各国国内法、司法协助条约或国际习惯法中的互惠原则对该问题间接解决又会面临着无法可依或结果不确定等情况。而这两方面因素，也最终导致了外国仲裁裁决审查期间财产保全困境的形成。

(三) 外国仲裁裁决审查期间财产保全困境的国内法检视

如前所述，在外国仲裁裁决审查期间的财产保全离不开各国国内法的规定。而在"海航案"的处理上，主审法官也将"无法律依据"作为其裁判的主要理由并认为加强立法是解决该问题的关键。[3]然而，纵观整个案情发展，海口海事法院曾一度以《民事诉讼法》相关条文肯定了财产保全的主张，而双方当事人在案件审理中也纷纷提出了相应的法律依据。因此，笔者认为针

---

[1] 参见[英]劳特派特修订，王铁崖、陈体强译：《奥本海国际法》(上卷 第一分册)，商务印书馆1989年版，第20页。

[2] 参见杜焕芳：《国际民商事司法与行政合作研究》，武汉大学出版社2007年版，第47页。

[3] 本案主审法官吴永林曾在该案作出后撰写了相关评述，其中也强调了无法律依据是拒绝进行财产保全的重要原因。参见吴永林：《承认与执行外国仲裁裁决司法审查期间财产保全问题研究——对大韩海运株式会社申请承认与执行伦敦海事仲裁员协会裁决案的批判性思考》，载《北京仲裁》2019年第1期。

第四章 论承认及执行外国仲裁裁决审查期间申请财产保全的困境与出路

对该问题有必要对相关国内立法加以梳理。

其一，从法律层面看，涉及外国仲裁裁决的承认与执行问题主要集中于《仲裁法》和《民事诉讼法》当中。涉外仲裁首先应按照《仲裁法》第七章相关条文进行审查，而在第七章未对财产保全作出规定时应按照第65条适用《仲裁法》其他规定。通观整部《仲裁法》，关于财产保全的内容集中于第28条，而该条第2款又规定"当事人申请财产保全的，仲裁委员会应当将当事人的申请依照民事诉讼法的有关规定提交人民法院"。尽管第28条是针对仲裁机构作出的规定，但至少表明了在我国与仲裁相关的保全问题最终都由《民事诉讼法》加以规制。反观《民事诉讼法》，在第四编"涉外民事诉讼程序的特别规定"中仅第272条对涉外仲裁进行中的保全作出了规定，并无针对承认与执行阶段财产保全的规定，故应按照第259条适用《民事诉讼法》其他规定即第九章相关条文。而在第九章中，第100条第1款规定"人民法院对于可能因当事人一方的行为或者其他原因，使判决难以执行或者造成当事人其他损害的案件，根据对方当事人的申请，可以裁定对其财产进行保全……"，即在判决难以执行或者造成当事人其他损害的情形下法院可以根据当事人申请进行保全。同时第101条第1款规定"利害关系人因情况紧急，不立即申请保全将会使其合法权益受到难以弥补的损害的，可以在提起诉讼或者申请仲裁前向被保全财产所在地、被申请人住所地或者对案件有管辖权的人民法院申请采取保全措施。申请人应当提供担保，不提供担保的，裁定驳回申请"，即在提起诉讼和仲裁前当事人有权利在特殊情况下提起财产保全。所以，从法律层面看，与财产保全有关的立法集中体现在《民事诉讼法》当中，而通过梳理可以发现尽管没有明确的条文存在，但相关概括性的规范或许在一定程度上可以涵摄该问题。因此，该问题存在于法律规定的模糊地带，从而为法律的直接适用带来困境。

其二，从司法解释层面，尽管我国立法当中并没有明确地对外国仲裁裁决审查期间的财产保全问题作出规定，但在我国针对区际仲裁裁决认可与执行所作出的安排中却有所涉及。2007年发布的《最高人民法院关于内地与澳门特别行政区相互认可和执行仲裁裁决的安排》（本章简称《澳门安排》）第11条明确规定"法院在受理认可和执行仲裁裁决申请之前或者之后，可以依当事人的申请，按照法院地法律规定，对被申请人的财产采取保全措施"。而2009年发布的《最高人民法院关于人民法院认可台湾地区有关法院民事判决的补充规定》第 5 条第 1 款也曾针对仲裁裁决和民事判决概括性规定"申请人提出认可台湾地区有关法院民事判决的申请时，或者在案件受理后、人民法院作出裁定前，可以提出财产保全申请。"尽管该规定已失效，但 2015 年公布的《最高人民法院关于认可和执行台湾地区仲裁裁决的规定》（本章简称《台湾规定》）作为现行有效的司法解释，其第 10 条依旧规定"人民法院受理认可台湾地区仲裁裁决的申请之前或者之后，可以按照民事诉讼法及相关司法解释的规定，根据申请人的申请，裁定采取保全措施"。因此，从内地与澳门特别行政区、大陆与台湾地区的相关安排看，在裁决审查期间当事人具有申请财产保全的权利。而我国作为一个多法域国家，仲裁裁决的区际司法协助问题虽属国内法律事务，但在一定层面上对外国仲裁裁决承认与执行问题的解决仍有借鉴意义。[1] 然而，制度的借鉴并不能代替明文的规定，缺乏针对外国仲裁裁决审查期间财产保全的明确规定依旧是导致该问题陷入困境的关键。

所以，从国内法视域下，法律的概括性规定让承认与执行外国仲裁裁决审查期间的财产保全问题落入模糊地带，区际安排的明确规定虽有借鉴意义但也无法直接适用。在缺乏对承认与执行外国仲裁裁决审查期间财产保全问题的明确法律规定时，该问题的解决依旧处于困境之中。

三、承认及执行外国仲裁裁决审查期间申请财产保全的出路

在明确承认及执行外国仲裁裁决审查期间的财产保全问题无法通过法律的直接适用加以解决的困境后，想要完全回避该问题或许也非可行之策。长久以来，支持和发展仲裁已然成为各方所秉持的理念，而在这一理念指引下所进行的制度设计更是推动了仲裁的发展。因此，在支持和发展仲裁的理念指引与制度设计下，通过基于本国司法立场灵活地解释与适用法律或许能找到解决这一困境的出路。

（一）支持和发展仲裁的理念指引与制度设计

长久以来，支持和发展仲裁的理念已然成为各方共识。这既是对过往历史经验的有效总结，也是对国际仲裁发展的有益促进。而这一理念更在长期的国际法实践中得以运用，成了构建现代国际仲裁制度的灵魂。

---

[1] 参见刘晓红：《论我国商事仲裁裁决执行的区际司法协助》，载《政法论丛》2010 年第 1 期。

第四章 论承认及执行外国仲裁裁决审查期间申请财产保全的困境与出路 ❖

从仲裁的发展史看,仲裁作为社会化争议解决方式,其所经历的从完全自由到被国家司法权完全干预再到国家司法权适当干预的历程,充分反映了在政治国家与市民社会二元分离背景下前者对后者的妥协和礼让,[1]而其本质上也是政治国家基于历史发展趋势所作出的最佳选择。因为,一方面随着市民社会的不断发展,社会多元利益冲突格局日益形成,政治国家想要通过诉讼解决数量巨大且类型繁杂的争议显然是困难的。另一方面,市民社会发展下的多元利益冲突,实际上是私主体基于个人意志在追求个人利益的过程中产生的私法争议,而以意思自治为核心的仲裁恰恰是解决上述争议的最佳方式。[2]因此,政治国家选择支持和发展仲裁,本质上是在追求社会多元利益冲突有效化解的道路上所作出的最佳选择,这既有利于政治国家的政权稳定,也有利于市民社会的良性发展。

在政治国家逐渐认识到仲裁的重要性后,随着经济活动区域的不断扩大,民商事争议呈现出了跨国性的特点,而仲裁也随之走向国际并促成了国际商事仲裁的发展。就在仲裁演变为国际仲裁的过程中,长久以来政治国家所坚持和发展仲裁的理念也深刻影响了国际仲裁法律体系的制度设计。《纽约公约》在起草之初便强调对仲裁的支持与发展,其希望对仲裁协议和裁决的执行设立统一的国际法标准,力图在尊重缔约国主权的基础上实现仲裁裁决全球执行的便利化。因此,公约在1927年《日内瓦公约》的基础上通过取消"双重许可"、调整仲裁协议有效性举证责任主体等方式进一步扫除裁决跨国执行的障碍。[3]同时强化了仲裁管辖优先(第2条),严格限制各国法院否定仲裁协议效力(第3条、第4条)和拒绝承认及执行仲裁裁决(第5条)的权力,从而力促各国贯彻支持和发展仲裁的理念。与专注于解决外国仲裁裁决承认及执行问题的《纽约公约》不同,1985年版《联合国国际贸易法委员会国际商事仲裁示范法》(本章简称《示范法》)则着眼于整个国际商事仲裁法律框架,意图通过示范法来影响各国立法以协调各国对国际商事仲裁的

---

[1] 参见郭树理:《民商事仲裁制度:政治国家对市民社会之妥协》,载《学术界》2000年第6期。

[2] 参见刘晓红、冯硕:《论国际商事仲裁中机构管理权与意思自治的冲突与协调——以快速仲裁程序中强制条款的适用为视角》,载《上海政法学院学报(法治论丛)》2018年第5期。

[3] See Alan Redfern et al., *Law and practice of international commercial arbitration*, Sweet & Maxwell, 2004, pp. 438-441.

处理方式。例如该法在《纽约公约》的基础上,进一步明确了仲裁条款独立原则并授予仲裁员自裁管辖权(第16条);同时,将专属于国家司法机关的临时措施决定权赋予仲裁庭(第17条),充分显现了对仲裁的支持理念。[1]而随着时代发展,《示范法》在2006年又进一步在临时措施等诸多方面进行修改,再度表明了支持和发展仲裁的理念。[2]另外,其还倡导各国通过对国际仲裁和国内仲裁的区别对待,来给予国际仲裁更少的干预和更多的协助。而该理念也深刻地影响了世界多国的仲裁国内立法,如1994年新加坡颁布的《国际仲裁法》便采取了分而治之的理念,从而极大地促进了新加坡国际商事仲裁事业发展。[3]

支持和发展仲裁的理念指引与制度设计除了反映在国际法层面外,其也通过国际法逐渐对各国国内法产生影响。尤其是随着国际民商事活动的日趋频繁,国际法治与国内法治之间产生了法治因素的积极互动,从而令二者在互鉴融合中实现共同发展。[4]我国自1986年加入《纽约公约》以来,三十余年的实践逐渐确立了支持与发展仲裁的基本立场。尤其在党的十八届四中全会再次强调了完善包括仲裁在内的多元化纠纷解决机制的重要性后,近年来最高人民法院先后发布的一系列文件均表明了支持仲裁的司法立场,并试图通过有效地引导促进仲裁的发展。[5]而随着"一带一路"倡议的不断推进,我国商事主体参与国际仲裁的机会也不断增多,如何处理好外国仲裁裁决的承认与执行问题也将是未来司法工作的重点所在。继续坚持支持和发展仲裁的理念,既是完善多元化纠纷解决机制的要求,也是推动"一带一路"建设的必需。

所以,在政治国家与市民社会分离的背景下,支持和发展仲裁的理念已然得到了政治国家的认可。而随着仲裁的国际化,更是让这一理念成为世界各国的普遍共识,从而也深刻影响了国际仲裁的法律制度设计。立足当前制

---

〔1〕 See Gary B. Born, *International Arbitration: Law and Practice*, Wolters Kluwer, 2015, pp.24-26.

〔2〕 参见赵秀文:《〈国际商事仲裁示范法〉对临时性保全措施条款的修订》,载《时代法学》2009年第3期。

〔3〕 See Mohan R. Pillay, "The Singapore Arbitration Regime and the UNCITRAL Model Law", *Arbitration International*, Vol.20, No.4., 2004, pp.370-386.

〔4〕 参见赵骏:《全球治理视野下的国际法治与国内法治》,载《中国社会科学》2014年第10期。

〔5〕 参见宋连斌:《仲裁司法监督制度的新进展及其意义》,载《人民法治》2018年第3期。

第四章 论承认及执行外国仲裁裁决审查期间申请财产保全的困境与出路 ❖

度,世界各国也在仲裁协议效力认定、管辖权确定、仲裁裁决承认及执行等各个环节贯彻支持和发展仲裁的理念,甚至在制度设计上选择分而治之的方式对国际仲裁给予更少的干预和更多的支持。而这一系列的做法也逐渐被我国所接纳,支持和发展仲裁的司法立场也将是推动"一带一路"建设的应然选择。

(二)外国仲裁裁决审查期间财产保全的制度现状

在明确支持和发展仲裁的理念指引与制度设计是包括我国在内的世界各国的普遍共识后,针对承认及执行外国仲裁裁决审查期间申请财产保全的问题,则需要回归到财产保全制度的范畴内加以探讨。

财产保全作为解决民商事争议中的临时救济措施,其功能在于保障民事判决的有效执行,弥补诉讼救济滞后的不足。纵观主要国家的法律制度,一般仍将申请承认及执行外国仲裁裁决审查期间的财产保全涵摄进整个财产保全的制度框架内加以规制。大陆法系国家在该问题上的处理一般是仲裁程序结束后,胜诉方以仲裁裁决书为依据,在申请强制执行裁决前向法院提起财产保全。[1]与之相比,美国不仅允许外国当事人在仲裁胜诉后提起保全,其也允许在仲裁程序进行中提出的财产保全。当然,相较于取得仲裁胜诉后申请财产保全,这种仲裁程序进行中的财产保全申请所承担的证明责任更多。因为法院总还是要在及时性和正确性之间作出衡量,而在申请人获得胜诉裁决后申请财产保全显然正确性更高,产生的风险也更小。[2]

从我国的法律框架看,根据申请保全的时间不同,财产保全制度分为诉前保全、诉中保全和执行前保全三类。诉前保全是指依据《民事诉讼法》第101条规定,当事人在提起诉讼和仲裁前向法院申请的保全。而诉中保全则是指依据《民事诉讼法》第100条规定,法院在审理案件过程中可以依当事人申请或依职权决定对涉案财产进行保全。而所谓执行前保全,是指根据2015年颁布的《最高人民法院关于适用〈中华人民共和国民事诉讼法〉的解释》第163条的规定,在法律文书生效后,进入执行程序前,债权人有权向法院申请财产保全以保证法律文书的有效执行。由于保全是一种临时性救济措施且具有暂时性和非对审性,故在进行财产保全的同时需要申请人提供相应的

---

[1] 参见齐湘泉:《外国仲裁裁决承认及执行论》,法律出版社2010年版,第61~62页。
[2] 参见齐湘泉、王娇莺:《美国承认与执行外国仲裁裁决的制度探究与实践剖析》,载赵威主编:《国际经济法论文专集》,中国政法大学出版社2000年版,第159页。

担保。[1] 而从我国法律看，诉前保全法院"应当"责令提供担保，诉中保全法院"可以"责令提供担保而执行前保全法院"可以不"要求提供担保。这是因为法官在对是否保全进行裁量时，需要在正确与迅速之间作出裁量，担保的存在本质上是在消解保全错误所带来的风险。[2] 而随着程序的推进，当事人之间的权利义务关系逐渐明确，保全的风险也在不断减小，故要求担保的必要性也随之减弱。换言之，当事人申请保全是一项程序性权利，法律为两造利益的平衡不得不对申请人的程序性权利进行适当的限制，而限制的尺度则是从诉前到诉中再到执行前逐渐放宽的。反观我国法律规定，在与仲裁相关的财产保全上仅存在于诉前保全中，其立法目的便是我国法院尊重当事人申请保全的权利，即使在仲裁尚未提起时法院也会为仲裁裁决的有效执行而作出财产保全的决定。所以，基于该立法目的，采当然解释的方法得出当事人在获得胜诉仲裁裁决后向法院申请财产保全的权利是否更应尊重呢？或许有观点认为，这样的解释方法是间接扩大了财产保全的适用范围，而本着"法无规定不可为"的公法理念，对《民事诉讼法》的这种解释是不妥当的。[3] 然而，当然解释之所以存在，是因为立法者有时为表述上的简洁，不可能也无必要将所有适用事项穷尽，当然解释不同于类推这一填补法律漏洞的方法，其本质上是基于立法目的所作出的合理延伸与诠释。[4] 而这一解释方法，也恰恰与前述美国法院的做法有所契合。因此，笔者认为以当然解释的方法得出我国法院尊重当事人在获得仲裁胜诉裁决后申请财产保全的权利是具有合理性的。

所以，从财产保全制度现状出发，该制度的设计初衷在于保障法律文书的有效执行，从而在一定程度上提前为申请人赋予基于预期法律文书执行力的程序性权利。然而，在赋予申请人程序性权利的同时法院又不得不兼顾两造利益平衡，故需要对相关权利加以限制。而从制度设计上，其所进行的限制是伴随着程序推进而不断放宽的。从我国法律看，《民事诉讼法》在当事人

---

〔1〕 参见江必新主编：《执行规范理解与适用：最新民事诉讼法与民诉法解释保全、执行条文关联解读》，中国法制出版社 2015 年版，第 8 页。

〔2〕 参见刘哲玮：《论财产保全制度的结构矛盾与消解途径》，载《法学论坛》2015 年第 5 期。

〔3〕 参见王欢：《承认外国仲裁裁决审查期间的财产保全》，载 http://www.hebeicourt.gov.cn/article/detail/2015/11/id/5751299.shtml，最后访问日期：2018 年 7 月 15 日。

〔4〕 参见孔祥俊：《法律解释与适用方法》，中国法制出版社 2017 年版，第 428 页。

申请仲裁前便允许进行相应的财产保全，本质上体现了对当事人程序性权利的高度尊重。而通过当然解释，在当事人获得仲裁胜诉裁决后申请财产保全也可予以支持，这也与域外的司法实践有着异曲同工之处。

（三）对"海航案"的反思与分析

通过前述论证，我们已大体明确了承认及执行外国仲裁裁决审查期间申请财产保全的困境所在，并通过对解决该问题出路的探索，从仲裁和财产保全两个方面厘清了相关理念指引与制度框架。因此，在上述结论的铺垫下，我们再次回归"海航案"或许能够从微观层面对该案进行反思与分析。

在对"海航案"进行反思与分析时，笔者认为应首先明确我们解释和适用法律的基本立场。因为法律解释的技术是中立的，但法律解释的确是有倾向，而这一倾向本质上决定于一国的司法立场。在承认与执行外国仲裁裁决的相关案件中，现代司法与仲裁关系发展的一般趋势是司法对仲裁的监督与控制逐步弱化而支持与协助则不断强化，支持仲裁已成为各国普遍遵行的立法指导思想和司法政策。[1]这一点也被包括"海航案"法官在内的我国法院系统的多数法官所普遍接受，其也是我国近年来所一直倡导的司法立场。

通观"海航案"的裁判理由，其主要通过以下两点否定当事人的财产保全请求。第一，外国仲裁裁决承认及执行审查期间的财产保全属于国际司法协助，应以我国缔结或者参加的国际条约或者我国与该仲裁裁决作出国之间存在的互惠原则作为依据。而《纽约公约》并未对该问题作出规定，我国与英国之间也无双边司法协助协定，故无法予以认定。通过前述论证，《纽约公约》空白和互惠原则的抽象的确是该问题陷入困境的原因，但这也并非完全堵住了解决该问题的路径。虽然互惠原则较为抽象，但依据互惠关系进行司法协助仍然是法律所允许的。本案中法官仅以公约空白和无双边司法协助协定为由否定财产保全，缺少对互惠关系的考察显然是不周全的。跳出本案看，如果法官要对互惠关系进行考察应作何评判也是笔者关心的。根据《民事诉讼法》规定，互惠原则贯穿了整个国际司法协助领域。而在司法实践中，除了离婚判决以外，外国法院作出的其他民商事判决，我国法院均要对判决作出与我国之间是否存在互惠关系的审查。而在认定标准上，我国法院否定了

---

[1] 参见蔡毅、韩蓓：《申请承认与执行外国仲裁裁决司法审查案件中的财产保全问题辨析》，载《人民法院报》2013年12月4日，第7版。

以我国判决在相对国法律下可以承认和执行来认定互惠关系的"法律互惠",而采用以对方国家事实上是否给予我国互惠的"事实互惠"标准。〔1〕然而,随着"一带一路"倡议的提出,2015年公布的《最高人民法院关于人民法院为"一带一路"建设提供司法服务和保障的若干意见》率先提出了对"推定互惠"即只要能确定外国没有拒绝承认本国法院判决的先例就推定存在互惠的认可,这一观点也在2017年《南宁声明》中得以确认。而2017年10月《最高人民法院关于承认和执行外国法院民商事判决若干问题的规定(征求意见稿)》进一步对互惠关系的认定作出规定,并显现出了在"事实互惠"基础上引入"推定互惠"或"法律互惠"的倾向。〔2〕因此,在"海航案"法官明确需要通过条约或互惠原则进行司法协助的情况下,忽略对互惠原则的考察或许稍有不妥。而笔者也认为,基于目前我国在互惠关系认定上的态度转变,通过互惠原则认定我国与裁决作出国存在互惠关系或许是解决该问题的可行路径。

第二,"海航案"法官认为,我国现有法律也未对外国仲裁裁决承认与执行的审查期间能否进行财产保全作出具体规定。《民事诉讼法》第100条所规定的保全仅适用于在我国进行的诉讼,不适用于在外国进行的诉讼和仲裁,也不适用于国家之间的司法协助。如前所述,我国法律针对外国仲裁裁决的承认及执行的相关规定的确主要依靠《纽约公约》和《民事诉讼法》等法律进行处理,而通过对相关法律的检视可以发现,其对保全的规定最终都指向了《民事诉讼法》第九章。笔者并不否认第九章相关条款主要是针对我国进行的诉讼,但第101条对仲裁的关照也表明了相关内容也适用于我国仲裁领域。而通过前述论证可以发现,首先,基于支持和发展仲裁的立场,对内国仲裁与外国仲裁分而治之并对外国采取更为支持和宽松的司法立场是普遍共识。因此,具体操作上给予内国仲裁当事人的权利也应当赋予外国当事人。尤其在《澳门安排》和《台湾规定》均明确肯定当事人具有认可及执行仲裁裁决审查期间申请财产保全权利的前提下,简单地归结为立法空白而置其于无法之地,显然是不妥当的。其次,从支持仲裁的司法立场出发审视《民事

---

〔1〕参见杜涛:《互惠原则与外国法院判决的承认与执行》,载《环球法律评论》2007年第1期。

〔2〕参见徐伟功:《我国承认与执行外国法院判决制度的构建路径——兼论我国认定互惠关系态度的转变》,载《法商研究》2018年第2期。

诉讼法》第 100 条、101 条可以发现。在第 101 条允许仲裁前申请财产保全的背景下，面对当事人已获胜诉仲裁裁决并极有可能被承认与执行时，[1]通过当然解释的思维路径支持当事人在获得仲裁胜诉裁决并提供担保的情况下进行财产保全，是符合我国财产保全制度的立法目的的。最后，在具体操作上，虽然《民事诉讼法》第 100 条属于概括性条文，但也恰因其概括而给予了法官进行司法裁量的空间。从支持仲裁的角度出发，"海航案"的相关情况或许可以被归结为"判决难以执行或者造成当事人其他损害的案件"这一启动保全的条件，至少在标的额如此巨大的情况，被申请人尚未作出赔偿的姿态在一定程度上显现了履行法律义务的倦怠。

当然，在我国法律并无直接规定的情况下，强求法官作出支持承认及执行外国仲裁裁决审查期间申请财产保全的裁定的确也有一定的困难，我们也应理解法官在具体案件裁量中的为难与苦衷。但跳出个案，从支持和发展仲裁的基本立场出发，无论是通过互惠原则这一国际法路径还是基于我国法律的相关规定进行合理的法律解释与适用，都应当保障当事人在承认及执行外国仲裁裁决审查期间申请财产保全的权利。因为这既符合我国一贯的司法立场，也有利于"一带一路"的建设。

四、结语

本章以"海航案"为视角对申请承认及执行外国仲裁裁决审查期间的财产保全问题进行了考察。国际法上以《纽约公约》为代表的国际条约的空白和互惠原则的抽象，使得该问题需要各国国内法加以明确。而基于我国现行国内法，《民事诉讼法》等相关法律对该问题的忽视令其缺乏直接适用的法律依据。虽然在区际仲裁裁决的认可与执行上有相关的直接规定，但受限于适用范围其也仅能发挥参照的作用。正是由于国际法与国内法在该问题上的立法空白，令其陷入了困境。但面对困境，简单的回避并非良策。基于现实需求，笔者认为在当前支持和发展仲裁已然成为包括我国在内的世界各国共识的背景下：国际法层面，通过对当前我国在互惠关系认定上日趋灵活的立场把握，以互惠原则解决该问题具有一定可行性；而在国内法层面上，基于支

---

[1] 本案最终也被海口海事法院予以承认与执行，并通过执行和解的方式解决了争议。参见海口海事法院（2017）琼 72 执 192 号执行裁定书。

持和发展仲裁的立场并从财产保全和承认及执行仲裁裁决的制度设计初衷出发，通过灵活的法律解释或许也能有效化解困境。

当然，在面对承认与执行外国仲裁裁决审查期间申请财产保全的问题时，再灵活的法律解释都无法替代明确的法律规定。在"一带一路"倡议不断推进的背景下，我们需要在履行国际法义务的同时给予仲裁尤其是国际仲裁事业发展以更大的支持。要于宏观之域现大气魄，在细微之处见真立场。

商事仲裁的市场化：

商业逻辑与时代选择

约定仲裁机构要件在仲裁中的功能转变及制度逻辑[1]

一、引言：作为连结意思自治和国家强制力的"中间地带"

《中华人民共和国仲裁法（修订）（征求意见稿）》（本章简称《仲裁法（修订）（征求意见稿）》）在第21条删除了现行《中华人民共和国仲裁法》（本章简称《仲裁法》）中第16条"选定的仲裁机构"的仲裁协议效力形式要件，而仅强调"仲裁合意"。同时，其于第35条明确，在仲裁协议约定不明或未约定仲裁机构情形下，仲裁协议并非一概无效而为仲裁机构所拒绝受理，而是通过一定顺位的安排尽量使仲裁协议有效。

不同于国际仲裁以仲裁地为中心及《承认及执行外国仲裁裁决公约》（本章简称《纽约公约》）将仲裁地作为认定仲裁裁决国籍核心标准的一般实践，仲裁机构（仲裁委员会）所在地长期以来在我国仲裁法中起到至关重要的作用。根据现行有效的《仲裁法》，从仲裁协议双方角度而言，仲裁机构所在地的选择影响了仲裁协议的效力、准据法的适用、机构仲裁的程序规范甚至仲裁裁决的结果；从后续法院司法审查角度来看，仲裁机构所在地的确认决定了仲裁承认、撤销与执行所遵循的适用规则。仲裁机构是连结私法意思自治和公法国家强制力的"纽带"，其一方面是仲裁合意所包括的一项必要内容，另一方面则是我国唯一在法律上承认的、具有浓厚国家行政权色彩的仲裁形

---

[1] 本章作者陈睿毅、沈伟。

式,且仲裁机构是否约定清晰明确直接关系到后续国家司法权的行使。

我国通说持"司法契约混合说",将仲裁视为一种混合的特殊司法制度。在仲裁提起之前,适用契约理论,即启动仲裁的基础是当事人的合意;仲裁程序启动之后,仲裁庭获得"准司法权",对当事人的争议进行裁判;仲裁庭的裁决有等同于行使审判权的法院判决的效力。[1]这固然比较准确地对仲裁的性质作了原则的概括,[2]且与《联合国贸易法委员会国际商事仲裁示范法》和《纽约公约》的精神保持一致。[3]与此同时,部分学者将"司法权让渡说"当作早期《仲裁法》的主导思想,[4]认为正是囿于"司法权让渡说"理论的规定和司法机关对仲裁的最终管辖权,仲裁机构才在中国法上被赋予了如此重要的作用,并认为本次《仲裁法(修订)(征求意见稿)》是对以往做法的"拨乱反正"。然而,事实是否果真如此并非仅单纯依靠逻辑的推演,更有赖于对既往法院实践、法律及司法解释的梳理。不仅如此,仲裁机构正由于处于意思自治和国家强制力的中间地带,成为透视我国仲裁实践发展的极佳"棱镜"。通过分析仲裁机构在仲裁中所起功能和制度变迁,可以查明究竟是何方主导力量作用于仲裁而形成中国法上仲裁机构的独特地位,进而发现如今《仲裁法》中实际存在的问题,有利于指导新《仲裁法》的进一步完善。

本章首先将现《仲裁法》第16条、第18条与《仲裁法(修订)(征求意见稿)》第21条、35条进行文本比较,发掘其中所蕴含的仲裁机构功能变迁。笔者认为,分析仲裁机构制度定位要放在"政治国家-市民社会"框架下,依托"行政机构—司法机关—当事人"三元结构,结合案例统计和制度梳理,澄清造成我国仲裁机构地位流变的真正原因。最后,根据《仲裁法(修订)(征求意见稿)》第35条,探讨当有缺陷的仲裁机构相关仲裁条款

---

[1] 参见李清等:《关于〈仲裁法(修订)(征求意见稿)〉的解读(一)》,载 http://mp.weixin.qq.com/s/DljqkUV9341dcSgN/zr33A,最后访问日期:2021年9月2日。

[2] 参见罗国强:《仲裁性质的两分法与中国仲裁法的完善》,载 http://ielaw.uibe.edu.cn/fxlw/gjzcf/14092.htm,最后访问日期:2021年9月3日。

[3] 参见沈伟、陈治东:《商事仲裁法:国际视野和中国实践》(上卷),上海交通大学出版社2020年版,第7~8页。

[4] "司法权让渡说"认为仲裁的效力来源于国家司法权力向民间的让渡。这种观点主张司法权对仲裁具有重量级的话语权,司法对仲裁这种民间自行审判的方式既不能全盘接受,也不能完全排除,并可在其中充分发挥自己的干预力。参见钱宇宏、马伯娟:《从可仲裁性的发展看司法权的让渡》,载《仲裁与法律》2004年第4期。

出现时的具体适用。

二、约定仲裁机构的功能变迁

在机构仲裁的条件下，所有常设仲裁机构的仲裁规则通常规定，除非当事人在其仲裁协议中明确表示将争议提交给仲裁机构解决，否则即使当事人在协议中明确表示交付仲裁解决的意思，有关仲裁机构仍将拒绝受理案件。[1]换言之，未选择仲裁机构或选择不明会对仲裁产生两种可能的影响，一是在仲裁协议效力阶段导致协议无效，二是在申请仲裁机构裁决阶段被机构拒绝受理。前者是现行《仲裁法》采取的路径，后者则是《仲裁法（修订）（征求意见稿）》的内容。尽管二者"殊途同归"，最终都会导致仲裁失败，但其所蕴含的功能和机理并不相同。

（一）确认仲裁协议效力

现行《仲裁法》第 16 条规定，仲裁协议形式要件包括（1）书面形式；（2）仲裁合意；（3）有明确约定的仲裁事项；（4）有选定的仲裁机构。同时，第 18 条指出"仲裁协议对仲裁事项或者仲裁委员会没有约定或者约定不明确的，当事人可以补充协议；达不成补充协议的，仲裁协议无效"。据此，仲裁机构的约定是仲裁协议有效的前提。仲裁机构约定发挥预筛选功能，当未约定或约定仲裁机构不明时，仲裁协议无效，自然不会再往下进行到申请和受理环节，如果仲裁机构进行了受理，法院可以以仲裁协议无效为由进行撤销仲裁裁决。

在协议效力认定部分即对仲裁进行否定，其实质是通过国家强制力手段之介入对当事人之间有关仲裁约定的意思自治进行修正。根据《仲裁法》第 18 条，仲裁机构未约定或约定不明的仲裁协议首先属"未决不生效"之效力未定，当双方无法达成补充协议时仲裁协议便最终确定无效。然而，这种效力确定方式与民法上合同效力的一般发生逻辑并不相同。一则，效力未定在合同法上一般适用的对象是违反意思自治而成立的合同，通过赋予该民事行为一次可能生效的机会，形成对合同当事人权益的保护。在《中华人民共和

---

[1] 沈伟、陈治东：《商事仲裁法：国际视野和中国实践》（上卷），上海交通大学出版社 2020 年版，第 172 页。

国民法典》中，限制民事行为能力人订立合同和无权代理订立合同为效力未定合同的发生原因。[1]然而，《仲裁法》中该条文目的并非保障协议双方的意思自治，既然协议双方已经同意将争议提交仲裁，就已经达成了仲裁合意且意思表示真实，此时依旧认为效力未定便与合同法一般原理相异。二则，当双方未形成补充协议时，仲裁协议便被认定为绝对无效，从而国家公权力可以直接、主动介入实施审查。[2]在私法上国家公权力的介入往往是为保护人身和财产安全或为矫正市场的某些缺陷的目的，[3]进而扩展私法自治的领域，充分尊重私权，限缩行政空间。[4]但显然，《仲裁法》中这种效力未定的情形与其说是私法自治的保护者，毋宁说是强有力的干预者。既然用秉持意思自治原则的民法无法阐明，对仲裁机构发挥确认仲裁协议效力功能的唯一解释便只能是立法者认为仲裁机构"兹事体大"，把欠缺约定仲裁机构要件与违反效力性强制规范及公序良俗等同视之（或作为违反效力性强制规范情形之一），国家以强制力确保着某种公法领域利益之实现。

（二）检视仲裁可受理性

以未约定仲裁机构或约定不明为由，公权力介入意思自治前置化并过早判定合同无效存在违反比例原则之嫌。此外，宏观法律金融理论视角下，制度环境决定金融效率，[5]进而决定金融市场效率，一国金融市场发达归根结底是法律制度发达。考诸发达国家之仲裁制度，仲裁协议只要由表明其仲裁意愿的经当事人签署的书面文件或者其他对当事人有约束力的方式所构成即为有效。

基于公权谦抑与顺应国际潮流，《仲裁法（修订）（征求意见稿）》不再把仲裁协议中的仲裁机构作为使之有效的法定要件之一，而是与国际接轨，形成第35条规定，使其发挥检视仲裁可受理性之功能。具体分两步走，首先遵循不轻易否认仲裁可受理性的原则，然后在法律制度上为仲裁机构约定不

---

[1] 参见韩世远：《合同法总论》，法律出版社2018年版，第294页。

[2] 参见王利明：《关于无效合同确认的若干问题》，载《法制与社会发展》2002年第5期。

[3] 参见[美]罗纳德·德沃金：《至上的美德：平等的理论与实践》，冯克利译，江苏人民出版社2008年版，第150页。

[4] 参见章剑生：《作为介入和扩展私法自治领域的行政法》，载《当代法学》2021年第3期。

[5] 参见宾国强、袁宏泉：《法律、金融与经济增长：理论与启示》，载《经济问题探索》2003年第5期。

明或未约定仲裁机构的具体问题设计出大致解决方案。根据条文,若仲裁协议对仲裁机构约定不明确,先看仲裁规则能否确定仲裁机构,如果不能接下来看有无补充协议,如果无补充协议则看由哪一家仲裁机构先立案。仲裁协议没有约定仲裁机构的情况则是考察有无补充协议,没有则看共同住所地,没有共同住所地的由先立案的受理。约定仲裁机构与否不再对仲裁启动具有决定性影响,而仅仅是辨别由何具体仲裁机构管辖的检视因素之一。

(三) 从仲裁协议效力到仲裁可受理性变迁之审视

从仲裁协议效力到仲裁可受理性功能的变迁,背后是由重视协议形式到强调实体问题解决的逻辑演进,是公权干预到意思自治价值取向的变动。再进一步分析,究竟此前公权要实现什么价值,具体是维护何种公权,是否真的如众多学者所称,仲裁协议中约定的仲裁机构认定标准之争,从表面上看是对何谓"选定的仲裁委员会"的文意解释之争,而实际上却反映出了我国仲裁与司法的紧张关系,[1]这些有待于后文详尽地探讨。

三、约定仲裁机构的制度逻辑

(一) 二元分离的视角和三元结构的框架

"政治国家与市民社会的二元分离与互动,揭示了西方社会法治产生的深层原因,更为包括仲裁在内的民商事私法体系的形塑创造了空间"。[2]前者体现了法律的"家长主义",核心特征是以保护行为人的利益为由限制行为人的自由,[3]后者则为以市场经济为基础,以契约关系为中轴,强调个体的自主性和社会的独立性。[4]

尽管如今的意思自治原则被奉为商事仲裁的"黄金法则",影响着各国仲裁法的制定及修改,但西方现代仲裁制度的产生与发展,曾经历了从仲裁自

---

〔1〕 参见马占军:《我国仲裁协议中仲裁机构认定问题的修改与完善》,载《法学》2007年第10期。

〔2〕 刘晓红、冯硕:《对〈仲裁法〉修订的"三点"思考——以〈仲裁法(修订)(征求意见稿)〉为参照》,载《上海政法学院学报(法治论丛)》2021年第5期。

〔3〕 参见黄文艺:《作为一种法律干预模式的家长主义》,载《法学研究》2010年第5期。

〔4〕 参见袁祖社:《社会发展的自主逻辑与个体主体的自由人格——中国特色"市民社会"问题的哲学研究》,载《哲学动态》2001年第9期;伍俊斌:《政治国家与市民社会互动维度下的中国市民社会建构》,载《中共中央党校学报》2006年第3期。

我生长,到国家司法权的严格审查,再到国家司法与社会司法妥协平衡的曲折历程。[1]在法国一项较早的判决中,上诉法庭曾称"仲裁协议必须被严格地解释,引起背离常规——尤其是背离有关法院管辖权的一般规定",[2]但这些反对仲裁的解释性推定已普遍不适用于现代判决。[3]基于此,政治国家与市民社会二元互动是透视仲裁制度发展过程的良好研究视角,有利于在二者力量此消彼长中确定普适性的解释规则和关于当事人意图的推定以明确仲裁协议的含义,并于二者的双向适度制衡中推进仲裁法律制度,维护仲裁协议双方当事人特别利益和国家所代表集体利益的动态平衡,使之符合社会总体发展趋势和国际主流仲裁实践要求。因此,二元分离是分析包括约定仲裁机构功能演进在内《仲裁法》条文变迁的重要视角。

不过,现代国家功能性分权建构的语境下,国家强制力具体来源并非单一。基于不同的公共事务分工,行政权和司法权所要实现的政策目标有所差别,其行为对公众产生的影响亦非相同。立法权在政治势力之间发挥法律的调整功能,[4]权衡行政机关和司法机关的意志诉求,在法律制定中将价值需求分层分阶,并对各机关权力事项进行分配协调,影响市民社会参与主体的权利义务。故《仲裁法》的修改,不仅关涉仲裁协议当事人的自治意思,还有行政机关和司法机关的博弈与妥协。此外,中国传统"行政兼理司法"的文化理念及长期以来行政强势、司法谦抑的特殊背景决定了我国与西方迥异的仲裁发展历程。因此,将司法权与行政权区分视之,与当事人意思自治形成"三元结构"框架进行探究,更加科学且符合中国仲裁事业发展的实际情况。

(二)司法权审查未在仲裁制度发展中占压倒地位

1.53 份判决案例的分析

笔者在北大法宝检索了同时包含仲裁机构及仲裁协议效力的全部案例,

---

[1] 参见刘晓红、冯硕:《对〈仲裁法〉修订的"三点"思考——以〈仲裁法(修订)(征求意见稿)〉为参照》,载《上海政法学院学报(法治论丛)》2021年第5期;Daniel Centner, Megan Ford, "A Brief History of Arbitration", *Brief*, Vol. 48, No. 4., 2019, p. 59.

[2] See Judgment of 11 March 1986, Compagnie d'assuranc La Zurich v. Bureau central francais, Gaz. Pal. 1986 1. 298 (Paris Cour d'appel).

[3] 参见[美]加里·B. 伯恩:《国际仲裁:法律与实践》,白麟等译,商务印书馆2015年版,第117页。

[4] 参见季卫东:《大变局下中国法治的顶层设计》,载《财经》2012年第5期。

第五章 约定仲裁机构要件在仲裁中的功能转变及制度逻辑 ❖

经过诸如同一标的案件归类合并计算、同一案件不同审级计算一次等案例重复性筛选、相关性排查工作，最终确定了 53 个不重复的案件。通过观察法院对于仲裁机构约定相关争议案件的判决与阐述，可以探知法院对仲裁的处理态度及其在仲裁中所发挥的作用。

表 1　约定仲裁机构相关裁判文书中法院态度及理由依据数量统计

理由依据	当地仲裁机构且确定	约定不准确但可以确定仲裁机构	约定先裁后诉	又裁又诉	完全没有约定仲裁机构且达不成补充协议	约定两个仲裁机构且都不明确	约定仲裁机构明确
肯定	12	6	1	0	0	0	2
否定	5	1	0	2	23	1	0

根据表格统计，法院并非仅因为当事人未约定仲裁机构或约定不明且未达成补充协议就直接认定仲裁协议无效，相反，在这 53 件案例中，法院最终仍认可了 21 件案例中的仲裁协议效力。从微观上看，其支持仲裁的理由主要包括"当地仲裁机构且确定"和"约定不准确但可以确定仲裁机构"。由于纠纷发生后当事人因利益考量以及情绪对立很难就仲裁机构的选择达成一致的补充协议，如果法院完全遵守《仲裁法》第 21 条规定，则很容易以"未达成协议，仲裁协议无效"为由施加司法强制力干预当事人在仲裁协议时的意思自治，排除仲裁机构的管辖而归法院审理，但法院事实上却采取了克制和尊重的态度。

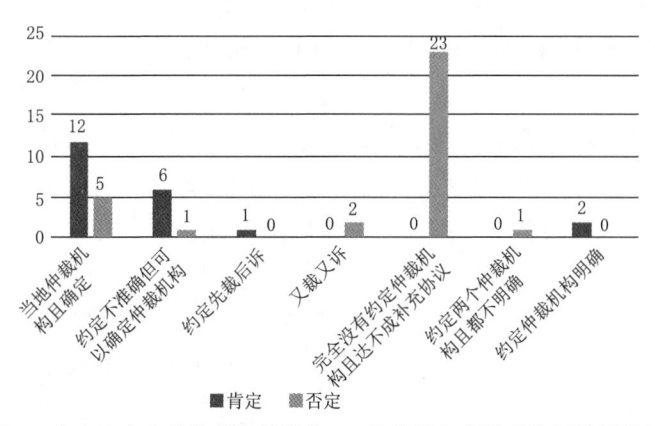

图 1　北大法宝有关仲裁机构地位 53 份裁判文书说理依据数量统计

2. 制度梳理

《仲裁法》制定以来最高法所有涉及仲裁机构地位之司法解释、答复、纪要、批复等规范性文件的制度变迁，呈现出法院态度的历史脉络。法院视仲裁机构作为仲裁协议效力判断因素的范围日益限缩，先后将"约定多家仲裁机构后选定一家""约定不准确但可以确定仲裁机构""约定仲裁地当地仲裁机构且确定""约定仲裁规则能够确定仲裁机构""一方申请仲裁另一方未提出异议""先裁后诉"等情形排除出仲裁协议无效情形之外，尽管《仲裁法》实施前期法院就某些具体事项的态度曾有所反复，但在 2005 年《第二次全国涉外商事海事审判工作会议纪要》即表达了较为完整的支持仲裁立场，且最终于 2021 年《全国法院涉外商事海事审判工作座谈会会议纪要》中点明了"有利于仲裁协议有效的原则"。把法院规范性文件演进这一条线索放中间，《仲裁法》立法文本和修订征求意见稿放首尾两端，形成时间线，很明显的趋势是《仲裁法》颁布 30 年左右，仲裁机构在我国仲裁中的地位经历了一个由作为效力绝对决定因素到效力相对决定因素再到与效力脱钩的地位流变过程，这种流变直接以司法解释等规范性文件形式表现出来，并最终由立法加以明确。因此，法院扮演的一直是支持仲裁、尊重意思自治的角色，且修法是对法院一以贯之实践的确认，而非学者所认为的修法是对实践的拨乱反正。如果说在《仲裁法》中的主导思想是"司法权说"，则法院作为该说的能动主体，本应最有动力把决定权握于自身手里，而更多采取否认仲裁协议的做法，但无论是批复、回复、纪要还是司法解释、审判纪要都尽量扩大协议无效豁免范围，把尊重意思自治摆在首位。由此，从仲裁和司法之间的关系来看，并不存在着严重的张力和矛盾。仲裁的契约性与司法性均存在于各国法律制度中，但它们在结合上却存在着巨大区别：一些国家契约因素占上风，在其他国家司法因素起着主导作用。[1]根据上文案例统计和制度梳理可知，在中国，契约性是仲裁的基本特性，而司法性是仲裁的衍生特性，更多起到支持仲裁作用。

尽管在司法机关扩大豁免范围的作用下，约定仲裁机构地位不断下降，但《仲裁法（修订）（征求意见稿）》前，其仍在法律上被作为决定仲裁协

---

[1] 参见［英］施米托夫：《国际贸易法文选》，赵秀文选译，中国大百科全书出版社 1993 年版，第 598 页。

议效力的要件之一。既然司法性非仲裁主导因素，那么造成中国相较其他国家将仲裁机构置于较高地位的根源另有他物。

（三）仲裁机构地位较高的原因

对比于司法权对仲裁的谦抑态度，行政权在我国仲裁事业发展，尤其是仲裁机构工作中起到了垄断性的作用。作为仲裁后发国家，我国的仲裁制度并非如西方自发生长形成，且其建立时期恰逢社会制度由计划经济向市场经济转型阶段。因此，以《仲裁法》为表现，中国仲裁制度逐渐走上了以政府为主导、以仲裁机构为中心的发展道路，在实践中表现为更多的政府干预和内部管理，行政色彩浓厚的仲裁机构是在政府的主持下建立和发展起来的，其人事和财务管理很大程度上依赖于政府部门。[1]在这种情况下，尽管《仲裁法》第14条明确规定"仲裁委员会独立于行政机关，与行政机关没有隶属关系。仲裁委员会之间也没有隶属关系"，但仲裁机构却成为政府的实质下属部门，为行政决策影响，受行政机关管理。此外，《仲裁法》第15条所规定的对仲裁机构进行管理的中国仲裁协会至今没有创设，行业监督缺乏有效主体，[2]故行政机关亦同时对仲裁机构发挥监督职能。

根据《仲裁法》第10条，只要是设区的市都可以成立仲裁委员会，在各地行政机关的推动下，各地仲裁机构纷纷建立。然而，这种行政主导下的仲裁行业先天存在竞争性不强，办案积极性不高的特点，再加之其经费来源并非主要依靠营收而是财政拨款，且行政编制人员比例过高，其仲裁能力并不充分。[3]将有关仲裁机构的约定作为仲裁有效性的判断依据，以发挥预筛选功能，可规避仲裁机构自裁管辖权之判断。仲裁机构搁置可受理性问题，直接以仲裁协议无效为由驳回申请，法院亦可以在承认执行或者一方对仲裁结果不服向法院起诉时主动审查，实际上是降低了仲裁机构的说理难度，减轻了仲裁机构所需承担的责任。诚然，为防止地方政府对仲裁机构和司法机关施加干预，以仲裁机构未约定或约定不明之名，行仲裁协议无效之实，逐层对

---

[1] 参见刘晓红、冯硕：《对〈仲裁法〉修订的"三点"思考——以〈仲裁法（修订）（征求意见稿）〉为参照》，载《上海政法学院学报（法治论丛）》2021年第5期。

[2] 参见詹安乐、叶国平：《以仲裁权的性质为视角论我国仲裁机构的改革方向》，载《北京仲裁》2011年第2期。

[3] 参见陈福勇：《我国仲裁机构现状实证分析》，载《法学研究》2009年第2期。

仲裁协议无效判决进行报告审查的法院内部报告制度固然可以在相当程度上进行缓和。然而，"独立行使司法权，免受行政权干涉"之原则知易行难，内部报告制度亦存在执行不严、耗时过长、欠透明性的缺陷，[1]并不能够从本质上解决问题。

仲裁机构的行政属性和"法定机构"特征赋予了其高于当事人意思自治之外的地位。同时，临时仲裁的不予承认人为抑制了更广泛的市民社会力量，政治国家对仲裁的影响力通过行政权的垄断而彰显。随着社会主义市场经济体制的不断完善和改革开放的不断深入，越来越多的纠纷与具有浓厚行政主导色彩的《仲裁法》发生冲突。目前，《仲裁法》不适应中国仲裁市场的发展，这再次反映了政治国家与市民社会之间的张力。仲裁市场的逐渐成熟与仲裁机构的非独立性之矛盾呼吁着仲裁机构地位的变革，于是从法律层面改仲裁机构地位由确定协议效力到检视仲裁可受理性的《仲裁法（修订）（征求意见稿）》第35条便呼之欲出。

（四）约定仲裁机构制度逻辑变化之反思

由"政治国家—市民社会"的二元分离视角和"行政权—司法权—意思自治"的三元结构框架进行分析，可以大致描摹出《仲裁法》出台以来我国行政权、仲裁机构、意思自治、司法权关系的变迁（如图2）——行政权由干预走向退出，司法权支持仲裁角色不断强化，意思自治日益发挥决定性作用，而仲裁机构在日益民间化、独立化的同时，化原仲裁协议效力要件为仲裁可受理性检视因素。由是观之，我国的仲裁改革顺应了国际潮流，回归了仲裁作为自发秩序的起源。

---

[1] See Shen Wei & Shang Shu, "Tackling Local Protectionism in Enforcing Foreign Arbitral Awards in China: An Empirical Study of the Supreme People's Court's Review Decisions, 1995-2015", *The China Quarterly*, Vol. 241, No. 241., 2020, p. 164.

第五章　约定仲裁机构要件在仲裁中的功能转变及制度逻辑 ❖

```
┌─────────────────────┐                    ┌─────────────────────┐
│       行政权         │                    │       司法权         │
│    干预 ↑ ↓ 依赖     │←──对立──→         │    薄弱的支持        │
│      仲裁机构        │                    │      意思自治        │
└─────────────────────┘                    └─────────────────────┘
```
《仲裁法（修订）（征求意见稿）》前

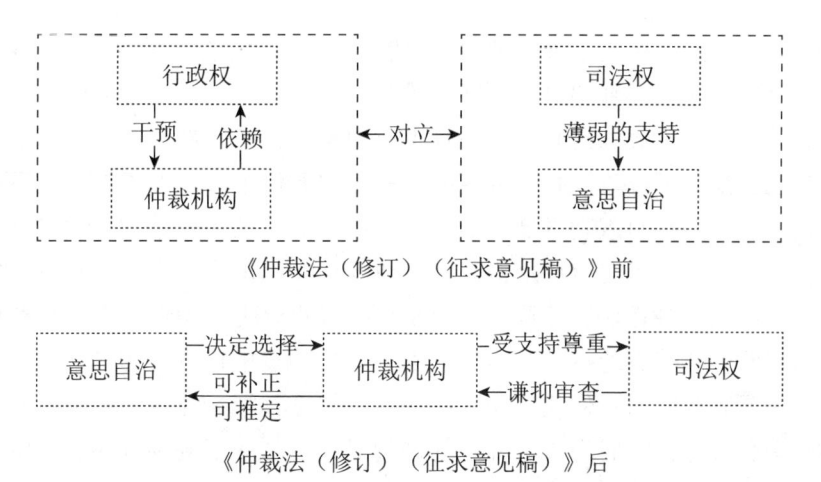

```
┌────────┐ ─决定选择→ ┌────────┐ ─受支持尊重─ ┌────────┐
│ 意思自治│  可补正    │ 仲裁机构│  谦抑审查   │ 司法权  │
│        │  可推定    │        │             │        │
└────────┘            └────────┘             └────────┘
```
《仲裁法（修订）（征求意见稿）》后

图 2　行政权、仲裁机构、意思自治、司法权关系变迁示意图

人类社会中的大量秩序都不是人理性设计的结果，而是从无数的个人行为中自然生发出来的。[1]仲裁正是人们在相互交往中形成的一种"交流和沟通信息的机制"，一种自发成长且不断扩展的居中裁决体系。在立法（legislation）确定前，名为"仲裁"的法律（law）早已在当事人解纠实践中自然生发。[2]"如果政府政策对特定人的作用效果是已知的，只要政府以达成这些效果为目的，它就不能不去了解这些效果，因此政府也就不可能是不偏不倚的了。政府必然会有所选择，它会将自己的评价强加给民众，而且政府不再帮助人们实现自己的目标，而是为他们选择目标"。[3]《仲裁法》作为一部由司法部起草的"部门立法"，其本身就带有强烈的"行政血统"，加之如上文所分析仲裁机构依赖行政机关的历史客观原因，其将约定仲裁机构作为效力要件之一正是政府为追求其自身目标而对仲裁意思自治的自发秩序的干预与修正。

当《仲裁法》颁布后，仲裁事业在中国迅速发展，历经二十多年成为极为重要的争议解决方式，而行政权对仲裁的干预成为阻碍，对当事人意思表示中仲裁机构的合意之硬性要求已转化为当事人一方规避仲裁裁决的托辞。

---

〔1〕　See John Hasnas, "Hayek, The Common Law, and Fluid Drive", *NYU Journal of Law & Liberty*, Vol. 1, 2015, p. 79.

〔2〕　参见沈伟、余涛:《互联网金融监管规则的内生逻辑及外部进路：以互联网金融仲裁为切入点》，载《当代法学》2017年第1期。

〔3〕　Hayek, *The Road to Serfdom*, Routledge, 2001, p. 80.

尽管法院总体上未将此作为反对仲裁的借口，但不可排除部分判决中对《仲裁法》文本的字面解释和对行政权的妥协。

　　行政机关与仲裁机构脱钩是仲裁中心国家的常态，这些国际仲裁中心的实践证明，独立于行政权管辖范围的仲裁机构非但不会一蹶不振，反而因为更大的主观能动性而蓬勃发展。尽管英国法上承认机构仲裁的作用，当事人可以同意将其争议提交给特定机构，由仲裁员在该机构内设立仲裁庭形成裁决，但和中国《仲裁法》不同，《1996年英国仲裁法》侧重于个人仲裁程序的进行以及仲裁裁决的承认和执行，不包含与仲裁机构有关的具体规定。然而，英国是著名的国际仲裁机构的所在地，如伦敦国际仲裁院和国际商会仲裁院伦敦分院等，它们为仲裁程序的进行提供自己的规则和程序。这些机构已成为国际商事仲裁的领先中心，并在业界得到广泛认可和尊重。作为亚洲仲裁中心之一的新加坡，其《仲裁法》和《国际仲裁法》则是在仲裁分类和责任承担与豁免处提及机构仲裁，亦未将仲裁机构上升为认定仲裁协议效力的决定性因素。

　　法律起源是一种对经济生活的社会控制方式。普通法代表了支持私人秩序的社会控制策略，而大陆法则寻求用国家期望的分配结果来取代私人秩序。换言之，大陆法是"执行政策的"，而普通法是"解决纠纷的"。[1]在法与金融学学派眼中，当比较不同法律起源国家的市场经济情况时，属于普通法传统的国家通常较大陆法传统的国家表现更好，其根源在于国家的法律对社会成员的自由限制更少。尽管不少学者质疑法与金融学学派关于法系比较的科学性，认为在仲裁法律适用上并没有出现大陆法系和普通法系差距悬殊的场景。[2]但其实在仲裁机构是否具有否定仲裁协议效力问题上，各国亦基本达成统一。普通法系国家很早就确定了支持仲裁的解释原则及仲裁协议要件宽松的认定态度，[3]大陆法系国家随后亦逐渐跟进，改变了既往的反对仲裁之

---

　　[1] See Rafael La Porta et al., "The Economic Consequences of Legal Origins", *Journal of Economic Literature*, Vol. 46, No. 2., 2008, p. 286.

　　[2] See Stefan Voigt, "Are International Merchants Stupid-Their Choice of Law Sheds Doubt on the Legal Origin Theory", *Journal of Empirical Legal Studies*, Vol. 5, No. 1., 2008, p. 1.; Karl S. Okamoto, "A 'Law & Personal Finance' View of Legal Origins Theory", *Brigham Young University Law Review*, Vol. 29, No. 6., 2009, p. 1642.

　　[3] See Mitsubishi Motors Corp. v. Soler Chrysler-Plymouth, Inc., 473 U.S. 614 (1985), at 626；参见高菲：《论仲裁协议》，载《仲裁与法律通讯》1995年第5期。

解释性推定和对仲裁协议要件的形式齐全性规定。

《仲裁法（修订）（征求意见稿）》跟上了世界潮流，参考国际惯例，确立以仲裁意思表示为核心的仲裁协议效力制度，删除仲裁机构决定协议效力的规定，并吸收司法解释和实践经验，对仲裁协议中仲裁机构没有约定或者约定不明确的情况予以指引性规定，有利于保障仲裁顺利进行，促进我国仲裁活力和竞争力，在加快构建世界仲裁中心和国际金融中心的当下意义重大。

四、《仲裁法（修订）（征求意见稿）》第35条具体适用类型探讨

《仲裁法（修订）（征求意见稿）》第35条不仅明确了仲裁可受理性的审查要素，间接修改简化了仲裁协议有效的构成要件，还就仲裁协议对仲裁机构约定不明确及约定不明的具体情形之处理方式进行了规定。

由于仲裁机构在仲裁协议中地位的变化，《仲裁法（修订）（征求意见稿）》第35条一改过去若无约定仲裁机构，仲裁协议一律无效之规定，而是规定先由当事人补充约定，若无法达成约定，则考虑双方共同住所地，如果亦无共同住所地，则由当事人住所地外最先立案的第三地仲裁机构受理。较未约定仲裁机构的情形而言，仲裁机构约定不明的具体种类更多，现实中存在的争议亦越大。笔者认为，仲裁协议对仲裁机构约定不明至少包含以下四种类型。

第一种类型是不确定仲裁机构的仲裁协议。若当事人在协议中约定"仲裁—某地"，但未说具体仲裁机构名称，此种情形属于约定在某地的仲裁机构进行仲裁。域外法上几乎都会尽量认可这些不够明确的仲裁协议的效力，法院主张只有作为核心内容的统一仲裁的约定为必需，其他附随条款均可以通过默示或由国内法进行补充解释。在《仲裁法（修订）（征求意见稿）》之前，依《最高人民法院关于运用〈中华人民共和国仲裁法〉若干问题的解释》（本章简称《仲裁法解释》），是先看当地是否只有一家仲裁机构，如果答案肯定则事实上属仲裁机构明确，则就是该家，如果不止一家仲裁机构，则看能否补充约定一致，如果不能一致则仲裁协议无效。但根据《仲裁法（修订）（征求意见稿）》，该种情况虽然仍应先审查当地是否只有一家仲裁机构，但在当地不止一家时则按顺序分别考虑能否根据仲裁规则确定、能否通过达成补充协议确定，在这些都不能确定时，则不再是否定仲裁而是由最先立案的仲裁机构受理。

第二种类型是约定不存在的仲裁机构或者仲裁规则。如上海并没有一家叫"黄浦仲裁委"的仲裁机构，亦不存在"黄浦仲裁委仲裁规则"。域外法上法院或仲裁庭大多会将不存在仲裁机构的部分条文作为多余内容予以删除或者试图修正、补充。如果在《仲裁法（修订）（征求意见稿）》之前，除非达成协议，一般会认定协议无效；但若新《仲裁法》出台之后，若约定"黄浦仲裁委"，由于上海黄浦区只有上海国际经济贸易仲裁委员会一家仲裁机构，可以认定仲裁协议约定的是于上海国际经济贸易仲裁委员会进行仲裁。

第三种类型是内部矛盾的仲裁协议，这种以约定了两个以上仲裁机构为典型。在《仲裁法（修订）（征求意见稿）》之前其实法院态度有所变化，依据法函〔1996〕176号的规定，当事人一方对仲裁协议中约定的两个以上仲裁机构选择其一，作出的选择视同双方当事人对仲裁机构的明确选择，仲裁协议有效。然依据《仲裁法解释》第5条的规定，需要双方最终选择确定一个仲裁机构，仲裁协议才最终有效。在域外，法院一般主张在当事人选择将仲裁条款载入合同的情况下，必须假定当事人的本意是希望建立一个有效的机制来解决仲裁条款所涵盖的争议，[1]因此基本上会通过删除多余用语或者从宽解释调和冲突。在《仲裁法（修订）（征求意见稿）》后，我国学习了域外经验，其可被归入"对仲裁机构约定不明确"下，有补充协议按补充协议，没有则以先立案的仲裁机构进行确定。

第四种类型是将仲裁作为可选的争议解决方式之一，又可称之为"选择性"仲裁协议。这种情形以约定"或裁或判"的"单边选择性仲裁条款"最为典型，原先都是直接认定无效，《仲裁法（修订）（征求意见稿）》第35条亦未进行规定。不过域外法上一般默认单边选择性仲裁条款系商主体真实合意的产物。[2]当一项协议同时规定在某一法院进行诉讼和在某一仲裁机构进行仲裁，则一般将争议解决选择条款狭义地解释为支持仲裁。[3]

五、结语

经济学一项奇妙的任务就是向人们证明，对于他们自以为能够加以设计

---

〔1〕 See Preliminary Award in ICC Case No. 2321, I Y. B. Comm. Arb. 133 (1976).

〔2〕 参见陈珊：《单边选择性仲裁条款的有效性研究》，载《北京仲裁》2020年第4期。

〔3〕 See Gary B. Born, *International Arbitration: Law and Practice*, Wolters Kluwer, 2023, p. 115.

第五章 约定仲裁机构要件在仲裁中的功能转变及制度逻辑

的事情,其实他们所知甚少。[1]同样地,关于仲裁的法律早在《仲裁法》人为立法之前就已经存在并以自发秩序的形式表现出来。其不该是专属于司法机关主动审查的"自留地",亦不应该是行政机关垄断干预的"固有物",而应当是当事人意思自治的"自由田"。仲裁机构地位由决定仲裁协议效力转变为检视仲裁可受理性,背后是行政权干预的逐渐退潮、意思自治的日益得到尊重和支持仲裁并进行肯定性协议有效推定的不断强化。

当然,无论是行政权力还是司法权力,其属性均为国家权力。因此,在立法中更加平衡政治国家和市民社会,着重不同利益诉求的主体间相互公开、博弈和妥协,更加尊重自发秩序的发展规律,有利于推动《仲裁法》修改更上一层楼,进而助力国际仲裁中心建设。

---

[1] 参见 [英] 弗里德里希·奥古斯特·冯·哈耶克:《致命的自负》,冯克利等译,中国社会科学出版社2000年版,第86页。

CHAPTER 6 第六章

国际仲裁第三方资助的披露制度研究
——以中国香港地区和新加坡立法监管为切入[1]

随着第三方资助（Third Party Funding）在国际仲裁领域的迅速发展，第三方资助已经成为国际仲裁界最具争议的前沿问题之一。近年来第三方资助的研究主要受到三方面的影响。一是第三方资助在国际仲裁实践中的快速发展，资助方、受资助方的现实需要助推第三方资助行业在国际仲裁中发展迅猛。[2]二是首次出现监管第三方资助的地区立法，包括2017年1月10日新加坡通过的《2017年民法（修订）条例》和2017年6月14日中国香港通过的《2017年仲裁及调解法例（第三者资助）（修订）条例》。三是大量国际仲裁学术会议对第三方资助的专项研究，如2017年4月在华盛顿举行的跨国仲裁协会和美国国际法学会的联合年会（14th annual ITA-ASIL Conference）就第三方资助的现状、定义和监管等问题进行了专题探讨。[3]

由于第三方资助的发展历程尚短，尚未产生统一定义。对第三方资助的定义角度也有差异，如从第三方投资者角度进行定义或归纳第三方资助的核

---

[1] 本章作者沈伟、董炜堃。

[2] 第三方资助的发展现状充分体现其积极影响：解决当事人的资金短缺、节约现金流和满足分散风险的需求，发掘不受金融市场波动的投资渠道，提供接近正义的途径（Assess to Justice）和解决当前国际仲裁费用过于高昂的问题。See Lisa Bench Nieuwveld, Victoria Shannon Sahani, *Third-Party Funding in International Arbitration*, Wolters Kluwer, 2017, pp. 9-10. Nicholas Rowles-Davies, Jeremy Cousins, *Third Party Litigation Funding*, Oxford University Press, 2014, p. 62.

[3] See James Egerton Vernon, "Taming the 'Mercantile Adventurers': Third Party Funding and Investment Arbitration —A Report from the 14th Annual ITA-AS1L Conference", http://kluwerarbitrationblog.com/2017/04/21/taming-the-mercantile-adventurers-third-party-funding-and-investment-arbitration-a-report-from-the-14th-annual-ita-asil-conference, last visited: Jul. 26, 2023.

第六章　国际仲裁第三方资助的披露制度研究

心特征。[1]本章的研究目的在于研究第三方资助的披露制度而无意消除概念分歧，通过梳理定义中影响第三方资助的因素，采用以下定义：第三方投资者是指不是仲裁当事人的某一自然人或法人，与一方当事人或其代理人达成协议，为当事人提供物质帮助或诉讼费用支持，并从裁决中获得回报。[2]

国内对于第三方资助的研究仍然处于起步阶段，部分学者仍然存在对第三方资助正当性的高度怀疑。[3]反观国际仲裁界，已经跨越了是否应当允许第三方资助的分歧，转向对第三方资助实务中具体法律问题的研究。[4]究其原因在于，无论是否支持第三方资助，诉讼和仲裁中的第三方资助已经是不

---

〔1〕 从第三者投资角度的定义，典型如2014年《国际律师协会国际仲裁利益冲突指引》中的定义"任何为案件的起诉或应诉提供金钱或物质支持，并与仲裁结果存在直接利益关系或可能因仲裁结果向当事人承担赔偿责任的自然人或法律实体"。IBA Guidelines on Conflicts of Interest in International Arbitration, Explanation General Standard 6 (b). 从第三方资助特征角度的定义，如："（1）仲裁或诉讼程序是可预期的或已经启动；（2）仲裁当事人（通常是申请人）获得了第三方（通常是特定的专业投资者）的资助；（3）作为回报，投资方会分享当事人通过法院判决或仲裁裁决获得的收益"。See Laurent Levy, Regis Bonnan, *Third-Party Funding Disclosure, Joinder and Impact on Arbitral Proceedings Third-Party Funding in International Arbitration*, in Dossiers of the ICC Institute of World Business Law, Kluwer Law International & International Chamber of Commerce, 2013.

〔2〕 See International Council For Commercial Arbitration - Queen Mary University Of London Task Force, *Draft Report for Public Discussion of THE ICCA-QUEEN MARY TASK FORCE on Third-Party Funding in International Arbitration* (1 SEPTEMBER 2017), available at: https://www.arbitration-icca.org/media/10/14053115930449/submission_version_for_public_comment_finalversion.pdf, last visited: Jul.26, 2023.

〔3〕 肖芳认为第三方资助的消极影响在于仲裁裁决的公正性，妨碍国际投资争端的有效解决，且增加投资者滥诉。国际仲裁机制中缺乏对第三方资助的规制机制从而导致国际投资仲裁的"正当性危机"。参见肖芳：《国际投资仲裁第三方资助的规制困境与出路——以国际投资仲裁"正当性危机"及其改革为背景》，载《政法论坛》2017年第6期。上述消极影响不构成对第三方资助的实质性挑战。仲裁裁决公正性集中于第三方资助的利益冲突问题，这也的确是第三方资助面临的主要争议。采取披露制度可以有效消解利益冲突问题，从而印证了第三方资助监管，尤其是披露监管的必要性。文中认为导致滥诉的原因是投资者可能会资助胜算较小的仲裁申请，且导致了近年来国际投资仲裁案件的数量增长。这似乎混淆了滥诉的含义，申请人提出胜算较小的仲裁申请能否视为滥诉显然存在极大争议。根据理性经济人假设，第三方投资者不会为明显无理由的仲裁申请投入资金。案件数量的增长也不能论证第三方资助的消极影响，如第三方资助确有影响，那么案件数量的增长可能来源于原本无力承担仲裁费用的申请人新提出的仲裁申请。这反映出第三方资助为申请人提供接近正义途径（Access to justice）的积极影响。See Maya Steinitz, "Whose Claim Is It Anyway? Third-Party Litigation Funding", *Minnesota Law Review*, Vol.95, No.4., 2011, p.1271.

〔4〕 See Francisco Blavi, "It's about Time to Regulate Third Party Finding", available at: http://arbitrationblog.kluwerarbitration.com/2015/12/17/its-about-time-to-regulate-third-party-funding, last visited: on Jul.26, 2023.

可忽略的重要现象和事实。[1]第三方资助产业的迅速发展需要国际仲裁领域中存在明确、一致的第三方资助监管体系。[2]因为资助协议中的保密条款，第三方资助产业仍然是隐匿的。根据对第三方资助从业人员的调查报告，当前国际投资仲裁案件中至少有40%存在第三方资助的情形，并且71%的从业人员支持对第三方资助产业进行监管。[3]由于第三方资助的产业现状和积极影响，允许第三方资助是国际仲裁发展的必然趋势，从而带来构建监管规则的现实需要。

与利益冲突相关联的披露是第三方资助首要的也是最为突出的问题，[4]但我国对于仲裁披露制度的研究仍然不足。现有文献集中于传统利益冲突模式下仲裁员的披露问题，对于仲裁当事人披露义务的研究有所欠缺。[5]尽管第三方资助的披露逐渐引起学界关注，[6]但对于第三方资助披露制度必要性和我国仲裁机构如何建构第三方资助披露制度仍然缺乏系统性分析。

第三方资助的披露制度是推动我国仲裁事业国际化发展必然需要解决的核心问题之一。我国仲裁的相关法律和仲裁规则对于第三方资助缺乏明确监管规定，披露义务的设定与国际主流规则仍然存在一定差距。本章旨在通过分析第三方资助披露制度的实践发展，并结合中国香港和新加坡第三方资助披露的相关规定，探讨披露义务的必要性和范围，为我国内地仲裁第三方资助监管提供相应建议。

---

〔1〕 See Bernardo Cremades, *Concluding Remarks*, in Dossiers of the ICC Institute of World Business Law, Kluwer Law International & International Chamber of Commerce, 2013.

〔2〕 See Blavi, at 3.

〔3〕 See Stavros Brekoulakis, "The Impact of Third Party Funding on Allocation for Costs and Security for Costs Applications: The ICCA-Queen Mary Task Force Reports", available at: http://arbitrationblog.kluwerarbitration.com/2016/02/18/the-impact-of-third-party-funding-on-allocation-for-costs-and-security-for-costs-applications-the-icca-queen-mary-task-force-report, last visited: Jul. 26, 2023.

〔4〕 See Levy, at 78.

〔5〕 参见马占军：《国际商事仲裁员披露义务规则研究》，载《法学论坛》2011年第4期；于湛旻：《论国际投资仲裁中仲裁员的回避》，载《武大国际法评论》2014年第1期；陈博闻：《仲裁员公正性的保障——以仲裁员披露义务为视角》，载《北京仲裁》2016年第4期。

〔6〕 参见周清华、程斌：《第三方资助下仲裁员潜在利益冲突披露的体系建构》，载《中国海商法研究》2018年第4期；张亮、杨子希：《第三方资助国际仲裁的披露义务规则研究》，载《武大国际法评论》2019年第2期；侯鹏：《第三方出资机制的二元监管模式》，载《法学评论》2019年第3期。

一、第三方资助披露制度的必要性与规则发展

（一）第三方资助与传统融资的区别

在第三方资助出现的早期，第三方资助被视为与贷款类似的融资方式，[1]从而无需施以强制的披露义务。[2]第三方资助与专项贷款、保险等在商业内涵上基本一致，不能说明第三方资助与仲裁贷款等存在本质差别。[3]因而当事人的披露义务并非普遍性、强制性的，而是在仲裁庭具有合理原因的情况下才可以指令被资助方披露第三方资助，例如仲裁员可能存在利益冲突的情形。[4]这意味着当前的仲裁规则已经能够容纳第三方资助，额外的披露义务除给仲裁员带来无意义的挑战外，增设的安全成本缺乏真正的必要性。[5]

这种观点随后被主流观点所驳斥，原因在于第三方资助与专项贷款、保险等具有显著区别，第三方资助者对仲裁案件具有一定控制力。通过专项贷款、保险等途径解决仲裁费用问题时，当事人对于案件仍然具有强控制力。此时贷款的金融机构和负责仲裁业务的律所都共同服务于当事人，代理律师需要遵守相应的道德和执业义务。[6]但在第三方资助仲裁中，投资者并非完全独立于案件之外，仲裁协议可能包含投资者对于仲裁的部分控制权，从而区别于传统的贷款、保险业务。资助协议中甚至可能包含是否将协议披露给仲裁庭或仲裁另一方当事人的相关条款。第三方资助是区别于既往仲裁融资的新类型，对于第三方资助披露义务的考量是必要的。

（二）第三方资助披露的必要性

第三方资助产业的繁荣产生对监管制度和学术研究的强烈需求。随着第

---

[1] See Munir Maniruzzaman, "Third-Party Funding in International Arbitration—A Menace or Panacea?", available at: http://arbitrationblog.kluwerarbitration.com/2012/12/29/third-party-funding-in-international-arbitration-a-menace-or-panacea/, last visited: Jul. 26, 2023.

[2] See Mark Kantor, "Third-Party Funding in International Arbitration: An Essay About New Developments", *ICSID Review*, Vol. 24, No. 1., 2009, pp. 65-67.

[3] See Jonas von Goeler, *Third-Party-Funding in International Arbitration and its Impact on Procedure*, Wolters Kluwer, 2016, p. 147.

[4] See Levy, at 82.

[5] See ICCA-Queen Mary University Of London Task Force, at 69.

[6] See Douglas R. Richmond, "Other People's Money: The Ethics of Litigation Funding", *Mercer Law Review*, Vol. 56, No. 2., 2005, pp. 659-664.

三方资助案件数量的增长、资金涌入仲裁业，投资者与律师事务所呈现合作的共生关系。而顶尖律师事务所和仲裁员的关系极为紧密和复杂。根据学者的调查，在 1039 起投资仲裁案件中接案数量最多的前 25 名仲裁员、代理案件数量最多的前 25 名律师、担任专家证人次数最多的前 25 名专家的名单中存在较高的重复，被称为国际投资仲裁中的"旋转门"现象。[1]仲裁庭必须知晓第三方投资者的存在和身份才能判断案件中是否会引起潜在的利益冲突，所以受资助者的披露义务就十分重要。这与仲裁员披露其与投资者之间的关系紧密相连，而这种关系很可能会损害仲裁的公正性和独立性。[2]

利益冲突是第三方资助的首要问题，而仲裁公正性和独立性要求的最重要因素就是披露。[3]必须承认的是，第三方资助的介入会使得仲裁庭的公正性和独立性产生不确定性。[4]第三方资助者与仲裁员之间利益冲突的情形可能有：(1) 第三方资助者可能与仲裁员或仲裁员所属律所存在直接利益冲突；(2) 仲裁员可能投资于案件涉及的第三方资助公司；[5](3) 仲裁员为第三方资助者提供法律咨询服务；[6](4) 仲裁员为第三方资助者在另一无关案件中的委托律师。[7]尽管第三方资助的披露可能阻碍第三方资助中保密义务的实现，并且绝大多数案件中不存在第三方资助与仲裁员的利益冲突。出于仲裁程序公正独立性以及裁决可执行性的考虑，第三方资助的披露义务都是必要的。

在仲裁员不知道第三方资助者存在的情况下，如果仲裁员与第三方资助者存在联系仍然可能影响到裁决的公正性。首先，如果在第三方资助仲裁案件中仲裁员存在与第三方资助的利益联系，仲裁员主张不知情或裁决未受利

---

[1] See Malcolm Langford et al., "The Revolving Door in International Investment Arbitration", *Journal of International Economic Law*, Vol. 20, No. 2., 2017, pp. 301-303.

[2] See Burcu Osmanoglu, "Third-Party Funding in International Commercial Arbitration and Arbitrator Conflict of Interest", *Journal of International Arbitration*, Vol. 32, No. 3., 2015, pp. 325-326.

[3] [英]艾伦·雷德芬等：《国际商事仲裁法律与实践》，林一飞、宋连斌译，北京大学出版社 2005 年版，第 218 页。

[4] See Tamir Livschitz, *Third Party Funding in Arbitration*, in Manuel Arroyo *et al.*, Arbitration in Switzerland: The Practitioner's Guide (Second Edition), Kluwer Law International, 2018.

[5] See Tamir Livschitz, *Third Party Funding in Arbitration*, in Manuel Arroyo *et al.*, Arbitration in Switzerland: The Practitioner's Guide (Second Edition), Kluwer Law International, 2018.

[6] See Nadia Darwazeh & Adrien Leleu, "Disclosure and Security for Costs or How to Address Imbalances Created by Third-Party Funding", *Journal of International Arbitration*, Vol. 33, No. 2., 2016, p. 132.

[7] See Nadia Darwazeh & Adrien Leleu, "Disclosure and Security for Costs or How to Address Imbalances Created by Third-Party Funding", *Journal of International Arbitration*, Vol. 33, No. 2., 2016, p. 132.

益联系影响，这一主张难以获得证据支持。[1]其次，即便仲裁员主张不知情，这也只能意味着豁免仲裁员的责任。[2]最后，这一情形的可能结果是裁决被撤销或不予执行，而裁决后果必须由受资助方和第三方投资者承担。

披露第三方资助对评估仲裁员和投资者之间的潜在利益冲突是必要的，只有事前的披露才能保证仲裁程序的高效和公正。[3]如果没有强制披露义务，第三方资助协议中通常具有保密条款，当事人不会主动披露相关信息。[4]另外，披露也使得对方当事人更愿意协商而不是继续仲裁，因为其可能意识到第三方资助意味着受资助方有更大胜算。[5]第三方资助披露的学术研究从早期设定普遍性义务的争议，逐渐转为同意对第三方资助进行披露。当前的学术争议更多的是披露制度操作性要求的分歧，如披露内容仅仅是存在第三方资助还是应当披露第三方投资者身份，或更进一步地披露资助协议的全部条款。

（三）披露制度规则发展

2014年10月23日国际律师协会发布了第三方资助的《国际律师协会国际仲裁利益冲突指引》（IBA Guidelines on Conflicts of Interest in International Arbitration）。该指引是第一份包含第三方资助披露内容的国际机构指引。指引规定在判断是否存在利益冲突时，因为第三方资助者也是对于裁决具有直接经济利益的实体，仲裁员应当披露和投资者的关系。[6]指引规定的利益冲突情形同样适用于第三方投资者，包括不可弃权的红色清单和橙色清单。仲裁员有权要求当事人披露第三方仲裁，帮助仲裁庭决定仲裁员是否与资助者

---

[1] See Calunius Capital LLP, *IBA Guidelines on Conflicts of Interest-How Should We Interpret the Third Party Funding Disclosure Principles?*, Calunius (Mar. 1, 2015), available at: http://www.calunius.com/media/10902/ iba%20guidelines%20on%20conflicts%20of%20interest.pdf, last visited: Jul. 26, 2023.

[2] 第三方资助游离于仲裁程序之外，资助协议和仲裁协议是分离的，而资助协议通常包含保密条款，仲裁员不知道第三方资助的存在是可能的。只有涉及第三方资助的事实披露出来，仲裁员才可能依据这些事实对相关的程序问题作出决定。See Goeler, *Supra* n. 15, at 125.

[3] See Darwazeh, *Supra* n. 24, at 135.

[4] See Kelsie Massini, "Risk Versus Reward: The Increasing Use of Third Party Funders in International Arbitration and the Awarding of Security for Costs", *Yearbook On Arbitration And Mediation* 323, 331 (2015).

[5] See Paula Hodges et al., "Publication of New IBA Guidelines on Conflict of Interest in International Arbitration—the key changes", available at: https://hsfnotes.com/arbitration/ 2014/12/04/publication-of-new-iba-guidelines-on-conflict-of-interests-in-international-arbitration-the-key-changes, last visited: Jul. 26, 2023.

[6] IBA Guidelines on Conflicts of Interest in International Arbitration, Explanation to General Standard 6 (b).

有关联。[1]由于该指引并非国际仲裁中的强制性规则，而是仲裁当事人自愿选择的仲裁规范，该指引并未在实践中产生明显影响，但其规范内容为之后的披露义务规范设定提供了重要参考。

  2015年12月，国际商会仲裁委员会发布的《关于国际仲裁费用的决定》将第三方资助的指引纳入了规定之中。对于第三方资助的披露问题作出了一定限制：仲裁庭有理由相信第三方资助存在，并且有可能影响到非资助方的赔偿费用时，仲裁庭可以考虑要求披露资助信息，披露范围限于保证仲裁有效和公平的范围内。[2]国际商会仲裁院在2016年2月颁布了《仲裁员利益冲突指引》，特别强调决定是否披露时应当考虑其与某些法律实体的关系，这些法律实体在争议中有直接的利益联系或可能因对当事人不利的裁决承担赔偿责任，但并没有明确当事人是否负有对第三方仲裁的披露义务。保守的披露义务规定招致批评，认为仲裁机构应当采取更加明确的第三方资助定义，并要求当事人披露第三方投资者。[3]尽管国际组织均尝试规制第三方资助，但对于强制性的披露义务规定均显示出较为审慎的态度，相较而言，中国香港地区和新加坡的立法规定表达出监管者强烈的监管决心。

  2018年国际投资争端解决中心开始修订其仲裁规则，第三方资助的披露问题成为本次修订的核心焦点之一。[4]根据2020年2月仲裁规则修订草案第四版的规定，受资助方应当以书面形式披露第三方资助者的名字和地址。[5]这一修订基本沿袭了当前第三方资助强制披露的国际趋势，要求受资助方应及时向仲裁机构披露第三方资助存在及资助者身份。尽管一些国家要求扩大披露范围，将第三方资助协议纳入披露范围，但草案折中处理了这一提议。

---

[1] IBA Guidelines on Conflicts of Interest in International Arbitration, Explanation to General Standard 7 (a).

[2] See ICC Arbitration and ADR Commission, "Decisions on Costs in International Arbitration", available at: https://iccwbo.org/content/uploads/sites/3/2015/12/Decisions-on-Costs-in-International-Arbitration.pdf, last visited: Jul. 26, 2023.

[3] See Aren Goldsmith, Lorenzo Melchionda, "The ICC's Guidance Note on Disclosure and Third-Party Funding: A Step in the Right Direction", available at: http://kluwerarbitrationblog.com/2016/03/14/the-iccs-guidance-note-on-disclosure-and-third-party-funding-a-step-in-the-right-direction/?_ga=1.1047985 95.245022248.1458283624, last visited: Jul. 26, 2023.

[4] See ICSID, "Updated Backgrounder on Proposals for Amendment of the ICSID Rules", available at: https://icsid.worldbank.org/en/Documents/WP_4_Backgrounder_EN.pdf, last visited: Jul. 26, 2023.

[5] Proposals for Amendment of the ICSID Rules Working Pater 4, Rule14.

一方面，草案未强制要求披露资助协议的资助方控制权和不利费用承担条款；另一方面，草案赋予仲裁庭在仲裁任何阶段要求披露协议内容的权力。如仲裁当事人违反披露义务，草案提出仲裁庭可考虑违反情形决定当事人的仲裁费用分配。[1]在费用担保问题上，草案进一步要求仲裁庭应考虑所有相关情形，第三方资助存在可用于证明费用担保的必要性，但其本身不足以支撑费用担保决定。[2]草案对于第三方资助的强制披露范围、违反披露义务后果等均作出专门规定，在一定程度上体现了国际仲裁规则对于第三方资助的监管态度和发展趋势。

二、第三方资助披露的立法比较和实践争议

（一）新加坡和中国香港地区的第三方资助立法比较

1. 立法背景

目前只有新加坡和中国香港地区颁布了对第三方资助的专门立法。这是由于其他普通法系国家和地区大多已经废除了禁止包揽诉讼和帮诉原则（Maintenance and Champerty），而新加坡和中国香港地区此前仍然保留该原则，因此第三方资助不被允许。[3]随着第三方资助的适用愈加普遍以及推动新加坡、中国香港国际仲裁中心发展的需要，新加坡和中国香港地区在新出台的立法中都废除了禁止包揽诉讼和帮诉原则，但区别在于新加坡一般性地废除了该原则，[4]中国香港地区仅在仲裁程序和仲裁相关的诉讼程序中不适用该原则。[5]

新加坡和中国香港地区对于第三方资助的积极态度是明确的，在允许第三方资助仲裁的国际趋势下，对第三方资助进行制度监管显然优于维持禁止第三方资助的消极应对。这一积极态度在立法过程中也体现得极为明显。如中国香港地区第三方资助立法的制定过程中，香港法律改革委员会发布《第三者资助仲裁报告书》建议修改仲裁条例，允许第三方资助在仲裁中的应用。

---

[1] Proposals for Amendment of the ICSID Rules Working Pater 4, Rule 52.

[2] Proposals for Amendment of the ICSID Rules Working Pater 4, Rule 53（4）"The Tribunal shall consider all evidence adduced in relation to the circumstances in paragraph（3）. The existence of third-party funding may form part of such evidence but is not by itself sufficient to justify an order for security for costs."

[3] See Darwazeh, at 126.

[4] Civil Law（Amendment）Act 2017, 5A.

[5] 《2017年仲裁及调解法例（第三者资助）（修订）条例》，98K。

2016年12月颁布的《2016年仲裁及调解法例（第三者资助）（修订）条例草案》大部分沿袭报告书中的条文，而在最终出台的第三者资助条例中仅有两个条款与草案存在实质性差异。[1]

就立法制度而言，新加坡的第三方资助立法主要由《2017年民法（修订）条例》、《2017民法（第三方资助）条例》(Civil Law (Third-Party Funding) Regulations) 和新修订的《法律职业（职业行为）守则》[Legal Profession (Professional Conduct) Rules] 组成。《2017年民法（修订）条例》中提出，有资格的第三方投资者为当事人提供争议解决费用的资助合同，不违反公共政策或禁止包揽诉讼和帮诉原则，而在《法律职业（职业行为）守则》中明确了对第三方资助的披露和利益冲突的监管。[2]中国香港地区的第三方资助立法是《2017年仲裁及调解法例（第三者资助）（修订）条例》，其中直接规定了第三方资助的合法性、实务守则和披露制度等。为适应将来第三方资助的发展变化，新加坡的立法只对个别核心问题作出了强制性规定，为将来立法调整留有空间。香港采取制定"实务守则"的办法，未来可能由仲裁推广咨询委员会或第三方资助特设小组作为被授权机构，随着第三方资助的变化对"实务守则"进行修订或撤销。[3]

2. 披露制度

2013年在槟城举行的国际仲裁会议上新加坡大法官 Sundaresh 提出：在第三方资助的背景下，亚洲实际上缺乏任何形式的监管，在利益冲突、第三方资助的影响和披露制度上需要有效的指引。[4]任何第三方资助的监管都应当主要集中于披露，披露是第三方资助监管的核心原则。在新加坡和中国香港地区的第三方资助监管中，披露制度是其中最为核心的部分，两地披露的相关制度比较如下表所示：

---

[1] 存在实质性修改的两处分别是98G和98O。98G删除了草案中对律师从事第三方资助的禁止规定，意味着香港律师不再受到《法律职业守则》中对第三方资助的限制，可以直接作为第三方资助的投资者。98O规定律师提供仲裁资助时，其本身不能再代表仲裁中任何一方行事。

[2] Legal Profession (Professional Conduct) Rules, 49A&49B.

[3] 《2017年仲裁及调解法例（第三者资助）（修订）条例》，98P。

[4] See Shaun Lee, *Chief Justice Menon's Keynote Address to CIArb International Arbitration Conference*, Singapore International Arbitration Blog (Aug. 28, 2013), available at: https://singaporeinternationalarbitration.com/2013/08/28/chief-justice-menon-keynote-address-to-ciarb-international-arbitration-conference, last visited: Jul. 26, 2023.

表1　新加坡和中国香港地区第三方资助披露制度对比表[1]*

项目	新加坡	中国香港地区
第三方资助定义	争议解决程序中，一方当事人或潜在当事人和第三方投资者签订协议，协议内容是提供部分或全部程序费用资助，以换取当事人或潜在当事人争议收入的部分利益或其他利益。	就仲裁提供仲裁资助，提供资助的情况符合以下说明：根据资助协议提供；向受资助方提供；由第三方资助者提供；借此以换取第三方资助者在限定情况下收取财务利益。
第三方投资者限制	具有资格的第三方投资者（Qualifying Third-Party Funder）。律师仍然被禁止作为第三方投资者。	资助协议中提供仲裁资助的一方，除协议外无任何获法律承认的利害关系。实务守则中进行一定限制。
是否应当披露	强制性披露	强制性披露
披露主体	受资助方	受资助方
披露时间	资助协议在争议解决程序开始前订立的，于程序开始时；资助协议在争议解决程序开始时或之后订立的，在可行时应当尽快披露。	资助协议在仲裁展开时或之前订立的，在仲裁展开时；在仲裁展开后订立的，订立协议后的15日内。资助协议完结（除仲裁完结的），受资助方应于完结15日内发出书面通知。
披露对象	法庭/仲裁庭和其他的每一方	仲裁机构和仲裁的其他每一方
披露内容	第三方资助协议的存在，涉及资助费用的第三方投资者的身份和地址。	已订立资助协议，第三方资助者的姓名或名称。资助完结的应披露完结日期。
违反后果	第三方投资者不具有资格或违反规定的，不能实现资助协议中的权利。	不会仅因违反上述规定而在司法或其他程序中起诉。违反事项攸关任何法院或仲裁庭决定的问题，该法院或仲裁庭可考虑该事项。

* 表格内容由作者自制。

就第三方资助的定义而言，新加坡的定义显然是以第三方资助协议为核心。虽然在立法中也对第三方投资者作出了定义，但仅以"承担费用"和

---

[1]《2017年仲裁及调解法例（第三者资助）（修订）条例》，Civil Law Act, Civil Law (Third-Party Funding) Regulations, Legal Profession (Professional Conduct) Rules.

"非当事人"为简要概括。中国香港地区对第三方资助的定义采取了特征描述的方式,将第三方资助归纳为投资者、受资助者、资助协议和回报方式四大核心要素。需要注意的是,中国香港地区要求第三方资助必须有书面协议。[1]这与之前国际组织较为通行的定义方式并不相同,如国际律师协会的《国际律师协会国际仲裁利益冲突指引》和国际商事仲裁委员会《国际仲裁中第三方资助报告草案》采取的定义方式都是以第三方投资者为核心。这说明国际仲裁中第三方资助的概念仍然存在分歧,虽然概念的核心较为一致,但在定义角度上还有较大不同。由于目前第三方资助实践出现的时间尚短,还未能发现在不同定义角度下,披露制度是否产生差异结果。

在对第三方投资者的限制上,通过立法比较可以发现需要考量的两点因素:一是新加坡和中国香港地区都对第三方投资者进行了资格限定,限定方式主要是财务限定。[2]香港要求第三方资助者备有足够的最低资本额(在实务守则拟稿中要求第三方资助者至少备有2000万港币的可用资本),[3]具备有效程序来处理利益冲突和受资助方的投诉,并且需要提交周年报表。新加坡则要求第三方投资者的仲裁投资必须是其主营业务(Principal Business),已缴股本不低于500万美元,且只能在国际仲裁程序或相关程序中进行投资。[4]二是新加坡虽然对律师介入第三方资助的限制有所放松,但仍然禁止律师直接从事第三方资助投资。[5]中国香港地区在立法过程中草案也禁止律师直接或间接提供仲裁资助,但之后根据法律改革委员会的建议删除了这一禁令。香港律师(包括大律师、事务律师和注册国外律师)可以担任资助者,但不能作为该仲裁案件当事人的代理律师。对第三方资助者的限定并不完全基于利益冲突,而更多地考量受资助者的保护和仲裁费用担保等问题。

对第三方资助进行强制披露是国际仲裁第三方资助监管的显现趋势,新加坡和中国香港地区均明确规定了披露的强制性义务。受资助方在双方

---

[1] 《2017年仲裁及调解法例(第三者资助)(修订)条例》,98H(a)。

[2] 目前第三方资助实践可能出现更为复杂的情形,如将仲裁案件组合证券化后出售给资本充足的第三方资助者,这可能为第三方资助者的资本监管带来更复杂的挑战。See Antje Baumann, Michael M. Singh, "New Forms of Third-Party Funding in International Arbitration: Investing in Case Portfolios and Financing Law Firms", Indian Journal of Arbitration Law, Vol. 7, No. 2., 2019, pp. 32-35.

[3] 《第三者资助仲裁实务守则拟稿》2.5 (2).

[4] Civil Law (Third-Party Funding) Regulations, 4 (1).

[5] Legal Profession Act, 107 (3).

第六章　国际仲裁第三方资助的披露制度研究

当事人和仲裁员三方主体之间显然对第三方资助更为清楚，由受资助方承担披露义务也是应有之义。披露时间上，区分仲裁程序开始时是否存在第三方资助而决定披露时间也不存在疑问，区别只在于中国香港地区对于仲裁程序后签订资助协议的披露时间作出了明确规定。披露对象的争议主要是是否应当向对方当事人进行披露，新加坡和中国香港地区都支持披露对象应当包括对方当事人。进一步的争议在于，向对方当事人和仲裁庭的披露内容是否应当一致。当前披露内容只是第三方资助存在和第三方投资者的身份，因而向对方当事人披露上述内容不易引起仲裁保密性问题，尽管如此这可能仍有争议的空间。中国香港地区对资助协议完结的披露作出了专门规定。[1]资助协议完结可能引发受资助方无力承担仲裁费用或裁决责任等问题，在已经披露存在第三方资助的情况下，披露资助完结对于仲裁程序继续运行具有重要意义。

当前国际仲裁中第三方资助披露的重要争议在于披露内容的范围。披露内容的范围有三种层次，一是只披露存在第三方资助，二是增加披露第三方投资者的身份信息，三是增加披露第三方资助协议的条款，其中又有只披露资助费用相关条款和披露协议全部条款的区分。这三种层次逐次递进，要求披露的内容范围逐层扩张。新加坡和中国香港地区采取了趋中的态度，即只披露第三方资助的存在和第三方投资者的身份，原因在于平衡利益冲突的披露和仲裁保密性之间可能存在的冲突。仅就利益冲突问题而言，披露第三方资助的存在和第三方投资者身份已经足以满足披露需求。问题在于第三方资助还可能存在费用担保问题，因而是否应当披露资助协议的内容以及披露到何种程度在国际仲裁中仍然存在较大争议。本章将在下一小节对披露内容的争议作出进一步的讨论。

新加坡和中国香港地区都没有对违反披露义务的后果作出强制性规定。香港的做法是将这一问题转移给仲裁庭，由仲裁庭结合案件的具体事实作出决定。这是基于现实情况的考量，第三方资助发展的时间尚短，立法监管也并无国际经验可供借鉴，因而并没有进行较高强度的监管。中国香港地区明确提出当前对第三方资助的监管在条例出台的三年内采取"轻度监管模式"，在监管实践中研究是否应当进一步对第三方投资者进行监管的问题仍有待讨

---

[1]《2017年仲裁及调解法例（第三者资助）（修订）条例》，98V。

论,如是否赋予第三方投资者陈情权、平等对待和正当程序等权利以及是否可在裁决要求第三方投资者承担不利费用等。〔1〕

(二) 第三方资助披露范围的实践争议

由于仲裁案件的保密性,涉及第三方资助且能够通过公开渠道查询到的国际仲裁案件较少,其中又主要是国际投资仲裁案件。〔2〕根据检索和统计,其中涉及第三方资助披露问题的部分案件如下表所示:

表 2　部分涉及第三方资助国际仲裁案件的披露情况表*

国际仲裁案件	披露情况
Oxus Gold v. Uzbekistan〔3〕	奥克苏斯公司宣称接受第三方资助,并披露了资助协议的具体内容。仲裁庭认为该资助对于仲裁程序没有任何影响。〔4〕
S&T Oil Equipment & Machinery Ltd. v. Romania〔5〕	仲裁庭要求披露资助协议内容。资助方停止支付仲裁费用,仲裁庭终止了仲裁程序。
Eurogas and Belmont v. Slovak〔6〕	仲裁庭要求披露第三方投资者的身份以衡量是否存在利益冲突,但并未要求披露资助协议内容。申诉人应仲裁庭要求披露了第三方投资者身份。
Muhammet Cap & Sehil v. Turkmenstan〔7〕	仲裁庭要求披露第三方投资者的身份和资助协议内容。在首次程序指令中,仲裁庭拒绝了要求申诉人披露第三方投资者身份和资助协议的请求。

〔1〕《政府对香港法律改革委员会〈第三方资助仲裁〉报告书的回应》,载香港特别行政区立法会网站,https://www.legco.gov.hk/yr16-17/chinese/bills/brief/b201612301_brf.pdf,最后访问日期:2023 年 7 月 26 日。

〔2〕国际投资仲裁案件不涉及保密性问题。国际商事仲裁通常保密,除非进入法院执行或撤销裁决阶段,国际商事仲裁案件不为外人知晓。

〔3〕 Oxus Gold v. Uzbekistan, UNCITRAL Case, Press Release (Mar. 1, 2012).

〔4〕部分案件中仲裁庭均认为第三方资助不会影响仲裁程序。Teinver et al. Argentine, ICSID Case No. ARB/09/1, Decision on Jurisdiction (Dec. 21, 2012); Giovanni and others v. Argentin, ICSID case No. ARB/07/8, Decision on Jurisdiction and Admissibility (Nov. 17, 2014); Ambiente and others v. Argentine, ICSID Case No. ARB/08/9, Deicision on Jurisdiction and Adimissibility (Feb. 8, 2013).

〔5〕 S&T Oil Equipment & Machinery Ltd. v. Romania, ICSID Case No ARB/07/13, Order of Discontinue of the Proceedings (Jul. 16, 2010).

〔6〕 Eurogas and Belmont v. Slovaki, ICSID Case No. ARB/14/7, Decision of the tribunal (Mar. 17, 2015).

〔7〕 Muhammet Cap & Sehil v. Turkmenistan, ICSID Case No. ARB/12/6, Procedural Order No. 2 (Jun. 23, 2014), Procedural Order No. 3 (Jun. 12, 2015).

续表

国际仲裁案件	披露情况
	但在一年后的程序指令中,仲裁庭要求申诉人披露第三方投资者的身份,目的在于衡量是否存在利益冲突以及当事人资格问题。
Guaracachi v. Bolivia[1]	被诉人请求披露申诉人与第三方投资者之间的资助协议。仲裁庭拒绝了该请求,并且确信其与第三方投资者没有利益冲突。
South American Silver Limited v. Bolivia[2]	申诉方自愿披露存在第三方资助,被诉方请求披露第三方投资者的身份和资助协议。仲裁庭要求披露第三方投资者的身份,但拒绝要求披露资助协议的具体内容。

*表格内容由作者自制。

在不多的国际仲裁案件中,很难发现第三方资助披露存在明显而一致的脉络。资助协议通常包含保密条款,所以在没有仲裁庭披露命令的情况下,受资助者很少会主动披露第三方资助的存在。[3]这印证了新加坡和中国香港地区对第三方资助强制性披露的必要性,立法要求披露第三方资助不仅可以消减利益冲突导致的风险,而且能够减少仲裁中披露申请及审核的程序繁琐。

被诉人申请披露的主要理由并不是利益冲突,而是费用担保问题。这可能是被诉人的仲裁策略所导致的现象,进一步探讨披露内容的范围问题有助于解释这一现象。就上述案件而言,要求披露协议内容的案件仅有 S&T Oil Equipment & Machinery Ltd. v. Romania 一案,而这起案件的特殊性在于第三方投资者停止了仲裁资助,仲裁庭只能要求受资助者披露协议内容来决定仲裁程序能否继续进行。在绝大多数案件中,仲裁庭最终决定只披露第三方资助存

---

[1] *Guaracachi v. Bolivia*, PCA Case No. 2011-17, Procedural Order No. 13 (21 Feb. 2013).

[2] *South American Silver Limited v. Bolivia*, PCA Case No. 2013-15, Procedural Order No. 10 (Jan. 11 2016).

[3] See Willem H. Van Boom, *Third Party Financing in International Investment Arbitration*, SSRN (Dec. 31 2011), available at: https://papers.ssrn.com/sol3/papers.cfm?abstract_id=2027114, last visited: Jul. 26, 2023.

在和第三方投资者的身份,[1]这种结果可以由下图所展示的结构来进行分析：

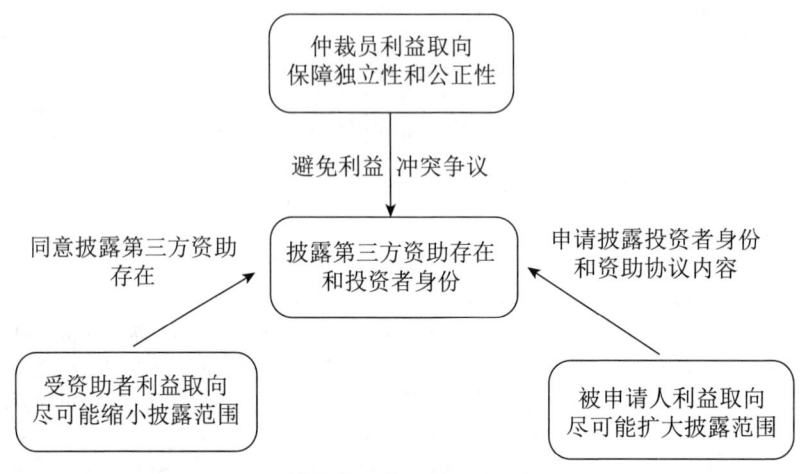

图 1　披露范围的利益取向结构图*

* 图由笔者自制。

如前所述，披露范围分为三种逐次扩展递进的层次：第三方资助存在、第三方投资者身份和资助协议内容。尽可能缩小披露范围对受资助者有利，尽可能扩大披露范围对被诉人有利，因而披露范围是双方博弈的空间。最终披露范围的决定并不取决于两者博弈的结果而是仲裁员的考量，两者博弈的空间中介入了仲裁员的利益博弈。仲裁员也存在"私益"取向，追求保障仲裁的独立性和公正性，从而维持仲裁程序的继续运行。更进一步地，仲裁员追求裁决结果的公正性，以保障自身的良好声誉。

实践案例中，相对方当事人请求披露第三方投资者身份往往采用利益冲突理由，而通常基于费用担保理由请求披露协议全部内容。被诉人以费用担保为理由申请披露的原因很明显，被诉人的仲裁策略在于尽可能扩大披露范围，因而选择费用担保为由才能尽可能要求披露资助协议内容。但披露协议内容显然严重影响受资助方和第三方投资者的利益。受到申请方的利益影响，仲裁员不会普遍性地支持费用担保申请。由于仲裁员的主要关切是利益冲突

---

〔1〕 在 Muhammet Cap & Sehil v. Turkmenstan 一案中，虽然仲裁庭要求披露资助协议性质，但并没明确要求哪些条款需要披露，而哪些条款可以保密。Jean-Christophe Honlet, "Recent Decisions on Third-Party Funding in Investment Arbitration", *ICSID Review*, Vol. 30, No. 3., 2015, p. 699.

问题，必然倾向于要求披露第三方投资者身份。在三方主体的利益取向影响下，披露范围达致一个相对平衡点，即要求披露第三方资助存在和第三方投资者身份。任何偏离这个平衡点的决定都可能遭到受资助者或被诉人的强烈反对，而在该平衡点上，仲裁员的利益得到最大化实现。

在仲裁案件中也完全可以找到印证上述分析的观点。如 South American Silver 公司（以下简称 SAS）同意披露第三方投资者身份时提出，SAS 的资助协议条款与仲裁争议无关，协议内容是保密且商业敏感的，披露协议内容会招致对 SAS 和投资者的偏见。[1]玻利维亚以费用担保为由申请披露资助协议内容时，仲裁庭认为，仅仅是第三方资助的存在不能构成需要判断费用担保的特殊情形。[2]综合分析国际仲裁案例和新加坡、中国香港地区立法，将披露范围控制在第三方资助存在和第三方投资者身份是适合当前第三方资助现实情况的。这样安排的合理之处在于解决利益冲突问题、保障仲裁公正性的同时，平衡了双方当事人的利益取向，而不至于在披露问题上遭到过于强烈的抗拒。

三、我国仲裁第三方资助披露规则的发展与争议

尽管《中华人民共和国仲裁法》并未规定第三方资助的相关规则，近年来一些仲裁机构出于应对实践中可能存在第三方资助的情形、提升仲裁机构竞争力等因素的考虑，积极探索第三方资助的监管规则。我国仲裁机构对第三方资助的监管主要集中于国际投资仲裁规则，对第三方资助的披露程序、范围等形成了一些初步的规范。通过与前述国际仲裁规则的比较，可以发现我国第三方资助规则仍存部分争议之处。

（一）我国仲裁第三方资助披露规则的发展

总体而言，我国仲裁机构对于第三方资助的监管仍处于探索阶段，部分仲裁机构的第三方资助规则正逐步成型。深圳国际仲裁院在 2019 年修改的《深圳国际仲裁院仲裁规则》中采取保守态度，并未直接将第三方资助纳入规则范畴，但在《深圳国际仲裁院谈判促进规则》中确立了第三方资助者的基

---

[1] *South American Silver Limited v. Bolivia*, PCA Case No. 2013-15, Claimant Opposition to Respondent Request for Cautio Judicatum Solvi and Disclosure of Information (Dec. 14, 2015).

[2] *South American Silver Limited v. Bolivia*, PCA Case No. 2013-15, Claimant Opposition to Respondent Request for Cautio Judicatum Solvi and Disclosure of Information (Dec. 14, 2015).

本定位。[1]2017年的《中国国际经济贸易仲裁委员会投资争端仲裁规则（试行）》明确了第三方资助的定义、披露和费用承担，将第三方资助纳入监管范围。[2]该规则对披露义务的规定主要有两处发展：一是确立了第三方资助的披露程序和范围，要求受资助方当事人应毫不迟延地向对方当事人和仲裁中心披露第三方资助的事实、性质、第三方名称和住址；二是确立了披露第三方资助的后果，在仲裁费用裁决时仲裁庭可以考虑第三方资助情形以及当事人是否违反披露义务。

2019年北京国际仲裁中心在公开征求意见后正式发布《北京仲裁委员会/北京国际仲裁中心国际投资仲裁规则》（本章简称《国际投资仲裁规则》），该规则对第三方资助监管作了详尽的规定。[3]首先，规则要求受资助方应向另一方当事人和仲裁庭书面披露第三方资助的存在，书面通知应于提交仲裁通知或答复后7日内提交，如第三方资助发生变化的应于7日内披露。其次，规则要求的披露范围较为广泛，除中国香港地区和新加坡仲裁中心要求披露的第三方资助存在和身份外，还要求披露第三方资助者是否承诺承担不利费用责任。[4]最后，规则明确了第三方资助与费用问题之间的联系。规则提出仲裁庭考虑仲裁费用承担时可以考虑存在第三方资助情形及当事人是否违反披露义务要求，这基本沿袭《中国国际经济贸易仲裁委员会投资争端仲裁规则》要求。另外，规则还强调如第三方资助者未承诺不利费用承担责任，仲裁庭可以要求受资助方提交适当的费用保证金。该规则符合当前国际监管的整体趋势，是对我国完善第三方资助监管规则的有益探索。

（二）我国仲裁第三方资助仲裁规则的争议

与中国香港地区和新加坡仲裁中心、国际投资争端解决中心仲裁规则所

---

[1] 深圳国际仲裁院认为第三方资助者并非程序当事人，但如其试图参与谈判促进程序，"理由正当充分"的情况下，中心可以接受其申请。这一第三方资助者的地位表述相当模糊，既肯定了第三方资助者可能对于仲裁程序进程具有相当影响，又否定其当事人地位。参见《深圳国际仲裁院谈判促进规则》第18条。

[2] 参见《中国国际经济贸易仲裁委员会国际投资争端仲裁规则（试行）》第27条。

[3] 参见《北京仲裁委员会/北京国际仲裁中心国际投资仲裁规则》第39条。

[4] 公开征求意见稿的披露范围要求较正式文件更为广泛，除前述规定外还要求披露第三方资助者及其最终控制人对仲裁结果的利益关系，即披露第三方资助者与受资助方的财务分配条款。在公开征求意见后，财务条款的披露招致反对意见，并在正式稿中删除。

代表的国际第三方资助监管的做法相比,北京国际仲裁中心《国际投资仲裁规则》的差别和争议主要有以下三点:

其一,该规则的披露范围包含不利费用责任承诺条款,是资助协议内容披露的突破性规定,但可能过度扩张了强制披露范围。客观上,不利费用责任承诺条款可以防范第三方资助的滥诉问题,[1]防止第三方资助者"肇事逃逸"(hit-and-run),在仲裁结果不利于受资助方时逃脱不利费用责任。然而,核心问题在于不利费用责任条款应当属于强制披露范畴还是在仲裁程序中根据仲裁庭要求再进行披露的范围?如果属于强制披露范畴,仲裁规则应当处理的是当事人保密权利与仲裁公正性、防止利益冲突之间的矛盾。[2]如前所述,受资助方的保密权利不能超越仲裁公正性的要求,因而国际普遍认可第三方资助的强制披露义务,防范仲裁庭成员与第三方资助者可能的利益冲突。[3]但是,不利费用责任承担条款与防范利益冲突之间并无关联,披露该条款无助于解决潜在的利益冲突问题。

事实上,与不利费用责任条款关系密切的是仲裁的费用担保问题。由于第三方资助者并非仲裁当事人,仲裁结果不能约束资助者,这增加了另一方当事人仲裁费用风险。[4]但费用担保的申请和审查程序并非仲裁的必经程序,如当事人提出费用担保申请,仲裁庭完全可在审查程序中要求受资助方披露资助协议条款,而无需事先要求受资助方强制披露。强制披露范围本质上是仲裁庭、双方当事人之间的利益平衡,仅就当前国际监管趋势而言,强制披露不利费用责任条款倾向于保障未受资助方利益,而该披露义务可能损害受资助方保密权利且无助于仲裁独立、公正性要求。

其二,该规则明确仲裁庭决定费用承担时可以考虑第三方资助因素,与既有的国际仲裁规则实践也存在差异。该条款可能有两种解释:一种可能的

---

[1] See Lars Markert, "Security for Costs Applications in Investment Arbitration Involving Insolvent Investors", *Contemporary Asia Arbitration Journal*, Vol. 11, No. 2., 2018, pp. 217-222.

[2] See Oliver Gayner, Susanna Khouri, "Singapore and Hong Kong: International Arbitration Meets Third Party Funding", *Fordham International Law Journal*, Vol. 40, No. 3., 2017, pp. 1033-1043.

[3] See Khushboo Hashu Shahdadpuri, "Third-Party Funding In International Arbitration: Regulating The Treacherous Trajectory", *Asian International Arbitration Journal*, Vol. 12, No. 2., 2016, pp. 77-92.

[4] See Tsai-fang Chen, "The Outsider's Identity in International Commercial Arbitration – from the Group of Companies Doctrine and IBA Guidelines on Conflict of Interest to Adverse Costs Awards against Third-Party Funders", *Contemporary Asia Arbitration Journal*, Vol. 12, No. 1., 2019, pp. 21-31.

解释是受资助方因接受第三方资助所支出或损失的利益在获得有利仲裁裁决时可以得到补偿,该支出被视为受资助方为仲裁付出的成本。然而该成本数额通常依循案件结果产生,在逻辑上不属于发起仲裁所带来的成本,除非有明确的法律规定,否则不应被视为发起仲裁的成本。[1]第三方资助也是资助方与受资助方的内部协议,其成本与利益分配应当局限于受资助方内部,而与另一方当事人无关。另外,另一方当事人在法律关系产生之时一般不能预见第三方资助情形,如要求另一方当事人就第三方资助损失予以补偿,则不合理地扩张了商业风险可预见范围。[2]

另一种更可能的解释是仲裁庭决定费用时可以考虑第三方资助因素,增加受资助方的费用分担份额。[3]依照这一解释,该规则处理的是两种情形。第一种情形是受资助方未履行强制披露义务或履行披露义务存在迟延等瑕疵,因而要求受资助方承担违反义务的不利后果。在香港国际仲裁中心和国际投资争端解决中心规则中都可以推知或明确仲裁费用承担是对受资助方违反披露义务的惩罚性措施,在一定程度上可以防范受资助方不履行披露义务的风险。如受资助方违反披露义务,要求受资助方承担部分仲裁费用具有合理性,符合国际仲裁对于"败诉方承担诉讼费用"规则的突破趋势。[4]第二种情形是在受资助方未违反披露义务时,仲裁庭仍可考虑第三方资助因素要求受资助方负担仲裁费用。在这一情形下,仲裁庭要求受资助方承担仲裁费用份额不具有合理性。在受资助方履行披露义务的情况下,受资助方因第三方资助得到有利或不利裁决并未对另一方当事人利益产生明显不合理的影响。即便因第三方资助因素仲裁费用有所增加,除非费用增加超出合理标准,仲裁费用仍是仲裁程序常态运行后产生的正当费用,不应科予受资助方费用分担要求。另外,从仲裁机构竞争角度看,其他仲裁机构并未仅就第三方资助因素

---

[1] See Wolfgang Kühn, Hanneke Van Oeveren, "The Full Recovery of Third-Party Funding Costs in Arbitration: To Be or Not to Be?", *Journal of International Arbitration*, Vol. 35, No. 3., 2018, pp. 312-315.

[2] See Victoria Shannon Sahani, "Judging Third-Party Funding", *UCLA Law Review*, Vol. 63, No. 2., 2016, pp. 388-439.

[3] 《北京仲裁委员会/北京国际仲裁中心国际投资仲裁规则》第39条(五):"仲裁庭在决定仲裁费用和其他费用的承担时,可以考虑存在第三方资助这一因素,以及接受资助的一方当事人是否遵守了第(二)、(三)、(四)款的要求……"。

[4] See Alan Redfern & Sam O'Leary, "Why it is time for international arbitration to embrace security for costs", *Arbitration International*, Vol. 32, No. 3., 2016, p. 405.

要求受资助方承担仲裁费用，受资助方和第三方投资者可能选择其他仲裁机构进行仲裁，降低仲裁成本，削弱仲裁机构的竞争力。

其三，该规则并未厘清费用担保与第三方资助的复杂关系，过度简化了费用担保与第三方资助之间的联系。该规则提出如第三方资助者未承诺不利费用责任承担，仲裁庭在必要时可以要求受资助方提供费用担保。如前所述，费用担保可以防范第三方资助者的滥诉情形，在第三方资助产业快速发展的当下，费用担保规则有助于实现仲裁当事人的利益平衡。[1]然而，问题在于不利费用承担条款并不能与费用担保产生直接的强关联。从既有仲裁实践来看，仅第三方资助存在本身就可能成为支撑受资助方资产情况不佳、裁决费用承担能力弱的证据，[2]缺乏不利费用承诺条款不过是加强前述论证的证明之一。[3]从规则实施来看，仲裁庭难以突破仲裁裁决的约束范围，即便第三方资助者承诺承担不利费用，也难以在仲裁裁决中直接要求第三方资助者承担不利费用，因而难以说明无需要求受资助方提供费用担保。[4]因此，无论不利费用承担条款存在与否，都难以使仲裁庭产生费用担保决定必要性的确信，过度强化两者关联缺乏支撑论证。

另外，该规则提出仲裁庭"必要时"可以要求受资助方提交费用担保的要件不够明确。该规则实际提出存在第三方资助时的费用担保决定应当具备"无不利费用承诺条款"和"必要"两个要件，在前一要件事实上难以构成审查费用担保有效性规则的情况下，"必要"要件的因素应当进一步明确。根据该规则第47条的规定，"必要"要件包含当事人遵守不利费用决定的能力及其他相关情况。这一表述也过度简化费用担保决定的考虑因素，仅就第三

---

〔1〕 See Se-Jin Kim, Dae-Jung Kim, "Third Party Funding in International Arbitration and Its Most Current Development in Asia-Issue of Security for Costs and Its Main Cases", *Journal of Arbitration Studies*, Vol. 29, No. 4., 2019, p. 96.

〔2〕 See Lisa Bench Nieuwveld, Victoria Shannon Sahani, *Third-Party Funding in International Arbitration* 14-15, Wolters Kluwer, 2017, p. 23.

〔3〕 当然，部分仲裁庭并未因第三方资助存在而要求受资助方提供费用担保，仲裁庭明确"仅第三方资助存在不能说明费用担保的必要性"。而不利费用承担条款的存在或缺失是否可以完全影响费用担保决定在实践中仍存争议。另外，第三方资助已经成为受资助方仲裁风险分担和改善现金流的仲裁策略之一，第三方资助本身也并难以成为受资助方无偿还能力的证明，因此国际投资争端解决中心明确第三方资助可作为费用担保申请的证据，但仍应充分考虑案件的其他相关因素。

〔4〕 See Oliver Gayner, Susanna Khouri, "Singapore and Hong Kong: International Arbitration Meets Third Party Funding", *Fordham International Law Journal*, Vol. 40, No. 3., 2017, p. 1046.

方资助情形而言,第三方资助者和受资助方的不利费用承担能力、意愿和行为等都有可能成为仲裁庭考虑要素,仲裁规则的模糊难以为第三方资助费用担保审查提供充分依据。

四、我国第三方资助披露规则的完善路径

为应对国际第三方资助的快速发展态势,一方面从我国政府作为国际投资仲裁中的东道国和投资者的角度出发,应研究如何应对国际投资仲裁中的第三方资助问题;[1]另一方面,我国的仲裁机构也应当积极应对国际仲裁中的第三方资助,完善第三方资助披露规则,处理我国仲裁机构仲裁案件中可能出现的第三方资助情形。根据贸仲委发布的数据,近年来贸仲委受理的年均国际仲裁案件数量为 3000 余件,[2]第三方资助的监管规则是现实需要。

(一) 明确第三方资助的强制披露程序

第三方资助的强制披露程序应当包括以下内容:第一,受资助方承担强制披露义务。强制披露是防范潜在利益冲突、避免仲裁裁决失去可执行性的核心制度。受资助方掌握第三方资助具体信息,应当负有强制披露义务。[3]

第二,受资助方应当以书面通知形式向仲裁庭和另一方当事人披露第三方资助。如受资助方在选定或指定仲裁员之前向仲裁机构披露第三方资助,仲裁员应审查利益冲突情形,签署具备公正性与独立性的书面声明。受资助方在选定或指定仲裁员之后向仲裁庭披露第三方资助的,仲裁员如发现利益冲

---

[1] 根据联合国贸易和发展会议发布的《世界投资报告》,2014 年国际投资争端案件总和为 608 件,而 2018 年案件数量增长到 942 件。这显然会刺激第三方资助在国际投资仲裁领域的活跃程度。随着"一带一路"倡议的推进,我国作为东道国面临国际投资争端案件增多的风险,试图通过双边条约禁止第三方资助的尝试是难以实现的,如何管控这一风险是亟待研究的重要问题。World Investment Report 2019, United Nations Conference on Trade and Development(Jun. 12, 2019), available at: https://unctad.org/en/PublicationsLibrary/wir2019_en.pdf. World Investment Report 2015, United Nations Conference on Trade and Development(Jun. 12, 2019), available at: https://unctad.org/en/ Publications Library/wir2015_en.pdf, last visited: Jul. 26, 2023.

[2] 《中国国际商事仲裁年度报告(2018-2019)》,载 http://www.ccpit.org/ Contents/Channel_4131/2019/1112/1220259/content_1220259.htm,最后访问日期:2023 年 7 月 26 日。

[3] See Jennifer A. Trusz, "Full Disclosure: Conflicts of Interest Arising from Third-Party Funding in International Commercial Arbitration", *Georgetown Law Journal*, Vol. 101, No. 6., 2013, p. 1675.

突情形应书面通知仲裁机构和双方当事人,〔1〕另一方当事人如提出第三方资助者与仲裁员存在利益冲突,应向仲裁机构提出回避、替换仲裁员申请。

第三,受资助方应毫不迟延地披露第三方资助,并持续披露第三方资助可能发生的变化。受资助方在仲裁开始前达成第三方资助协议的应立即告知仲裁机构。在仲裁开始后,如任一方当事人达成第三方资助协议或第三方资助发生变化的,应当毫不迟延地披露相关情形。

(二) 明确第三方资助的强制披露范围,仲裁庭可作出披露要求

第三方资助的强制披露范围仍存争议。参考当前国际仲裁规则,第三方资助的强制披露范围应当平衡受资助方保密利益和仲裁独立、公正性要求,强制披露第三方资助者身份和地址是二者的平衡点。披露第三方资助者身份和地址足以使仲裁庭和另一方当事人掌握资助者基本信息,防范潜在的利益冲突。受资助方应当毫不迟延地披露第三方资助者身份和地址,如受资助方迟延披露,仲裁庭应作出要求披露决定。

仲裁庭在仲裁过程中认为确有必要要求披露资助协议部分或全部相关内容的,仲裁庭可作出要求披露决定。其中的主要情形可能是另一方当事人提出费用担保申请,仲裁庭审查费用担保申请时可要求受资助方披露资助协议的不利费用承担、控制权、收益分配等必要内容。〔2〕如受资助方提供其他证据证明不利费用承担能力或另一方当事人费用担保必要性证据明显不足的,或有其他方式足以使仲裁庭审查受资助方不利费用承担能力的,仲裁庭不应要求受资助方披露协议内容。

另外,受资助方在披露第三方资助后资助协议发生变化的,强制披露范围仍为第三方资助者的身份和地址,主要包括第三方资助者撤回资助、更换第三方资助者等情形。如仲裁庭已作出部分条款的要求披露决定,则该部分条款发生变动时仍应向仲裁庭和另一方当事人披露。

(三) 受资助方如违反披露义务应承担费用分担责任

受资助方违反强制披露义务的应承担相应责任,主要形式可确定为承担

---

〔1〕 See Sarah E. Moseley, "Disclosing Third-Party Funding in International Investment Arbitration", *Texas Law Review*, Vol. 97, No. 6., 2019, pp. 1181-1200.

〔2〕 See Rachel Denae Thrasher, "Expansive Disclosure: Regulating Third-Party Funding for Future Analysis and Reform", *Boston College Law Review*, Vol. 59, No. 8., 2018, p. 2946.

部分仲裁费用和其他费用责任。强制披露义务应相应规定违反义务的惩罚性措施,以应对受资助方违反披露义务的情形。受资助方违反披露义务的可能情形主要是隐瞒存在第三方资助、迟延披露第三方资助存在和资助者身份。如受资助方违反披露义务,仲裁庭在仲裁费用分配时应考虑违反情形,增加受资助方应当承担的费用份额。

如受资助方不存在违反披露义务的情形,仲裁庭在仲裁费用分配时不应考虑第三方资助本身的影响。受资助方因接受第三方资助所支出的额外费用不应纳入仲裁费用范畴,受资助方应自行承担第三方资助费用。除第三方资助明显增加仲裁费用且增加费用超出合理范畴外,第三方资助所导致的仲裁费用仍应按照常规费用分配规则处理,不应要求受资助方承担增加部分的仲裁费用。[1]

(四) 应妥善处理第三方资助与费用担保之间的关系

第三方资助行业的发展推动了费用担保规则完善的需要,仲裁机构应当进一步明确存在第三方资助情形案件的费用担保规则。[2]一般而言,第三方资助本身可以成为证明受资助方缺乏不利费用承担能力的证据之一。[3]如仲裁庭认为有进一步要求披露资助协议不利费用承担条款、控制权条款和收益分配等内容的必要,仲裁庭可作出要求披露决定,作为审查费用担保的证据材料。[4]

仅存在第三方资助不足以使仲裁庭发出费用担保决定,仲裁庭仍应结合

---

〔1〕 事实上,实证研究表明第三方资助仲裁案件的仲裁费用并未高于一般案件。原因可能在于第三方资助者为获得良好的投资回报尽可能提升仲裁程序效率,从而减少仲裁程序延长可能带来的额外费用。See Marie Stoyanov, Olga Owczarek, "Third-Party Funding in International Arbitration: Is it Time for Some Soft Rules"? *BCDR International Arbitration Review*, Vol. 2, No. 1., 2015, p. 191.

〔2〕 费用担保在国际仲裁实践中一直饱受争议,仲裁机构只在有限的情形下可能要求一方当事人提供费用担保。仲裁机构是否有权发出费用担保决定存在争议,而资产情况恶化的一方当事人可能虽满足费用担保要件却无法提供费用担保。See Jeffrey Waincymer, *Procedure and Evidence in International Arbitration*, Wolters Kluwer, 2012, p. 650. 第三方资助者可能的滥诉问题需要费用担保规则予以制约,第三方资助的介入使费用担保的正当性和必要性得以显现。See Christine Sim, "Security for Costs in Investor-State Arbitration", *Arbitration International*, Vol. 33, No. 3., 2017, p. 438.

〔3〕 RMS Production Corporation v. Saint Lucia, ICSID Case No. ARB/12/10, Decision on Saint Lucia's Request for Security for Costs (13 August 2014).

〔4〕 See Gary J. Shaw, "Third-party funding in investment arbitration: how non-disclosure can cause harm for the sake of profit", *Arbitration International*, Vol. 33, No. 1., 2017, p. 115.

案件具体情形考虑以下因素：[1]第一，受资助方的不利费用承担能力，主要考虑受资助方的资产变动等因素；第二，受资助方对不利费用的承担意愿，包括受资助方是否存在积极、明确的不利费用承担意愿；[2]第三，发出费用担保决定可能对受资助方的影响，包括费用担保是否实质阻却了受资助方继续仲裁的能力，以及受资助方的费用承担能力是否受到另一方当事人违约的不利影响等，从而保障受资助方获得公正裁决和救济的能力；第四，双方当事人的行为，包括受资助方和第三方投资者是否存在逃脱不利费用承担裁决的先例等，防止可能发生的滥诉情形。

五、结语

利益冲突和披露义务是国际仲裁第三方资助发展所面临的核心问题，随着第三方资助的迅速发展，披露制度的主流规范逐渐形成。[3]第三方资助与传统融资方式存在显著差别，第三方资助者与仲裁员的利益冲突可能损害仲裁的公正性和独立性，因而第三方资助的披露具有一定必要性。当前主要争议是第三方资助披露的范围，国际组织的规则和指引均对第三方资助涉及的披露问题进行了相应规定，但在披露义务和范围设定上显现审慎态度。

中国香港地区和新加坡新修订的监管规定均允许国际仲裁中的第三方资助，并就披露制度作出专门规定。两者对第三方资助者的财务资格进行了一定限定，且规定了受资助方的强制披露义务、披露对象、披露时间和违反后果。两地均要求披露第三方资助存在和资助者身份。结合第三方资助仲裁案件分析，第三方资助存在、资助者身份和资助协议内容是三种逐渐递进的披露范围，而目前主流的披露要求是披露资助存在与资助者身份。目前我国内地仲裁规则可能过度扩张了披露范围，并且未能厘清第三方资助与费用承担、费用担保问题之间的关系。

---

[1] See Alan Redfern & Sam O'Leary, "Why it is time for international arbitration to embrace security for costs", *Arbitration International*, Vol. 32, No. 3., 2016, pp. 409-412.

[2] See Nadia Darwazeh, Adrien Leleu, "Disclosure and Security for Costs or How to Address Imbalances Created by Third-Party Funding", *Journal of International Arbitration*, Vol. 32, No. 2., 2016, p. 144.

[3] See Elayne E. Greenberg, "Hey, Big Spender: Ethical Guidelines for Dispute Resolution Professionals When Parties Are Backed by Third-Party Funders", *Arizona State Law Journal*, Vol. 51, No. 1., 2019, pp. 138-148.

随着"一带一路"倡议的推进和争端解决机制的构建，我国仲裁机构具有完善第三方资助规范的现实需要。中国内地仲裁机构可充分参考中国香港地区、新加坡和国际投资争端解决中心的监管经验，对于披露义务主体、披露时间、披露范围和违反后果等作出明确规定。我国应积极适应第三方资助的国际发展态势，构建良好的第三方资助监管规则，从而推动"一带一路"国际仲裁中心建设。

… CHAPTER 7 第七章

个人信息跨境监管背景下在线纠纷解决方式的发展困境与出路
——以软法为路径[1]

在线纠纷解决方式（Online Dispute Resolution，ODR）作为替代性纠纷解决方式（Alternative Dispute Resolution，ADR）在网络空间的拓展与延伸，[2]与传统纠纷解决方式中两造对立和居中裁判的三方结构不同，ODR 中的"网上解决平台"[3]正在基于技术并超越技术，肩负起信息储存、传输与交互的责任，在某种程度上具有主体地位而构成"第四方"。[4]因此，作为 ADR 与互联网结合的产物，ODR 继承了 ADR 的特性，对其解决跨境纠纷的研究仍然要沿着 ADR 的发展规律进行。同时，由于"第四方"的崛起，使得依靠互联网传输信息的 ODR 与个人信息跨境监管产生联系，在国际法视域下这便关涉到 ODR 中个人信息跨境流动与各国个人信息监管的平衡。

尽管从现实层面个人信息跨境监管的确对 ODR 的发展产生影响，但当前围绕该主题的学术探讨仍分别聚焦于 ODR 和个人信息跨境监管两个方面，就二者的交叉研究尚处在学术讨论的盲区。在对 ODR 的研究中，学界侧重于通过比较的方法追踪域外 ODR 的发展，并在此基础上探索我国建立和完善 ODR

---

[1] 本章作者冯硕。
[2] 参见范愉主编：《多元化纠纷解决机制》，厦门大学出版社 2005 年版，第 555 页。
[3] 根据联合国贸易法委员会出台的《关于网上纠纷解决的技术指引》第 26 条的规定，网上解决平台是指在网上解决过程中确保数据以安全的形式生成、发送、接收、存储、交换或以其他手段处理通信的系统。
[4] 参见刘哲玮：《国家介入：我国 ODR 建设的新思路》，载张平主编：《网络法律评论》（第 10 卷），北京大学出版社 2009 年版，第 131 页。

的具体路径。[1]相关研究除了对争议解决的管辖权、法律适用、裁决执行等传统议题的讨论外，也开始关注 ODR 中因互联网而产生的信息安全问题。但在该问题的探讨上，现有研究主要关注的是 ODR 平台与参与方关系的协调，强调 ODR 平台应重视对案件信息安全的保护，防止产生私密性风险。[2]

在个人信息跨境监管方面，相关研究均认为个人信息监管权是各国基于主权的规制权，各国采取何种措施取决于一国的政策选择。[3]这无疑将以自由、互联为特征的互联网进行切割，为包括 ODR 在内的诸多跨国在线民商事活动增添了障碍。随着个人信息跨境流动在国际民商事活动中价值的凸显，国际法理应对个人信息的跨境监管和流动进行协调。在利益的跨境协调上，国际法提供了硬法与软法两条路径。所谓国际硬法是指明确约定各方权利义务，具有精确的规则设计和有力的执行机制且国际社会普遍认同其拘束力的法律。[4]其主要表现为《国际法院规约》第38条所规定的国际条约、国际习惯和一般法律原则。对于国际软法，尽管学界对其定义与属性有着长久的争论，但从长期的实践可以看出国际软法是原则上不具有法律拘束力但可能产生实际效果的行为规则。[5]其主要表现为国际组织、多边外交会议通过的包括决议、宣言、声明、指南或者行为守则在内的一些能产生重要法律效果的非条约协议。

当前世界各国政策呈现出明显的内生性，使得民族国家体系与全球化之间的张力正在脆弱平衡中发生位移并加剧逆全球化的发展。[6]也就在逆全球

---

〔1〕 相关论述参见徐继强：《在线纠纷解决机制（ODR）的兴起与我国的应对》，载《甘肃政法学院学报》2001 年第 4 期；龙飞：《中国在线纠纷解决机制的发展现状及未来前景》，载《法律适用》2016 年第 10 期；邹国勇、李俊夫：《欧盟消费者在线争议解决机制的新发展——2013 年〈欧盟消费者在线争议解决条例〉述评》，载《国际法研究》2015 年第 3 期。

〔2〕 参见肖永平、谢新胜：《ODR：解决电子商务争议的新模式》，载《中国法学》2003 年第 6 期。

〔3〕 参见黄志雄：《互联网监管政策与多边贸易规则法律问题探析》，载《当代法学》2016 年第 1 期。

〔4〕 See Kenneth W. Abbott, Duncan Snidal, "Hard and Soft Law in International Governance", International Organization, Vol. 54, No. 3, 2000, p. 421.

〔5〕 See Francis Snyder, "Soft Law and Institutional Practice in the European Community", in Stephen Martin ed., The Construction of Europe: Essays in Honour of Emile Noël, Springer, 1994, pp. 199-200.

〔6〕 参见沈伟：《逆全球化背景下的国际金融治理体系和国际经济秩序新近演化——以二十国集团和"一带一路"为代表的新制度主义》，载《当代法学》2018 年第 1 期。

第七章 个人信息跨境监管背景下在线纠纷解决方式的发展困境与出路

化潮流遏制以国际硬法为支撑的多边体系发展的同时,其恰恰给予了软法生长的空间。尤其在网络空间这一新兴国际空间中,国际硬法的渊源缺失和滞后已成现实,想要通过条约等硬法协调各国利益缺乏可行性。[1]因此诸多学者认为,无论是从国际法的发展轨迹出发还是从当前网络空间的现实状况着眼,软法对各国利益的协调都具有现实意义。[2]从国家治理的角度,在互联网时代个体与民间力量兴起的背景下,部分学者提出通过国家"硬法"与民间"软法"的良性互动推动双向构建的良法善治秩序的形成。[3]当然软法本身也存在着价值偏好、解纷效力、公信不足等问题,因此通过软法治理网络空间也需要对软法进行变革。[4]从全球治理的角度,长久以来软法始终是协调各国利益的重要方式,其在国际规则的建构上也发挥着重要作用。[5]聚焦个人信息跨境监管与协调,软法仍具有积极意义。一方面,在当前各国高度强调网络主权的背景下,软法能够在尊重主权的同时凝聚各方共识,推动个人信息跨境监管统一规则的形成。另一方面,通过软法协调个人信息的跨境监管已经得到了国际社会的认可,大量的国际软法实践也有效平衡了个人信息跨境的流动和监管,从而为个人信息跨境监管背景下 ODR 发展所面临的问题提供了可能的解决方向。[6]

因此,本章从个人信息跨境监管背景下 ODR 的发展切入,以交叉研究的方法首先通过对 ODR 制度特性和个人信息跨境监管的模式进行回顾,厘清二者在制度层面产生的交集以揭示 ODR 当前发展所面临的困境。而在明确困境的基础上笔者尝试从网络空间治理、个人信息跨境监管的软法协调和国际社

---

[1] 参见居梦:《论网络空间国际软法的重要性》,载《电子政务》2016 年第 8 期。

[2] See Rolf H. Weber, "Future Design of Cyberspace Law 'Laws are Sand'(Mark Twain, The Gorky Incident)", *Journal of Politics and Law*, Vol. 5, No. 4., 2012, pp. 1-14; Marc-Antoine Carreira Da Cruz, Soft Law in Cyberspace: Exploring the Role of Codes of Conduct as Legal Instruments of Web Regulation, available at http://effectius.com/yahoo_site_admin/assets/docs/Soft_law_in_cyberspace_by_Marc_Antoine_Carreira_da_Cruz.20774859.pdf, last visited: Apr. 30, 2019.

[3] 参见张祺好:《互联网新业态的"软法"兴起及其规制》,载《法学》2018 年第 2 期。

[4] 参见马长山:《互联网+时代"软法之治"的问题与对策》,载《现代法学》2016 年第 5 期。

[5] 参见石亚莹:《国际法视野中的软法——从软法与条约间关系的视角》,载陈安主编:《国际经济法学刊》2015 年第 22 卷第 1 期。

[6] 参见冯硕:《网络个人信息保护国际合作的障碍与选择:以软法为路径》,载张平主编:《网络法律评论》(第 20 卷)。

会对 ODR 发展形成的共识等方面论证软法化解困境的可能并探索具体的出路，以期解决现实问题并填补相应的研究空白。

一、个人信息跨境监管引发 ODR 发展困境

ODR 作为互联网时代的纠纷解决方式，其成于互联网或许也困于互联网。一方面，ODR 在 ADR 的基础上依托互联网的快捷与无界实现了纠纷解决效率的提升和辐射的拓展；另一方面，也恰恰由于近年来网络空间的规则建构，令 ODR 需要面临个人信息跨境监管中的公权介入，从而引发困境。

（一）ODR 的制度发展与主要特性

根据联合国国际贸易法委员会（United Nations Commission on International Trade and Law, UNCITRAL）2016 年出台的《关于网上纠纷解决的技术指引》（本章简称《技术指引》）的定义，ODR 是通过互联网协助当事人以简单、快捷、灵活和安全的方式解决纠纷，而无需亲自出席会议或听讯的纠纷解决方式。[1]

20 世纪 90 年代，伴随着互联网技术的进步，电子商务日益成为新的商业高地，随之而来的商业纠纷也从线下移至线上并极大地阻碍了新经济的发展。因此，美国开始探索建立一种新的符合电子商务特性的纠纷解决方式，ODR 应运而生。[2] 随着世纪之交电子商务的快速崛起，ODR 借助 eBay 等全球互联网巨头的大力推介，逐渐成了互联网时代化解纠纷的主要机制，并演化成涵盖报价、谈判、仲裁和调解等全方位的纠纷解决方式，催生了一大批 ODR 平台参与其中。[3] ODR 从曾经专注于解决 B2B、B2C 等电子商务纠纷的内部纠纷解决方式到如今引来世界各国及国际组织的广泛关注，短短二十余年的跨越式发展得益于互联网技术的快速进步与全球扩张。但 ODR 在一定程度上并

---

[1] See UNCITRAL, "UNCITRAL Technical Notes on Online Dispute Resolution", available at http://uncitral.un.org/sites/uncitral.un.org/files/media-documents/uncitral/en/v1700382_english_technical_notes_on_odp.pdf, last visited: Apr. 24, 2019.

[2] See M. Ethan Katsh, "Dispute Resolution in Cyberspace", *Connecticut Law Review*, Vol. 28, No. 4., 1996, p. 953.

[3] See Ethan Katsh et al., "E-Commerce, E-Disputes, and E-Dispute Resolution: In the Shadow of 'eBay Law'", *Ohio State Journal on Dispute Resolution*, Vol. 15, No. 3., 2000, pp. 720-724.

第七章　个人信息跨境监管背景下在线纠纷解决方式的发展困境与出路 ❖

非完全的创新，其从产生之初便被视为 ADR 在网络空间的模拟，[1]因此 ODR 兼具 ADR 和互联网所具有的特性，具体表现在以下三个方面。

首先，ODR 具有与 ADR 一致的私法属性。从其发展的脉络看，是私主体的大力推动促成了 ODR 的崛起。而作为诉讼以外的替代性纠纷解决方式，ODR 也像 ADR 一样依靠各方当事人的意思自治获取管辖权，通过调解或仲裁的方式推动当事方达成合意或作出公断，并寄希望于当事方的自觉执行实现权利义务的再平衡，从而在维系各方关系的同时快速化解纠纷。自始至终，ODR 既不需要对国家公共司法资源的利用也避免了国家公权力的介入与支撑，其起于意思自治又归于意思自治，私法自治的属性极为鲜明。

其次，ODR 继承了 ADR 的私密性。在 ADR 中无论是仲裁还是调解，都强调对纠纷解决私密性的保护。一方面，ADR 所涉纠纷以商业纠纷为主，往往不涉及社会公共利益也未占用公共资源，故无需对外公布。另一方面，商事主体对交易保密性的关注早已注入 ADR 的运行机制中，并逐步演变成为整个非诉争议解决机制的重要原则。而在 ADR 转变为 ODR 的过程中，由于在 B2C 与 B2B 的争议解决中会大量涉及财务、技术、商业战略等多方面的敏感信息，所以从 ODR 产生之初对私密性的维系便从未放松。[2]

最后，ODR 依托互联网提高了纠纷解决效率并实现全球化。效率作为纠纷解决的价值取向之一，始终是私主体关注的重点。[3]互联网技术的产生恰恰推动了全球交往效率的提升，依托其发展的电子商务提高了传统商事交易的效率，服务于电子商务的 ODR 自然也仰仗互联网技术为 ADR 注入更为高效的血液。同时，互联网的全球化发展让世界变成"地球村"，其既在横向上扩大了经济全球化的覆盖面，令经济要素实现了全球流动，也在纵向上实现了个体之间的跨境沟通从而让全球化的福祉泽被到每个人。因此，ADR 借助互联网的全球联通实现了真正的跨境融合，使 ODR 成为一种全球性的纠纷解决产品。

（二）个人信息跨境监管的国内立法与国际法确认

ODR 作为以互联网为基础的纠纷解决方式，互联网领域的变革必然会对

---

[1] See Colin Rule, *Online Dispute Resolution for Business B2B, E-Commerce, Consumer, Employment, Insurance, and Other Commercial Conflicts*, Jossey-Bass, 2002, p. 13.

[2] See Faye Wang, *Online Dispute Resolution. Technology, Management and Legal Practice from an International Perspective*, Chandos Publishing, 2008, p. 74.

[3] 参见刘晓红：《国际商事仲裁协议的法理与实证》，商务印书馆 2005 年版，第 338 页。

其产生影响。互联网构建的在线公共场域,一方面,拉近了人与人之间的距离,推动了个体崛起;另一方面,也让我们在进入这一公共空间之时,相应地将自己暴露在网络空间之下并产生隐患。近年来,以 Facebook 为代表的互联网巨头泄露个人信息事件的频发让隐患变成现实,通过加强以个人信息收集、存储、转移为主要内容的个人信息监管已成为各国政府及国际社会普遍关注的重点。也恰恰由于公权力的介入使得各国针对个人信息的立法不断增多,加速了网络空间的国际法建构,从而将以自由无界为特征的互联网进行切割,深刻改变了互联网全球治理模式,为 ODR 的发展困境埋下种子。

从国内法视域下,目前全球约有 120 个国家或地区建立起了针对个人信息保护的法律体系。[1]纵观各国立法,以欧陆诸国为代表的大陆法系和以美国为代表的英美法系在保护对象、立法理念及立法模式等多方面呈现出较大差异,个人信息监管的法域鸿沟不断显现。

在保护对象上,由于个人信息与个人隐私有着密切联系,两大法系便根据自身特点选择了不同的保护对象。以德国为代表的欧洲大陆法系国家很早便开始关注个人信息保护,其通过创设"信息自决权"等新型人格权来与隐私权进行区分并实现对个人信息的全面保护。[2]反观以实用主义为指导的英美法系,其并不主张创设新的权利类型解决该问题,而是倾向于以日臻成熟的判例将个人信息纳入隐私权的保护范畴。从美国的实践看,自"卡兹诉美国案"[3]后隐私权便被纳入宪法第四修正案的涵摄范畴,故美国 1974 年制定的《隐私法案》也在宪法的基础上将个人信息纳入隐私权中进行规制。在立法理念上,欧陆各国普遍认为个人信息隶属于人权范畴,强调对私人间个人信息的法律关系协调。但在美国人眼中,由于个人信息寓于隐私权中,所以更加强调基于宪法对公权力的限制。而在私主体的利益平衡上,美国高度关注个人信息的商业价值,因此便通过确立个人信息"公平实践和保护原则"实现信息主体与信息控制者之间的利益平衡,以防止交易任何一方的绝对垄

---

[1] See Graham Greenleaf, Global Tables of Data Privacy Laws and Bills (5th ed 2017), available at https://papers.ssrn.com/sol3/papers.cfm? abstract_id=2992986, last visited: Jan. 20, 2019.

[2] 参见王利明:《论个人信息权的法律保护——以个人信息权与隐私权的界分为中心》,载《现代法学》2013 年第 4 期。

[3] See Katz v. U.S., 389 U.S. 347 (1967).

第七章 个人信息跨境监管背景下在线纠纷解决方式的发展困境与出路 ❖

断。[1]在立法模式上,早在 1973 年瑞典就颁布了全球首部《个人信息保护法》,法、德等也紧随其后开始立法。随着欧洲一体化进程加快,从 1981 年《有关个人数据自动化处理的个人保护公约》到 2018 年《一般数据保护条例》(General Data Protection Regulation,GDPR),欧洲在个人信息保护上逐步建立起了区域内统一公法规制的模式。[2]反观美国,其在判例法的基础上也制定了大量的成文法以保护信息隐私,形成了以联邦立法为主、州立法为辅的两层结构和宪法统摄、特别法细化、《联邦贸易委员会法案》兜底的三类格局。[3]

国内立法的差异构筑了个人信息跨境流动的壁垒,而国际法作为协调各国经济要素流动的规则当然需要回应在个人信息跨境监管强化下的信息跨境流动问题。

从国际法规范层面看,互联网作为人类新兴的活动空间经历了从自由放任到规则法治的发展历程。[4]而在这一过程中诸多国际法规则也在网络空间得以延伸,其中国家主权平等原则作为现代国际法的重要基石被当然地纳入网络空间国际法体系当中。早在 2003 年,联合国信息社会世界峰会达成的《日内瓦宣言》就明确了在互联网领域公共政策上的决策权是各国主权。这既是国家主权平等原则在网络空间的延伸,更是对过去几十年来各国基于主权治理网络空间的国际法确认。随着发展中国家越发重视网络空间的治理,2011 年中俄等国在向联合国大会提交的《信息安全国际行为准则》中也重申了网络主权的重要性。2015 年第二届世界互联网大会上,习近平主席更指出《联合国宪章》确立的主权平等原则是当代国际关系的基本准则,也应适用于网络空间,尊重网络主权是推进全球互联网治理体系变革的首要原则。[5]因

---

[1] See Robert C. Post, "Three Concepts of Privacy", *Georgetown Law Journal*, Vol. 89, No. 6., 2001, p. 2087.

[2] 参见金晶:《欧盟〈一般数据保护条例〉:演进、要点与疑义》,载《欧洲研究》2018 年第 4 期。

[3] 参见个人信息保护课题组:《个人信息保护国际比较研究》,中国金融出版社 2017 年版,第 58 页。

[4] 参见黄志雄:《国际法在网络空间的适用:秩序构建中的规则博弈》,载《环球法律评论》2016 年第 3 期。

[5] 参见习近平:《在第二届世界互联网大会开幕式上的讲话(二〇一五年十二月十六日,乌镇)》,载《人民日报》2015 年 12 月 17 日,第 2 版。

此，国际法强调网络主权的重要性本质上是对各国通过立法等手段治理网络空间作出的确认。进一步讲，其也强化了包括网络个人信息保护在内的互联网相关问题的公法属性，使得个人信息跨境流动既要接受各国国内法的审查，也要承担国际法上的评价，从而为个人信息在线跨境流动增添了障碍。

国际法从规范层面对网络主权的确认，使各国进一步加强了在该领域的立法与执法，从而导致法律冲突频发。从早期的实践看，1995年欧盟出台的《关于个人数据处理保护及个人数据自由传输的指令》（本章简称《欧盟数据指令》）要求成员国应在三年内将其转化为国内法并实施，但直到1998年德国仍未对指令进行转化。因此，欧盟以保护个人信息标准过低且指令转化不力为由对德国提起诉讼。最终德国于2001年尽快修改了法律，把《欧盟数据指令》转化为了本国法。尽管德国转化了指令，但可以看出这次转化是匆忙而又临时的，而且立法者也是怀揣着不久之后将其取而代之的意图进行的修法。[1]这反映出欧盟在通过公法模式规制个人信息保护的过程中，一定程度上受到了成员国基于主权的对抗。即使通过了法律，也是一种面和心不和的妥协，立法者更没有从心理上对其完全认同。[2]如果说欧盟与德国之间的矛盾还仅仅是在规则统一道路上的杂音，那么美欧之间在该问题上的法律冲突则真正凸显了个人信息跨境的困境所在。1995年出台的《欧盟数据指令》明确禁止向包括美国在内的保护水平低于欧盟的国家转移个人信息，此举招致了美国政府与企业极大的不满。因为在美国人眼中以个人信息为核心的数据事关重要的商业利益，数据的自由流动是现代商业的常态。[3]直至在《跨太平洋伙伴关系协定》（Trans-Pacific Partnership Agreement，TPP）谈判中，美国依旧秉持该理念并推动了"自由为原则，限制为例外"规制模式的确立。[4]尽管存在理念对立，但在全球化不断加速的背景下美欧依旧选择了妥协，并通过诸多路径实现了个人信息的跨境协调。然而也就在过去的数年间，全球化步伐的放缓和逆全球化趋势的兴起，令建构于多边主义之上的国际法体系

---

〔1〕 参见蒋舸：《个人信息保护法立法模式的选择——以德国经验为视角》，载《法律科学（西北政法大学学报）》2011年第2期。

〔2〕 See Paul M. Schwartz, "Property, Privacy, and Personal Data", *Harvard Law Review*, Vol. 117, No. 7., 2004, p. 2056.

〔3〕 See Dan L. Burk, "Law as a Network Standard", *Yale Journal of Law & Technology*, Vol. 8, No. 1., 2005-2006, p. 63.

〔4〕 参见彭岳：《数据本地化措施的贸易规制问题研究》，载《环球法律评论》2018年第2期。

第七章　个人信息跨境监管背景下在线纠纷解决方式的发展困境与出路 ❖

走向碎片化，进而导致尚未成型的个人信息跨境协调模式再度遭受冲击。主权国家开始选择放弃多边的方式协调个人信息跨境流动，转而通过强化本国法的域外适用加强对个人信息收集的规范、存储的评估和出境的审查，实现对该问题的解决。例如美国2018年3月颁布的《澄清境外数据合法使用法案》就要求通信商有义务将其控制下的信息进行保存、备份和披露，而不论该信息位于美国境内还是境外，显现了其在数据跨境自由流动中对美国相关利益的维护。这无疑是在突破数据本地化存储，显现了极端的强势。对此，2018年4月欧盟也对外公布了类似的立法动议。从官方披露来看尽管其也强调跨境调取数据的重要性，但依旧贯彻数据本地化存储的理念，以防守的姿态针对美国的措施。[1]

总之，美欧在该问题上再次剑拔弩张，象征着以条约等硬法协调个人信息跨境监管暂时走向穷途，从而导致了包括ODR在内的相关国际公共产品的发展陷入困境。

（三）个人信息跨境监管引发的ODR困境

ODR作为ADR在互联网领域的拓展与延伸，其在处理跨境纠纷中必然会涉及个人信息跨境监管问题。在各国通过立法加强对个人信息跨境监管和国际法对其作出确认的同时，ODR的发展困境便开始显现。

第一，公权介入撼动ODR的私法属性。ODR作为ADR的延伸仍强调以意思自治为核心的私法属性，即当事人有权通过自愿协议的方式自由地处理法律所允许的纠纷并排除诉讼等国家公权力的介入。[2]然而，当ADR转化成ODR使得包括个人信息在内的涉案信息进入互联网时，公权力便不得不介入其中以保护相关个人信息的在线安全。例如《中华人民共和国网络安全法》及GDPR都规定了在相关个人信息收集及处理上应当得到被收集者同意。而在ODR中适用该规则便需要网上解决平台基于其公法义务在双方产生纠纷前介入合同，并根据个案情况审查与个人信息收集及处理有关的交易内容，以明确被收集者的授权范围防止违反各国强行法，从而将纠纷解决协议从约束

---

〔1〕　See EU Commission, E-evidence-cross-border access to electronic evidence, available at：https：//ec.europa.eu/info/strategy/justice-and-fundamental-rights/criminal-justice/e-evidence_en.，last visited：Feb. 18, 2019.

〔2〕　参见齐树洁主编：《外国ADR制度新发展》，厦门大学出版社2017年版，第4页。

双方变成约束三方。正是由于个人信息在线流动涉及一国公法问题，使得以意思自治为基础的 ADR 在进入互联网的一刻便不得不受到公权力的干预，从根本上撼动了 ADR 的存在基础，可能让 ODR 脱离 ADR 的发展轨迹并陷入困境。

第二，信息评估影响 ODR 的私密与效率。其一，私密性是 ADR 的固有特性，在 ADR 中相关涉案信息往往只由双方当事人及居中调停者知晓。但在 ODR 中这一情况或许会发生变化，因为在解决跨境纠纷中如果通过互联网对外传送信息，包括网上解决平台在内的行业、企业便要承担起主体防护责任和信息评估义务。[1]一方面，信息评估义务要求平台介入个案。例如我国国家网信办出台的《个人信息和重要数据出境安全评估办法（征求意见稿）》（本章简称《评估办法》）第 7 条规定"网络运营者应在数据出境前，自行组织对数据出境进行安全评估，并对评估结果负责。"因此在处理跨国在线纠纷时，网上解决平台在跨境传输数据中负有对数据评估的义务，而这本质上便令限于三方知晓的涉案信息公开给平台，影响了 ODR 的私密性。另一方面，网络安全评估破坏 ODR 的私密性。以我国为例，公安部信息安全等级保护评估中心长期负责国家信息安全工作，其通过行政部门与第三方机构的合作对境内信息系统及数据资源展开定期的安全测评。这就使得网上解决平台不得不将相关涉案数据交由第三方测评机构进行评估，甚至在一些重要数据上要接受行政部门的审查，使得在保障信息安全的同时进一步破坏了 ODR 的私密性，并可能导致当事人对 ODR 丧失信任。[2]其二，在效率上 ADR 与诉讼相比始终具有优势，而以互联网技术为支撑的 ODR 更大幅减少了 ADR 在各个环节的用时。但也就在互联网提升纠纷解决程序效率的同时，却因为数据出境评估导致在原有程序上附加了带有行政属性的额外程序，整体上降低了 ODR 的效率。

第三，数据本地化存储影响 ODR 的全球性。互联网的全球扩张和跨境交易的迅速发展使得 ODR 的全球性愈发明显。但随着对网络主权的重视，各国往往通过数据本地化存储实现对包括个人信息在内各类数据的控制。[3]尽管

---

[1] 参见习近平：《敏锐抓住信息化发展历史机遇　自主创新推进网络强国建设》，载《紫光阁》2018 年第 5 期。

[2] 参见郑世保：《在线纠纷解决机制的困境和对策》，载《法律科学（西北政法大学学报）》2013 年第 6 期。

[3] See Anupam Chander, Uyên P. Lê, "Data Nationalism", *Emory Law Journal*, Vol. 64, No. 3., 2015, p. 677.

第七章　个人信息跨境监管背景下在线纠纷解决方式的发展困境与出路 ❖

数据本地化存储的初衷在于维护国家与公共安全，但从众多实践可以发现与商业及个人有关的信息有时也会被纳入规制范围。例如美国 2015 年出台的《网络安全信息共享法》就已经触及了商业信息，而我国《评估办法》在本地化存储上宽泛的规定也有将商业信息纳入规制范畴的可能。尽管学界认为应当将关键信息与商业信息相区别，[1]但笔者在赞同该观点的同时也认为这从侧面反映出了数据本地化存储对包括 ODR 在内的众多跨境商业活动中信息流动的规制倾向。从 ODR 运行角度出发，数据本地化存储一方面增加了网上解决平台的运营成本，因为 ODR 中当事人提交的任何一份涉案信息都被要求存储在网上解决平台固定的存储器中，而网络病毒和黑客威胁都要求平台加强维护从而增加了运营成本。[2]另一方面，数据本地化存储一定程度上与当前经济全球化中信息高速流动的现实相悖，其在拖延 ODR 信息流动的同时也影响了其全球化的发展。

因此，ODR 作为 ADR 的发展，因其以互联网为依托而引发了网络空间个人信息监管问题，从而引得公权力介入并与 ODR 的私法属性、私密性、效率性及全球性等特性产生抵牾，使之陷入困境。

二、个人信息跨境监管背景下软法协调 ODR 发展的可能与路径

在明确 ODR 陷入困境的前提下，如何实现个人信息跨境监管背景下 ODR 的发展是需要思考的。表面上，当前的困境主要在于个人信息监管的强化限制了建构于自由无界的互联网之上的 ODR 的运作。而深层次上，其更关涉到主权国家及国际社会在推动 ODR 发展和维系个人信息保护公法规制的选择与平衡。对此笔者认为，现代国际法的发展本质上是伴随着全球化实现的软法走向硬法，而全球化的逆向发展导致国际法原有的演进方向被转变。因此，

---

[1] 尽管《评估办法》规定了需要评估的个人信息种类，但根据现有文本，与商业活动有关的个人信息也有可能被纳入审查范围，从而也引发了相关学者的评论。有学者认为应对安全评估范围作扩大解释，将个人数据安全纳入安全评估范畴。但笔者更赞同应严格控制安全评估范围，从而降低对商业信息流动的影响。张金平：《跨境数据转移的国际规制及中国法律的应对——兼评我国〈网络安全法〉上的跨境数据转移限制规则》，载《政治与法律》2016 年第 12 期；刘金瑞：《关于〈个人信息和重要数据出境安全评估办法（征求意见稿）〉的意见建议》，载《信息安全与通信保密》2017 年第 6 期。

[2] 参见肖永平、谢新胜：《ODR：解决电子商务争议的新模式》，载《中国法学》2003 年第 6 期。

在互联网治理领域硬法缺失的客观情况下，软法或许是ODR继续发展的有效依托。

（一）互联网治理中的软法基因

ODR陷入困境起于互联网，而找寻突围之法当然也要在互联网的背景下进行思考。无论从软法自身特性看还是从互联网时代的外部环境看，互联网治理中始终蕴含着软法基因。

软法概念来自国际法并主要指"非条约"协议，其通过发挥示范作用引领世界各国在某一问题上达成共识，并逐步将理想转化为现实。国际法视野下，尽管软法能否纳入国际法渊源尚存争议，但其从功能上的确推进和完善了既有渊源，而且还在传统的渊源之外开辟了新的规范形式。[1]随着社会的发展，软法也被引入国内公共治理领域，形成了国际软法与国内软法一对既联系而又区别的概念。国内法视野下，软法是不依赖国家强制力保障实施的规范，其主要表现为公共政策、自律规范及行业标准等。[2]而随着全球化的不断深入，国内软法与国际软法也在不断融合中共同发展。例如当前在世界范围内普遍认可的"美标""欧标"均是从国内软法转化而来，反之众多国际示范法也在近年来被多国国内法吸收。因此内外融合、同向发展的"大软法"格局正在形成。[3]

从国际互联网治理层面看，软法恰恰能够协调日趋复杂的多极化，并促进国际网络空间治理走向规则化与法治化。当前国际社会多极化趋势越发明显，尤其是近年来逆全球化风潮来袭使得各国利益诉求更加多样，难以凝聚共识。例如当前WTO多边回合谈判陷入僵局，贸易保护主义再次抬头让我们看到仅依靠条约等国际硬法已经难以协调各国利益。而国际软法的弹性大、成本低等特点更易满足各方利益诉求，进而推动各国向着共同的国际规则迈进。[4]回归互联网，在技术进步的同时互联网也推动了社会结构的变革。互

---

[1] 参见何志鹏：《逆全球化潮流与国际软法的趋势》，载《武汉大学学报（哲学社会科学版）》2017年第4期。

[2] 参见罗豪才、宋功德：《软法亦法：公共治理呼唤软法之治》，法律出版社2009年版，第3页。

[3] 参见冯硕：《网络个人信息保护国际合作的障碍与选择：以软法为路径》载《网络法律评论》2016年第2期。

[4] See Andrew T. Guzman, Timothy L. Meyer, "International Soft Law", *Journal of Legal Analysis*, Vol. 2, No. 1., 2010, p. 171.

第七章　个人信息跨境监管背景下在线纠纷解决方式的发展困境与出路 ❖

联网加剧了社会的不可预测性与不可控制性，更令以去中心、分布式和离散化为特征的社会新结构出现，从而给予了软法施展的空间。因为从概念看，当前国际网络空间规则尚在形成当中，硬法渊源缺失已成事实。而软法在一定程度上能对国际法渊源起到丰富和发展的作用，从而为国际网络空间治理提供了新的可能。从功能看，面对全球治理法治化的需要，伴随着从形式法治向实质法治的迈进，软法也能够在合法律性的框架下发挥其治理功能。[1]而从实践看，当前在国际互联网领域能够凝聚各国共识的也主要为软法，其中以联合国信息安全专家组在2013年和2015年出台的两份报告最为典型。

　　站在我国立场，对内我们看到了互联网时代社会治理模式的变革需求，更加强调发挥社会协同治理的作用。[2]想要通过制定程序复杂、治理模式机械的硬法规制飞速发展且变化多样的网络空间显然已缺少可接受性。互联网时代的个体崛起也使得社会多元主体尝试提出不同的互联网治理思路，而这集中地体现在各类软法当中。软法在互联网时代找到了自己的栖息地，更在此展开了自我革命式的发展以迎合互联网时代的特性。"软法革命"表现为从填补到建构的升级、从渐进到爆发的跨越、从国家向民间的位移以及从经验到创新的突破，[3]从而为互联网治理法治化提供了新的思路。对外我们可以看到当前国际互联网的运行处在由多边主体执行的规则之治之中，其本质上是一种缺乏正义性和有效性的治理，让互联网的全球治理处于法治贫困的状态。[4]对此习近平主席指出了要共同构建网络空间命运共同体，推动互联网全球治理体系向着多边、民主、透明的方向发展。[5]但想要改变传统国际互联网治理规则并非易事，而软法恰恰能够成为反映各方诉求、凝聚各方共识的最佳载体。从而实现互联网治理体系转变的软着陆，为改革增添更多的灵活性和可能性。

---

〔1〕参见王奇才：《全球治理的法律渊源及其合法律性问题》，载《法制与社会发展》2011年第2期。

〔2〕参见《习近平在中共中央政治局第三十六次集体学习时强调加快推进网络信息技术自主创新　朝着建设网络强国目标不懈努力》，载《人民日报》2016年10月10日，第1版。

〔3〕参见马长山：《互联网+时代"软法之治"的问题与对策》，载《现代法学》2016年第5期。

〔4〕参见支振锋：《互联网全球治理的法治之道》，载《法制与社会发展》2017年第1期。

〔5〕参见习近平：《在第二届世界互联网大会开幕式上的讲话》，载《人民日报》2015年12月17日，第2版。

（二）软法协调个人信息跨境监管的实践经验

互联网时代软法的治理优势让我们发现了解决与互联网相关法律问题的可行路径，而其能否协调个人信息跨境监管的法域冲突则需要从实践角度加以检视。纵观国际社会在个人信息领域的协调与合作，软法的确在全球、区域及双边等多个层面发挥了重要作用。

全球视角下软法在个人信息跨境领域的示范作用不容小觑。经济合作与发展组织（Organization for Economic Co-operation and Development，OECD）早在1980年便出台《关于隐私保护和个人数据跨境流动指南》协调各成员方在数据跨境流动与保护领域的政策。该指南作为典型的软法尽管不具有强制拘束力，但其所树立的自由流动与合法限制并重的理念以及数据质量、有限收集等八项原则却产生了较好的示范效应。2011年OECD在总结过去30年经验的基础上指出该指南以简洁、技术中立的语言表达了个人信息保护的框架原则，这一框架被实践证明能够适用于不同的立法结构，适应社会及技术环境的变化，至今仍具有良好的影响力。[1]2013年，OECD对该指南进行了进一步调整，在保持原有八项原则不变的基础上加入了隐私管理项目和国家政策战略等条款，力图适应当下个人信息监管领域的新发展，进一步发挥其软法的示范作用。与OECD专注于国际经济领域的合作不同，联合国作为全球影响力最大的政府间国际组织也在1990年颁布的《关于自动资料档案中个人资料的指南》中就个人信息跨境问题作出安排。其基于联合国宪章，在监督机制、跨境流动等诸多方面进行了较为详尽的规定，并借助联合国广泛的影响力使该指南得到较好的推广，充分发挥了软法的示范作用。而在过去十几年里，联合国也始终关注网络空间的国际合作与规则制定。成立于2004年的联合国政府专家小组（United Nations Governmental Group of Expert，UNGGE）至今已组成过五次专家小组，并于2010年、2013年和2015年先后发布了三份专家组报告来引导网络空间多边合作机制的建立，弥合各方在网络空间治理上的主要分歧。2018年12月，联合国大会第一委员会先后通过了两项关于网络空间国家行为的决议，其中一项由俄罗斯提交，将在联大之下设立一个开放性工作组（Open-ended Working Group，OEWG），负责研究UNGGE此前报告中的既有规范、提出新规

---

[1] See OECD, "The Evolving Privacy Landscape: 30 Years After the OECD Privacy Guidelines", availableat http://www.oecd.org/sti/ieconomy/49710223.pdf., last visited：Jan. 18, 2019.

范并探索在联合国框架下建立定期对话机制的可能性。另一项由美国提起，将设立一个新的政府专家组（Group of Governmental Experts，GGE），负责研究现有国际法如何适用于网络空间的国家行为，并提出促进遵守现有网络规范的途径。[1]从OEWG与GGE的产生过程看，一方面其反映了在联合国机制下美俄在网络空间治理中的政治对抗，凸显了通过条约等硬法协调各方利益的困难。另一方面，两种工作组的模式都展现出了依靠开放、非强制性的软法机制推动国际合作的可能。另外，2018年11月法国推出《网络空间信任与安全巴黎倡议》，截至2019年1月下旬，已得到了全球六十余个国家、百余个国际组织的认可。纵观该倡议，其高度强调各方利益主体的平等对话与合作，[2]倡导规则的引领和示范效应，贯彻了软法治理的精神内涵。

区域视角下软法更从示范走向落实，逐步显现出软法的"硬效果"[3]。亚太经合组织（Asia-Pacific Economic Cooperation，APEC）作为亚太地区重要的经济合作官方论坛，近年来越发关注地区内电子商务的发展。但与此同时，以个人信息为重点的信息跨境及隐私保护问题也引发了多方担忧。因此，在2004年APEC成员方就隐私保护达成共识并签署了《亚太经合组织隐私保护框架》（以下简称《APEC框架》）。该框架作为软法虽不具有拘束力，但其在长期的实践中实现了对区域内各方信息政策的聚合，从而促成了"跨境隐私规则"（Cross-Border Privacy Rules，CBPR）的出台。CBPR作为规范亚太地区从事数据跨境传输业务企业的规则，以自愿加入为前提，重点在隐私执法机构、问责代理机构和企业三方面进行监管。其有效地保证了整个体系的高标准，使《APEC框架》这一软法展现出硬效果，影响了区域内各国的政策制定与立法方向。[4]

---

[1] See UN General Assembly, "Developments in the field of information and telecommunications in the context of international security", (A/RES/73/27), available at https://undocs.org/A/RES/73/27, last visited: Feb. 12, 2019.

[2] 参见黄志雄、潘泽玲：《〈网络空间信任与安全巴黎倡议〉评析》，载《中国信息安全》2019年第2期。

[3] See Anne-Marie Slaughter, "Sovereignty and Power in a Networked World Order", *Stanford Journal of International Law*, Vol. 40, No. 2., 2004, p. 283.

[4] See Noriko Higashizawa, Yuri Aihara, "Data Privacy Protection of Personal Information Versus Usage of Big Data: Introduction of the Recent Amendment to the Act on the Protection of Personal Information (Japan)", *Defense Counsel Journal*, Vol. 84, No. 4., 2017, p. 1.

双边视角下尽管各国开始尝试用条约协调个人信息跨境监管，但相关条约的软法色彩依旧浓厚。从目前来看，在个人信息保护领域最具代表性的双边条约当属美欧之间达成的《安全港协议》和《隐私盾协议》。1995年欧盟《个人数据保护指令》所强调的"数据充分保护"使得欧盟数据不得流入包括美国在内的数据不充分保护国家，从而导致美欧之间数据跨境受阻。随着个人信息的商业价值越发凸显，其不仅影响了美国的商业利益，更让欧盟意识到了这一政策的局限。因此，欧盟开始通过采用合同等带有私法色彩的方式，以软法的理念尝试解决该问题。[1]2000年在美欧双方的协调下《安全港协议》达成，该协议以企业自愿加入的方式，通过政府的有限监管保证加入企业达到欧盟"数据充分保护"标准，从而化解了欧盟对美国企业数据获取的限制。但该协议本质上约束的是美国企业，并不会产生国际条约的拘束力而影响美国及欧盟的国内法，因此具有强烈的软法色彩。然而2013年"棱镜门"事件的爆发使得《安全港协议》被判无效，双方在跨境信息流动上丧失了合法性基础。在风波过后美欧双方再次认识到个人信息等数据跨境的重要性，因此2016年《隐私盾协议》应运而生。该协议在继承《安全港协议》的基础上针对美国政府作出了专门的规定，同时增强了对欧盟公民的保护，防止"棱镜门"事件再次发生。[2]尽管如此，《隐私盾协议》仍未改变《安全港协议》所确立的基本框架，其虽然加强了监管及惩罚但仍不具有国际法上的拘束力，软法色彩依旧浓厚。另外，在双方通过软法解决具体问题的同时，美欧也在软法的影响下在执法与立法上相互借鉴。例如在2011年对Facebook的调查中，有学者便指出爱尔兰与美国虽立法差异较大，但在执法上却通过类似方法使得大洋两岸的差别不再明显。[3]而在立法上，尽管GDPR在继承欧盟《个人数据保护指令》的同时从过去对单一国家评估逐步扩展到特定地区及国际组织，[4]但其也在保护个人信息的同时开始关注信息的商业价值，通过借

---

[1] See Lingjie Kong, "Data Protection and Transborder Data Flow in the European and Global Context", *European Journal of International Law*, Vol. 21, No. 2., 2010, p. 441.

[2] See Paul M. Schwartz, Karl-Nikolaus Peifer, "Transatlantic Data Privacy Law", *Georgetown Law Journal*, Vol. 106, No. 1., 2017, p. 115.

[3] See William McGeveran, "Friending the Privacy Regulators", *Arizona Law Review*, Vol. 58, No. 4., 2016, p. 959.

[4] See Jacob M. Victor, "The EU General Data Protection Regulation: Toward a Property Regime for Protecting Data Privacy", *Yale Law Journal*, Vol. 123, No. 3., 2013, p. 513.

第七章　个人信息跨境监管背景下在线纠纷解决方式的发展困境与出路 ❖

鉴美国的立法经验为欧盟的数字经济发展留下了空间。[1]

因此，无论是从全球视角还是区域视角，软法在个人信息跨境方面已然发挥了巨大的示范作用并在部分实践中产生了"硬效果"。而从双边来看，作为全球的两大经济体，美欧之间的双边协议看似构成了国际条约这一国际硬法，但实质上仍带有强烈的软法色彩，并发挥着软法的作用引导美欧在该领域的立法与执法进一步融合。

（三）个人信息跨境监管背景下软法推动 ODR 发展的可能

无论是在国际互联网治理还是个人信息跨境协调上，软法虽未达到条约等国际硬法的强制拘束力，但其也已然开始发挥作用并推动了网络空间向着规则化、法治化的方向迈进。回归 ODR，软法能否成为推动其继续发展的可行路径，既离不开前述所论的软法优势，也离不开国际社会、主权国家及商业团体等推动 ODR 发展的意愿。笔者认为，从现有规范看，ODR 早已成为世界各国普遍关注的纠纷解决方式，各国对该领域的规则和机制建构表达出了强烈的意愿并已通过软法展现出来。

早在 21 世纪初，众多国际组织、仲裁机构及电商平台都开始关注 ODR 并发布了相关的指引与规则。从国际组织看，国际消费者协会在 2000 年便针对在线消费纠纷出台了《网络纠纷报告》以呼吁国际社会关注在线消费纠纷解决。而国际商会作为全球重要的商业组织也于 2003 年发布了《矫治：在线商务消费者救济和在线争议解决的最佳实践》和《在线解决争议：B2C 和 C2C 交易中在线争议解决的最佳实践》两份指引，引导商家与消费者以在线方式解决纠纷。2010 年 UNCITRAL 开始关注在线纠纷解决并着手起草具有示范法性质的草案，这期间世界主要国家均表现出了积极的姿态并探寻可行的国际规则。2016 年其在各方意见的基础上推出的《技术指引》成了目前与 ODR 相关的最重要的国际软法。从电商平台看，其作为电子商务的直接参与者早在电子商务发展之初便针对在线消费纠纷解决出台相应规则。美国著名电商平台 eBay 就通过建立起依托自身平台的在线纠纷解决规则，有效地减轻

---

[1] 参见周汉华：《探索激励相容的个人数据治理之道——中国个人信息保护法的立法方向》，载《法学研究》2018 年第 2 期。

了公司的涉讼压力并将其融为了自身商业模式的一部分。[1]近年来，淘宝、京东等国内知名电商也纷纷出台在线纠纷解决的规则，并借助电子商务的全球拓展使得该软法规则得以推广。而从国际仲裁机构的动向看，作为市场中最敏锐的观察者，其也较早地发现了ODR的巨大前景。2002年香港国际仲裁中心率先出台《电子交易仲裁规则》并开始受理来自世界各地的在线纠纷仲裁。美国仲裁协会也于2011年通过《国际纠纷解决中心解决制造商和供应商在线争议协议》，以协助制造商和供应商有效解决纠纷。而面对中国电子商务在全球的崛起，中国国际经济贸易仲裁委员会2015年发布的《网上仲裁规则》更推动了中国ODR规则的发展。因此，无论是国际组织的指引还是电商平台和仲裁机构的规则，其都成了软法的重要组成部分。同时长期的域外实践也表明，在线纠纷解决中已经初步形成了软法与国家法的良性互动，一定程度上推动了纠纷解决的公平与高效，[2]也充分显现了目前发展ODR的凭借所在。

从个人信息跨境监管的角度，解决当前ODR的发展困境必然会触及各国的个人信息监管权，而这也恰恰能彰显出软法的价值。软法依托的是各国的自愿遵守，而能够让各国选择接受软法在ODR上的协调则需要合理的机制设计。笔者认为，解决该问题首先需要将个人信息监管和ODR分离，让公权力归公法、私权利归私法。可以在坚持现有ODR软法的基础上，通过依托UNCITRAL和UNGGE继续制定和更新软法，以自愿申请加中立评级的方式对网上解决平台和网上解决管理人进行认证，引导平台自愿加入、政府定向监管、当事人合理选择，实现对困境的化解，具体而言主要有以下两点。

其一，通过联合国专家组制定并倡导软法之治，是协调各方在ODR中个人信息跨境监管利益冲突的依托。倡导ODR中个人信息跨境监管的软法之治离不开具体的执行者，因为软法想要发挥作用需要不断地总结各方意见并更新文本。纵观全球，联合国无论是在专业经验还是国际声望上都具有较大的优势。而依托联合国广泛的成员基础也能够较好地协调各国利益并搭建对话平台。目前UNCITRAL第二和第四工作组负责争议解决和电子商务立法，其

---

[1] See David P. Baron, "Private Ordering on the Internet: The eBay Community of Traders", *Business and Politics*, Vol. 4, No. 3., 2002, p. 245.

[2] See Gauthier Vannieuwenhuyse, "Arbitration and New Technologies: Mutual Benefits", *Journal of International Arbitration*, Vol. 35, No. 1., 2018, p. 119.

对国际电子商务规则的制定也有着巨大影响力。与此同时，UNGGE作为联合国专注于网络空间治理的主要机构，在国际网络空间规则制定上具有重要的话语地位，而新设立的OEWG、GGE也在一定程度上贯彻了软法的治理理念，有效凝聚了各方共识并力图促进国际网络空间规则的成文化发展。因此，依托联合国以UNCITRAL和UNGGE为基础建立一个有广泛代表性的专家组，持续地关注ODR中个人信息跨境监管与协调问题，并不断更新相关软法是较为可行的方案。

其二，以软法建立自愿申请加中立评级的方式，通过对网上解决平台和网上解决管理人的认证形成指导名单，从而引导政府监管和当事人选择，化解相关制度困境。《技术指引》中强调了网上解决平台及网上解决管理人的重要性，倡导双方当事人在纠纷解决条款中具体指明平台及管理人，从而保证通信的安全和高效。[1]该指引尽管主要针对的是ODR中信息传输的安全问题，但其也为如何实现信息监管与ODR的分离提供了思路。其实，早在2013年欧盟便通过相关指令和条例推动网上解决平台进行认证并公布相应的名单供使用者参考。[2]而在全球视野下，笔者认为UNCITRAL可以在《技术指引》的基础上形成新的带有软法属性的框架，该框架首先需要各平台及管理人以申请的方式自愿加入，之后由UNCITRAL和UNGGE组成的专家组对各平台及管理人进行中立评级并形成指导名单。针对该名单，各国可以根据各个平台的等级确定不同的信息监管方式和力度，从而引导当事人根据案件的纠纷性质、涉案当事人住所等不同因素选择不同的平台及管理人，一旦选择便要接受不同程度的信息监管。而在整个过程中，其始终是以软法的方式引导平台及管理人自愿加入，引导各国政府根据名单评级进行更简约的行政管理和审查，[3]引导双方当事人进行合理选择，在维护各国信息监管权的基础上保持ODR的私法属性。同时，各国政府也可以通过诸如备案等方式与网上解决平台达成相关协议，增强在ODR中数据存储和出境问题上的弹性，以提高

---

[1] See Scott J. Shackelford, Anjanette H. Raymond, "Building the Virtual Courthouse: Ethical Considerations for Design, Implementation, and Regulation in the World of ODR", *Wisconsin Law Review*, Vol. 2014, No. 3., 2014, p. 615.

[2] See Graham Ross, "European Businesses and the New European Legal Requirements for ODR", *International Journal of Online Dispute Resolution*, Vol. 3, No. 2., 2016, pp. 135-145.

[3] 参见张新宝、许可：《网络空间主权的治理模式及其制度构建》，载《中国社会科学》2016年第8期。

其效率并促进 ODR 全球发展，最终实现软法协调下多维目标的实现。

三、结语

综上，在 ODR 中的个人信息跨境监管问题上，因其涉及包括个人信息在内的大量信息跨境而使得隶属私法范畴的 ODR 沾染了公法利益。个人信息跨境问题本质上来自于全球化下信息跨境流动的需要与各国捍卫网络主权之间的矛盾，其中掺杂了复杂的国家利益从而令 ODR 陷入困境。面对互联网时代社会结构的变革和逆全球化的风起云涌，软法日益成为当下协调各国利益的重要载体。从实践经验看，软法也的确在协调个人信息跨境监管上发挥了重要作用，是当前 ODR 全球发展的重要凭借。

笔者提出要重视软法在 ODR 发展中的作用，尤其要在个人信息跨境监管等问题的解决上运用软法。而在操作上笔者建议依托联合国不断制定和更新软法，通过建立网上解决平台和管理人自愿申请加专家组中立评级的方式确定指导名单并引导各国政府、网上解决平台及当事人进行更为灵活的选择，从而实现个人信息监管和 ODR 发展的平衡，化解当前的困境并促进多维目标的达成。

CHAPTER 8 第八章

仲裁的数据化与中国应对[1]

当前,数字技术正以新理念、新业态、新模式全面融入人类经济、政治、文化、社会、生态文明建设各领域和全过程,给人类生产生活带来广泛而深刻的影响。[2]仲裁作为解决纠纷的重要机制内嵌于市场经济发展和法治社会建设,其也会在数字技术的应用中迎来新的发展契机,仲裁的数据化便成为不容忽视的时代趋势。但仲裁的数据化转型必将对传统仲裁制度产生影响,故需作出回应。

本章聚焦仲裁的数据化,首先通过对仲裁数据化的动因分析厘清这一趋势产生的动力与脉络。在此基础上,从现行仲裁理论与制度检视数据化对其产生的影响。最后,文章试图从中国仲裁制度改革的宏大背景下,针对数据化产生的冲击提出制度调适的方向,以期完善中国仲裁制度,提高中国仲裁的公信力和竞争力。需要指出的是,仲裁作为一种纠纷解决方式在各类型的纠纷解决中均有所运用。但本章所关注的仲裁主要指民商事仲裁制度,相关理论与制度的探讨也由此展开。

一、仲裁数据化的现实动因

仲裁的数据化是在数字技术广泛应用的过程中,建筑于仲裁虚拟化基础之上所产生的演进趋势。它的形成既顺应了时代发展的外在趋势,也是仲裁制度自我发展的内在选择。而在仲裁跨域竞争日益激烈的背景下,仲裁的数

---

[1] 本章作者冯硕。
[2] 参见《习近平向2021年世界互联网大会乌镇峰会致贺信》,载《人民日报》2021年9月27日,第1版。

据化也成为各国通过制度创新提升本国仲裁竞争力的着力点。

（一）数字技术应用的时代趋势

党的十九大报告中指出"世界正处于大发展大变革大调整时期，和平与发展仍然是时代主题。世界多极化、经济全球化、社会信息化、文化多样化深入发展，全球治理体系和国际秩序变革加速推进，各国相互联系和依存日益加深，国际力量对比更趋平衡，和平发展大势不可逆转。"[1]这精准预判并概括了大变局时代的基本特征。党的二十大报告再次强调"当前，世界百年未有之大变局加速演进，新一轮科技革命和产业变革深入发展，国际力量对比深刻调整，我国发展面临新的战略机遇。"[2]社会信息化和科技革命的到来，主要得益于以互联网为核心的数字技术的广泛运用，仲裁作为内嵌于社会生产生活之中的纠纷解决机制也深受其影响，呈现出数据化的趋势。

仲裁作为一种在市民社会中兴起、受主权者立法保障的社会化司法方式，[3]它的理论革新与制度形塑伴随着社会经济的发展。自20世纪末互联网走出美国实验室并在全球推广后，仲裁便应时而变开始从线下向线上的转型，推动相关规则与法律的形成。早在1998年，英国伦敦国际仲裁院（London Court of International Arbitration，LCIA）便在其仲裁规则中允许通过电子邮件等方式展开仲裁通讯，并设立单独的电子邮箱供当事人使用，形成了电子档案系统。同年，世界知识产权组织（World Intellectual Property Organization，WIPO）开发出了数字化的案件管理系统，支持当事人通过在线方式提交材料和缴纳费用等，形成了一个相对独立的仲裁数据平台并辅助仲裁庭开展工作。2001年美国仲裁协会（American Arbitration Association，AAA）也借助美国的技术优势开发出所谓的"电子案件管理系统"（eDispute Management），为仲裁的全面线上运行提供支持并引领行业发展。[4]

---

[1] 习近平：《决胜全面建成小康社会 夺取新时代中国特色社会主义伟大胜利——在中国共产党第十九次全国代表大会上的报告（2017年10月18日）》，载《人民日报》2017年10月28日，第1版。

[2] 参见习近平：《高举中国特色社会主义伟大旗帜 为全面建设社会主义现代化国家而团结奋斗——在中国共产党第二十次全国代表大会上的报告（2022年10月16日）》，载《人民日报》2022年10月26日，第1版。

[3] 参见傅攀峰：《商事仲裁：一种"去剧场化"的司法方式》，载《重庆理工大学学报（社会科学）》2020年第10期。

[4] 参见李虎：《网上仲裁法律问题研究》，中国政法大学2004年博士学位论文。

第八章　仲裁的数据化与中国应对

数字技术在仲裁领域的广泛应用，促使各国仲裁法和相关国际规范也开始作出调整。作为全球最大的商业组织，国际商会（International Chamber of Commerce）率先就电子商务中的消费纠纷解决作出规范，并通过《矫治：在线商务消费者救济和在线争议解决的最佳实践》和《在线解决争议：B2C 和 C2C 交易中在线争议解决的最佳实践》两份指引引导商家与消费者以在线方式进行仲裁等解决纠纷。《联合国国际贸易法委员会国际商事仲裁示范法》（本章简称《示范法》）作为国际社会普遍认可的仲裁立法，在 2006 年的修订中也基于仲裁的数据化，明确了以数据电文为载体的仲裁协议满足仲裁协议的书面性要求，为之提供了合法性支撑。也恰是在这一基础上，2010 年联合国国际贸易法委员会开始关注在线纠纷解决并着手起草具有示范法性质的草案，2016 年其在各方意见基础上推出的《关于网上纠纷解决的技术指引》（本章简称《技术指引》）成为国际电子商务和纠纷解决的重要成果。

面对各国仲裁机构和国际组织对数字技术应用于仲裁的认可及相关制度的形成，来自全球的商业主体愈加青睐通过在线方式开展仲裁。根据 2021 年伦敦玛丽女王大学领衔发布的《国际仲裁调查报告》（本章简称《仲裁报告》），通过线上方式开展仲裁的方式在短时间内迅速普及。超过 70% 的受访者认可并接受了在线听证、电子化送达、电子文档运用等多种数字化形式，并认为这有效提升了仲裁的便利性。这不但进一步促进了各国仲裁数据化基础设施建设，也在发现问题的同时为相关制度的完善提供可能，成为仲裁业发展的重要趋势。[1]

因此，仲裁的数据化是伴随着数字技术的广泛应用而产生的客观结果，随着互联网技术的发展，仲裁已在过去 20 余年间逐渐从现实走向虚拟，促使仲裁产生的大量文本材料转化为二进制数据并在网络空间进行瞬时流转。仲裁的数据化除了得益于技术的成熟外，也离不开基于技术应用推动的相关规范的成型，这都为仲裁的数据化提供了发展和完善的动力。质言之，仲裁的数据化已经不再是理想的设定，而是在时代的推进中成为一种现实并引发了包括仲裁在内的相关法律制度的自我完善。

---

[1] See Queen Mary University of London, "2021 International Arbitration Survey: Adapting Arbitration to A Changing World", White & Case, available at: https://arbitration.qmul.ac.uk/media/arbitration/docs/LON0320037-QMUL-International-Arbitration-Survey-2021_19_WEB.pdf, last visited: Mar. 10, 2023.

（二）仲裁制度完善的自我选择

仲裁的数据化得益于数字技术的广泛运用，仲裁走向线上虚拟方式是数字经济时代仲裁发展的趋势。但对于仲裁制度本身而言，数据化也促进了仲裁的自我完善，甚至解决了许多长期困扰其发展的难题。

首先，仲裁的数据化有效提升了仲裁的效益。仲裁的效益主要与仲裁的成本和效率有关，并集中体现在费用和时间这两个度量中。仲裁作为与诉讼平行存在的纠纷解决机制，从其诞生之初便希冀满足民商事主体高效解决纠纷的诉求，以维系商事活动所追求的低成本和高收益，实现在单位时间内成本收益的最优配置。这催生了以"一裁终局"为关键特征的现代仲裁制度，并允许当事人通过更加灵活自主的方式选定程序。[1]但随着仲裁持续的制度化和规范化，仲裁程序被不断地叠床架屋，导致仲裁效率渐趋降低而成本日益提高。根据2018年《仲裁报告》的持续性调查，越来越多的受访者都表示目前仲裁庭和仲裁机构在纠纷解决中因对程序的严格把控和过程性材料的谨慎处理导致仲裁反复被拖延，极大地削弱了仲裁的效率并加重成本，故需对此作出制度改革。[2]

数据化将仲裁转移至线上，借助数据的交互实现沟通，在技术上改变了传统仲裁的推进状态，并在下述方面提高效益。一是提升了仲裁的程序效益。不同于传统仲裁中需要协调仲裁庭和当事人时间以组织在开庭的模式，线上仲裁可以使身处不同国家的仲裁员和当事人快速集合并推进程序，防止因时间和方式等客观情况限制导致的程序一再拖延，减少了因线下交通和开庭产生的花费。二是提高了仲裁文书的撰写效率。仲裁裁决的撰写是仲裁程序中最为重要的环节。尽管其主要要求仲裁庭就纠纷明确最终的立场以定分止争，但为了维护仲裁的公正，仲裁员往往要花费大量的时间在浩繁的材料中找寻证据、固定事实并撰写理由。仲裁的数据化实现了相关材料的电子化，为仲裁员通过数字技术快速检索材料并归纳焦点提供支持，提高裁决书起草的效

---

[1] 参见刘晓红、袁发强主编：《国际商事仲裁法案例教程》，北京大学出版社2018年版，第17页。

[2] See Queen Mary University of London, White & Case, "2018 International Arbitration Survey: The Evolution of International Arbitration", available at: https://arbitration.qmul.ac.uk/media/arbitration/docs/2018-International-Arbitration-Survey---The-Evolution-of-International-Arbitration-（2）.PDF, last visited: by Mar. 10, 2023.

率并降低了仲裁的费用。三是提高了仲裁案件的管理效率。高质量的仲裁需要良好的仲裁案件管理,在现代仲裁制度中主要由仲裁机构承担这项任务。但随着纠纷的国际性和复杂性不断提升,案件管理中反复的文件送达和组织听证等工作成为仲裁机构的重担。而仲裁的数据化促使仲裁机构建立了案件数据库,其可以通过更加智能化的技术进行案件管理,减少因文件流转等工作导致的程序延宕并降低案件管理费用。

其次,仲裁的数据化加速了仲裁的趋同化。仲裁作为根植于特定文化土壤产生的纠纷解决机制,起初其依附于不同国家的法律体系,故在各法域呈现着不同的特色与方式。随着全球化的深入推进,法律的全球化也以一种"非国家化"、"标准化"、"趋同化"和"一体化"的形态逐步呈现。[1]尤其在《承认及执行外国仲裁裁决公约》(本章简称《纽约公约》)的推广令仲裁成为了解决国际纠纷的首要方式后,推动各国仲裁法的趋同化发展并形成相对统一的仲裁程序与规则成为共识,由此也促成了《示范法》的形成。虽然在过去几十年,仲裁制度的趋同化趋势明显,但受限于各法域制度传统,当事人参与国际仲裁时在文书撰写、材料归纳以及法律论证中存在较多差异而加剧冲突。并且由于仲裁需要尊重当事人意思自治,故难以弥合各方的诉求差异而降低了纠纷解决的效果。

仲裁的数据化实际上是将现实的仲裁转换成虚拟形态,由此使得现实中那些存在差异的仲裁行为归顺于数字化的机器标准,这便加速了仲裁的趋同化和标准化建设。一方面,仲裁文本的数据化对有关法律文书的形式与内容作出规范,使得当事各方要按照相对统一的标准组织并提交材料。这极大地提高了各方阅读并掌握文书材料的便利度,防止因各自行为习惯产生的书写或表达差异而引发误解和冲突。另一方面,仲裁程序的线上进行促使仲裁机构和仲裁庭基于成本考量逐渐形成相对一致的程序规则和案件管理模式。虽然仲裁允许当事人自愿选择以保证程序的灵活,但面对这种"成套设备"的存在,其也多乐于接受。这有效减少了传统仲裁中当事人在不同仲裁规则基础上作出特殊意思表示的情况,加速了仲裁程序的趋同化和标准化。

最后,仲裁的数据化提升了仲裁参与全球治理的能力。仲裁的国际性使

---

〔1〕 参见张文显:《WTO 与中国法律发展》,载《法制与社会发展》2002 年第 1 期。

之成为全球治理当中的重要内容，近年来国际社会愈加重视其在全球治理中的价值。仲裁数据化的发展，也拓展了它参与治理的平台，有助于仲裁的多样性和可持续发展。仲裁的多样性建设主要针对长期以来国际仲裁囿于以白人男性为主的特定圈层之中，使得仲裁制度的形塑和结果的得出带有强烈的西方中心色彩，难以满足多数国家的利益诉求。[1]因此，近年来仲裁业界始终希望增加女性和少数族裔人士在国际仲裁的参与机会，解决多样性缺失的问题。仲裁的数据化恰令遍布世界各国的法律人士拥有更多机会参与处理国际纠纷，让国际仲裁不再囿于伦敦、巴黎等国际仲裁中心的仲裁员与律师圈子中。同时，由于仲裁数据化要求仲裁员与律师应具备一定的技术能力，这也为技术能力相对较好的年轻人才参与国际仲裁提供机会，促进了仲裁员的年龄多样性。

可持续发展亦是当前国际仲裁业界关注的重点，以国际商会仲裁院（International Chamber of Commerce International Court of Arbitiation，ICC）为代表的仲裁机构更通过专项计划的方式提高仲裁对节约资源和保护环境的助益性。仲裁的数据化将使得大量的仲裁文件转化为电子化形式并通过互联网进行传输，线上听证的普及也减少了因线下聚集所产生的能源消耗。这种无纸化和低耗能的仲裁形式无疑有利于环境的可持续发展，进而推动围绕仲裁的周边产业也向着可持续的方向迈进。

（三）仲裁全球化中的竞争需求

仲裁的数据化因有效化解了诸多影响其发展的现实问题，使得整个仲裁行业越发重视并追求这一发展趋势。但制度的演进往往不是在相对平稳的状态下的线性推进，许多制度的革新需要特定主体的推动。仲裁的全球化使之逐渐成为国际性的法律服务业，其所产生的经济与法律收益更让各国之间展开竞争。该过程中，谁能快速地实现本国仲裁的数据化升级将影响其国际竞争力，这也反向加速了仲裁的数据化演进。

《纽约公约》的广泛缔结使得仲裁地位于任一缔约国的仲裁裁决可以在其他缔约国承认并执行，打造了一个全球性的仲裁裁决流通市场，令越来越多的跨国纠纷通过选择仲裁解决。该市场的形成允许当事人自由选择在何地进

---

[1] See Fabrizio Marrella, "Unity and Diversity in International Arbitration: The Case of Maritime Arbitration", *American University International Law Review*, Vol. 20, No. 5., 2005, pp. 1056-1066.

行仲裁，这便成为全球商业主体自我选择的空间。对于各国而言，国际仲裁庭选择到某地进行仲裁便会为当地的律师、公证及司法辅助等专业人员提供就业机会，大量的国际仲裁庭汇聚更会推动当地的服务业发展并获得经济效益。除了经济收益以外，仲裁地作为仲裁裁决作出地，其直接决定了国际仲裁裁决的国籍并影响着仲裁的法律适用，仲裁地法院更拥有撤销该裁决的权力。[1] 所以，一旦某一法域成为全球受欢迎的仲裁地，便会提升该国法律的域外适用力和法院的国际影响力。

面对成为受欢迎仲裁地所带来的收益，近年来世界主要法域都纷纷聚焦于此展开竞争。从相关研究来看，打造具有国际影响力的国际仲裁中心，往往取决于下述六点要素，即该国为《纽约公约》缔约国、以《示范法》为仲裁法律、具有国家仲裁机构和国际仲裁中心、具备熟悉仲裁实践的法官队伍、不断提高国际仲裁能力建设水平以及不断更新同仲裁有关的法律。[2] 在仲裁数据化的趋势下，能否为当事人在仲裁中提供更加自由的数据流通渠道和稳定的数据安全环境也成为体现各国仲裁能力的重要方面。尽管仲裁的数据化可能令仲裁庭不会真正到该地开庭，但相关的法律收益亦是不可忽视的。

在仲裁国际化的竞争格局中，除了仲裁数据化的制度完善外，仲裁机构作为直接参与仲裁国际竞争者更积极通过各种方式拥抱仲裁数据化，以期博取更大的竞争优势。同时，由于是否具有国家级的仲裁机构和国际仲裁中心亦关系到当地的仲裁竞争力，因此在国际仲裁的市场竞争中各国纷纷通过各种方式支持本国仲裁机构发展，其中便包括对仲裁机构数据化能力的建设。例如新加坡作为近年来日益崛起的国际仲裁中心，其在短短十余年间就一跃超过巴黎、斯德哥尔摩等传统欧洲仲裁中心而成为与伦敦比肩的最佳仲裁地。而在仲裁数据化方面，新加坡大力支持亚洲首个综合性纠纷解决中心 Maxwell Chambers 的发展，为其引进了全球领先的在线听证设备并提供数字化的转录、笔译和口译等辅助服务。新加坡国际仲裁中心（Singapore International Arbitration Centre，SIAC）积极促进仲裁的数据化建设，并于 2020 年发布了有关远程仲裁的指

---

[1] 参见沈伟、陈治东：《商事仲裁法：国际视野和中国实践》（上卷），上海交通大学出版社 2020 年版，第 174~175 页。

[2] See Anselmo Reyes, Weixia Gu, *The Developing World of Arbitration: A Comparative Study of Arbitration Reform in the Asia Pacific*, Hart Publishing, 2018, p. 3.

南,指引并鼓励当事人通过在线及数据化方式开展仲裁。[1]

我国香港地区作为亚太地区发展迅猛的仲裁中心,在有关仲裁制度完善方面采用了与新加坡相似的政策,并在中央政府的支持下大力发展包括仲裁在内的相关法律服务业。尤其是面对我国内地电子商务的蓬勃发展,作为内地与国际市场连接枢纽的香港迅速抓住了"一带一路"倡议和大湾区建设的机遇,在香港律政司主导下设立了电子商务相关仲裁及调解平台(eBRAM)。该平台通过整合区块链、智能合约和人工智能等先进技术,为世界各地的当事人提供高效、便捷及安全的在线解决纠纷,加速了香港仲裁的数据化。[2]在香港特区政府的政策支持下,香港国际仲裁中心(Hong Kong International Arbitration Centre, HKIAC)也加强了对虚拟听证设备的建设,并借助相关指南推广电子取证、电子送达等方式促进仲裁的数据化发展。

总之,仲裁的数据化是在数字技术日臻成熟并全面应用到生产生活的时代趋势下所产生的一种演进趋势,其进一步提升了仲裁服务经济模式转型升级的能力,也有效增强了仲裁的效益、加速了仲裁的趋同化并提升了仲裁参与全球治理的能力。而近年来仲裁数据化的快速发展也得益于在仲裁国际化过程中各法域展开的制度与能力竞争,其加速了仲裁数据化的演进,推动仲裁制度进入新的发展阶段。

二、仲裁数据化的制度影响

仲裁的数据化虽然顺应了数字技术应用的时代趋势,为仲裁制度的完善和发展提供了有力支持,但其也会对传统仲裁制度产生影响。尤其随着各国数据监管法律体系的完善和模式的升级,更会影响到仲裁制度的构造并集中体现在公私界限、价值取向和竞争格局等方面。

---

[1] See Sreenivasan Narayanan S. C., Raja Bose & Henry Kim, "Singapore International Arbitration Alert", 7 June 2022, available at: https://www.klgates.com/International-Arbitration-and-the-Singapore-International-Arbitration-Centre-6-7-2022#:~:text=Singapore%20legislation%20and%20its%20judiciary%20strongly%20support%20arbitration.,and%20accords%20the%20Model%20Law%20force%20of%20law., last visited: Mar. 11, 2023.

[2] 参见香港律政司:《网上纠纷解决及法律科技》,载 https://www.doj.gov.hk/sc/legal_dispute/online_dispute_resolution_and_lawtech.html,最后访问日期:2023年3月10日。

(一) 数据化对仲裁公私界限的影响

仲裁数据化使得大量与仲裁相关的材料及活动转移至线上进行，并需要通过计算机设备及互联网展开数据的收集、存储与传输。但随着各国数据监管体系赋予政府等公权机关对与数据有关的活动进行监管的权力，其便改变了传统仲裁对公私界限的划定，进而对具体制度产生影响。

仲裁作为政治国家与市民社会分离和博弈之结果，它的形成得益于前者对后者的妥协。[1]仲裁作为内嵌于市民社会的私法纠纷解决机制，从其产生以来便希冀维护市民社会的私法自治而反对公权力的介入。但随着政治国家崛起后对市民社会的全面渗透，仲裁遭受了法院诉讼的挤压并一度陷入困境。直至文艺复兴与资产阶级革命后市民社会再度膨胀，令政治国家不断让步，并在借助公法秩序与私法自治的融合中形塑了包括仲裁在内的现代私法制度。在现代仲裁制度中，公私界限主要体现在仲裁开始时的可仲裁性、仲裁程序当中的自主与保密性以及仲裁裁决执行中的司法审查。

可仲裁性决定了在特定法律体系下何种纠纷可以经由仲裁解决，可仲裁范围愈广则该国公权力对仲裁的介入愈少。一般而言，以《示范法》为代表的相关仲裁法均将因契约性或非契约性的一切商事性质的关系所引起的纠纷纳入可仲裁范畴。随着时代的演进，包括证券、知识产权及反垄断等带有一定公法性质的纠纷也被纳入其中，总体上呈现可仲裁范围不断扩大的趋势。[2]随着数据日益成为重要的经济要素，在仲裁的数据化中涉及数据权属与流通的纠纷也随之而来，相关纠纷是否具有可仲裁性便成为问题。

数据作为兼具有财产权属性、人格权属性、国家主权属性的新型民事权利客体，[3]除了会影响私法利益外，也与公法利益相勾连。而有关人身权利及国家利益的纠纷往往不在可仲裁范围中，因此是否应当继续本着扩大可仲裁范围的立场允许相关纠纷进行仲裁，或是在具体仲裁程序推进中对法律关系作出界定，需要各国立法明确。从目前的发展趋势看，实践中已经存在大

---

〔1〕 参见郭树理：《民商事仲裁制度：政治国家对市民社会之妥协》，载《学术界》2000年第6期。

〔2〕 See Emmanuel Gaillard, John Savage, *Fouchard Gaillard Goldman On Internationa Commercial Arbitration*, Kluwer Law International, 1999, pp.312-359.

〔3〕 参见李爱君：《数据权利属性与法律特征》，载《东方法学》2018年第3期。

量与数据有关的纠纷交由仲裁解决的情况,相关仲裁机构也通过规则和指引支持有关活动,与数据有关的纠纷具备可仲裁性渐趋成为共识。

仲裁程序的保密性是仲裁的关键特征,体现着市民社会私主体在纠纷解决中对国家公权介入的排斥。仲裁作为契约化的纠纷解决方式基于私主体协议选择,它的程序推进强调对当事方意思表示的尊重。由于仲裁解决的纠纷无涉于当事方以外主体之利益,故本着商业利益需求,保密性成为仲裁的制度特征。[1]尽管仲裁保密性在实践中会导致裁判结果不一致等问题,但在百余年的演进中无论遭受何种质疑,保密性原则却始终被商事仲裁制度坚守。虽然近年来以 ICC 为代表的仲裁机构开始公开部分仲裁裁决,但只要当事人明示要求保密便依旧维系保密性,这本质上仍体现着对当事人意思自治的尊重,符合仲裁的契约属性。

仲裁的数据化让仲裁程序转移至线上,相关信息在数据化过程中必然涉及数据的收集、存储与流通等问题,这恰恰落入了现行数据监管的主要规制范畴。本着保障数据主体权利并维护数据安全的监管目的,各国均在不同程度上要求数据使用者接受监管,导致因仲裁而产生的大量数据会被公权力机关进行审查。这不仅突破了仲裁的保密性要求,更由于公权行为的刚性,当事人等相关私主体只能被动接受审查,仲裁的意思自治基石也遭受冲击。

仲裁裁决的执行是国家公权力为仲裁这一私法纠纷解决机制的背书,是政治国家将以国家权力为依托的强制执行力借与仲裁。故当仲裁裁决需要借助公权力执行时,其也需要满足政治国家的相关要求,由此产生了仲裁司法审查机制。起初各国在仲裁司法审查上往往采用相对严格的标准,但随着仲裁制度的成熟和政治国家的不断让步,仲裁司法审查开始呈现出愈加放松的趋势,限制法院公权力的审查范围也日益成为共识。1958 年《纽约公约》便重点针对该问题作出规制,希冀通过缔约国自我让渡主权的方式进一步限制法院公权力对仲裁的干涉。这确定了以公约第 5 条为基准的仲裁司法审查标准,强调法院对仲裁的审查主要限定于程序范畴。即使公约允许法院可以基于公共政策等原因对实体纠纷进行审查,但在实践中也均倡导减少对公共政

---

[1] See Alan Redfren, et al., *Law and Practice of International Commercial Arbitration*, Sweet & Maxwell, 2004, p. 28.

策的适用以尊重仲裁的独立与自主。[1]

仲裁的数据化令仲裁程序、裁决与国家的数据监管权产生联系,尤其在可仲裁范畴持续扩大背景下大量与数据有关的纠纷交由仲裁解决时,仲裁裁决一旦需要法院予以认可和执行,便需要优化司法审查制度。对于法院而言,尽管相关标准要求对仲裁作出程序性审查,但毕竟公共政策审查的权力仍由法院自行把握。如果相关仲裁裁决所涉及的数据权属、交易以及转移的问题有违本国的数据监管政策,法院或许很难赋予其合法性并协助执行。尤其在《纽约公约》框架下,不同缔约国在数据监管上的立场与方式存在差异,在一国合法的数据行为或许在另一国便不合法。面对这些外国仲裁裁决,缔约国法院当然可以以公共政策为由拒绝承认与执行,但这同时也有违公约的规范意旨。质言之,对于仲裁数据化下的仲裁裁决司法审查,法院既需要兼顾本国的数据监管政策,也需要保持尊重仲裁的立场,二者之间的平衡将成为司法审查的难点并反映着各国对仲裁制度中公私利益的划定。

(二) 数据化对仲裁价值取向的影响

包括仲裁在内的任何纠纷解决方式中都存在着公正与效率这两大价值取向的矛盾与冲突,对二者的平衡也影响其制度的形塑。[2]如前所述,仲裁的数据化有效提升了仲裁的效率并降低成本,但与此同时其也会影响到仲裁的公正性建设,由此需要在公正与效率平衡的视角下检视仲裁数据化所产生的影响。

公正是现代法治的核心理念,亦是任何纠纷解决方式所追求并维系的价值目标,缺乏公正性的司法活动往往也就失去了其存在的意义。在程序法的视角下,当事方平等和裁判者中立是实现正当程序的核心要求,是否能够贯彻两者,体现着仲裁程序的公正性。但随着仲裁数据化的发展,数字技术的应用促使仲裁制度和程序都呈现出了新的样态,这也会对当事方平等和裁判者中立产生影响。

对于当事方平等而言,法律面前人人平等是现代法治国家的制度支柱,反映着人们渴求得到尊重的基本愿望。具体到包括仲裁在内的民商事纠纷解

---

[1] See Albert Jan van den Berg, *The New York Arbitration Convention of 1958, Towards A Uniform Judicial Interpretation*, Kluwer Law International, 1981, p. 382.

[2] 参见刘晓红:《国际商事仲裁协议的法理与实证》,商务印书馆2005年版,第338页。

决中，其既要求立法上对当事人权利义务的平等分配，以期有效排除各种偏见、不必要的社会影响和不着边际的连环关系的重荷，使本来复杂的社会关系简单化，[1]也要求当事人可以平等行使权利以形成有效的攻防，而不会因社会地位、财富积累、文化水平等其他因素难以主张权利。故《纽约公约》和《示范法》均强调仲裁程序推进中当事各方均享有平等的得到通知和表达意见的权利。但仲裁数据化令仲裁需要依靠相应的数据传输设备进行，并需要满足相关数据监管要求，由此会从技术和政策两个方面影响当事方地位的平等。一方面，在线听证、数据调取以及文件提交均要依靠相应基础设施。如果当事方使用的计算机和网络水平存在差异，会使其在仲裁中的地位和能力不平等。另一方面，各法域在数据监管政策上存在尺度差异，令当事方所承担的数据责任及使用权限产生不平等。尤其在国际仲裁中，这种数据使用限制的差异也会致使不同法域当事人表达能力的失衡，且这种失衡多会发生在发达国家和发展中国家的当事人之间。这实际上是数字时代数据公正对仲裁公正的影响，成为仲裁数据化中不可忽视的问题。

对于裁判者中立而言，美国法学家戈尔丁为此设定了三条基本原则：一是任何人不能作为有关自己案件的法官；二是纠纷的结果中不含有解决者个人的利益；三是纠纷的解决者不应有对当事人一方的好恶偏见。[2]在仲裁改革上近年来各方愈加诟病仲裁员背景单一导致的公正性缺失，尤其随着发展中国家公民和企业参与仲裁的机会不断增多，仲裁员还仍囿于少数来自发达国家的白人男性群体，这将不利于裁判的中立。尽管这并不意味着这些仲裁员本身在道德或专业上存在问题，但因他们长期浸渍于特定的法律制度和文化背景，缺乏对其他法域制度与文化的了解，使得那些在发展中国家看来合法亦合理的行为常难被认可而败诉。如前所述，仲裁的数据化将有效促进仲裁员在法域、性别以及年龄方面的多样性，这也有利于提升仲裁的公正性。

效率作为评价纠纷解决程序质量的一项指标，尽管其已经成为与公正地位平等的另一程序价值取向，但其本质上仍是公正取向在司法活动中的逻辑延伸。"迟来的正义非正义"凝练了效率与公正的关系，因为只有及时高效地

---

〔1〕 参见李祖军：《论程序公正》，载《现代法学》2001年第3期。
〔2〕 参见[美]戈尔丁：《法律哲学》，齐海滨译，生活·读书·新知三联书店1987年版，第240页。

推进正当程序才能够为当事人带来真实的公正,才能够保障寓于法律规范中的公正理念贯彻到具体的个案中。故效率被视为司法程序中实现公正的保障,是公正的第二重含义。[1]在仲裁程序对公正和效率的平衡中,其往往通过对程序的适度简化来提高效率,并强调仲裁的公正需要基于商事法律的外观性和私法的契约性满足最低限度的个案公正。只要最终的裁判结果能够获得纠纷方的满意,便无须从法律秩序统一的角度苛求普遍公正。但仲裁毕竟内嵌于国家法律体系当中并接受法院的司法审查,故最低限度的个案公正无法彻底摆脱国家法普遍公正的影响,并且后者往往会决定前者。所以,导致仲裁员在仲裁程序中不得不严格遵守程序而陷入所谓的"正当程序偏执"之中,令仲裁程序的灵活性被不断消磨、效率不断降低。[2]在效率的提升中对公正的坚守似乎成为一大障碍,使仲裁在二者的平衡中陷入徘徊。

如前所述,仲裁的数据化促使各仲裁参与方可以在网络空间进行沟通并进行数据交互,这将提升仲裁的效率。但不同于传统仲裁制度通过简化程序并降低公正标准的方式,仲裁数据化对效率的提升则主要集中于缩短诸如因组织线下开庭、进行文件流转等过程性工作的耗时,对仲裁的实体程序并不会产生过多的影响。这无疑为兼顾公正与效率提供了新方案,跳出了对二者单一选择的怪圈。当然,在数据化提升仲裁效率的过程中,由于数据监管会令数据的传输受到审查,尤其在跨境传输中审查的程序更加复杂。这也可能引发程序的延宕而降低效率,成为仲裁数据化中不可忽视的问题。

(三) 数据化对仲裁竞争格局的影响

仲裁的全球化促使各国及仲裁机构展开竞争,并将仲裁的数据化作为重要的竞争指标。随着各国数据监管法律体系的形塑,虽然仲裁所涉及的数据多为商业数据,但其仍然会与个人数据产生交叉,故借助数据化方式展开的仲裁也将被纳入各法域的监管框架。各国监管立场和政策的差异,更使得仲裁数据化的运作将在不同法域呈现出不同面貌,对仲裁的跨域竞争格局产生

---

[1] 参见[美]理查德·A·波斯纳:《法律的经济分析》(上),蒋兆康译,中国大百科全书出版社1997年版,第16页。

[2] See Klaus Peter Berger, J. Ole Jensen, "Due Process Paranoia and The Procedural Judgment Rule: A Safe Harbor for Procedural Management Decisions by International Arbitrators", *Arbitration International*, Vol. 32, No. 3., 2016, pp. 421–429.

影响。

在仲裁全球化的背景下，以数据化的方式开展国际仲裁首先需要面对各国不同的监管立场与体系。目前全球的数据监管主要分为以美国为代表的全球主义和以欧盟为代表的本地主义两种模式。前者主要指主权国家不强制要求数据存储于本国境内，并鼓励数据的自由跨境；后者则突出表现为以国家主权边界为限要求相关数据存储于本国境内，且在数据跨境的过程中国家有权介入并作出限制。[1]这种监管立场的确定必然会对仲裁各方主体的仲裁行为产生影响，进而影响到相关国家和仲裁机构的竞争。

在数字时代各国想要增强仲裁的竞争力，应最大限度地与各国存在有效的数据传输通道，从而便于当事人以该地为中心开展仲裁。在全球主义与本地主义分立的背景下，美国等对数据的跨境监管相对宽松，故关键应满足欧盟等法域的数据出境要求。以欧盟为例，自2018年《通用数据保护条例》（General Data Protection Regulation，GDPR）正式实施以来，其致力于打造统一的数据流通市场。对于欧盟内部，GDPR分别就数据的收集、存储、使用和跨境等行为作出规范，以保证相关实体在运行中维护欧盟的单一数据市场。就数据跨境问题，GDPR坚持数据本地化存储，通过确立"充分性保护规则"原则，以白名单的方式划定数据传输的目标国。即只要相关国家被欧盟认为符合其数据保护标准而纳入名单，则该国便可相对自由地与欧盟进行数据流通。

相关国家除了要针对各国的数据保护标准进行一对一的对接外，近年来新型国际经贸协定也均对数据跨境传输和电子商务问题作出规定。受限于当前全球主义与本地主义的政策鸿沟，包括《全面与进步跨太平洋伙伴关系协定》（Comprehensive and Progressive Agreement for Trans-Pacific Partnership，CPTPP）和《数字经济伙伴关系协定》（Digital Economy Partnership Agreement，DEPA）在内的经贸协定都寻求一种折中方案，但至少其都显露出统一缔约国数据保护标准并畅通数据传输通道的意愿。[2]因此，积极加入相关国际条约并参与数据全球流通的统一市场将提升各国数据传输的便利性，吸引更多当

---

[1] 参见沈伟、冯硕：《全球主义抑或本地主义：全球数据治理规则的分歧、博弈与协调》，载《苏州大学学报（法学版）》2022年第3期。

[2] 参见谭观福：《数字贸易中跨境数据流动的国际法规制》，载《比较法研究》2022年第3期。

事人选择使用该国设施进行数据化的仲裁。

除了各国参与到仲裁的跨域竞争外，仲裁机构作为直接面对市场竞争的商业主体，其既希冀通过提升数据化能力来吸引更多用户，也需要满足相关国家的数据监管要求以承担相应的责任。尤其在 GDPR 出台后，诸多国际性的仲裁机构纷纷展开合规并推出了一系列措施帮助用户进行合规。ICC 作为总部位于巴黎的国际性仲裁机构，其率先受到了 GDPR 的监管影响，并通过发布提示的方式指引相关人员合规操作。在总体上 ICC 强调要遵守相应的数据监管规定，尤其在案件管理的数据存储与传输中防范相应的风险，并且要尊重当事人在数据收集和使用过程中的知情权和意愿。[1]

作为与 ICC 影响力相当的 LCIA 也高度重视数据合规，尽管英国脱欧后 GDPR 并不会直接对其产生效力，但面对欧洲庞大的市场其也需要对此采取措施。2020 年版 LCIA 仲裁规则中，第 30A 条专门针对有关数据问题作出规定。一方面，LCIA 提示各方当事人谨慎对待有关数据的处理问题，对于某些特定的个人数据可以通过与纠纷有关的商业数据相剥离的方式进行分类管理；另一方面，该规则强调了在数据处理上应充分发挥意思自治的作用，在仲裁启动阶段通过仲裁机构、仲裁庭和当事方之间协商的方式确定有关数据适用的法律和采取的措施。但同时其也强调仲裁院和仲裁庭有权就数据问题发布相关指示并对当事方产生拘束力，当然相关指示也要遵守任何适用法律或规则的强制规定。因此，在数据监管的影响下，仲裁机构不得不主动合规以承担责任。那些在数据合规方面更加规范的仲裁机构会在跨域竞争中博得优势，获得各国监管机构和当事人的信赖。但同时这也在某种程度上加重了仲裁机构的运营成本，如何平衡二者也需要机构作出衡量。

在数据监管不断升级的背景下，随着百年未有之大变局下各国博弈激烈程度的增强，经济制裁和阻断等方式也频繁地在国际活动中被使用。在数据领域，以美国为首的西方国家更频繁地对有关国家和企业动用数据制裁。[2] 无论是美国 2018 年出台的《澄清境外数据合法使用法案》还是 GDPR 第 48

---

〔1〕 See Armand Terrien, "International Arbitration in The Age of Data Accountability: The Impact of The 2016 European General Data Protection Regulation on The Conduct of International Arbitration Proceedings", in Carlos González-Bueno ed., 40 under 40 International Arbitration (2021), Dykinson, S. L., 2021, pp.364-368.

〔2〕 参见冯硕：《TikTok 被禁中的数据博弈与法律回应》，载《东方法学》2021 年第 1 期。

条规定的数据阻断条款，数据领域的博弈已成为现实并影响着包括仲裁在内的相关活动，这种影响则率先施加在仲裁当事人身上。因此，2021 年《仲裁报告》显示越来越多的当事人已经在仲裁中关注有关数据监管问题，并表示会根据有关纠纷的性质与所在法域调整相应的仲裁策略以维护利益，其中便包括对仲裁机构和仲裁地的选择。[1]

三、仲裁数据化的中国应对

面对仲裁数据化的趋势和影响，现行仲裁制度也需作出回应。党的二十大强调了数字经济时代经济模式转型的重要性，故在中国仲裁制度改革和《中华人民共和国仲裁法》（本章简称《仲裁法》）修订的过程中也应对仲裁数据化作出关照，并从立法、司法和行政监管三个层面作出制度调适。

（一）包容立法创造仲裁数据化空间

对仲裁数据化的回应首先要从立法入手，需要以包容的立场通过对国内法的修订和推动相关国际立法为数据化创造空间。党的十八届四中全会提出要健全社会矛盾纠纷预防化解机制，完善调解、仲裁、行政裁决、行政复议、诉讼等有机衔接、相互协调的多元化纠纷解决机制，并在此基础上强调完善仲裁制度并提高仲裁公信力。[2]2018 年第十三届全国人大常委会将《仲裁法》修改列入二类立法规划，次年中共中央办公厅和国务院办公厅印发的《关于完善仲裁制度提高仲裁公信力的若干意见》（本章简称《仲裁意见》）正式确立了中国仲裁制度改革的具体方向，中国仲裁制度改革与法律修订进入快车道。

《仲裁意见》指出要积极发展互联网仲裁，既要加强互联网仲裁平台建设并建立完善相应仲裁规则，也要促进仲裁大数据建设，实现仲裁与互联网经济的深度融合。因此，2021 年司法部公布的《中华人民共和国仲裁法（修订）（征求意见稿）》（本章简称《意见稿》）针对互联网仲裁作出相应规

---

〔1〕 See Queen Mary University of London, White & Case, "2021 International Arbitration Survey: Adapting Arbitration to A Changing World", available at: https://arbitration.qmul.ac.uk/media/arbitration/docs/LON03200 37-QMUL-International-Arbitration-Survey-2021_19_WEB.pdf, last visited: Mar. 10, 2023.

〔2〕 参见《中共中央关于全面推进依法治国若干重大问题的决定（二〇一四年十月二十三日中国共产党第十八届中央委员会第四次全体会议通过）》，载《人民日报》2014 年 10 月 29 日，第 1 版。

范，允许仲裁通过网络方式进行，可以进行书面审理、灵活决定质证方式，增加关于网络信息手段送达的规定，为互联网仲裁提供法律依据，支持、规范互联网仲裁发展。而从提升中国仲裁制度竞争力、平衡仲裁公正与效率等角度，相关立法仍需提升包容性。

一是要设定宏观法律框架，包容并支持仲裁的数据化趋势。《仲裁法》作为中国仲裁制度的支柱，需要基于仲裁的社会化属性有效平衡政治国家与市民社会的二元互动关系，通过减少公权力介入为仲裁数据化等创造空间。[1]第一，要继续坚持扩大可仲裁范围，允许与数据相关的合同纠纷和其他财产权益纠纷等通过仲裁解决。目前《意见稿》基本沿用了现行法文本并删除"平等主体"的限制，鼓励投资仲裁和体育仲裁等纳入《仲裁法》调整范围。这种倾向顺应了仲裁发展趋势，为与数据相关纠纷可仲裁奠定基础。第二，要认可并支持数据化方式在仲裁程序中的应用，除了要在送达和开庭等方面允许线上方式外，也可以在仲裁裁决的发布、临时措施及裁决执行中与法院的对接等方面支持数据化方式，以期实现全流程的数据化。第三，可以以仲裁数据实际存储地为连接点，消除仲裁漂浮化可能带来的管辖真空。《意见稿》引入仲裁地概念并在涉外仲裁中允许临时仲裁，强调在临时仲裁中由仲裁地、当事人所在地或者与纠纷有密切联系地的法院建立管辖。但有密切联系概念相对抽象，故对于未约定仲裁地的在线临时仲裁可以以数据实际存储地为连接点建立管辖，这也有利于提升我国法院对在线涉外临时仲裁的管辖效力。

二是要利用地方立法空间，包容并鼓励地方改革先行先试。2013 年上海自贸区设立以来，通过全国人大授权变通和地方积极立法的方式逐步探索出一条法治引领改革的先行先试模式，成为新时代平衡法治与改革二元关系的重要经验。[2]在相关的改革中，有关仲裁制度的改革和法律的完善也得到重视。尤其在全国人大授权浦东新区变通立法权后，上海相关部门也积极推进这一工作。但受限于 2015 年版《中华人民共和国立法法》（本章简称《立法法》）第 11 条将仲裁制度纳入中央事权的规定，使得相关地方立法工作存在困难。因此，在下一步有关特定经济区域或有权的地方立法机关的仲裁立法

---

[1] 参见刘晓红、冯硕：《对〈仲裁法〉修订的"三点"思考——以〈仲裁法（修订）（征求意见稿）〉为参照》，载《上海政法学院学报（法治论丛）》2021 年第 5 期。
[2] 参见丁伟：《我国特定经济区域变通适用国际私法规范的前瞻思考》，载《政治与法律》2022 年第 9 期。

中，应重视有关仲裁数据化问题。在仲裁法的框架下为与仲裁有关的数据安全、数据跨境以及程序推进中的相关行为提供规范指引。同时可以采用沙盒监管的模式不断调整规范以防范风险，为统一立法提供先行先试和可复制推广的经验。

三是要重视国际立法进程，发挥国际软法的包容协调功能。随着中国日益走近世界舞台中央，在相关国际立法中的参与度与重要性不断提升，尤其在统筹推进国内法治和涉外法治的习近平法治思想的指引下，立法工作的开展不仅要聚焦国内也要放眼世界，发挥涉外法治对国际法治的促进作用。[1]但在大变局时代随着国家博弈频繁，以条约为核心具有强制约束力的国际硬法愈加难以形成。而国际软法作为虽不具有强制约束力但能够产生实际效果的规则，以其包容性和非对抗性日益发挥作用。鉴于目前各国数据监管立法存在鸿沟，有关仲裁数据化的国际硬法恐难快速形成。因此，通过发挥国际软法的引领与示范法价值，率先在《示范法》或《技术指引》中就与仲裁数据化有关的规则进行构建，应能在最大限度上包容各国的利益诉求并凝聚共识，推动相关国际立法形成有效的规范体系。[2]

（二）智慧司法促进多元化纠纷解决

党的二十大报告提出在法治轨道上全面建设社会主义现代化国家，中国式现代化建设离不开法治的现代化，有效化解各类纠纷并维护社会和谐稳定则是其中的重要内容。仲裁作为一种社会化的纠纷解决方式本身便带有准司法性，不断提升其解纷效能以贯彻落实"把非诉讼纠纷解决机制挺在前面"的要求将有效促进纠纷的多元化解决，而增强仲裁的数据化则会发挥重要价值。

多元化纠纷解决机制主要指在一个社会中，多种多样的纠纷解决方式以其特定的功能和运作方式相互协调地共同存在、所结成的一种互补的、满足社会主体的多样需求的程序体系和动态的调整系统。[3]在我国法治建设中，诉讼、仲裁与调解是多元化纠纷解决机制的三大支柱，故加强三者之间的衔接始终是我国法治工作的重点。尽管近年来中央有关部门先后发布了《关于

---

[1] 参见黄进：《论统筹推进国内法治和涉外法治》，载《中国社会科学》2022年第12期。

[2] 参见冯硕：《个人信息跨境监管背景下在线纠纷解决方式的发展困境与出路——以软法为路径》，载《国际经济法学刊》2019年第4期。

[3] 参见范愉：《以多元化纠纷解决机制 保证社会的可持续发展》，载《法律适用》2005年第2期。

完善矛盾纠纷多元化解机制的意见》和《关于人民法院进一步深化多元化纠纷解决机制改革的意见》等文件指明多元化纠纷解决机制的建设方向和路径，但相关制度的落实仍存在障碍，尤其在诉讼与仲裁的受案比重和机制协调上有待完善。

对标"把非诉讼纠纷解决机制挺在前面"的要求和目前机制运行的现实，仲裁无论是在受案比例还是解纷效果上都未能发挥应有作用。尤其在基层民商事纠纷解决中，仲裁的占比仍不及诉讼，难以有效纾解法院的压力。[1]究其原因，仲裁受限于上位法的停滞与改革的缓慢，使其在行政化和地域化的惰性下未能迎合市场的现实需求，进而导致仲裁程序愈加僵化和拖延、仲裁公正性不足且在执行过程中常常面临阻碍。反观诉讼，近年来在中央和最高人民法院（本章简称"最高院"）的大力改革下，法院在诉讼效率、执行能力和公信力等方面不断改善，愈加得到当事人青睐。从法院的改革经验看，充分利用互联网、大数据和人工智能等新兴技术，极大地提升了诉讼的解纷效能，智慧司法也成为中国法院一张亮眼名片。因此，应继续发挥智慧司法的改革经验，将仲裁这一准司法机制涵摄其中，推动仲裁数据化以完善多元化纠纷解决机制。

一方面，要以数字方式畅通诉仲对接，为仲裁发挥解纷效能提供司法支持。基于我国当前的纠纷解决现状，法院诉讼仍在纠纷解决中占据主导地位。故应继续发挥智慧司法的建设，通过数字化方式有效分流纠纷至仲裁并升级法院与仲裁的衔接机制。过去几年来，最高院在促进纠纷多元化解中着力打造"一站式"纠纷解决机制，各级法院也针对国内纠纷和涉外及国际纠纷的解决建立相应的在线平台。

所以，下一步法院应充分利用大数据、人工智能等多种手段，通过建立纠纷数据库和评估系统对相关纠纷进行分析，针对纠纷的特性和当事人需求引导当事人使用仲裁以分流案件。[2]同时，案件分流以后也要加强对数据库的维护和持续跟踪，在仲裁保全、仲裁裁决的执行等方面以在线平台为依托进行数据化的文件转送。从而提高纠纷解决的效率，打消当事人在仲裁的可

---

〔1〕 参见龙飞：《论国家治理视角下我国多元化纠纷解决机制建设》，载《法律适用》2015年第7期。

〔2〕 参见刘晓红：《论我国民商事纠纷多元化解决机制的现代化》，载《东方法学》2023年第2期。

执行性和便利性方面的顾虑。

另一方面,要鼓励仲裁机构等仲裁参与各方提升数字化水平,为当事人提供高质量的数据化仲裁服务。提升仲裁的解纷效能还是要依靠仲裁自身的制度完善,在法院主导并建立纠纷解决数据平台的基础上,各仲裁机构也应尽快推动仲裁数据化。目前,包括中国国际经济贸易仲裁委员会、上海仲裁委员会及北京仲裁委员会在内的国内仲裁机构已经加速了仲裁数据化,并尝试在数据化基础上借助人工智能等技术提升案件管理效率和纠纷解决效果。[1]但这种改革目前还主要停留在东部发达地区仲裁机构中,对于中西部地区的仲裁机构而言,数据化仍任重道远,故需在统一的设计与支持下进一步挖掘潜能。

在技术层面,仲裁机构既要实现自身的数据化管理并建立数据库,也要着力推动与法院以及各仲裁机构之间数字平台的兼容和数据库的连接,为统一高效的司法数据流动提供保障。在规范层面,法院也应会同司法行政部门及数据监管部门,以司法解释或其他方式形成相应的规范性文件。尤其应在尊重当事人意思自治、规范数据化流程和维护数据安全有序流动等方面形成有效规范,从而合理划分各主体之间的权力(利)边界,发挥司法解释、仲裁规则和行业指引等多种规范的效果。

(三) 合作监管规制仲裁数据化风险

在我国仲裁制度中,行政机关的支持与监管具有重要地位并深刻影响着仲裁的发展。仲裁的数据化也促使行政机关基于数据监管职责介入仲裁,从而对仲裁的自主性、保密性及国际性等产生影响。因此,如何基于我国仲裁体制现实搭建适当的监管机制,关系到我国仲裁制度的发展。从《仲裁意见》来看,我国仲裁制度改革以完善仲裁制度和提高仲裁公信力为目标,着力推动仲裁的市场化和国际化,强调了行政监管应摒弃"父爱主义"倾向而走向多元合作的管理体制。但同时数据监管也关系到国家安全等利益,故需要在监管体制的设计中寻求平衡。

首先,要围绕市场化尊重仲裁自主性和社会化属性,通过理顺仲裁管理体制,建立仲裁数据监管框架。中国仲裁制度的建立很大程度上得益于《仲

---

[1] See Mingchao Fan et al., "Artificial Intelligence and Arbitration in China: Where Do We Come from? Where Are We? Where Are We Going?", *Dispute Resolution International*, Vol. 16, No. 1., 2022, pp. 29-44.

裁法》实施以来行政机关的大力支持，但与此同时其也导致了仲裁机构在人事、财政等方面严重依赖地方政府，中国仲裁的行政化与地域化成为限制其发展的障碍。[1]因此，在中央强调市场在资源配置中的决定性地位并推动统一大市场构建的背景下，中国仲裁制度改革也开始通过市场化方式推动仲裁机构退编改制进行自主运营。同时为理顺仲裁管理体制，《仲裁意见》再次强调了仲裁协会的行业管理价值，维护仲裁的自治性和社会化成为未来中国仲裁管理体制的基本导向。

在该监管框架之下，仲裁数据监管也可以内嵌其中并促进合作监管。一方面，要推动政府与仲裁协会的合作，通过发挥仲裁协会的桥梁纽带作用，将国家有关数据监管的要求转化为行业规范，以行业标准化管理加强各仲裁机构的数据合规。另一方面，仲裁机构也可以根据实际情况以自治的方式通过行业协会表达利益需求，在各方合作的过程中凝聚共识探索控制数据合规成本并提升仲裁服务质量的方案，最终形成数据监管领域的政府引领、行业主导和机构自主的监管模式。

其次，要围绕国际化支持仲裁机构的数据化转型，加速仲裁数据化基础设施建设和基础制度完善。仲裁的国际化关系着我国在数字经济时代的营商环境和竞争力，是我国参与全球治理的重要方面。从国际仲裁中心建设的经验看，本国政府对仲裁机构的支持尤为重要。故在促进仲裁数据化转型的过程中要围绕硬件和软件两方面展开工作，这也在中共中央和国务院出台的《关于构建数据基础制度更好发挥数据要素作用的意见》中得以体现。

在硬件方面，政府应当大力促进本地仲裁机构的数据化设备更新和平台构建。对于各地政府而言，应通过支持本地仲裁机构的数据化，帮助其快速建立相对现代化的在线听证、案件管理平台以实现与法院等部门的对接，促进本地多元化纠纷解决。对于中央政府而言，则应对标国际最高标准，支持北京、上海、香港等国际仲裁中心城市的仲裁机构数据化发展，尽快建立起具有国际竞争力的数据化仲裁平台，吸引更多当事人选择中国仲裁机构。而在软件方面，应积极将仲裁嵌入到数据交易与流通市场机制当中，加强仲裁机构与数据交易所的解纷合作。让仲裁成为解决数据争议的首要方式，发挥仲

---

[1] 参见袁发强主编：《中国商事仲裁机构现状与发展趋势研究》，复旦大学出版社2011年版，第20页。

裁的国际性和商业性优势，助力数据领域的高水平对外开放和高质量发展。[1]

最后，要围绕安全和自由推动数据依法有序流动，通过数据分级分类和协议化的方式规范仲裁数据跨境流动。从我国目前的数据监管立场来看，坚持数据的本地化存储并推动其依法有序流动已经得到相关立法的确认。尤其在全球数据博弈日趋激烈的背景下，保障数据的安全关系到我国国家和公民利益。2021年《中华人民共和国数据安全法》第11条确定了"数据跨境安全、自由流动"原则，以期实现数据安全和自由流动的平衡。次年国家互联网信息办公室公布的《数据出境安全评估办法》明确了数据出境安全评估的范围、条件和程序，而2022年8月，为指导和帮助数据处理者规范、有序申报数据出境安全评估，国家互联网信息办公室编制了《数据出境安全评估申报指南（第一版）》，对数据出境安全评估申报方式、流程、材料等要求作出具体指引。但对于仲裁数据的跨境，相关制度仍缺乏一定的针对性，故可以考虑借鉴域外经验建立以数据分级分类为前提的协议化流动模式。[2]

因此，应在与仲裁有关的数据出境评估和存储管理中，对商业数据和个人数据等进行分级与分类，针对不同数据的内容及敏感度设定相应的监管标准。从有利于仲裁推进的角度，可以通过技术手段对个人数据等相对敏感的数据进行处理，专注于传输那些与纠纷解决有密切联系的商业数据。[3]在此基础上，可以通过协议的方式明确境内外各方主体在数据收集、存储、使用和跨境中的权利与义务，在尊重仲裁意思自治的基础上由仲裁参与各方选择数据的处理方式。而随着我国数据监管与跨境机制的成熟，仲裁机构和仲裁协会也可以根据实际情况发布标准化数据协议，从而提升监管的精准度并提高仲裁数据化运行的效率。

四、结 语

仲裁的数据化是数字技术快速发展并广泛应用中产生的时代趋势。它的

---

[1] 参见马光：《论我国数据出境安全评估制度构建》，载《上海政法学院学报（法治论丛）》2023年第3期。

[2] 参见赵精武：《数据跨境传输中标准化合同的构建基础与监管转型》，载《法律科学（西北政法大学学报）》2022年第2期。

[3] 参见杨鸿、陈斌寅：《数据跨境的分类分级规制制度及其完善路径》，载《"一带一路"法律研究》2021年第4期。

产生既是仲裁基于效益提升、制度趋同和增强治理能力等诉求作出的自我选择，也得益于各国和仲裁机构在仲裁的跨域竞争中为博取优势而作出的努力。仲裁的数据化作为新的演进趋势，其也对传统仲裁制度产生影响。尤其在各国加强数据监管的背景下，数据化不仅会在可仲裁性、保密性和仲裁司法审查等方面影响仲裁制度的公私利益界限，也会因模式的升级影响仲裁公正和效率两大价值取向的平衡，更会对参与仲裁跨域竞争的国家和仲裁机构提出新的要求并影响到当事人选择和使用仲裁的策略。

　　面对仲裁数据化的时代趋势和产生的制度影响，中国应在完善仲裁制度的过程中关注仲裁数据化问题。因此，立法上要以包容的理念，在设定宏观仲裁法律框架的基础上，借助地方仲裁立法和参与国际软法制定等方式为仲裁数据化创造空间。司法上要在推进多元化纠纷解决机制完善的过程中发挥智慧司法优势，通过数据化的方式畅通诉讼与仲裁的衔接并提升仲裁的解纷能力。而在行政监管上则应在政府、仲裁协会和仲裁机构为主体的监管体制下促进多元合作，以市场化和国际化为抓手理顺监管机制并提升中国仲裁竞争力。同时也应围绕数据安全性推动数据依法有序流动，尝试以数据分级分类和协议化的方式规范仲裁数据跨境流动等活动。

商事仲裁的国际化：

历史规律与中国机遇

CHAPTER 9　第九章

什么因素促成国际仲裁中心？
——基于六要素说的相关性学理分析[1]

问题的提出

仲裁是跨境争端解决的首选方式之一，随着中国开放力度持续加大和与世界各国商事交往日趋频繁，对于与国际接轨的商事争议解决方式的需求也愈发旺盛。2021年，根据英国玛丽女王大学发布的《2021年国际仲裁调查报告》显示，在全球最受欢迎的前十大仲裁地中，上海位列第八，[2]体现了上海作为国际仲裁中心的潜力和能力。[3]国务院在2015年4月8日批准并印发的《国务院关于印发进一步深化中国（上海）自由贸易试验区改革开放方案的通知》，明确要求上海加快打造面向全球的亚太仲裁中心，并在评估、总结的基础上，形成可复制可推广的改革经验，发挥示范引领、服务全国的作用，[4]推动中国法治水平的进步和营商环境的改善。

最高人民法院于2019年12月13日发布《最高人民法院关于人民法院为

---

[1] 本章作者沈伟。
[2] See Queen Mary University of London, White & Case, "2021 International Arbitration Survey: Adapting Arbitration to A Changing World", available at https://arbitration.qmul.ac.uk/media/arbitration/docs/LO-NO320037-QMUL-International-Arbitration-Survey-2021_19_WEB.pdf, last visited: Jul. 8, 2023.
[3] 广义来说，仲裁不仅适用于商事纠纷，也被广泛地用于解决投资纠纷、海事纠纷等其他领域。建设国际商事仲裁中心是建设国际仲裁中心这一目标的一个组成部分，本章统一采用国际仲裁中心的要素范式。
[4] 参见《国务院关于印发进一步深化中国（上海）自由贸易试验区改革开放方案的通知》，国发〔2015〕21号；《最高人民法院关于人民法院为中国（上海）自由贸易试验区临港新片区建设提供司法服务和保障的意见》，法发〔2019〕31号。

中国（上海）自由贸易试验区临港新片区建设提供司法服务和保障的意见》（本章简称《新片区保障意见》）支持上海建设成为亚太仲裁中心。[1]为了响应中央政府的号召，上海市人民政府也相继发布了一系列政策，在2016年发布的《"十三五"时期上海国际贸易中心建设规划》的通知中，亦明确打造亚太国际商事争议解决中心；[2]在2021年发布的《"十四五"时期提升上海国际贸易中心能级规划》中进一步指出要通过吸引聚集国际经贸仲裁机构，为经贸发展提供更加公平公正的保障；[3]《上海服务国家"一带一路"建设发挥桥头堡作用行动方案》更是致力于将上海建设成为"一带一路"仲裁中心。[4]

上海在国家打造国际仲裁品牌、优化营商环境与接轨国际领先商事规则的新一轮竞争中处于前列并尽快占据中心地位，类似何为"国际仲裁中心"，建设国际仲裁中心过程中必须具备哪些要素，这些要素又有着哪些深刻内涵，这些都亟需仲裁理论作出回应。本章旨在探析、总结国际仲裁中心所具备的要素、禀赋及其具体内容，以便为中国建设国际仲裁中心（尤其是在上海建设国际仲裁中心）提供理论基础。

一、国际仲裁中心的定义

对"国际仲裁中心"的理解可以分为两种，一是"国际仲裁的中心"（Center of International Arbitration），二是"国际（化）的仲裁中心"（International Arbitration Center）。有鉴于仲裁中心往往指向的是仲裁机构，如"上海国际仲裁中心""新加坡国际仲裁中心"，与这里讨论的城市上海并不属于同一性质。因此，对国际仲裁中心的理解不宜为后者，而更应该指向前者，即内涵是"国际仲裁的中心"。那么"国际仲裁的中心"的定义是什么？当前并没有明确的字面意义上的解释。有鉴于该概念是中国官方提出的政策目标，

---

[1] 参见《最高人民法院关于人民法院为中国（上海）自由贸易试验区临港新片区建设提供司法服务和保障的意见》，法发〔2019〕31号。

[2] 参见《上海市人民政府关于印发〈"十三五"时期上海国际贸易中心建设规划〉的通知》，沪府发〔2016〕60号。

[3] 参见《上海市人民政府关于印发〈"十四五"时期提升上海国际贸易中心能级规划〉的通知》，沪府发〔2021〕2号。

[4] 参见《上海服务国家"一带一路"建设发挥桥头堡作用行动方案》，载http://www.shanghai.gov.cn/newshanghai/xxgkfj/yidaiyilu.pdf，最后访问日期：2021年4月7日。

因此宜采"目的解释",从相关的官方文件中找到"国际仲裁的中心"的要素,进而总结出其定义。

通过分析相关官方文件,基本可以提炼出上海作为"国际仲裁的中心"在国内话语体系中应当具有的构成要件,并以此作为定义"国际仲裁中心"的基础,主要包括:

(一) 国际化

主要是指受理的商事纠纷仲裁的国际化程度,[1]具体内涵包括两个方面:

1. 受案的国际化

上海仲裁服务能够通过鼓励中外当事人选择上海作为争议解决地,[2]进而"接轨国际市场"。[3]这里更能够体现国际化程度的是外国当事人,特别是案件双方当事人都是外国当事人,选择上海作为仲裁(机构所在地或受理)地。

2. 仲裁机构的国际化

仲裁机构的国际化,主要指引入国际知名仲裁机构。有关文件指出,要吸引和聚集国际知名商事争议解决机构,[4]支持国际知名商事争议解决机构入驻,[5]把国际上知名仲裁机构请进来。[6]换言之,国际化程度高的一个重要标志是受到其他国际仲裁机构的认可,他们愿意在上海设立分支机构或代表机构。这个标准更具中国特色,因为其他国际仲裁中心更加关注本国仲裁机构的被接受度,较少致力于吸收境外仲裁机构入驻。

---

〔1〕 参见《国务院关于印发进一步深化中国(上海)自由贸易试验区改革开放方案的通知》,国发〔2015〕21号。

〔2〕 参见《上海市司法局关于印发〈打响"上海仲裁"服务品牌行动方案(2019—2021年)〉的通知》,沪司发〔2019〕68号。

〔3〕 参见《上海建设亚太仲裁中心 优化国际营商环境》,载https://www.chinanews.com.cn/cj/2019/03-28/8792732.shtml,最后访问日期:2021年4月7日。

〔4〕 参见《上海市人民政府关于印发〈"十三五"时期上海国际贸易中心建设规划〉的通知》,沪府发〔2016〕60号。

〔5〕 《国务院关于印发进一步深化中国(上海)自由贸易试验区改革开放方案的通知》,国发〔2015〕21号。

〔6〕 参见《上海建设亚太仲裁中心 优化国际营商环境》,载https://www.chinanews.com.cn/cj/2019/03-28/8792732.shtml,最后访问日期:2021年4月7日。

(二) 专业化

这主要是指,"对标国际最高标准、最好水平",[1]提升"仲裁公信力"[2]、"行业整体实力和竞争力"[3]和上海仲裁国际影响力、国际竞争力,[4]从而在专业化、国际化、高端化、信息化等维度全面提升上海仲裁,其具体内涵包括三个方面:

1. 规则专业化

能够"进一步对接国际商事争议解决规则,优化自贸试验区仲裁规则"[5],"与国际通行规则相衔接",且同时积极参与国际仲裁规则的制定。[6]规则专业化有国内和国际两个面向,更加关注两个面向的衔接。显然,这个维度更加体现了仲裁的国际性,是国内和国际规则的交汇。

2. 管理专业化

"完善仲裁管理机制"[7],"推动仲裁机构构建适应法治化市场化要求的体制机制"[8]。理论上讲,目前国内仲裁机构的显著特征是行政化,其有别于其他国家仲裁机构的去行政化,主要表现在自治性和商业化两个方面。换言之,中国仲裁机构的管理制度更体现仲裁机构作为行政机关的特点,[9]例

---

[1]《上海建设亚太仲裁中心 优化国际营商环境》,载 https://www.chinanews.com.cn/cj/2019/03-28/8792732.shtml,最后访问日期:2021年4月7日。

[2]《上海市司法局关于印发〈打响"上海仲裁"服务品牌行动方案(2019—2021年)〉的通知》,沪司发〔2019〕68号。

[3] 参见《上海建设亚太仲裁中心 优化国际营商环境》,载 https://www.chinanews.com.cn/cj/2019/03-28/8792732.shtml,最后访问日期:2021年4月7日。

[4] 参见《上海建设亚太仲裁中心 优化国际营商环境》,载 https://www.chinanews.com.cn/cj/2019/03-28/8792732.shtml,最后访问日期:2021年4月7日。

[5]《国务院关于印发进一步深化中国(上海)自由贸易试验区改革开放方案的通知》,国发〔2015〕21号。

[6] 参见《上海市司法局关于印发〈打响"上海仲裁"服务品牌行动方案(2019—2021年)〉的通知》,沪司发〔2019〕68号。

[7]《上海市司法局关于印发〈打响"上海仲裁"服务品牌行动方案(2019—2021年)〉的通知》,沪司发〔2019〕68号。

[8] 参见《仲裁机构法治化市场化改革大幕将启》,载 http://caal.chinalaw.org.cn/portal/article/index/id/1243.html,最后访问日期:2022年7月7日。

[9] 参见冯子涵:《文化差异视角下中国商事仲裁的本土化与国际化研究——以〈仲裁法〉为例》,载《社会科学动态》2020年第9期。

如广西大部分仲裁机构仍接受政府全额拨款、享受同级行政待遇,[1]商事仲裁本身所具有的当事人意思自治属性反而不突出。

3. 服务专业化

实现"仲裁服务专业化、国际化",[2]具有"专业服务能力"[3]、领先的"法律服务水平和国际公信力"[4],能够"提供优质开庭支持"[5]等专业化的仲裁服务,进而成为"国际化的仲裁服务品牌"[6],将"'上海仲裁'打造成具有较大国内外影响力的高端法律服务品牌"。[7]

(三) 活跃度

将上海建设成为仲裁活动的中心,举办大量与国际仲裁有关的活动,成为"仲裁业务交流研讨活动最活跃的城市之一"[8]。目前,上海也有仲裁周之类的活动,但是这些活动的国际性比较欠缺。

需要指出的是,无论是在体现活跃度上"举办国际仲裁活动",还是国际化的表现之一——"引入国际知名仲裁机构"都并非难事,中国已经很大程度开启这一进程,如国际商会(International Chamber of Commerce,本章简称ICC)、香港国际仲裁中心(Hong Kong International Arbitration Centre,本章简称HKIAC)等国际知名仲裁机构已经陆续在上海设立代理处,定期举办仲裁论坛等活动。

---

[1] 参见蒋慧:《RCEP 背景下中国—东盟商事仲裁协同机制研究》,载《江汉论坛》2021 年第 8 期。

[2] 《仲裁机构法治化市场化改革大幕将启》,载 http://caal.chinalaw.org.cn/portal/article/index/id/1243.html,最后访问日期:2022 年 7 月 7 日。

[3] 《上海市人民政府关于印发〈"十三五"时期上海国际贸易中心建设规划〉的通知》,沪府发〔2016〕60 号。

[4] 《上海建设亚太仲裁中心 优化国际营商环境》,载 https://www.chinanews.com.cn/cj/2019/03-28/8792732.shtml,最后访问日期:2021 年 4 月 7 日。

[5] 《上海市司法局关于印发〈打响"上海仲裁"服务品牌行动方案(2019—2021 年)〉的通知》,沪司发〔2019〕68 号。

[6] 《上海服务国家"一带一路"建设发挥桥头堡作用行动方案》,载 http://www.shanghai.gov.cn/newshanghai/xxgkfj/yidaiyilu.pdf,最后访问日期:2021 年 4 月 7 日。

[7] 《上海市司法局关于印发〈打响"上海仲裁"服务品牌行动方案(2019—2021 年)〉的通知》,沪司发〔2019〕68 号。

[8] 《上海市司法局关于印发〈打响"上海仲裁"服务品牌行动方案(2019—2021 年)〉的通知》,沪司发〔2019〕68 号。

2019年8月发布的《中国（上海）自由贸易试验区临港新片区总体方案》〔1〕（本章简称《新片区方案》）指出："允许境外知名仲裁及争议解决机构经上海市人民政府司法行政部门登记并报国务院司法行政部门备案，在新片区内设立业务机构，就国际商事、海事、投资等领域发生的民商事争议开展仲裁业务，依法支持和保障中外当事人在仲裁前和仲裁中的财产保全、证据保全、行为保全等临时措施的申请和执行。"这彻底改变了过去仅允许境外仲裁机构在内地开展非营利活动的局面，开始允许其在新片区开展实质性业务。世界知识产权组织在2020年设立的仲裁与调解上海中心（本章简称"WIPO仲调上海中心"）成为首家在中国境内开展实质性业务的境外仲裁机构。此后，上海市司法局根据《新片区方案》为明确境外仲裁机构注册的具体程序以及在运行过程中的行政管理模式而颁布了《境外仲裁机构在中国（上海）自由贸易试验区临港新片区设立业务机构管理办法》（本章简称《管理办法》）〔2〕。在司法层面，2019年12月13日最高人民法院（本章简称"最高院"）印发的《关于人民法院为中国（上海）自由贸易试验区临港新片区建设提供司法服务和保障的意见》也将全力为经注册的境外仲裁机构在新片区开展仲裁业务提供司法支持。〔3〕《国务院关于同意在中国（上海）自由贸易试验区临港新片区暂时调整实施有关行政法规规定的批复》〔4〕是国务院继2019年8月发布《新片区方案》允许境外仲裁机构在上海自贸区临港新片区设立业务机构后，对境外仲裁机构在境内设立业务机构采取的进一步政策支持，体现了中国行政机关对于仲裁市场对外开放的积极态度，以及对提高商事仲裁国际化程度的坚定决心。〔5〕因此，"活跃度"以及"国际化"中的"引入国际知名仲裁机构"并不能够被认为是国际仲裁中心的最核心要素，或者

---

〔1〕 该方案全文详见中华人民共和国中央人民政府网，载 http://www.gov.cn/zhengce/content/2019-08/06/content_5419154.htm，最后访问日期：2022年6月27日。

〔2〕《管理办法》全文详见上海市司法局官网，载 https://sfj.sh.gov.cn/2020jcgk_gfxwj/20201102/93cb5f7fd32e48229600d46caef2839f.html，最后访问日期：2022年6月27日。

〔3〕 参见刘晓红、冯硕：《制度型开放背景下境外仲裁机构内地仲裁的改革因应》，载《法学评论》2020年第3期。

〔4〕《国务院关于同意在中国（上海）自由贸易试验区临港新片区暂时调整实施有关行政法规规定的批复》，国函〔2021〕115号。

〔5〕 参见费宁等：《中国商事仲裁年度观察（2021）》，载 https://www.bjac.org.cn/news/view?id=4029，最后访问日期：2022年4月7日。

说是锦上添花的因素。

在其他的几个要素中,若干概念仍需进一步厘清。

首先是"受案国际化"的"国际",应指"国际当事人",即双方当事人皆非中国公民或中国香港、澳门、台湾地区居民。如中国商务部条法司前司长张玉卿认为,"选择到中国仲裁机构仲裁的基本上都是由于中企选择在中国仲裁,很少有双方都是外方而选择在中国仲裁的。而只有外国企业均愿意选择中国仲裁机构,才能真正体现中国仲裁机构在世界上具有竞争力。"[1]以国际化程度较高的伦敦国际仲裁院为例,其有待审理的案件中有80%以上的当事人非英国国籍。[2]虽然近年来中国国际经济贸易仲裁委员会(本章简称"贸仲")、上海仲裁委员会(本章简称"上仲")等知名国内仲裁机构也受理了不少双方当事人均为境外当事人的案件,但这些案件的占比并不高。这也是贸仲和上仲有别于ICC、伦敦国际仲裁院等境外仲裁机构"国际性"的标志性特征。

其次,"鼓励中外当事人选择上海作为争议解决地"和"受案"的含义也需要厘清。仲裁地(seat of arbitration)和开庭地(venue/place of hearing)属于不同的概念,实际上即使不将上海建设成为国际仲裁中心,其他国家的仲裁机构仍然可以选在上海开庭。而仲裁地则具有重要的法律意义,属于真正意义上的"争议解决地"。[3]因此,"鼓励中外当事人选择上海作为争议解决地"和"受案国际化",本质上是指,国外当事人在合同争议解决条款中明确约定,选择中国上海作为仲裁地(seat of arbitration)。如黄进教授认为,"把中国建成国际仲裁中心的核心要义,是把中国打造成国际仲裁的'目的地','只有当事人真正愿意把纠纷放到中国仲裁解决,尤其是把'仲裁地'放在中国,才能够真正把中国建设成为国际仲裁中心'。"[4]仲裁地的重要性在于两个方面:其一,当事人和仲裁员在上海进行与仲裁有关的争端解决活动,表明对上海仲裁和司法环境的信任;其二,仲裁地法的受众性更为明显,

---

[1] 参见汪闽燕:《中国成为国际仲裁中心还有多远》,载 http://fxy.xjtu.edu.cn/info/1102/2099.htm,最后访问日期:2022年7月7日。

[2] 参见LCIA,"Introduction",载 https://www.lcia.org/LCIA/introduction.aspx,最后访问日期:2022年7月7日。

[3] 参见冯硕、陈晨:《上海打造面向全球亚太仲裁中心应从打造国际一流"仲裁地"开始》,载《上海法治报》2018年9月17日,第A07版。

[4]《中国成为国际仲裁中心必须四个要件》,载 https://www.hnac.org.cn/article/237/,最后访问日期:2022年7月7日。

是当事人对仲裁地法信任的表现。

最后,所谓的"专业化"主要指仲裁机构的规则、管理、服务实现专业化。这不仅从相关官方文件的措辞中可见一斑,还和中国特殊的仲裁行业情况有关。例如就管理而言,中国许多仲裁机构的专业化不足主要体现在带有行政化色彩,而这经常受到国外的质疑。因此有学者认为,中国的仲裁机构要成为国际仲裁中心,就要去行政化,如果仲裁机构与国家机关联系过于紧密,就会让人觉得仲裁机构不够中立。[1]相关官方文件中也体现了这一态度,如"稳步推进仲裁机构与行政机关脱钩等创新性举措,努力建立与国际接轨的仲裁管理制度""准确把握仲裁机构管理机制不够完善,仲裁国际竞争力不够强……等突出问题"。[2]此外,商事仲裁起源于商事主体对司法任意性的排斥,仲裁裁决的可信度取决于仲裁员的个人魅力,仲裁质量取决于仲裁员的水平。因此,提升仲裁法律服务的专业化水平也离不开对仲裁员专业化的要求。

种下梧桐树,才能引来金凤凰。商事争议解决事实上是一个高端法律服务市场,市场的竞争性和专业性水平尤为重要。当仲裁在专业化服务上回应了市场的需求,那么市场的参与者也会更多地选择仲裁。[3]因此,从国际商事仲裁的专业性和商事性的特征出发,只有实现规则、管理、服务的专业化,直到能够对标国际标准,在国际上具有竞争力、影响力,才能真正吸引国际当事人选择中国上海作为仲裁地,实现受案国际化。

综上,可以将中国语境下"国际仲裁中心"定义为:一个拥有提供专业仲裁规则、管理、服务的本地仲裁机构,在国际当事人中极富竞争力、影响力、公信力,国际当事人愿意选择其作为仲裁地的城市。

二、国际仲裁中心的要素

理论中,打造具有国际影响力的国际仲裁中心,往往取决于下述六点要

---

[1] 汪闽燕:《中国成为国际仲裁中心还有多远》,载http://fxy.xjtu.edu.cn/info/1102/2099.htm,最后访问日期:2022年7月7日。

[2] 参见《仲裁机构法治化市场化改革大幕将启》,载http://caal.chinalaw.org.cn/portal/article/index/id/1243.html,最后访问日期:2022年7月7日。

[3] 参见邓瑛:《"国际仲裁中心建设的上海思维"之观想》,载http://www.lawyers.org.cn/info/d895548e599540aa9547f517de5b2519,最后访问日期:2021年4月7日。

素：[1]该国为《承认及执行外国仲裁裁决公约》（本章简称《纽约公约》）缔约国；以《联合国国际贸易法委员会国际商事仲裁示范法》（本章简称《示范法》）为国内仲裁法的蓝本；具有国际商事法院和国际性的仲裁中心；具备熟悉仲裁实践的法官队伍；不断提高国际仲裁能力建设水平以及不断更新与仲裁有关的法律。

（一）该国为《纽约公约》缔约国

《纽约公约》条款并不多，一共只有 16 条。其中第 7 条第 2 款规定："1923 年日内瓦仲裁条款议定书及 1927 年日内瓦执行外国仲裁裁决公约在缔约国间，于其受本公约拘束后，在其受拘束之范围内不再生效。"该条款中出现的 1923 年《日内瓦仲裁条款议定书》（本章简称《日内瓦议定书》）和 1927 年《日内瓦执行外国仲裁裁决公约》（本章简称《日内瓦公约》）是《纽约公约》的"前世"。1923 年的日内瓦议定书是关于仲裁条款的承认，1927 年的日内瓦公约是关于仲裁条款的执行，并且 1927 年的日内瓦公约第 7 条第 1 款约定"本公约对 1923 年关于仲裁条款议定书所有签字国开放，任凭签署，并应经过批准"。也就是说只有加入 1923 年的日内瓦议定书才能加入 1927 年的日内瓦公约。这两个国际公约时间都比较早，缔约国基本都是欧洲国家。

20 世纪 20 年代的这两个公约立法技术并不成熟，加之二战以后全球经济蓬勃发展，这两个公约已经不能满足全球经济发展的需要了。所以二战以后，由国际商会牵头重新制定了一套新的公约，旨在融合两个公约的内容，建立起一套全新的、全球的、统一的国际商事仲裁制度。从《纽约公约》制定的历史沿革来看，可以认为这样一个国际公约的初衷在于促进全球经济的发展，也就不难理解为何加入《纽约公约》对打造国际仲裁中心的重要性。

既然《纽约公约》对全球经济能起到很好的促进作用，那么加入者必然多多少少能从其中获得福利。1978 年中国实行改革开放，需要"走出去"和"引进来"，那么怎么把外资引进来呢？外资企业把钱投到中国也是有顾虑的，发生了纠纷怎么办？外资企业对中国的司法制度并不信任。虽然中国实行改

---

[1] See Anselmo Reyes, Weixia Gu, *The Developing World of Arbitration: A Comparative Study of Arbitration Reform in the Asia Pacific*, Hart Publishing, 2018, p. 3.

革开放制度，但是外资企业对中国还是持观望态度，那么加入《纽约公约》的重要意义就体现出来了。20世纪80年代，中国开始加入大量国际商事公约，《纽约公约》就在这最早的一批加入的国际商事公约中。中国的这一行为其实是在向国际社会"示好"，向国际社会传递"信号"，中国的营商环境很好，纠纷解决机制十分便利，交易成本很低，外资企业可以放心地进入中国投资。

同时，从结果上来看，国际上知名的仲裁发达的国家和地区，法国、英国、新加坡、中国香港、瑞典、美国等，都加入了《纽约公约》。当然，加入《纽约公约》的成员中只有少数成为了仲裁中心。由此可见，加入《纽约公约》是促成仲裁中心的必要因素，而想要成为仲裁中心，仅靠加入《纽约公约》是不够的。

然后，再从《纽约公约》的法条入手分析。《纽约公约》第2条规定："一、当事人以书面协定承允彼此间所发生或可能发生之一切或任何争议，如关涉可以仲裁解决事项之确定法律关系，不论为契约性质与否，应提交仲裁时，各缔约国应承认此项协定。二、称'书面协定'者，谓当事人所签订或在互换函电中所载明之契约仲裁条款或仲裁协定。三、当事人就诉讼事项订有本条所称之协定者，缔约国法院受理诉讼时应依当事人一造之请求，命当事人提交仲裁，但前述协定经法院认定无效、失效或不能实行者不在此限。"第3条规定："各缔约国应承认仲裁裁决具有拘束力，并依援引裁决地之程序规则及下列各条所载条件执行之。承认或执行适用本公约之仲裁裁决时，不得较承认或执行内国仲裁裁决附加过苛之条件或征收过多之费用。"

从上述两条《纽约公约》的规定中我们可以看出，《纽约公约》的缔约国至少从表面上来看对仲裁是十分"友好"的，按照《纽约公约》的约定仲裁条款应当（必须）被缔约国承认和执行。另外《纽约公约》第5条第1款规定了只有在五种情况下，仲裁条款才可以不被承认与执行，也就是说《纽约公约》的缔约国至少从表面上来讲对仲裁的司法干预是很少的。

所以，为什么加入《纽约公约》是促成仲裁中心的重要因素？结论有二，一是《纽约公约》的缔约国对仲裁相对友好，司法对仲裁的支持和接受度比较高；二是《纽约公约》的缔约国司法对仲裁的干预比较克制，仲裁在少干预的情况下可以蓬勃发展。做到这两点只是成为仲裁中心的基本前提。

（二） 以《示范法》为法域仲裁立法的蓝本

《示范法》对国际仲裁中心的建设具有重要的指向和定位意义。《示范法》是世界范围内仲裁法现代化的重要参考指标。《示范法》的起草和制定汇集了五十多个国家和十多个国际组织的代表，既不限于特定的法律体系，具有广泛代表性，又凝聚了仲裁实践方面的普遍共识和做法，体现了国际商事仲裁的发展趋势和统一化方向。英国、德国、南非等不同法系的国家都借鉴《示范法》以完善本国的仲裁法律。中国香港地区和新加坡更是直接赋予《示范法》法律效力。巴林将《示范法》完整、无条件地作为本国法律。有些国家和地区以不同方式采用和转化《示范法》，将《示范法》纳入本国或本地区的相关法律。截至2022年7月5日，世界上有85个国家118个法域以《示范法》为基础起草和颁布本国或本地区的仲裁法。[1]

以亚太地区具有影响力的仲裁法域新加坡和中国香港地区为例，新加坡《国际仲裁法（1994）》[2]和香港《仲裁条例（2014）》[3]对《示范法》的吸收和借鉴足以说明《示范法》的相关性和重要性。

首先，新加坡《国际仲裁法（1994）》主要以《示范法》为立法蓝本，为了进一步与《示范法》的理念相契合，新加坡《国际仲裁法（1994）》明确指出《示范法》的准备文件可用于解释新加坡仲裁法律。在总体性文本转换的基础上，新加坡《国际仲裁法（1994）》和《示范法》主要的不同体现在以下四方面：第一，新增了"提单"形式的仲裁协议；第二，赋予当事人针对管辖权的一次法院上诉的机会，也就是说如果当事人不服仲裁庭的自裁管辖权结果，可先向新加坡高等法院上诉；若不服新加坡高等法院裁判，当事人还可以向新加坡上诉法院提起二审；第三，将默认的仲裁员人数从《示范法》的3人减少至1人；第四，赋予仲裁员豁免权。

早在1997年之前，中国香港地区就已经是《示范法》法域，现行的香港《仲裁条例（2014）》在总体上转换了《示范法》。与新加坡《国际仲裁法

---

[1] 参见《法规及其状况》，载 https://uncitral.un.org/zh/texts/arbitration/modellaw/commercial_arbitration/status，最后访问日期：2022年7月5日。

[2] International Arbitration Act 1994 (2020 Revised Edition).（注：新加坡《国际仲裁法（1994）》2020修订版。）

[3] 香港地区第609章《仲裁条例》，载 https://www.elegislation.gov.hk/hk/cap609!en-sc，最后访问日期：2023年7月23日。

(1994)》一样,香港《仲裁条例(2014)》明确指出《示范法》的准备文件可用于解释香港仲裁法律。[1]此外,香港《仲裁条例(2014)》更多的是一些细节上的调整:譬如为了避免当事人因对"商事"一词内涵理解差异而产生争议,香港《仲裁条例(2014)》特意删去了"商事"一词。当然,香港《仲裁条例(2014)》也在《示范法》的基础上进行了一定的制度创新,特别增设了紧急仲裁员条款和第三方资助仲裁(third party funding)专章。

通过梳理新加坡和中国香港地区这两大具有影响力的亚太仲裁法域,可见二者虽然在立法上都进行了相应的改动和创新,但总体上和《示范法》呈现出高度的一致性,足见《示范法》的直接影响力。

以《示范法》为参照,我国《仲裁法》与其存在的最大差异在于对于当事人意思自治原则的尊重程度。当事人意思自治是仲裁中的"帝王原则",通过字频统计发现,《示范法》中"除非另有协议"(unless otherwise agreed)这一表述一共出现12次,通过当事人之间的另有约定排除相应条款的适用;与之相比,我国《仲裁法》则并没有从文本表述上突出意思自治原则,通过文本检索我国《仲裁法》不存在通过当事人的意思自治排除特定法条适用的"但书"情形。[2]我国《仲裁法》和《示范法》对当事人意思自治的限制程度差异具体体现在实体法的选择、仲裁员的选定、是否承认临时仲裁以及仲裁管辖权等主要方面。

1. 实体法的选择

我国《仲裁法》并未就实体法的选用作出规定,而是通过《中华人民共和国涉外民事关系法律适用法》第2条第2款、第6条、第2章至第7章等规定了特定争议类型确定适用实体法的规则以及在无规则时的"最密切联系地原则"的法定判断原则。相比之下,《示范法》给予了当事人相当大的选择实体法的自由权,一方面其采用"法律规则"的表述,表明当事人不仅可以选择适用国内法,还可以适用惯例、示范法等非国家法;另一方面允许当事人"授权仲裁庭以公平善意为原则或作为友好仲裁员来裁定争议",即仲裁庭的

---

[1] 参见王徽:《〈国际商事仲裁示范法〉的创设、影响及启示》,载《武大国际法评论》2019年第3期。

[2] 相较而言,根据笔者统计,"unless otherwise agreed"这一表述在香港《仲裁条例(2014)》中共出现29次,在新加坡《国际仲裁法(1994)》(2020修订版)中共出现13次。

裁决在公平正义的范围内可不依照法律规则的规定作出。[1]相比而言，我国法律为当事人意思自治空间的保留相对狭窄。

2. 仲裁员的选定

按照《示范法》第11条的规定，当事人可以自由选择仲裁员。[2]中国《仲裁法》第13条规定了严格的仲裁员任职资格，第25条规定了仲裁机构将仲裁员名册送达当事人的义务。虽然中国《仲裁法》没有明确规定必须在名册中选择仲裁员，但实际上在多数情况下当事人是在仲裁名册上选择仲裁员。[3]仲裁员的资质限制强化了仲裁机构的管理权能，排除了不由仲裁机构管理的临时仲裁，与国际商事仲裁中普遍倡导尊重当事人意思自治原则相悖。

3. 临时仲裁

《示范法》并没有明确提及"临时仲裁"一词。根据第2条第1款的表述，"仲裁"是指"无论是否由常设仲裁机构进行的任何仲裁"，表明"仲裁"包括没有常设仲裁机构管理的临时仲裁。[4]中国《仲裁法》第16条规定仲裁协议有效的必备要件之一是约定明确的"仲裁委员会"，第18条规定"仲裁协议对仲裁事项或者仲裁委员会没有约定或者约定不明确的，当事人可以补充协议；达不成补充协议的，仲裁协议无效"，因而中国不承认临时仲裁。但是，中国也存在有限开放临时仲裁的情况，如2016年12月30日颁布的《最高人民法院关于为自由贸易试验区建设提供司法保障的意见》第9条有限放开了临时仲裁，规定在自贸试验区内注册的企业相互之间约定在内地

---

[1] Article 28: (1) The arbitral tribunal shall decide the dispute in accordance with such rules of law as are chosen by the parties as applicable to the substance of the dispute. Any designation of the law or legal system of a given State shall be construed, unless otherwise expressed, as directly referring to the substantive law of that State and not to its conflict of laws rules. (2) Failing any designation by the parties, the arbitral tribunal shall apply the law determined by the conflict of laws rules which it considers applicable. (3) The arbitral tribunal shall decide ex aequo et bono or as amiable compositeur only if the parties have expressly authorized it to do so. (4) In all cases, the arbitral tribunal shall decide in accordance with the terms of the contract and shall take into account the usages of the trade applicable to the transaction.

[2] Article 11: (1) No person shall be precluded by reason of his nationality from acting as an arbitrator, unless otherwise agreed by the parties. (2) The parties are free to agree on a procedure of appointing the arbitrator or arbitrators, subject to the provisions of paragraphs (4) and (5) of this article.

[3] 根据贸仲委现行仲裁规则第26条第2款，当事人有权选任仲裁员名册之外的仲裁员。这一做法亦可见于上海仲裁委员会、广州仲裁委员会以及北京仲裁委员会的仲裁规则中。

[4] Article 2 (a): For the purposes of this Law: "arbitration" means any arbitration whether or not administered by a permanent arbitral institution.

特定地点，且满足按照特定仲裁规则，双方约定由特定人员对有关争议进行仲裁的，可以认定该仲裁协议有效。总体而言，中国对临时仲裁采取保守态度，强调仲裁机构的管理职能，限制了当事人意思自治。应该看到，临时仲裁虽然不如机构仲裁高效有序，但是其极高的自治性、便捷性与相对低廉的价格深受仲裁当事人青睐，也未曾显现衰落之势。为了与国际仲裁趋势相接轨，中国可以适当减少仲裁机构的决定事项，将仲裁机构的职权限定在基本的程序管理与服务职能上，为临时仲裁的开展铺平道路。[1]

4. 仲裁管辖权

《示范法》明确规定仲裁庭具有管辖权的裁决权，当事人应当在第一次答辩前提出管辖权异议。《示范法》第 16 条第 3 款通过允许当事人在收到仲裁庭的初步裁定后三十天内请求法院作出决定，为当事人对仲裁庭的裁定提供了可以求助于法院的救济渠道。《示范法》关于仲裁庭自裁权的规定遵循了仲裁庭自裁管辖权原则，意味着仲裁庭具有优先于法院决定其自身管辖权的权力。但是，仲裁庭也不是一裁终局，法院仍有最后发言权。法院对仲裁协议效力的认定应晚于仲裁庭的认定，以此维护仲裁庭的自裁管辖权。[2]

我国《仲裁法》目前仅赋权仲裁委员会自裁管辖权，据该法第 20 条，当事人对仲裁协议的效力有异议而双方分别向仲裁机构和法院请求作出决定或裁定时，由法院裁定。这一规定反映出法院在仲裁管辖权方面裁决的优先性。两相对比，可以发现《示范法》更加强调仲裁庭对于案件的管理能力，而我国《仲裁法》的做法有利于加强法院对仲裁机构合法合理行使权力的监督。为了减少司法对仲裁的过度干预，与国际主流做法相接轨，有必要赋予仲裁庭更多的决定管辖权异议的权力，同时赋予法院更多的对管辖权事后监督的权力，如此一来既能够保证仲裁程序推进的效率，也兼顾了对于仲裁庭行使权力的有效监督。

5. 临时措施

我国《仲裁法》第 28 条和第 46 条规定，只有法院可以对仲裁中的财产保全和证据保全申请作出裁定，没有赋予仲裁机构或者仲裁庭下达采取临时

---

[1] 参见刘瑛、林舒婷：《借鉴〈联合国国际贸易法委员会国际商事仲裁示范法〉完善中国〈仲裁法〉》，载《太原师范学院学报（社会科学版）》2018 年第 3 期。

[2] 参见陈思思：《从 UNCITRAL 示范法第 8 条看法院对国际商事仲裁协议效力的认定》，载《北京仲裁》2009 年第 1 期。

措施命令的权力、当事人和仲裁庭直接向法院申请临时保全的权利,也没有规定临时措施的承认和执行。

《示范法》除了规定法院和仲裁庭均有权下达采取临时措施的命令外,还列明了临时措施的种类、临时措施的承认与执行等。我国《仲裁法》可以授权仲裁庭准予采取临时仲裁的权力,并且列明《示范法》所列举的临时措施。

新加坡和中国香港地区等具有影响力的仲裁法域制定本国或该地区仲裁法时都以《示范法》为蓝本,甚至直接移植使用,该实践使得各国、地区间的仲裁法得到一定程度上的统一,也是促使其成为受欢迎的仲裁地的原因之一。我国《仲裁法》参考《示范法》有限,结果我国的仲裁实践和国际主流做法存在脱节,如果当事人不提前做好功课的话,很可能会导致消极结果。

(三) 具有国家级的仲裁机构和国际仲裁中心

具有国家级的仲裁机构或者国际仲裁中心自然更容易打出品牌,吸引仲裁服务的消费者。一些国际仲裁中心所在地还纷纷建立了国际商事法庭,作为国际商事仲裁的重要补充,构建全面的商事争端解决中心。

国际商事法院与国际仲裁机构的关系是近些年来的热门研究话题,具体表现为,国际商事法院的兴起从长远来看是推动还是争夺仲裁业务是一个有待时间考证的问题。"2018年国际仲裁调查"最受欢迎的既有知名的国际仲裁中心、海事国际仲裁中心,又有国际商事法院,详见下表1。

表1 同时拥有国际仲裁中心和国际商事法院的仲裁地

仲裁中心	仲裁机构	商事法院
伦敦	伦敦国际仲裁院、伦敦海事仲裁员协会	伦敦商事法院
巴黎	国际商会国际仲裁院、巴黎海事仲裁院	巴黎商事法院
新加坡	新加坡国际仲裁中心、新加坡海事仲裁院	新加坡国际商事法院
中国香港	香港国际仲裁中心、香港海事仲裁协会	香港特别行政区高等法院

实际上,国际商事法院可以弥补仲裁的不足之处,首先表现为收费优势。相比于国际仲裁中心,国际商事法院的诉讼费用较低。从制裁机制看,法院本身具有权威性,无需像仲裁那样需要借助法院的权威执行裁决。有些普通

法系国家的法官认为，仲裁的私密性本身会阻碍商法的发展，尤其是当今商业发展与变化如此迅速，仲裁在商事领域的广泛应用可能导致法律滞后。[1] 关于促进还是竞争的问题，目前的研究普遍认为两者更多的是互相配合和共同发展的关系，从而提升所在地法域的整体影响力和吸引力。[2] 一国商事仲裁机构的可持续发展需要依托于本国的国际商事法庭。一方面，国际商事法庭可以提升本国商事仲裁的国际化程度；另一方面，国际商事法庭也可以加快仲裁的执行效率。[3] 国际商事法院和高素质的熟悉仲裁实践的法官势必能在理顺两者的关系问题上发挥重要作用。仲裁中心的强大本身并不仅在于它指仲裁机构，更在于它在整个法域解决争端方面的影响力，国际仲裁机构和国际商事法院的配合可以通过提升法域影响力的方式提升国际仲裁中心的知名度和认可度。

（四）具备熟悉仲裁实践的法官队伍

通过了解仲裁的普通法背景，[4] 有助于理解法院、法官和仲裁的关系。仲裁和其他争议解决方式都同本国的法律制度有密切联系。普通法的历史始于中世纪的英国。彼时的英国多次被劫掠团伙和西北欧的定居者入侵，最后一次成功的入侵发生在公元1066年，由一个斯堪的纳维亚血统的诺曼底人威廉发动。自此之后，英国实际上变成了一块"殖民地"。诺曼底国王们很乐于将多数私人之间的争议继续由当时英国的习惯法及适用习惯法的各级法院处理。原因无外乎他们不具备足够的资源和技术进行全面的改革，需要通过保留现存法律主张他们的合法性。

此时的诺曼底国王们必须依赖一小部分与他们亲近的人的建议和支持，而这些人多半来自当年跟随占领者威廉来到英国的那些家族。在有必要下放王权的时候，无论是军事、行政还是司法方面的权力，国王总是会任命周围那些他可以信任的经验丰富且效忠国王的人为其代表。到1300年，已经有一

---

[1] 参见苏伟康：《国际商事法庭与国际仲裁的关系定位——以新加坡国际商事法庭为借鉴》，载《上海法学研究》集刊2020年第22卷。

[2] 参见方兆文：《国际商事仲裁与司法合作关系研究》，华东政法大学2020年博士学位论文。

[3] 参见陈磊等：《"三位一体"国际商事争端解决机制中仲裁制度的革新——从国际商事法庭与国际商事仲裁机构的关系切入》，载《仲裁研究》2021年第1期。

[4] 参见[英]德瑞克·罗德立：《普通法历史上及当代中国的法院、法官和仲裁裁决》，赵宇红译，载《法学家》1995年第5期。

些人长期为国王从事司法方面的工作。作为国王的代表,他们不仅可以适用法律,而且可以制定法律。普通法从它一诞生起,就是法官在制定法律。这也许只是一个历史的巧合,在八百多年的普通法历史中,高级法官的重要判决及其理由总是连同他们的姓名一起被印刷出版,这为普通法添加了一些特殊的优点。法官的判决理由能够帮助律师预测该法官在将来类似的案件中会作出什么样的判决。遇到类似的案件,一方律师会试图证明他们应该胜诉,因为法律规则使他们处于先前案例中胜诉方的位置,而另一方律师则会试图将这一案件与先前那一案件加以区分。这种开放的性质使得普通法制度为人们接受。

在普通法发展历史上,仲裁产生方式之一是"法院命令的仲裁"。法院可以在诉讼程序开始后向双方建议中止或终止该诉讼,并将该争议移交给一位仲裁员处理。当事人倾向于选择仲裁有许多原因,比如保密以及较高的专业水平。普通法从不会将争执的标的物一分为二以使双方达成妥协。普通法法庭所能做的只能是原告或被告胜诉,而另一方败诉。仲裁就没有这一限制,仲裁的灵活性是其发展的一个重要原因。

在公元1250年至公元1750年的五百年间,英国的仲裁制度与诉讼制度同时发展起来。但是,在诉讼制度中,法庭要求人们对它保持尊敬。双方开始了诉讼程序,一旦庭审日期确定下来,他们便不可以在不经法庭允许的情况下达成妥协,而申请法院准许是需要缴纳一定费用的。如果仲裁裁决作出,法庭会尊重仲裁裁决,不受理经仲裁裁决过的争议,并且在一方的要求下执行该裁决,这是早期英国法庭遵循的原则。法院也没有完全放弃它监督仲裁的管辖权,如果有人指称仲裁员偏袒一方,衡平法院会介入,如同它们处理违背信任或不公平行为的指控一样。[1]

从普通法仲裁制度的起源来看,普通法的发展历史使得法官成为法律的制订者,而法官所具有的开放和公开的性质以及法官责任的个体性,使得法官具有权威性;仲裁的灵活性是其起源和发展的一个重要原因,"最大限度尊重仲裁裁决"也是英国法庭所遵循的原则。

普通法历史上的法院、法官以及仲裁制度表明:首先,在法官的整体价值层面,熟悉仲裁实践的法官可以更好地理解仲裁与司法之间的关系,会更

---

[1] 参见哈尔滨仲裁委员会:《仲裁制度的起源》,载 https://www.sohu.com/a/218161599_806018,最后访问日期:2021年4月3日。

倾向于作出"支持"仲裁的裁决结果，进而反过来影响学界、实务界（尤其是立法者）乃至社会对二者关系的认知。其次，从法官裁判的具体操作层面出发，熟悉仲裁实践的法官一方面有利于形成一套稳定、高效、合理的有关仲裁的审查判断规则，实现双方当事人的合理预期，提升潜在仲裁当事人对该国际仲裁中心地司法系统的信任程度，另一方面可以提高处理仲裁案件的效率，使资源得到更加高效的利用，进而保障裁决水平。[1]

传统的司法审查制度强调司法的主权特质，主张国内法院应对国际商事仲裁裁决进行严格的司法审查。其理论进路是，仲裁当事人的意思自治权利和仲裁庭的仲裁权都来源于司法主权，是司法主权让渡的结果，仲裁协议是以合同形式记录了国家司法权力对仲裁庭的部分转让。[2]这一逻辑是将解决法律问题的权力视为法院固有的、不可让渡的权力，坚持法院对法律争议的管辖权不得因当事人之间的协议而被废除。[3]

随着贸易全球化与投资自由化，仲裁理论演化到晚近则呈现出更重视维护当事人意思自治、尊重当事人契约自由的趋势。其理论进路是，仲裁员或仲裁庭的权力来自当事人的私人协议，而不是来自仲裁地国家的司法主权容忍与让渡。意思自治说认为，仲裁的价值取向是速度、效益与自治，而不是所谓抽象的正义。如果抽象的正义是他们的价值选择，当事人会选择诉讼。所以，在仲裁过程中，当事人实际上并不关心争议解决中抽象的正义概念。相反，他们在选择仲裁这种争议解决方式时，追求的是完全的自治，或者说是极高程度的自治。

熟悉仲裁实践的法官更能理解和把握仲裁理论的这一变化和趋势，在处理案件的过程中体现司法与仲裁"支持与配合"的理念，最大限度地尊重仲裁活动，强化仲裁裁决的终局性和确定性，给仲裁和司法制度的总体信誉带来正面影响。

有观点认为，仲裁之所以受到司法权制约，是因为仲裁的自身局限性和

---

[1] 参见宋连斌、颜杰雄：《申请撤销仲裁裁决：现状·问题·建言》，载《法学评论（双月刊）》2013年第6期。

[2] 参见阮国平、马姗姗：《仲裁裁决执行案件的司法审查要点和裁判思路》，载《上海法学研究》集刊2019年第17卷。

[3] 参见方兆文：《国际商事仲裁与司法合作关系研究》，华东政法大学2020年博士学位论文。

法律公正性之间的冲突。[1]具体而言,仲裁庭审理案件以不公开审理为原则,以公开审理为例外。封闭进行的仲裁虽然有利于保护当事人的商业秘密,维护当事人商业信誉,但也容易引起对仲裁公正性的质疑。此外,仲裁员的专业和职业素质是保证仲裁结果公正的关键,但仲裁员作出的裁决受到主观经验和专业知识的限制,具有局限性。这些原因合理化了法院对仲裁的司法监督。

但这两个理由值得商榷。当事人质疑仲裁裁决很大程度上并不是因为仲裁的封闭进行而对其公正性产生质疑,而是对裁决的结果不满。事实上,当事人在进入仲裁程序之前就知道,仲裁是封闭进行的,即当事人在仲裁前同意通过一个封闭式的争端解决程序来解决双方之间的争端。那么在仲裁之后又以封闭审理为由质疑仲裁的公正性,不符合诚实信用与禁止反言原则。此外,诉讼以公开审理为原则、不公开审理为例外,然而质疑司法公正性的情形同样很多,这说明是否公开审理与其公正性无关。针对第二个原因,仲裁员受主观经验和专业知识的限制,但司法程序中的法官同样面临专业水平和职业素质上的局限性。仲裁受到司法权限制主要有两个理由,一是仲裁裁决可能涉及第三人利益或公共利益;二是仲裁裁决的一审终审制没有给对仲裁裁决有异议的当事人充分的救济机会。

具备熟悉仲裁实践的法官队伍这一因素对于促成国际仲裁中心的作用主要体现在以下几点:

第一,成熟的法官队伍将通过确认仲裁协议的有效性直接支持国际仲裁。仲裁庭取得解决双方当事人纠纷的权力基础是双方当事人选择仲裁的合意。因此,当双方对仲裁协议的有效性产生争议时,法官对仲裁协议有效性的审查判断将直接决定是否能敲开仲裁的大门。具备熟悉仲裁实践的法官队伍将形成一套稳定且论证清晰的仲裁协议有效性审查规则,最大程度上为仲裁的启动提供支持。

第二,司法对财产保全和证据保全的支持。由于仲裁机构不享有任何国家强制权,仲裁法也未赋予仲裁庭采取强制措施的权力,故财产和证据的保全仍然依赖法院。保全措施的实施,对仲裁程序和仲裁裁决的顺利执行有直接的影响。熟悉仲裁实践的法官可以快速、高效地处理仲裁庭提交的保全申请,以推进仲裁程序的进行。

---

[1] 参见宋连斌:《仲裁司法监督制度的新进展及其意义》,载《人民法治》2018年第3期。

第三，司法对仲裁裁决的监督将维护仲裁程序的完整性和公正性。司法对仲裁的监督包括撤销仲裁裁决以及不予执行仲裁裁决两个环节，以保证仲裁机构依法公正及时地处理纠纷。熟悉仲裁实践和仲裁理论的法官在审查仲裁裁决时，将有意识地限制司法的否决权，最大程度维护仲裁裁决的有效性与可执行性。在这些司法程序中，具备熟悉仲裁实践的法官队伍可以提高处理仲裁案件的效率，使得司法资源得到更加高效的利用，进而保障执法水平。

第四，熟悉仲裁实践的法官队伍对于国际仲裁中心建设最大的影响在于形成一套稳定、高效、合理的仲裁审查规则，实现双方当事人的合理预期，提升潜在仲裁当事人对该国际仲裁中心地司法系统的信任程度。[1]

自1995年起，最高人民法院先后通过《最高人民法院关于人民法院处理与涉外仲裁及外国仲裁事项有关问题的通知》《最高人民法院关于人民法院撤销涉外仲裁裁决有关事项的通知》《最高人民法院关于承认和执行外国仲裁裁决收费及审查期限问题的规定》三个文件，确立了对于国际商事仲裁案件的内部请示报告制度，强化了法院对国际商事仲裁的监督指导，但却违反了"司法亲历性"等原理，[2]使得更多的当事人在仲裁协议中选择仲裁地时不愿意选择中国大陆的仲裁机构。

同时，个案也可以看出法官在仲裁中的作用。这三个案例分别是龙利得案、大成产业案、布兰特伍德案。前两个案例主要是当事人约定国外仲裁机构在中国仲裁时的仲裁协议效力问题。根据《仲裁法》第16条规定，仲裁协议有效必须包含三个基本要素，即请求仲裁的意思表示、仲裁事项、选定的仲裁委员会。[3]关键问题是按照法律规定，"选定的仲裁委员会"能否包括外国仲裁机构。中国仲裁市场尚未开放，原则上限制国外仲裁机构进行仲裁活动。中国已经尝试在自贸区一定程度地放开仲裁市场。这两个案件承上启下地表明"仲裁委员会"指的就是仲裁机构，国外仲裁机构也属于这个概念，仲裁协议因此有效。法官在论证过程中也有直接指出这不仅符合国际趋势，

---

[1] 参见刘晓红、冯硕：《制度型开放背景下境外仲裁机构内地仲裁的改革因应》，载《法学评论》2020年第3期。

[2] 参见朱科：《国际商事仲裁司法审查案件内部请示报告制度的转型》，载《法学杂志》2017年第6期。

[3] 《仲裁法》第16条："仲裁协议包括合同中订立的仲裁条款和以其他书面方式在纠纷发生前或者纠纷发生后达成的请求仲裁的协议。仲裁协议应当具有下列内容：（一）请求仲裁的意思表示；（二）仲裁事项；（三）选定的仲裁委员会。"

而且中国在仲裁法立法之初欠缺国际化视野。在 2020 年上海市第一中级人民法院作出（2020）沪 01 民特 83 号民事裁定中，上海市第一中级人民法院的法官认为："被申请人有关中国仲裁法在立法层面没有解决外国仲裁机构能否在我国进行仲裁的问题，并不能改变司法层面最高人民法院前述司法解释的有效意思。被申请人的相关辩称意见过于局限于强调我国仲裁立法存在的不足，而忽视了相关司法解释的法律效力及我国司法在顺应国际商事仲裁发展趋势、弥补仲裁立法不足方面所取得的进步。"[1]上海市第一中级人民法院的这一裁定书，在中国再次传达了涉外合同纠纷中，在符合中国《仲裁法》第 16 条的前提下，约定境外仲裁机构在中国仲裁的协议是有效的正面信号。该案法官并非严格按照法律规定去死板地适用，显示出了一个具有国际视野并对国内法律发展方向有着娴熟把握的高素质的法官是怎么通过承上启下的判决影响中国仲裁制度朝着与国际接轨的方向发展，并能够在一定程度上弥补立法的不足，顺应国际商事仲裁的发展趋势，推动国际商事仲裁的发展。

在解决仲裁协议是否有效的问题后，具体仲裁裁决作出后的承认与执行问题则是更务实的问题。在布兰特伍德案中，当外国仲裁机构以中国仲裁地作出仲裁裁决后，关于这种仲裁裁决的国籍问题有三种观点：申请人认为这是外国国籍，应当根据《纽约公约》执行；被申请人则不认同，认为中国传统上按照仲裁机构所在地判断国籍，但是该仲裁机构是在中国作出的裁决，所以不符合外国仲裁裁决，同时这是国外机构在中国作出的裁决，本身又不属于中国内国裁决或涉外仲裁裁决，所以这个裁决应该是非内国裁决。中国法律并未规定非内国裁决相关事项，故应属无效。关于这个案件，广州市中级人民法院创造性地确定了这种情况下该裁决应被视为中国的涉外仲裁裁决，依据《中华人民共和国民事诉讼法》（本章简称《民事诉讼法》）执行。通过这个案件可以得知，实际上如果严格按照我们目前的法律规定进行处理的话，由于《民诉法》和《仲裁法》各种不明确的表述很可能导致仲裁裁决无法执行，就会出现仲裁协议有效而仲裁裁决无法被承认和执行的矛盾境地。法官同样提到，根据仲裁裁决作出地来判断国籍比较符合国际主流的做法。而这很好地尊重了当事人的意思自治。这正是体现了支持仲裁的原则，即"最大支持，

---

[1] 大成产业气体株式会社等与普莱克斯（中国）投资有限公司申请确认仲裁协议效力案，上海市第一中级人民法院（2020）沪 01 民特 83 号民事裁定书。

最小干预"。法官敢于作出这种大胆且创造性的裁判结果，不仅体现了其对法律理论的娴熟，也体现了其政治智慧和勇气。故而，通过国内这几个看似与本题无关的案例的裁判过程的作出，我们可以看到法官对于仲裁实践和仲裁理论的熟悉以及自身的法学素养对于一国国际仲裁发展起着关键作用。

让我们转向国外法院对仲裁的司法监督有积极影响国际仲裁中心建设的实例。[1]"助仲法官"是《法国仲裁法（2011）》中出现的术语，[2]有帮助仲裁的意思。这个词并没有出现于《法国仲裁法（1980—1981）》。[3]"助仲法官"源自《瑞士仲裁法》，后被法国借用，在仲裁司法实践中得到频繁使用，直至2011年法国立法者正式将其写入《法国仲裁法（2011）》。在机构仲裁背景下，由于仲裁机构可以协助处理仲裁庭的组庭困境以及仲裁程序的推进障碍，助仲法官的角色往往被仲裁机构所取代。而对于临时仲裁，助仲法官则具有十分重要的实践意义。助仲法官主要针对临时仲裁设立，它给临时仲裁实践提供了极为关键的制度支持。助仲法官制度的目的是协助仲裁尤其是临时仲裁的开展，例如组庭困境、程序推动。对于国际仲裁的助仲法官，法国实行集中管辖。原因是国际仲裁案件的当事人一般都会选择巴黎作为仲裁地，因此随着时间的积累巴黎的法官处理国际仲裁案件的经验相比其他地区的法官更为丰富。"助仲法官"的管辖权由巴黎大审法院院长集中行使，主要职能包括解决临时仲裁的组庭困境、组庭后的履行职务问题、延长程序期限，整体上体现了法院支持仲裁。熟悉仲裁实践的法官队伍在这个过程中则发挥着非常重要的作用。

最后，法官直接参与仲裁就是法官本人在在职或者卸任后参与仲裁的情况，熟悉仲裁实践的法官本身可以对仲裁产生直接的影响。然而大部分国家都不允许在职的法官担任仲裁员，主要原因在于仲裁许多方面需要法院行使司法监督权。仲裁协议的效力、仲裁裁决的执行等很多制度都需要法官以法

---

[1] 参见傅攀峰：《司法如何协助临时仲裁？——法国"助仲法官"制度及其启示》，载《北京仲裁》2019年第3期。

[2] 例如《法国仲裁法（2011）》第1505条："除非另有规定，国际仲裁存在下列情形之一者，助仲法官应是巴黎大审法院院长：仲裁在法国开展；当事人合意选择法国程序法支配仲裁；当事人明确赋予法国法院行使与仲裁程序有关的争议的管辖权；一方当事人面临拒绝正义的风险。"

[3] 例如《法国仲裁法（1980—1981）》第1493条："在国际仲裁中，对于在法国开展的仲裁或者当事人约定适用法国仲裁程序法的仲裁，如果仲裁庭组庭遇到困难，那么，最勤勉的一方当事人可以请求巴黎大审法院院长协助解决。"

官身份进行裁判。法官如果既能担任仲裁员又能担任裁判自己裁决的人员，就会出现"自己监督自己的情况"。但是有些国家则一定程度上允许在职法官直接参与仲裁。例如《英国仲裁法》第93条第1项规定，商事法院的法官或官方判断官可在其认为合适的情况下，接受仲裁协议约定或通过仲裁协议产生的由其担任独任仲裁员或公断人的委任。[1]在职法官在直接担任仲裁员时，其素质的高低和对仲裁实践的掌握程度直接影响一个国家仲裁的建设进程。

法官卸任后一般都可以担任仲裁员，目前还没有检索到例外情况，仲裁庭组成过程中当事人意思自治是基本原则。我国《仲裁法》规定，曾任法官满八年的人可以担任仲裁员。这个规定一方面排除了在职法官担任仲裁员的可能，另一方面确定卸任法官担任仲裁员的要求。实际上，卸任法官担任仲裁员是非常普遍的状况，能直接推动仲裁和司法裁判的互动。

归纳而言，首先，法官主要是通过法院来间接影响仲裁中心的建设，其干涉仲裁的法理基础是国内法和国际法的双重支持，仲裁司法性和自治性的统一以及支持仲裁的原则。其次，法官通过法院干预仲裁应该本着"最大支持和最小干预"的原则，这既是《示范法》第5条的原则性规定，也是目前主要国际仲裁中心普遍采取的做法。再其次，国际商事法院与国际仲裁有机结合、相互配合能够推动该法域的影响力，使熟悉仲裁实践的高素质法官通过国际商事法院发挥影响仲裁中心建设的重要作用。最后，国际仲裁的发展和国内司法制度的衔接需要熟悉仲裁实践的法官队伍作出顺应国际潮流的司法裁判从而促进本国国际仲裁中心的建设，这也是目前中国仲裁制度与国际衔接的主要表现形式和通道之一。

在如何建设中国熟悉仲裁实践的法官队伍这一问题上，许多国家，如新加坡和英国，关于国际商事法庭法官的一系列制度设计具有相当借鉴意义。以新加坡国际商事法院（Singapore International Commercial Court，以下简称SICC）为例，为了提升其在亚洲乃至国际法律服务市场中的地位，吸引普通法系和大陆法系的案件，SICC同时聘任了来自普通法系和大陆法系的法官，[2]增强了当事人对SICC法官中立性和专业度的信任。SICC的法庭由来自不同领域

---

[1] 参见《英国仲裁法》，载https://bjac.org.cn/news/view.asp?id=1082，最后访问日期：2022年7月5日。

[2] See Gary F. Bell, "Teaching More Civil Law at the National University of Singapore: A Necessity for Singapore as a Legal Hub for Asia", *Asian Journal of Comparative Law*, Vol. 14, Supplement S1, 2019, pp. 173-193.

的知名专家组成,〔1〕截至 2022 年 4 月 6 日,SICC 共有 46 名法官,其中有 16 名国际法官,法官的选择涵盖了普通法系与大陆法系。〔2〕首席法官可根据法官在外国法域或特定领域的经验而选择其审理特定案件。其中,国际法官有效地为 SICC 提供外国商法方面的专门知识,有利于 SICC 行使管辖权而不是保留诉讼(即使是暂时的)。〔3〕

中国国际商事法庭法官的选任仍有很多地方性特色。虽然中国也于 2018 年成立中国国际商事法庭(CICC),致力于构建诉讼、仲裁、调解之间的"一站式"衔接机制,〔4〕由此产生对大量优秀的在岗国际商事法庭法官与相关人才储备的需求。然而,根据最高院公布的《最高人民法院关于设立国际商事法庭若干问题的规定》,CICC 的法官不包括外籍法官,在法官的选任上较 SICC 更为保守。《最高人民法院国际商事法庭程序规则(试行)》第七章规定了 CICC 对仲裁纠纷的支持和保障,由于 CICC 的法官较 SICC 更为保守,可能会引起外国当事人对 CICC 的不信任,不利于构建中国的国际仲裁中心。

(五)不断提高国际仲裁能力建设水平

将上海打造成为具有国际影响力的仲裁中心必须提升中国国际仲裁的中立性、专业化和国际化水平,保障仲裁裁决得到及时有效的承认和执行,而这需要不断提高国际仲裁能力建设水平。

所谓能力建设就是减负和赋能,是一个硬币的两面。就建设国际仲裁中心而言,减负就是减少争议当事人和仲裁机构(仲裁庭)的负担,减少合规成本,减少司法或者行政的过度干预;而赋能就是增加仲裁机构(仲裁庭)的能力,具备为当事人服务和解决争议的能力,适应国际商事争端市场的竞争和挑战,获得更多争端解决服务消费者(争端当事方)的信任和青睐,成为他们解决争议的首选。

〔1〕 See Andrew Godwin et al., "International Commercial Courts: The Singapore Experience", *Melbourne Journal of International Law*, Vol. 18, No. 2., 2017, pp. 219-259.

〔2〕 See "Judges", available at: https://www.sicc.gov.sg/about-the-sicc/judges#45_Judge, last visited on Apr 6, 2022.

〔3〕 参见沈伟:《国际商事法庭的趋势、逻辑和功能——以仲裁、金融和司法为研究维度》,载《国际法研究》2018 年第 5 期。

〔4〕 参见《国际商事法庭常见问题》,载 http://cicc.court.gov.cn/html/1/218/19/154/index.html,最后访问日期:2022 年 4 月 6 日。

第九章　什么因素促成国际仲裁中心？

中国试图打造国际仲裁中心，不可避免地涉及如何在维护当事人意思自治与维护公正的裁决之间形成良好的平衡。建设国际仲裁中心的核心任务之一是提升国际社会对中国仲裁机构中立性和专业性的认可，这要求中国不断提高仲裁裁决的公正性和公信力，以满足当事人对仲裁的公正期望。对此，2019年中共中央办公厅、国务院办公厅印发了《关于完善仲裁制度提高仲裁公信力的若干意见》，重点强调了仲裁公信力，将其提升到前所未有的高度。仲裁公信力是中国特色的仲裁概念，在这一完全不同于西方仲裁实践的理论指导下，中国仲裁事业和相关法治建设实现了快速发展。[1]对此，中国正积极主动推进与仲裁相关的法制建设，不断更新与仲裁有关的法律，在提升仲裁机构中立性、保障仲裁裁决能够得到及时充分的承认和执行上取得了一定的进展。

1. 强化规则制定以保障仲裁的中立性和独立地位

自2021年1月1日起实施的《中华人民共和国民法典》（本章简称《民法典》）是中国首部调整民商事法律关系的法典，其中涉及"仲裁"的条文有18条，规定了仲裁范围、仲裁员裁判权、仲裁时效等重要内容。不同于诉讼，仲裁同时具有当事人意思自治的契约性和国家授权性的司法性，《民法典》明确仲裁庭对特定的一些易产生分歧之问题的裁判权有助于厘清分歧，使司法机构和仲裁机构的权力得到平衡，也给当事人以自主选择仲裁或诉讼手段维护自身合法权益。在涉及重大误解、欺诈、胁迫、显失公平、情势变迁、合同解除、合同终止、违约金调整等争议处理中，仲裁机构和人民法院同样有对相应请求的确认权、裁判权的规定，体现了《民法典》对于司法机关和仲裁机关平等对待之精神，[2]保障了仲裁相较于司法的独立地位和中立性。

提升上海仲裁机构的中立性和仲裁的质量也有赖于仲裁员队伍建设。2021年3月25日，上海仲裁协会理事会审议通过《仲裁员聘任与行为准则指引》（本章简称《指引》），这是上海仲裁协会首次发布行业规范性指引，也是中国仲裁界首个行业规则指引。[3]《指引》依据《仲裁法》，将不同仲裁机构的内部规范进行梳理与整合并提供参考，有利于各仲裁机构的规范完善。

---

[1] 参见郭峰：《提高仲裁公信　多元化解矛盾》，载《人民法院报》2019年6月29日，第2版。

[2] 参见王生长：《简述〈民法典〉有关仲裁的规定》，载http://www.sjzac.org.cn/index.php?c=show&id=1325，最后访问日期：2022年4月7日。

[3] 参见张卓：《仲裁和替代性争议解决委员会通讯2021年第4期》，载http://www.ccoic.cn/cms/content/28754，最后访问日期：2022年4月7日。

《指引》确保仲裁机构的行为可溯源、有依据，建立起一个仲裁员履职行为的参考标准，使得仲裁员能够更好地进行行为自律，提升仲裁行业的公信力。在国际仲裁中，仲裁员可能来自不同国家，不同法律体系和文化，这就提出了对仲裁员道德守则的统一性的要求。订立仲裁行业规则指引，不仅有利于消弭约束仲裁员行为不同规则之间可能产生的冲突，也是提升国际仲裁透明度和公信力的题中应有之义；这不仅是建立强化仲裁从业人员准入和退出管理制度，促进仲裁行业发展的必然要求，也是上海建设面向全球国际仲裁中心过程中制度建设的重要组成部分；其不仅符合对案件裁判结果起决定性作用的仲裁员队伍的持续性建设与管理的需要，也对完善仲裁制度，进一步提高仲裁公信力，有着关键而深远的作用。

2. 国际仲裁能力水平建设的发展

提升国际仲裁能力水平，一是要借鉴英国仲裁发展的经验，认识到司法审查的重要性，通过明确司法审查中"公共利益"的适用标准以保障仲裁裁决的公正性；二是要促使仲裁裁决能够及时充分地承认和执行。

(1) 明确司法审查中"公共利益"的适用标准

公共利益作为一国法律秩序的"安全阀"，在商事仲裁的司法审查中得到了普遍应用，几乎所有国内仲裁法都将违反"公共利益/公共政策（Public Policy）"作为撤销仲裁裁决的理由。在中国仲裁相关法律法规中，"违背社会公共利益"同样是撤销和不予执行仲裁裁决的事由之一。

中国《民事诉讼法》第244条[1]将"违背社会公共利益"作为不予执

---

[1] 《民事诉讼法》第244条规定："对依法设立的仲裁机构的裁决，一方当事人不履行的，对方当事人可以向有管辖权的人民法院申请执行。受申请的人民法院应当执行。

被申请人提出证据证明仲裁裁决有下列情形之一的，经人民法院组成合议庭审查核实，裁定不予执行：

（一）当事人在合同中没有订有仲裁条款或者事后没有达成书面仲裁协议的；
（二）裁决的事项不属于仲裁协议的范围或者仲裁机构无权仲裁的；
（三）仲裁庭的组成或者仲裁的程序违反法定程序的；
（四）裁决所根据的证据是伪造的；
（五）对方当事人向仲裁机构隐瞒了足以影响公正裁决的证据的；
（六）仲裁员在仲裁该案时有贪污受贿，徇私舞弊，枉法裁决行为的。

人民法院认定执行该裁决违背社会公共利益的，裁定不予执行。

裁定书应当送达双方当事人和仲裁机构。

仲裁裁决被人民法院裁定不予执行的，当事人可以根据双方达成的书面仲裁协议重新申请仲裁，也可以向人民法院起诉。"

行仲裁裁决的事由之一,并且与《纽约公约》相同,也将此种情形下的不予执行作为法院主动发现并适用的情形。《民事诉讼法》第291条[1]是关于涉外仲裁裁决不予执行的规定,该条同样将"违背社会公共利益"作为不予执行仲裁裁决的事由之一。《仲裁法》第58条[2]是关于撤销仲裁裁决的规定。该条第3款将"违背社会公共利益"作为撤销仲裁裁决的事由之一。该款在条文结构上与前述《民事诉讼法》的规定相类似,将其规定为法院主动发现并适用的一种撤裁情形。在程序方面,《最高人民法院关于仲裁司法审查案件报核问题的有关规定》第3条[3]规定以违背社会公共利益为理由不予执行或者撤销中国内地仲裁机构的裁决的程序性规定。根据该条的规定,此类案件需要向最高院报核,只有在最高院审核后,审理法院才能够依据最高院的审核意见作出裁定,而不能擅自作出裁定。

　　报核程序的规定与法院的自由裁量权紧密联系。"公共利益"这一概念虽然在中国各项立法中频繁出现,但却一直未形成清晰、明确的定义。因此,"公共利益"的内涵受政治、经济、社会、文化乃至社会不同发展阶段的影响较大,其本身的内涵和外延不易界定,这就给法院留下了较大的自由裁量空间。

---

〔1〕《民事诉讼法》第291条:"对中华人民共和国涉外仲裁机构作出的裁决,被申请人提出证据证明仲裁裁决有下列情形之一的,经人民法院组成合议庭审查核实,裁定不予执行:(一)当事人在合同中没有订有仲裁条款或者事后没有达成书面仲裁协议的;(二)被申请人没有得到指定仲裁员或者进行仲裁程序的通知,或者由于其他不属于被申请人负责的原因未能陈述意见的;(三)仲裁庭的组成或者仲裁的程序与仲裁规则不符的;(四)裁决的事项不属于仲裁协议的范围或者仲裁机构无权仲裁的。人民法院认定执行该裁决违背社会公共利益的,裁定不予执行。"

〔2〕《仲裁法》第58条:"当事人提出证据证明裁决有下列情形之一的,可以向仲裁委员会所在地的中级人民法院申请撤销裁决:
　　(一)没有仲裁协议的;
　　(二)裁决的事项不属于仲裁协议的范围或者仲裁委员会无权仲裁的;
　　(三)仲裁庭的组成或者仲裁的程序违反法定程序的;
　　(四)裁决所根据的证据是伪造的;
　　(五)对方当事人隐瞒了足以影响公正裁决的证据的;
　　(六)仲裁员在仲裁该案时有索贿受贿,徇私舞弊,枉法裁决行为的。
人民法院经组成合议庭审查核实裁决有前款规定情形之一的,应当裁定撤销。
人民法院认定该裁决违背社会公共利益的,应当裁定撤销。"

〔3〕《最高人民法院关于仲裁司法审查案件报核问题的有关规定》第3条规定:"本规定第二条第二款规定的非涉外涉港澳台仲裁司法审查案件,高级人民法院经审查拟同意中级人民法院或者专门人民法院以违背社会公共利益为由不予执行或者撤销我国内地仲裁机构的仲裁裁决的,应当向最高人民法院报核,待最高人民法院审核后,方可依最高人民法院的审核意见作出裁定。"

在实践中,存在着大量当事人援引"违背社会公共利益"主张撤销或不予执行仲裁裁决的案件。其原因可能在于任何一项平等民事主体之间纠纷的解决,其背后都必然指向特定的法律价值,而是否触及"社会公共利益"可能只是程度问题,只是从结果上来看,往往差之毫厘,谬以千里。这就导致在仲裁结果中受有不利的当事方一旦认为仲裁裁决可能涉及公共利益,便有可能借助公共利益的相关规定阻碍仲裁裁决的执行。这一现实情况不仅给法官同样也给仲裁员提出了更高要求。〔1〕因此,仲裁庭不仅关注案件基本事实和法律争议焦点,同时还应关注最新的法律法规变化、政策动向、监管态度、经济环境状况等社会因素,从更高的视野与更加全面的视角去思考仲裁裁决可能给整个社会带来的后果,以确保"社会公共利益"不受损害。"社会公共利益"概念本身具有模糊性,而法律又必须对涉及社会公共利益的社会关系进行具体调整,要想正确审查涉及社会公共利益的案件,就要统一司法适用标准,这样才能保证仲裁庭作出的裁决不会被法院撤销或不予执行。〔2〕

(2) 强化仲裁裁决的承认与执行

建设国际仲裁中心的另一大任务在于仲裁裁决能够得到及时充分的承认和执行,当事人的意思自治得到充分尊重。中国内地与香港地区在仲裁裁决的承认和执行上的实践对在上海建设国际仲裁中心有着借鉴作用。截至2020年11月,两地签署了《最高人民法院关于内地与香港特别行政区相互执行仲裁裁决的安排》等与仲裁有关的3项安排,建立起方便快捷的仲裁裁决认可执行机制。通过适用该安排,绝大多数仲裁裁决在另一地可以得到顺利执行。据统计,截至2020年11月27日,近5年仅有2件香港仲裁裁决因法定事由被内地人民法院裁定不予执行;截至2020年,内地人民法院已批准17起香港仲裁保全申请,并就总计87亿元人民币的资产作出保全措施。〔3〕2020年11月27日,最高院与香港特别行政区政府律政司签署了《最高人民法院关于

---

〔1〕 参见环中争端解决团队:《案例评析 | 探析仲裁司法审查中"公共利益"的内涵与适用(深圳案例)》,载 https://mp.weixin.qq.com/s/SJZL6vMGQBgBZkr4asgD6Q,最后访问日期:2022年7月4日。

〔2〕 参见李梦园、宋连斌:《论社会公共利益与商事仲裁的司法监督——对我国法院若干司法实践的分析》,载《北京仲裁》2006年第1期。

〔3〕 参见《2020年11月27日(星期五)〈关于内地与香港特别行政区相互执行仲裁裁决的补充安排〉签署活动暨新闻发布会》,载 https://www.chinacourt.org/chat/chat/2020/11/id/52661.shtml,最后访问日期:2022年4月8日。

内地与香港特别行政区相互执行仲裁裁决的补充安排》（本章简称《补充安排》），基本实现了两地民商事司法协助全覆盖。《补充安排》的生效与2019年生效的《最高人民法院关于内地与香港特别行政区法院就仲裁程序相互协助保全的安排》实现了涉港仲裁保全措施的全覆盖，意味着两地在仲裁领域的协助机制实现了更高水平的完善，达成了全方位多维度的相互协作。[1]

将上海打造成国际仲裁活动的中心也可借鉴内地与香港的仲裁裁决认可机制，完善国际商事纠纷多元化解决机制，构筑仲裁和诉讼有机衔接的"一站式"纠纷解决平台。对此，2020年9月25日，最高院发布《最高人民法院关于人民法院服务保障进一步扩大对外开放的指导意见》（法发〔2020〕37号），其中第9点"完善国际商事纠纷多元化解决机制"规定，为完善国际商事法庭制度，优化"一带一路"国际商事法律服务，提高多元性，中国国际商事法庭将在其仲裁体系中引入域外知名商事仲裁机构。根据已出台的国际商事法庭相关规则，国际商事法庭可处理仲裁协议、仲裁保全、国际商事仲裁裁决的撤销或强制执行申请案件。最高院将符合条件的国际商事仲裁机构纳入国际商事法庭体系，集中处理仲裁有关的争议，有助于降低仲裁裁决承认和执行的成本，构筑仲裁和诉讼有机衔接的"一站式"纠纷解决平台。[2]上述举措有助于推动中国的国际仲裁中心的发展。

3. 政府支持仲裁的相关措施

政府支持措施是指各国政府为推进仲裁事业持续发展所采取的积极措施，广义上的政府支持措施包括立法、行政、司法对仲裁的扶持，通常和"优化营商环境""建设服务型政府"联系紧密。

仲裁事业的持续发展依赖于仲裁机构的独立性，取决于仲裁服务的质量和效率。仲裁作为国际通行的纠纷解决方式，亦是我国社会治理体系中多元化纠纷解决机制建设的重要组成部分。聚焦国际商事纠纷多元化解决机制建设，实现商事仲裁的法治化专业化国际化离不开政府对仲裁事业的支持。这要求理顺各仲裁机构与政府的关系，实现仲裁工作体制社会化和仲裁发展机制市场化。根据《2021国际仲裁调查报告》，伦敦与新加坡并列第一，为投

---

〔1〕 参见《内地与香港特区相互执行仲裁裁决的补充安排在两地全面施行》，载 https://www.court.gov.cn/zixun/xiangqing/303281.html，最后访问日期：2022年7月5日。

〔2〕 参见《最高人民法院办公厅关于确定首批纳入"一站式"国际商事纠纷多元化解决机制的国际商事仲裁及调解机构的通知》，法办〔2018〕212号。

资者首选仲裁地,中国香港地区则名列第三,巴黎排在第四位,再次是日内瓦,之后是北京、纽约、斯德哥尔摩和上海。本报告对排名前三仲裁地政府支持仲裁措施进行梳理,以期他山之石可以攻玉。

表2 排名前三仲裁地政府支持仲裁措施梳理

国家/地区	政府支持措施
伦敦	1. 立法将仲裁作为促进商业发展手段之传统 　　1698年制定了世界上第一部仲裁法"洛克法案"。1854年法案规定,对于仲裁协议涵盖的任何争议,法院均有权指令争议方提交仲裁。1889年法案规定,仲裁协议不可撤销,无论是针对现有争议还是将来的争议,仲裁协议都受到法律保护。1950年法案规定仲裁员有权给予临时救济。1979年法案规定,争议方如果愿意,可以约定仲裁裁决中的法律错误不受司法审查。1996年法案让争议方更难在英国法院挑战仲裁裁决。 2. 司法对仲裁呈信任态度 　　第一,英国法院和普通法传统上对当事人自治的尊重。秉持应推定商人最了解如何安排自己的事务和解决自己的纠纷这一理念,英国法院一直以来倾向于支持商事主体私下达成的争议解决安排的效力。第二,英国法院的实用主义,即英国法院将仲裁视为能有效减少法院案件数量的争议解决方式。
新加坡	1. 以国际化为目标 　　从国际化程度看,新加坡国际仲裁中心、国际商业法庭和国际调解中心更多是面向区域性、国际性的商事纠纷当事人,在人员构成上组建国际化的法官、仲裁员和调解员团队,在制度设计上高度对接国际规则和国际惯例。例如,新加坡国际商事仲裁规则以《示范法》为蓝本,兼顾大陆法和普通法两大法系的特点。多年来仲裁规则不断更新修订,吸收了很多为发达国家所认可的新型仲裁实践。 2. 强调仲裁、调解、司法"三位一体"一站式服务 　　从机制运行上看,新加坡在提供国际商事争端解决服务时注重调解、仲裁和诉讼程序的相互融合、协调、对接、互补,有意识地构建调解与仲裁、诉讼有效衔接的机制。特别是新加坡国际仲裁中心和国际调解中心合作建立了独特的"仲裁—调解—仲裁"机制,在实现二者无缝对接的同时也极大提升了调解协议的可执行率。新加坡法院给予国际调解、国际仲裁和国际诉讼最大化的支持和最小化的干预,当事人可以根据费用标准,准确预估争议解决的成本、时间进度和每个程序阶段的费用。 3. 各种政策扶持 　　为推动新加坡国际仲裁中心的发展,将新加坡打造成为国际仲裁中心,新加坡政府在财政资金、办公用房、税收政策、出入境政策等方面给

续表

国家/地区	政府支持措施
	予仲裁机构和仲裁从业人员极大的支持和便利。此外，为减轻争议当事方的现金流压力，新加坡还允许当事方在国际仲裁及相关程序中进行"第三方融资"。
中国香港地区	1. 服务配套措施到位 　　仲裁有很多配套设施。除了政府为 HKIAC 以 1 港币租赁一整层楼作为办公场所，更通过不断创新吸引交易者选择仲裁。如在线上争议解决方面，在鼓励香港的仲裁机构成立网上争议解决服务之余，亦加入了《亚太经济合作组织网上争议解决合作框架》。另外，其与贸法委（联合国国际贸易法委员会）一并探讨并成立了"普惠全球法律创新平台"（iGLIP），主要探讨涉及网上争议的法律问题。 2. 仲裁人才储备 　　香港有着深厚的仲裁文化，有着很多国际化的律师，懂得国家的情况、也懂得国际的习惯，所以他们在提供服务的时候，能够非常符合当事人的要求。其亦有非常多其他方面的专家人才提供专家意见。

总体而言，仲裁能力有多维度的面向，对仲裁机构、仲裁员、法院、政府都提出了不同的要求。仲裁机构和仲裁员要更加专业（包括积极打造智能仲裁设施），法院要更加支持仲裁机构和仲裁庭，政府要为仲裁和仲裁机构提供良好的外部环境。仲裁能力当然也涉及立法机关的立法活动，这在第六要素部分详述。

（六）不断更新与仲裁有关的法律

不断更新与仲裁有关的法律也是国际仲裁能力建设的重要方面。这里不妨参考英国仲裁的发展历程。

英国法院采取的路径是逐渐接近"自由放任"（laissez-faire）原则，允许仲裁程序自治，不受司法干预拘束，这种变化趋势在 1996 年英国仲裁法之前就已经存在。迈克·柯尔（Michael Kerr）认为三种因素造成这种改变：一是务实的目标，吸引国际仲裁到英国，对仲裁更加适合的态度能够吸引仲裁当事人选择在英国仲裁。二是英国法院控制仲裁裁决的权力，被意识到太过强大以致于非常容易被滥用，因而不被当事人所接受。三是国家法律与示范法一致、统合。[1]

1. 英国仲裁法的历史演进

英国仲裁法经历了数次修订,其中具有代表性的是于 1950 年、1979 年以及 1996 年进行的修订。传统上,英国对仲裁持绝对控制和强烈干预的态度。英国法上存在所谓的"法院的司法权不容剥夺原则",不得通过协议排除法院对特定案件法律问题的管辖权。[2]自 1979 年英国仲裁法修订后,司法监督的内在理性(rationale)逐渐发生转变:更多的是合作而非冲突,更多的是辅助而非监督。现在的英国法院干预更多是为了鼓励求助于仲裁,而非对仲裁程序的目的和运行保持敌对态度。对仲裁的不信任,即相信仲裁没有能力形成法律决断,只能提供事实发现的功能,已经不再是英国实践的主流。英国仲裁法现在强调"有限干预原则"。

(1) 1950 年仲裁法的特征[3]

1950 年的仲裁法具有以下特征:法院干预仲裁实体问题不以公共政策为限,对一般的法律与事实问题亦可介入;对裁决的实体问题的干预不限于仲裁裁决作出以后,在仲裁程序进行过程中可因"特别案件陈述程序"的启动而介入;法院对仲裁实体问题的监督属于强行性规定,当事人不得协议排除;"特别案件陈述程序",即对于仲裁审理中产生的任何法律问题及仲裁裁决或其中的任何部分,法院有权下令仲裁庭以所谓特殊案件的形式加以说明,由高等法院对其作出判决。

(2) 1979 年仲裁法的修订

20 世纪 60 年代末 70 年代初,越来越多的国家大力参与国际商业活动,一旦发生纠纷,当事人出于中立性和便利性的考虑,一般不愿意去其他国家的法院解决争议。在商事仲裁方面,虽然英国法律体系完备、法律人才和各种专业人才济济,但由于法院对仲裁监督过于宽泛且适用英国法,当事人不选择英国是仲裁地,保守估计令英国每年失去 5 亿英镑的收入。[4]

---

[1] See Michael Kerr, "Arbitration and the Courts: The UNCITRAL Model Law", *International and Comparative Law Quarterly*, Vol. 34, No. 1., 1985, pp. 1-24.

[2] 参见王德新:《仲裁司法监督的定位:过度干预抑或适度监督——以英、法两国为对象的分析》,载《河北青年管理干部学院学报》2011 年第 4 期。

[3] 参见余蕊桢:《英国法院对仲裁裁决的司法监督》,载《仲裁研究》2008 年第 4 期。

[4] 参见杨良宜:《国际商务仲裁》,中国政法大学出版社 1997 年版,第 47 页。

1979年修订的英国仲裁法废除了"特别案件"的做法；区别事实问题和法律问题，当事人仅可以向高等法院就仲裁裁决的法律问题进行上诉，但必须征得所有对方当事人的同意，或者征得法院的准许且高等法院只有在其认为考虑到所有的因素，对有关法律问题的认定会在实体上影响仲裁协议一方或更多方当事人的权利时，才准许上诉；允许当事人在除海事争议、保险合同和某些特殊商品合同争议之外的广泛的国际仲裁领域中预先约定排除司法复审，从而承认仲裁裁决的终局性。[1]

(3) 1996年仲裁法的修订

1996年仲裁法进一步严格限制"对法律问题的上诉"实体审查权，包括以下四个方面的限制：

①一般原则

本编之规定基于下述原则，并以其作为解释依据：

(a) 仲裁之目的在于有公平的仲裁庭，在没有不必要的拖延和开支的情况下，使争议得以公正解决；

(b) 当事人得自由约定争议解决方式（parties should be free to agree how their disputes are resolved），仅受制于充分保障公共利益之必须；

(c) 除本编另有规定外，法院不得干预本编规定之事项。

②当事人排除性协议

根据第69条的措辞可以推断，只要当事人之间存在排除法院管辖的协议，任何一方当事人即不可向法院就英国商事仲裁裁决的法律问题提出异议；若当事人约定仲裁庭作出不具理由的裁决书，则视为约定排除法院的实体审查权；英国法院还通过判例确认，只要双方选定的仲裁规则中规定英国商事仲裁裁决的终局性，则视为当事人以书面协议有效排除了法院的实体审查权（Sanghi Polyesters Ltd. v. The International Investor（KCFC）[2001]）。除此之外，虽然根据第87条的规定，在英国仲裁的情形下，排除法院管辖协议必须在仲裁开始后达成，但鉴于规定国际仲裁与本土仲裁区别的第85条存在与英国参加的《罗马公约》发生冲突的可能性，英国国务大臣已根据第88条的规定以行政命令取消了这种区别，当事人在英国本土仲裁中签订排除法院管辖协

---

[1] 参见余蕊桢：《英国法院对仲裁裁决的司法监督》，载《仲裁研究》2008年第4期。

议的时间限制已不复存在。[1]

③法院审查的内容

根据《1996年仲裁法》，英国法院可以受理就英国商事仲裁裁决的法律问题提出的上诉，但仅限于对英国法律问题的上诉。针对争议实体问题适用非英国法律的国际商事仲裁，英国法院无权对其进行实体审查。在2002年雅典诉国际篮球协会（AEK v. National Basket Association）一案中，由于仲裁员适用的是希腊法律，当事人对英国商事仲裁裁决的异议被驳回。

程序性限制

A. 并非所有异议都将被受理

法院仅在认为符合下列条件时准许上诉：

（a）问题的决定将实质性地影响一方或多方当事人的权利，

（b）问题是仲裁庭被请求作出决定的，

（c）根据裁决书中认定的事实：

（i）仲裁庭对问题的决定明显错误，或（ii）问题具有普遍的公共重要性，仲裁庭对此作出的决定至少存在重大疑问，以及

（d）尽管当事人约定通过仲裁解决争议，但在任何情况下由法院对该问题进行判决是公正和适当的。

B. 法院应尽可能避免撤销仲裁庭的裁决

法院有权确认、修改或者撤销裁决，亦有权将案件发回仲裁庭重审。除非法院认为将争议事项发回仲裁庭重审是不合适的，否则法院不应全部或部分撤销裁决

C. 用尽救济

上诉权不得违背第70条第2款和第3款的限制

第2款 如申请人或上诉人未首先用尽下列救济则不得提出申请或上诉：

（a）任何可资利用的仲裁上诉或复审程序，以及

（b）根据第57条（裁决更正及补充裁决）可资利用的追诉。

第3款 申请或上诉必须自仲裁裁决作出之日起28天内提出，或如已经存在仲裁上诉或复审程序，则自申请人或上诉人接到该程序结果的通知之日起

---

[1] See David Fraser, "English Arbitration Act 1996: Arbitration of International Commercial Disputes under English Law", *American Review of International Arbitration*, Vol. 8, No. 1., 1997, pp. 1-19.

28天内提出。

综上，三个版本的仲裁法主要不同体现在下表3。

表3 英国仲裁法修订变化

内容	1950年	1979年	1996年
审查范围	程序事项和实体事项（实体事项包括事实问题和法律问题）	程序事项和实体事项（实体事项限于法律问题，且有所限制）	程序事项和实体事项（实体事项限于法律问题，且条件要求更严格）
对实体问题审查的约定排除的规定	不能约定排除	可以，除了海事、保险、货物买卖合同争议	可以并且无特别限制

由此观之：

第一，法院对仲裁的监督范围逐步缩小，特别是最大限度地避免司法对仲裁裁决实体上的干预和监督。

第二，对当事人意思自治原则更加尊重，允许当事人通过协议排除法院的司法审查。

第三，法院对仲裁裁决进行审查的条件进行了严格的限制，几乎仅限定于只有当仲裁出现不公正时，法院方可介入和干预。法院介入仲裁的时间被推迟，要想就仲裁裁决向法院提出异议申请，一般需要先用尽仲裁程序中的所有救济措施，这实际上是将法院的干预作为最后一项救济措施加以援引。

2. 对英国实体审查权的评价

实际上，《1996年仲裁法》第69条"对法律问题的上诉"因其赋予法院对英国商事仲裁裁决进行实体审查的权力而备受争议，是英国仲裁的传统（tradition）和独特之处（因部分国家遵循《示范法》的理念绝对排除了实体审查权）。杨良宜在《国际商务游戏规则——伦敦仲裁》一书中提到，"笔者2004年5月在伦敦参加的一个大型会议，伦敦市长（原来是律师），上诉庭庭长（Master of Rolls）与首席贵族院法律勋爵（Senior Law Lord）异口同声赞成'走回头路'。伦敦市长更是明确说，即使英国是世界上唯一不去让裁决书'说了算'的国家，而是可就法律观点向法院提出上诉，'就让它去'（so be it）。"与之遥相呼应的是施米托夫教授早在1967年所著的《仲裁与法院的监督管辖权》一文中指出的，尽管人们有时主张，不得剥夺法院对法律问题的管辖权是英国仲裁制度的一大缺陷，但英国商业界和法律界的一般看法则相反。

综合来看，英国保留的严格限制的实体审查权在公正与当事人意思自治之间达成了一种微妙且精巧的平衡，貌似反而更有利于当事人利益的实现。

从仲裁庭的角度来看，司法审查权的存在和行使有助于提高仲裁的质量。法院的司法审查权很难受到仲裁庭的欢迎，在实践中更常有仲裁员对此怨声载道，但这恰恰体现了司法审查的作用。作为提供法律服务的商业机构，司法审查无疑限制了仲裁庭的自由。愈广泛和细致的司法审查必然给仲裁裁决带来更大的被撤销的危险，而任何一次仲裁裁决的被撤销都会对仲裁庭的声誉带来打击。由于存在司法监督，为避免发生上述状况，仲裁庭必须勉励而为，提高服务质量，使仲裁案件的当事人满意。

寻求法院实体帮助的目标是给予当事人在例外情况下的救济，即在仲裁实体裁决很大程度牺牲当事人的权利，或仲裁程序的正当性，或法律的正当性本身时，第69条提供了选择司法帮助的权利，表明该规定的目标是防止或者修复根本不公的情形。对实体要求放入规制框架和要求仲裁庭对程序负责，都是为了修正例外情形下存在的公然滥用裁判权力现象。所以这种司法监督的目标与其说是规制（regulatory），不如说是救济（remedial）。裁判，包括私人意义上的裁判（也就是仲裁）的正当性与国家利益攸关，要求仲裁意思自治不代表对程序与实体方面的裁判彻底放弃让裁判服务达到最低标准的要求。事实上，尤其当争议金额巨大时，当事人对仲裁的公正期望显然高于对仲裁效率的要求。一裁终局机制下的错判、误判的风险是任何当事人都难以承受的。一个对美国606家公司内部律师所做的调查显示，54.3%的律师在大型商事争议中宁愿选择诉讼而非仲裁，原因是仲裁缺乏有效的上诉机制以保证裁决的公正性。[1]彻底剥夺法院的司法审查权无疑意味着将天平彻底倾向于当事人自治，令法院在维护公平公正方面无能为力。以直接立法方式排除法院司法审查权意味着剥夺了当事人自主决定是否寻求法院帮助的权利，在尊重当事人意思自治方面赋予当事人选择权能够达成一种精巧的平衡。

在有关《1996年仲裁法》的评述中，一位国外学者的原话说明英国此种

---

[1] See William H. Knull III, Noah D. Rubins, "Betting the Farm on International Arbitration: Is it Time to Offer an Appeal Option?", *The American Review of International Arbitration*, Vol. 11, No. 4., 2020, pp. 533–534.

制度设计的巧妙之处：该法案的起草者正确地拒绝了示范法完全排除上诉选项的做法，这种做法暗示了一种不可反驳的推定，即仲裁当事人承担其仲裁裁决可能包含实质性错误的风险。这种推定并非基于任何表明仲裁当事人总是倾向于终局性而非上诉权的经验证据，也不一定得到当事人的合法期望的支持。

总而言之，英国《1996年仲裁法》在维护当事人意思自治与维护公正裁决方面实现了良好的平衡，为当事人提供寻求公正的途径同时实现其意思自治的最大化。从当事人角度来看，首先其享有意思自治的选择权，在当事人以协议的方式表明愿意承担一裁终局的风险时则尊重其处置其私权的自由，且法院的审查权受到了前述不同程度的掣肘。同时，追求争议的公正解决是任何争议解决机制的共同目标。将仲裁的意思自治完全凌驾于公正之上，臆断商人愿意无条件地接受错误的裁决来换取争议的快速解决是不科学的，所以《1996年仲裁法》仍然为法院介入确保公正裁决提供了很小的口子。英国仲裁的发展历程和对严格限制的实体审查权的保留对于中国国际仲裁中心的建设具有一定的借鉴意义。

三、上海建设国际仲裁中心的优势、劣势及其发展方向

对照上文分析的国际仲裁中心应具备的要素，在上海打造国际仲裁中心，可谓优势与劣势并举，机遇与挑战并存。只有根据建设国际仲裁中心六大要素来充分分析上海作为国家仲裁中心的优点与不足，明确与其他国际仲裁中心相较之下上海存在的阻碍，才能明晰未来在上海建设国际仲裁中心的发展方向，进而成功把上海打造成一个国际仲裁中心。

（一）优势

在上海打造国际仲裁中心，具有"天时、地利、人和"。其一，上海仲裁得到了充沛的政策和资源。2015年，国务院发文，明确要求将上海打造为"面向全球的亚太仲裁中心"，[1]自此成为国家层面的战略部署。2016年8月8日，上海市人民政府发布的《"十三五"时期上海国际贸易中心建设规划》提出："打造亚太国际商事争议解决中心……构建面向国际的商事争议解决平

---

[1]《国务院关于印发进一步深化中国（上海）自由贸易试验区改革开放方案的通知》，国发〔2015〕21号。

台";〔1〕2017年10月11日,上海市推进"一带一路"建设工作领导小组办公室发布《上海服务国家"一带一路"建设发挥桥头堡作用行动方案》,明确提出建设"'一带一路'国际仲裁中心"。〔2〕2019年1月2日,上海市委深改委通过《关于完善仲裁管理机制提高仲裁公信力加快打造面向全球的亚太仲裁中心的实施意见》。〔3〕2019年5月27日,上海市司法局发布《打响"上海仲裁"服务品牌行动方案(2019—2021年)》。〔4〕2019年11月8日,上海仲裁协会在上海国际仲裁高峰论坛上宣布成立,标志着"上海仲裁"走向世界。

其二,通过过去数十年的积累,位于上海的国际国内仲裁机构数量已达到了十家;同时聚集了大量的优质法律从业人员,本身已是中国仲裁高地之一。上海作为亚太仲裁中心,具有其独特的优势,那便是地处上海的十家仲裁机构,包括上海仲裁委员会(SHAC)、上海国际仲裁中心(SHIAC)、香港国际仲裁中心上海代表处(HKIAC)等。众多的仲裁机构必然带来优质的仲裁从业人员,发挥着人才的集聚效应,为商事争议的多元化纠纷解决(Alternative Dispute Resolution)提供更为优质专业的服务,这一点可从上海国际仲裁中心2021年的受案数量、争议金额和个案平均争议金额均创新高得到充分说明。同时,上海之所以成为这十家仲裁机构的选址,正是因为其深厚的仲裁底蕴以及其国际化定位。上海作为国际金融中心,吸引着更多的仲裁机构入驻。当然,这些仲裁机构也相应地为上海成为亚太仲裁中心提供了专业的优质资源支撑。2021年5月,上海被业界权威的《2021年国际仲裁调查报告》(2021 International Arbitration Survey)评为全球最受欢迎的十大仲裁地之一。〔5〕上海仲裁在国际上的认可度和声誉与日俱增。这些都是上海打造国际仲裁中心所拥有的显著优势。

---

〔1〕《上海市人民政府关于印发〈"十三五"时期上海国际贸易中心建设规划〉的通知》,沪府发〔2016〕60号。

〔2〕《上海服务国家"一带一路"建设发挥桥头堡作用行动方案》,载https://www.shanghai.gov.cn/nw12344/20200814/0001-12344_53799.html,最后访问日期:2022年7月4日。

〔3〕《中共中央办公厅国务院办公厅印发〈关于完善仲裁制度提高仲裁公信力的若干意见〉》,载http://www.gov.cn/zhengce/2019-04/16/content_5383424.htm,最后访问日期:2022年7月4日。

〔4〕《上海市司法局关于印发〈打响"上海仲裁"服务品牌行动方案(2019—2021年)〉的通知》,沪司发〔2019〕68号。

〔5〕《2021 International Arbitration Survey(〈2021年国际仲裁调查报告〉)》,载http://caal.chinalaw.org.cn/portal/article/index/id/1187.html,最后访问日期:2022年7月4日。

即使与作为亚洲乃至国际仲裁中心之一的新加坡相比，上海也有其特殊优势，主要体现为以下方面：

一是，受理仲裁案件数量。仅以上海和新加坡的两个具有代表性的仲裁机构（即上海国际仲裁中心和新加坡国际仲裁中心）的数据为例，上海国际仲裁中心受案数量在2021年达到了新高，达到了1752件；[1]而新加坡国际仲裁中心虽然在2020年受理案件数量达到历史新高1080件，[2]但2021年受理案件数量锐减为469件，与2019年454件数量基本持平。[3]总体来看，上海仲裁案件数量明显高于新加坡。

二是，个案平均案件争议金额。根据资料显示，上海国际仲裁中心在2021年个案争议金额达到了历史最高水平，即406.29亿元（人民币），个案平均争议全额超过人民币2300万元。[4]新加坡国际仲裁中心2021年个案平均争议金额为2181万元（美金），[5]约合人民币1.41亿元（人民币）。[6]可以看出，上海所受理的案件总额远超新加坡。

三是，当事人地区分布。根据新加坡国际仲裁中心最新发布的2021年度报告显示，[7]在外国当事人中，涉案数量最高的仍然是印度，在2021年共涉及187个新案件。另外，涉及美国当事人的案件在2021年达到74个，创历史纪录。根据2021年上海国际仲裁中心的报告显示，2021年上海国际仲裁中心新受理的1752件仲裁案件中，国内案件1603件，涉外案件149件，其中双方当事人均为境外主体的案件14件。2021年新受理案件的当事人涉及28个国家

---

[1] 参见《2021年度仲裁业务报告》，载 http://www.shiac.org/SHIAC/news_detail.aspx?page=12022&id=1978，最后访问日期：2022年7月5日。

[2] 参见 Amada Lees, Patric McGonigal：《新加坡国际仲裁中心数据：案件数量大幅增长背后的意义》，载 https://www.chinalawinsight.com/2021/06/articles/dispute-resolution/新加坡国际仲裁中心数据：案件数量大幅增长背后/，最后访问日期：2023年7月23日。

[3] 参见《第二届中国-新加坡国际商事争议解决论坛成功举办》，载 https://www.sohu.com/a/538618897_121123723，最后访问日期：2022年7月5日。

[4] 参见《2021年度仲裁业务报告》，载 http://www.shiac.org/SHIAC/news_detail.aspx?page=12022&id=1978，最后访问日期：2022年7月5日。

[5] 参见《新加坡国际仲裁中心2021年年度报告》，载 https://siac.org.sg/images/stories/articles/annual_report/SIAC-AR2021-FinalFA.pdf，最后访问日期：2022年7月5日。

[6] 根据国家外汇管理局的数据，2021年度平均汇率为1美元≈6.4515元人民币。

[7] 参见 Amada Lees and Patric McGonigal：《新加坡国际仲裁中心数据：案件数量大幅增长背后的意义》，载 https://www.chinalawinsight.com/2021/06/articles/dispute-resolution/新加坡国际仲裁中心数据：案件数量大幅增长背后/，最后访问日期：2022年7月5日。

和地区，包括14个"一带一路"国家和7个《区域全面经济伙伴关系协定》（Regional Comprehensive Economic Partnership，RCEP）参与国。除中国大陆之外，有110个境外主体参与了上海国仲的案件。除中国外，当事人来源排名前三的国家分别是美国、日本、德国。[1] 由此可见，上海国际仲裁中心受理案件当事人来源较之新加坡国际仲裁中心更为广阔，处理案件争端的范围也更广。

四是，不具可仲裁性的事项。我国《仲裁法》第2条规定："平等主体的公民、法人和其他组织之间发生的合同纠纷和其他财产权益纠纷，可以仲裁。"《仲裁法》第3条规定了不可仲裁的事项，包括"婚姻、收养、监护、扶养、继承纠纷"以及"依法应当由行政机关处理的行政争议"。另外，《仲裁法》第77条规定，劳动争议和农业集体经济组织内部的农业承包合同纠纷的仲裁，另行规定，因而这类纠纷不能由商事仲裁机构受理。换言之，除了以上纠纷，其余纠纷均可在上海国际仲裁中心进行仲裁。根据新加坡《国际仲裁法》（International Arbitration Act）第11条第1款，除非违背公共政策，当事人在仲裁协议中约定提交仲裁的任何争议都可通过仲裁解决。尽管法律未明确规定何种事项不得提交仲裁，但在司法实践中，相关案例[2]表明破产、清算、公民身份、婚姻、专利等事项因公共政策原因会被认定为不具有可仲裁性。[3] 显然，上海国际仲裁中心所不具可仲裁性的事项在司法实践中少于新加坡国际仲裁中心。

综上，上海作为国际仲裁中心具有其得天独厚的优势。加之国家政策的倾斜支持以及上海作为国际金融中心和商业活动领先阵地的地位，专业化水平和国际化程度正在持续提升，上海自开埠以来，逐渐成为东西方商业往来、文化融合最充分的城市，讲法治、重契约、守规则日益融入城市商业文化基因，从而推动上海成为中国商事仲裁的重要发祥地之一，在未来，面向全球的亚太仲裁中心——上海将会继续发挥其国际仲裁中心的角色。

（二）劣势

上海打造国际仲裁中心较其他地区而言固然有着相对的巨大优势，但同

---

〔1〕 参见《2021年度仲裁业务报告》，载 http://www.shiac.org/SHIAC/news_detail.aspx?page=12022&id=1978，最后访问日期：2022年7月5日。

〔2〕 See Larsen Oil and Gas Pte Ltd v Petroprod Ltd [2011] SGCA 21.

〔3〕 See International Arbitration Act 1994 (2020 Revised Edition) Article 11 (1). （注：参见新加坡《国际仲裁法（1994）》2020修订版第11条第1款）。

时也存在着一些问题。具体表现为：

第一，普适性政策难以满足上海的特殊需求。中国仲裁机构体量极其庞大，在发展阶段、发展水平等方面差异悬殊。而目前国家层面针对仲裁制定的各类政策多为普适性政策。上海作为国内仲裁的遥遥领先者，必然时常面临政策掣肘，亟须的支持却难以从这些普适性政策中得到。比如，对于仲裁员名册的开放问题，中国《仲裁法》可能无法适应上海自贸区发展的要求，对自贸区的发展提供支持。中国《仲裁法》第13条规定了仲裁委员会设立仲裁员名册。根据这一规定，中国大多数仲裁委员会都采用了强制性的仲裁员名册制度，当事人必须从仲裁员名单中选择仲裁员。尽管这一规定为当事人提供了极大的便利，过滤了不合格的仲裁员，以尽可能保证仲裁程序的顺利进行和结果的公平，但也同样存在一些问题。其一，仲裁员名册不能完全涵盖所有领域的专业人员；其二，在没有仲裁机构指导的情况下，当事人可能更有能力选择仲裁员名册以外的专家担任仲裁员。这种做法限制了当事人选择仲裁员的范围，限制了仲裁员的多样性和公开性，不利于在仲裁过程中实现当事人意思自治。因此，仲裁员公开名册是国际商事仲裁发展的主流。对于上海自贸区，《中国（上海）自由贸易试验区仲裁规则》第27条规定，双方可以从仲裁员名册中选择仲裁员，也可以从仲裁员名册以外的人员中选择仲裁员。这一制度是中国仲裁员选拔工作的一大进步，但由于中国《仲裁法》缺乏配套规定，在中国推行公开的仲裁员名册存在一些问题。其一，开放仲裁员名册的执行效率。对仲裁员资格的审查有两个主要困难：对仲裁员资格的审查和对仲裁员实际资格的审查。《仲裁法》和《中国（上海）自由贸易试验区仲裁规则》中没有关于选择仲裁员的特别规定，这可能导致双方在实际案件中就仲裁员的选择产生争议，导致仲裁效率低下。其二，任命名册以外的仲裁员。根据《仲裁法》第13条规定，仲裁员应由仲裁委员会指定。[1]如果当事人选择名册以外的仲裁员，名册以外的仲裁员需要首先由仲裁委员会

---

〔1〕 参见《仲裁法》第13条规定："仲裁委员会应当从公道正派的人员中聘任仲裁员。仲裁员应当符合下列条件之一：（一）通过国际统一法律职业资格考试取得法律职业资格，从事仲裁工作满八年的；（二）从事律师工作满八年的；（三）曾任法官满八年的；（四）从事法律研究、教学工作并具有高级职称的；（五）具有法律知识、从事经济贸易等专业工作并具有高级职称或者具有同等专业水平的。仲裁委员会按照不同专业设仲裁员名册。"

任命。因此，名册外仲裁员的确认可能会滞后。[1]可见，由于普适性政策和规则有时难以适用于上海的特殊情况，将在一定程度上制约上海仲裁的发展。

第二，上海作为省级行政区，在立法权和司法权上存在局限性。这使得许多发展仲裁所需要的改革举措难以高效落实。通常，在仲裁改革的相关事务上，上海无法有效推行自身亟需的政策方针，而必须服从全国统一部署，并时常受制于全国发展不平衡带来的种种束缚。[2]因此现阶段，上海的仲裁建设严重缺乏效率，这已成为上海参与区域竞争的一项劣势。

第三，中国仲裁生态体系有别于国际商事仲裁的主流形态，因此国际上缺乏对上海仲裁的认识和认同。英美普通法深刻影响和塑造了国际商事仲裁的格局。世界上大部分国家和法域的仲裁机构也积极趋同，适用《示范法》等国际化规则。内地绝大多数仲裁机构"中国特色"的仲裁审理方式并不为国际商事仲裁界所熟悉，[3]上海也不例外。在这样的情况下，上海仲裁自然难以赢得外界的广泛认同。

第四，上海建设国际仲裁中心的竞争日趋激烈。目前，国际商会仲裁院、新加坡国际仲裁中心等多家仲裁中心的代表机构先后入驻上海。这些机构都处于国际商事仲裁的第一梯队，给上海本地仲裁机构造成了巨大的压力，一定程度上造成仲裁案件的分流。这种压力还体现在，引入其他国家仲裁中心代表机构入驻上海，虽然能够扩大中国对国内外纠纷解决的制度供给，但这种"单一仲裁中心"体现单边规则导向的性质可能易引起参与国内部竞争、参与度不高、无法有效解决文化和法律理念差异的困境。[4]同时，亚太区域内诸如日本、韩国、马来西亚、迪拜等多个地区正紧锣密鼓地打造新兴仲裁中心，这无疑进一步加剧了区域之间的竞争强度。[5]2019年中共中央办公厅、国务院办公厅印发《关于完善仲裁制度提高仲裁公信力的若干意见》，明

---

[1] 参见袁发强：《自贸区仲裁规则的冷静思考》，载《上海财经大学学报》2015年第2期。

[2] 参见牟笛：《上海建设面向全球的亚太仲裁中心的挑战与出路》，载《上海法学研究》集刊2019年第17卷。

[3] 参见梁庭瑜：《国际商事仲裁快速程序之比较研究》，载《商事仲裁与调解》2021年第4期。

[4] 参见初北平：《"一带一路"国际商事仲裁合作联盟的构建》，载《现代法学》2019年第3期。

[5] 参见刘禹、王茜：《构建北京自贸试验区国际商事仲裁机制疏纾》，载《北方经贸》2022年第2期。

确指出"推进行业协作和仲裁区域化发展。"〔1〕具体而言，鼓励仲裁委员会之间条件成熟的可以在自愿基础上进行联合，整合资源，优势互补，建立区域性仲裁工作平台，共享资源，推动仲裁区域化发展。〔2〕因此，在构建上海国际仲裁中心时，应通过参与国竞争优势的整合、合作互信关系的构建以及民间和政府层面的合力推进，减轻机构之间的竞争压力，促进仲裁的区域化发展。

第五，中国仲裁人才队伍短缺和市场需求不匹配。以上海仲裁委员会为例，2021年委员会受案数量为6017件，自成立后已经裁处了超5万件案件。最新一届仲裁员只有1784名，其中来自港澳台及外籍仲裁员仅不到400名。〔3〕目前上海仲裁委员会的人数、体量还没有办法满足社会快速发展的需求。2021年10月，上海仲裁委员会依据《上海仲裁委员会深化改革总体方案》面向全社会公开招聘部分中层管理人员及资深岗位工作人员，包括专家咨询委员会秘书长、立案部部长、专家咨询委员会秘书等29个岗位共计33人。〔4〕上海仲裁委员会之所以进行市场化的公开招聘，目的就是强化人才队伍建设，提升服务品质，解决目前仲裁服务供需不平衡的问题。

在实践中，立法往往误解了仲裁中"级别"的含义，并为仲裁员设定了很高的门槛。例如，《仲裁法》第13条规定了拟任仲裁员的五项可选条件，其中前三项要求其具备法律专业资格并已工作八年，后两项对职称和专业水平提出了更高的要求。仲裁员需要专业化，但人才的专业化并不意味着高阶化，高阶化也不能自然地实现专业化，法律专业人员和具有高级职称的专家可能并不精通所有领域的商业交易。一方面，因为在商事仲裁中找不到合适的仲裁员，一些行业被排除在商事仲裁之外，不利于矛盾纠纷的迅速解决和商事仲裁的发展。〔5〕另一方面，对仲裁员的高水平要求限制了仲裁人才队伍

---

〔1〕《中共中央办公厅 国务院办公厅印发〈关于完善仲裁制度提高仲裁公信力的若干意见〉》，载http://www.gov.cn/zhengce/2019-04/16/content_5383424.htm，最后访问日期：2022年7月5日。

〔2〕姚震乾、吴昊：《论区域商事仲裁平台协同机制——以粤港澳大湾区仲裁联盟为研究对象》，载《探求》2021年第1期。

〔3〕参见上海仲裁委员会官网，http://www.accsh.org/，最后访问日期：2022年7月5日。

〔4〕《上海仲裁委员会发"英雄帖"，招聘立案部部长等29个岗位》，载https://www.thepaper.cn/newsDetail_forward_14851517，最后访问日期：2022年7月5日。

〔5〕参见吴如巧、李震：《从国家到社会：中国商事仲裁制度的反思与完善》，载《社会科学战线》2020年第7期。

的选择，导致人才队伍短缺和市场需求不匹配。中国国际贸易促进委员会成立的贸仲委于 2021 年共受理了 4071 起新案件，其中包括 636 件涉外、涉港澳台案件。[1]随着经济全球化的发展，生产要素在世界范围内进一步流动，国际商事纠纷逐年增多，对国际仲裁市场的需求日益增加。经过多年的发展，中国已经形成了一支约 5 万人的仲裁从业人员队伍，但与巨大的国际市场需求相比，仍然面临着"双短缺"：缺乏具有优秀政治素质和较强业务能力的专业人才，以及具有扎实外语技能、优秀法律知识的复合型人才，在国际仲裁领域更加缺乏有决断力的人才。[2]与市场化、法治化、国际化的要求相比，中国仲裁队伍的整体发展还不完善。在培训渠道方面：中国仲裁员难以实质性参与国际仲裁机构的案件审理，总体缺乏国际舞台经验；企业商务谈判中对仲裁条款主导意识不强；在法学院，相关交叉学科的课程设置较少。在体制机制方面，海外影响力较大的仲裁机构起步较早，运作成熟，信誉度较高。虽然中国有一个巨大的仲裁市场和许多仲裁机构，但它们"多而不强"。大多数仲裁机构都是事业单位，主要在本地区发展，这限制了人才的成长。在法律环境方面，目前许多仲裁机构工作人员缺乏对仲裁文化概念的理解，缺乏支持和尊重仲裁的思想准备；仲裁法等法律法规滞后，仲裁制度环境不足以吸引人才。[3]

第六，国内仲裁员的素质参差不齐。仲裁员作为仲裁的直接组织者和实施者，其素质直接关系到仲裁的水平。要以专业化的仲裁机构和仲裁员为抓手，提升仲裁的公信力。商事仲裁涉及直接经济利益。如果仲裁员的素质不能满足商事仲裁的要求，就会直接导致仲裁产生偏差，进而影响当事人的经济利益。仲裁员的素质主要包括两个方面：一是廉政素质。仲裁员作为仲裁机构的核心，直接影响着商事仲裁的进程。廉洁自律是公平公正仲裁的基础。二是专业素质。商事仲裁涉及大量的经济贸易和法律专业知识，仲裁员的专业素质直接影响仲裁的水平。中国《仲裁法》规定的经济贸易和法律专家在

---

[1] 参见《统计数据：贸仲委受案总量（涉外、国内）》，载 http://www.cietac.org.cn/index.php?m=Page&a=index&id=24，最后访问日期：2022 年 7 月 5 日。

[2] 参见高燕：《打造国际商事仲裁目的地 加强涉外法律人才队伍建设》，载《国际法研究》2020 年第 3 期。

[3] 参见高燕：《打造国际商事仲裁目的地 加强涉外法律人才队伍建设》，载《国际法研究》2020 年第 3 期。

商事仲裁员组成中的比例不得少于三分之二,但从现有仲裁机构的实际来看,这一指标尚未得到落实。[1]虽然中国对仲裁员的聘任规定了基本条件,目前上海许多仲裁机构的仲裁员都是颇有威望的仲裁领域学者,但能熟练处理涉外仲裁案件的仲裁员并不多。上海的仲裁机构要实现国际化并成为仲裁服务的中心,专家型、复合型的仲裁员是不可或缺的。随着金融业的深入发展,金融新品种不断涌现,既懂得金融衍生产品、基金、期货、信用卡结付等知识,又熟悉法律、精通外语的人才更是凤毛麟角,这无疑成为上海仲裁机构进一步发展的重大障碍。另外,一个仲裁机构内的在册仲裁员往往背景各异,因而素质参差不齐。例如,有不少仲裁员是律师,律师的素质往往也有高有低。

(三) 发展方向

综上所述,上海已基本具备国际仲裁中心应有的六大要素,但仍有不足之处。第一,加入《纽约公约》有助于提高仲裁的接受度高,且《纽约公约》要求缔约国对仲裁司法减少干预。但从中国司法实践来看,仲裁的独立性和中立性有待提高。第二,中国在制定《仲裁法》时虽然也参考《示范法》,不过参考和吸收的程度有限,中国的仲裁立法和实践与国际仲裁界的主流做法还存在脱节,尤其在当事人意思自治的尊重等方面有较大改进空间。第三,上海基于丰富的案件量和众多仲裁机构,有成为国际仲裁中心的潜质,但有必要加快推动设立上海国际商事法院或者设立专门处理与仲裁相关案件的专设仲裁法庭。第四,上海虽然聚集了大量的优质法律从业人员,但是仍然存在仲裁相关人才队伍短缺和市场需求不匹配的情形。第五,上海目前国际仲裁能力建设水平处于全国前列,但仲裁队伍的国际化和专业化水平有待提高。第六,中国近年来与仲裁有关的法律法规不断推陈出新,但与国际高水平仲裁规则仍有较大差距,需要建立仲裁规则改革试点,丰富仲裁法律的工具箱。

有鉴于此,上海仲裁应当效仿其他国际仲裁中心的成功经验,采取以下措施来建设国际仲裁中心:

一是先行先试实施《示范法》。对上海而言,建设国际仲裁中心的最大障

---

[1] 参见汪颖:《商事仲裁机构内部监督体系优化研究》,载《四川民族学院学报》2019年第1期。

碍在于立法滞后。直接试行《示范法》，以《示范法》为蓝本，优化和完善与仲裁有关的基础性规则，在此基础上突破上海仲裁的发展障碍。

二是以仲裁保全为突破口，丰富上海本地法院为仲裁提供司法保障措施的内涵。由于仲裁争议解决的民间属性，其全过程都离不开司法机关以国家强制力作保障。上海能否建设成为亚太仲裁中心取决于法院对仲裁的支持程度，司法质量和司法保障水平能够达到的高度决定了仲裁的亲和力水平。

三是充分发掘上海仲裁机构的资源优势。在商事仲裁活动中，仲裁的各项资源要素都通过仲裁机构汇聚。一个仲裁地的各项评价指标也往往取决于当地仲裁机构的专业化、国际化水平。仲裁地的仲裁能力建设其实就是仲裁机构的能力建设。建立国际仲裁中心，就要以上海的各类仲裁机构为基础，既突出不同类型机构的差异化发展，又要提升不同机构的整体水平，使仲裁资源优势和仲裁要素能够充分转化为上海仲裁的竞争优势。

四是扩大上海的商事仲裁人才储备。从总体数量和质量看，上海从事涉外法律服务的律师、仲裁员、仲裁机构人员的总体状况已处于国内的领先水平。但和国际领先仲裁地相比，人才短板问题仍然非常突出，国际化水平不高。上海必须要转变观念，开拓一条人才发展的新路径。[1]

五是要加强仲裁机构和仲裁本身的声望建设，提升上海在国际仲裁界的影响。伦敦玛丽女王大学2018年的国际商事仲裁调查报告显示，[2]当事人在挑选仲裁地点时，一地"总体声誉和认可度"是首要考虑的因素，这项因素甚至超越了仲裁地中立性、法律制度等因素。仲裁声望在仲裁地建设中具有关键性的作用，主要是指仲裁地立法、司法、执法能力为核心的法治化水平和营商环境。上海作为中国最重要的经济城市享有较高的知名度，但上海仲裁的影响力却还无法与上海的城市影响力相提并论，需要全方位拉高上海仲裁的声望值和品牌影响力。[3]

---

［1］参见王利明：《中国商事仲裁国际化水平亟待提升》，载《中国对外贸易》2016年第10期。

［2］Queen Mary University of London, White & Case, "2018 International Arbitration Survey: The Evolution of International Arbitration", available at: https://arbitration.qmul.ac.uk/research/2018/, last visited: 2023年7月8日。自2006年起，伦敦玛丽女王大学（Queen Mary University of London）每一至两年均就国际商事仲裁发布一份调查报告，对国际商事仲裁的新进展、新问题进行全面的梳理和分析，迄今为止已总计发布八份报告。该报告被广泛认为是国际商事仲裁领域最权威、最具影响力的文献之一。

［3］参见牟笛：《上海建设面向全球的亚太仲裁中心的挑战与出路》，载《上海法学研究》集刊2019年第17卷。

四、结论

国际仲裁中心通常是指一个拥有提供专业仲裁规则、管理、服务的仲裁机构,在国际当事人中极富竞争力、影响力、公信力,当事人愿意选择作为仲裁地的法域城市。打造具有国际影响力的国际仲裁中心取决于六大要素:该国为《纽约公约》缔约国,以《示范法》为当地仲裁法的蓝本,具有国际商事法院和国际性仲裁机构,具备熟悉仲裁实践的法官队伍,不断提高国际仲裁能力建设水平和不断更新与仲裁有关的法律。

在优化营商环境、接轨国际经贸规则的背景下,中国尤其有必要分析上述六要素的相关性,并以此为路径完善仲裁中心的要素建设,将上海等地打造成为具有国际影响力的国际仲裁中心。

上海作为中国仲裁资源和仲裁要素最集中、最丰富的城市,围绕六要素持续推进体制机制创新,有助于促进上海成为面向全球的亚太仲裁中心,向国际仲裁之都不断迈进。深圳、青岛、南宁、杭州等城市也可以以六要素为核心,建设各有特色的国际仲裁中心,将中国打造成仲裁友好型的法域。

CHAPTER 10 第十章

大变局时代的国际仲裁?
——2021年《国际仲裁调查报告》述评[1]

由伦敦玛丽女王大学组织开展的国际仲裁调查项目,是目前深受国际仲裁业界关注和认可的一项系统性调查活动。继2018年报告发布后,2021年其再度发布名为《2021国际仲裁调查:让仲裁适应变动中的世界》(2021 International Arbitration Survey: Adapting arbitration to a changing world)(本章简称《报告》)的报告。《报告》立足近年来国际仲裁的新发展,较为全面地梳理了当前国际仲裁所面临的新问题和新挑战,为国际仲裁的研究与实践工作提供了新的参考。

本章将对《报告》的主要内容进行述评,以期抛砖引玉,推动国内业界的关注和讨论。

一、国际仲裁现实的选择与未来的调整

(一)"仲裁+ADR":疫情之下的最佳选择

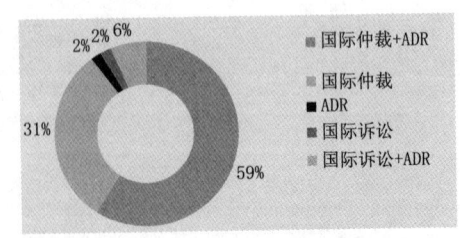

图1 后疫情时代,你会选择哪些跨境争议解决方式?

---

[1] 本章作者冯硕。

《报告》显示（图1），在后疫情时代国际仲裁依旧是各方解决跨境争议的首要选择（占比高达90%），其中选择"仲裁+替代性纠纷解决机制（Alternative Dispute Resolution，ADR）"的占比达59%，单独选择仲裁的也占比31%。从项目组长期的调查看，仲裁始终是各方解决跨境争议的最佳方式，此次报告中这一论断再次得到确认。同时，较之于以往的调查数据（2015年34%，2018年49%），此次调查中选择通过"仲裁+ADR"方式的占比继续增长，并且受访者们普遍表示该选择并不会受新冠肺炎疫情全球蔓延的影响。

之所以近年来"仲裁+ADR"愈发得到青睐，是因为在仲裁前通过ADR能够找到更便捷且效益更高的方式。虽然该方式的实现往往需要依据多层次争议解决条款，但受访者也表示即使不存在该类条款，当事人也会在争议解决中尝试使用"仲裁+ADR"。此外，在某些特定行业，采用"仲裁+ADR"是解决争议的惯常做法。例如在建筑行业，从业者产生争议后多会选择争议审查委员会来解决建筑项目争议，多数情况下这种ADR是能够高效便捷地解决争议的。但同时受访者也指出，由于争议审查委员会的决定不具有强制执行力，因而需要当事人的自愿执行。如果当事人无法达成合意，那么争议解决就回到了原点，加剧了争议解决的重复和低效。

随着《联合国关于调解所产生的国际和解协议公约》（本章简称《新加坡公约》）的生效，国际商事调解日益成为解决国际商事争议的重要方式。仲裁与调解的结合也将在可预期的未来成为热点，其中有关调解与仲裁的衔接问题也愈发得到实务界的关注。[1]例如在先调解后仲裁的争议解决中，许多当事人和律师都担忧调解阶段的过度披露会影响其在仲裁中的利益实现，因而需要构建相应的衔接规则予以协调。对于中国而言，尽管我们作为首批签字国签署了《新加坡公约》，但目前我国并未正式批准也尚未建立相应的商事调解机制，故需要进一步挖掘我国本土调解资源并对标公约展开妥善的制度构建。[2]

---

[1] 参见龙飞：《论多元化纠纷解决机制的衔接问题》，载《中国应用法学》2019年第6期。

[2] 参见刘晓红、徐梓文：《〈新加坡公约〉与我国商事调解制度的对接》，载《法治社会》2020年第3期。

（二）最受欢迎仲裁地：趋于稳定中的"东升西降"

1. 最受欢迎仲裁地的位次变动

仲裁地作为现代国际商事仲裁法律体系的核心概念，既会影响具体仲裁案件的成败，也反映着相关法域仲裁制度的国际认可度及该国法域外适用的可能。长期以来，项目组都关注对最受欢迎仲裁地选择的调查。此次《报告》显示（表1），在全球90多个备选席位中，伦敦（54%）、新加坡（54%）、香港（50%）、巴黎（35%）和日内瓦（13%）再次荣登最受欢迎仲裁地的前五位。较之之前的数据，一方面，前五位的仲裁地并未产生变动，凸显出上述五个城市已成为深受国际仲裁业界青睐的理想仲裁地。另一方面，在具体位次上，伦敦再度蝉联全球最受欢迎仲裁地，显示出脱欧并未冲击其在全球仲裁市场的地位。而新加坡的排名从2018年的第三位跃居为并列第一，香港地区也进一步跃升至第三，反映出近年来亚太地区商事活动的活跃以及亚太地区在全球仲裁市场影响力的提升。更为可喜的是，在此次调查中，北京和上海也超越了斯德哥尔摩跻身最受欢迎仲裁地排名前列。这既反映出近年来中国在国际商事活动中影响力的提升，也凸显出中国内地在仲裁制度改革和开放方面的努力。同时《报告》也认为，此次席位的变动反映出了在"一带一路"倡议等政策的推动下，亚太地区经济活跃度显著提高，而这也将是影响未来发展的重要因素。

表1　2018年和2021年《报告》中最受欢迎仲裁地排名

2018年《报告》最受欢迎仲裁地排名		2021年《报告》最受欢迎仲裁地排名	
城市	占比	城市	占比
伦敦	64%	伦敦	54%
巴黎	53%	新加坡	54%
新加坡	39%	香港	50%
香港	28%	巴黎	35%
日内瓦	26%	日内瓦	13%
纽约	22%	纽约	12%
斯德哥尔摩	12%	北京	12%

尽管在全球范围内最受欢迎仲裁地位次趋于稳定，但在区域层面最受欢迎仲裁地的选择也产生一些变化。例如在 2018 年的调查中，伦敦在主要地区都位列最受欢迎仲裁地前列。但此次《报告》显示，在亚太和拉美地区显然逊色于区域内的仲裁中心（图2），这都为未来全球最受欢迎仲裁地席位可能的变动提供了参考。

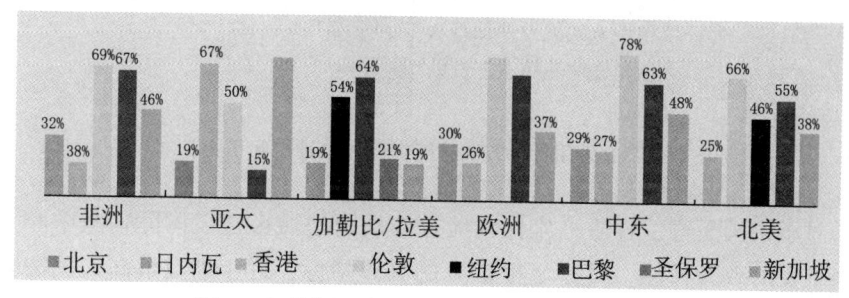

图2　全球主要地区最受欢迎的前五大仲裁地

2. 如何提升仲裁地的吸引力

近年来，包括中国在内的相关国家都在努力推动国际仲裁中心的建设，笔者也曾在相关研究成果中提出"建设国际仲裁中心应从建设一流仲裁地开始"的观点。[1]此次《报告》除了调查了各方对仲裁地的偏好外，同时也就如何推动仲裁地的建设进行调查。结果显示（图3），"加强仲裁地法院对仲裁的支持"和"提升仲裁地法律体系的中立性与公正性"等是各方的共识。同时，受疫情的影响，能够"提供远程处理仲裁的服务"和"允许仲裁裁决的电子化签署"也成为受访者关注的问题，这都反映出了后疫情时代国际仲裁业可能的发展走向。

---

[1] 参见冯硕、陈晨：《上海打造面向全球亚太仲裁中心应从打造国际一流"仲裁地"开始》，载《上海法治报》2018 年 9 月 17 日，第 A07 版。

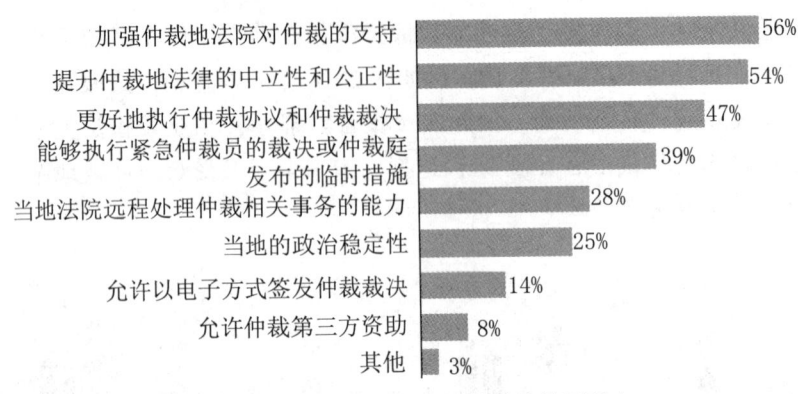

加强仲裁地法院对仲裁的支持	56%
提升仲裁地法律的中立性和公正性	54%
更好地执行仲裁协议和仲裁裁决	47%
能够执行紧急仲裁员的裁决或仲裁庭发布的临时措施	39%
当地法院远程处理仲裁相关事务的能力	28%
当地的政治稳定性	25%
允许以电子方式签发仲裁裁决	14%
允许仲裁第三方资助	8%
其他	3%

图 3 采用什么方式才能提升仲裁地的吸引力？

对于中国而言，打造一流仲裁地并推动内地城市建设国际仲裁中心是近年来重要的政策目标。对标《报告》的具体指标，近年来在最高人民法院的重视和支持下，中国先后出台了一系列措施，树立并强化仲裁友好型的司法政策立场。[1]同时在信息化建设中，中国的智慧法院建设也成为当前司法改革的一大亮点，这都在一定程度上推动了北京和上海席位的提升。

最受欢迎仲裁地席位的变化凸显国际仲裁发展中的变与不变。所谓"变"主要是国际仲裁的中心始终与全球经济活跃度密切相关。近年来全球经济中心从西欧转向亚太已成为客观趋势，尤其在以中国为代表的新兴经济体崛起的过程中，极大地带动了亚洲经济的发展，从而令中国香港地区和新加坡等地在全球争议解决市场中的地位崛起。所谓"不变"主要是在最受欢迎仲裁地中，英美法系仍具有相对优势，这既是长期以来历史积淀的结果，也是判例法不断更新并迎合商事交易新情况的制度优势。

当前，《中华人民共和国仲裁法》（本章简称《仲裁法》）修订工作是中国仲裁业界关注的重点，将会对中国仲裁制度的改革与发展产生深远影响，更直接关系着制度型开放体系的建设。因此，如何在贯彻落实"完善仲裁制度提高仲裁公信力"的理念基础上，提高《仲裁法》立法的科学性和仲裁制度改革的稳定性则是需要持续关注的问题。[2]

基于上述趋势，在中国建设亚太仲裁中心的过程中，笔者认为下述几点

---

[1] 参见刘敬东：《司法：中国仲裁事业发展的坚定支持者》，载《人民法治》2018年第5期。
[2] 参见袁发强：《中国仲裁公信力建设的侧面思考》，载《武汉仲裁》2018年第1期。

是需要继续重视的。首先，应充分发挥和支持香港地区的仲裁建设，进一步巩固其在国际仲裁领域的优势地位。近年来，中央通过粤港澳大湾区建设等政策全力支持香港地区的发展，为香港的稳定和繁荣提供了有力支撑。而在仲裁方面，我们更应重视香港地区的地位与作用，使其在"一带一路"争端解决中发挥更大作用。其次，应继续树立仲裁友好的司法政策，不断提升中国司法的国际形象。自 2017 年最高人民法院发布《最高人民法院关于仲裁司法审查案件报核问题的有关规定》以来，一种中央控制型的仲裁司法审查模式渐趋形成，中国司法对仲裁的支持力度不断加强并取得了令人瞩目的成绩。[1] 最后，要充分利用好"一带一路"建设、自贸区和自贸港的改革红利，通过地方立法的先行先试进行仲裁制度改革试验，为《仲裁法》修订积累经验。无论是上海自贸区允许境外仲裁机构进驻，还是法院对自贸区"三特定"仲裁的认可；无论是深圳仲裁条例推动仲裁机构市场化改革，还是上海建立仲裁协会理顺仲裁管理体制机制，都对中国制度改革和《仲裁法》修订积累了宝贵经验。目前，《仲裁法》修订正在进行中，如何在该过程中充分发挥改革与法治两翼并举、双轮驱动的制度优势是值得深思的。[2]

（三）最受欢迎的临时仲裁程序：《UNCITRAL 仲裁规则》持续领跑

尽管机构仲裁日渐成为主流，且多数仲裁机构都要求当事人一经选择该机构便视为适用其仲裁规则。但是在临时仲裁中，仲裁程序规则的确定仍有赖于当事人的选择。《报告》显示，在过去五年中采用过临时仲裁的受访者多数会选择《UNCITRAL 仲裁规则》，且占比高达 76%。紧随其后的是"国家仲裁法"（28%）、双方自行协议的程序（26%）和 LMAA 仲裁规则（13%）。该结果与 2018 年《报告》结果基本一致，凸显出《UNCITRL 仲裁规则》依旧是全球最受欢迎的临时仲裁规则，而这多归功于该规则的精心设计和广泛测试，并且其在全球范围内具有较高的普遍性和认可度，这也是为何该规则在商事和投资仲裁等各领域都被广泛使用的原因之一。

在此次调查中，许多受访者认为相较于机构仲裁，临时仲裁在程序上具

---

[1] 参见沈伟：《地方保护主义的司法抑制之困：中央化司法控制进路的实证研究——以执行涉外仲裁裁决内部报告制度为切入视角》，载《当代法学》2019 年第 4 期。

[2] 参见丁伟：《以法治思维法治方式推进改革创新》，载《文汇报》2013 年 6 月 17 日，第 5 版。

有更大的灵活性并且更加尊重当事人意思自治。尤其在海事海商领域临时仲裁备受欢迎，但相关专业人士也认为海商行业应当建立一套由其本行业主导的专业化的争议解决机制。

（四）最受欢迎仲裁机构：亚太机构的迅速崛起

1. 最受欢迎仲裁机构的位次变动

随着国际仲裁的制度化发展，机构仲裁愈发成为国际仲裁的主流，国际性的仲裁机构也通过各种方式成为推动仲裁国际化发展的主导力量。在全球受访者中，最受欢迎的仲裁机构排名如表2所示。尽管从排名上，国际商会仲裁院（ICC）、新加坡国际仲裁中心（SIAC）、香港国际仲裁中心（HKIAC）和伦敦国际仲裁院（LCIA）依旧位列全球最受欢迎的仲裁机构，但相较于2015年和2018年的《报告》，此次排名凸显出亚太地区仲裁机构受欢迎程度持续性提升的趋势。

一方面，SIAC和HKIAC无论从受欢迎程度上还是位次上都较2018年有所提升，CIETAC作为中国内地仲裁机构也首次进入全球最受欢迎仲裁机构前五名。另一方面，ICC作为全球影响力最大的国际仲裁机构尽管依旧拔得头筹，但其受欢迎程度则相较于2018年有所下降，而LCIA和SCC等欧洲传统仲裁机构也在排名和占比上均有所下降。受访者们普遍表示，机构的声誉和他们以前在该机构的经历是其选择仲裁机构的关键因素。同时在某些特定争议中用户还会进一步考虑各个机构的费用以及能够提供的仲裁员的质量等，但这都属于相对次要的因素。

表2 2018年和2021年《报告》中最受欢迎仲裁机构排名

2018年《报告》最受欢迎仲裁机构排名		2021年《报告》最受欢迎仲裁机构排名	
仲裁机构	占比	仲裁机构	占比
国际商会仲裁院（ICC）	77%	国际商会仲裁院（ICC）	57%
伦敦国际仲裁院（LCIA）	51%	新加坡国际仲裁中心（SIAC）	49%
新加坡国际仲裁中心（SIAC）	36%	香港国际仲裁中心（HKIAC）	44%
香港国际仲裁中心（HKIAC）	27%	伦敦国际仲裁院（LCIA）	39%
斯德哥尔摩商会仲裁院（SCC）	16%	中国国际经济贸易仲裁委员会（CIETAC）	17%

续表

2018年《报告》最受欢迎仲裁机构排名		2021年《报告》最受欢迎仲裁机构排名	
国际投资争端解决中心（ICSID）	13%	国际投资争端解决中心（ICSID）	11%
美国仲裁协会国际争议解决中心（ICDR）	13%	斯德哥尔摩商会仲裁院（SCC）	7%
		美国仲裁协会国际争议解决中心（ICDR）	6%
		海牙常设仲裁法院（PCA）	5%
		伦敦海事仲裁员协会（LMAA）	5%

在关注全球总体排名之外，《报告》也根据受访者所在区域进行了更为精细的数据分析。如图4所示，ICC除了在亚太地区屈居第二外，在全球主要区域均位列第一。同样，除亚太地区外，LCIA在所有地区中排名第二。除前五名之外，还可以发现很多区域性特色。例如，ICSID和PCA都出现在所有分组的前十名中，其他几个机构在所有分组（如SCC）或几乎所有分组（如LMAA）中都进入了前十名。也有一些机构虽然没有进入全球前十，但在它们所在的地区被列为前十名最受欢迎的机构。例如，欧洲的VIAC和DIS、北美的JAMS和AAA/ICDR、中东的DIAC和非洲的LCA。

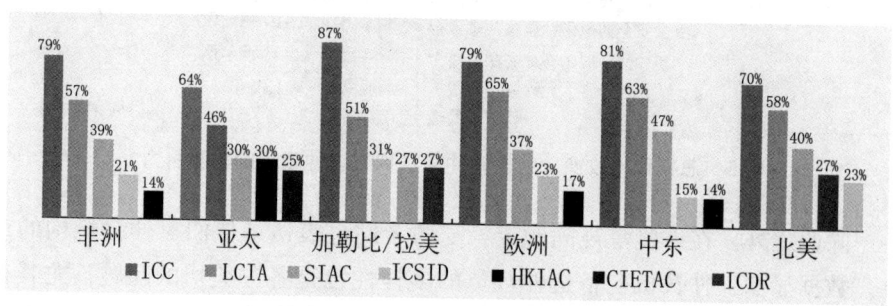

图4　全球主要地区最受欢迎的前五大仲裁地

笔者认为，最受欢迎仲裁机构的排名与仲裁地所在区域经济活跃程度之间长期具有正相关的关系。此次亚太仲裁机构的全面崛起，很大程度上还是得益于近年来亚太地区经济活跃度的持续攀升，这为亚太地区的仲裁机构提供了更多的市场机会。同时，以SIAC和HKIAC为代表的亚太仲裁机构的快速发展，也得益于相关地区政府和司法部门的支持，尤其在税收、基建等各方面的支持有效提升了它们的国际竞争力。[1]所以，为本地区仲裁机构发展提供政策支持，努力营造良好的营商环境，是后发国家提升本国仲裁机构国际影响力的可行路径，这也为中国的仲裁制度改革工作提供了一定的参考。

2. 如何提升仲裁机构的吸引力

相较于2018年《报告》中受访者普遍关注的是仲裁机构的管理水平、透明度等宏观问题，此次调查更加凸显对具体领域具体问题的调查，进一步加强了调查的针对性。具体而言，如图5所示，在如何提升仲裁机构吸引力的问题上，受疫情的影响，多数人认为能够提供对网络仲裁虚拟听证的支持是他们最为关切的问题。与之类似，能够通过规则提供仲裁员与用户在线和面对面的听证（23%）也是受访者关心的问题，这都为后疫情时代仲裁机构的发展提供了参考。

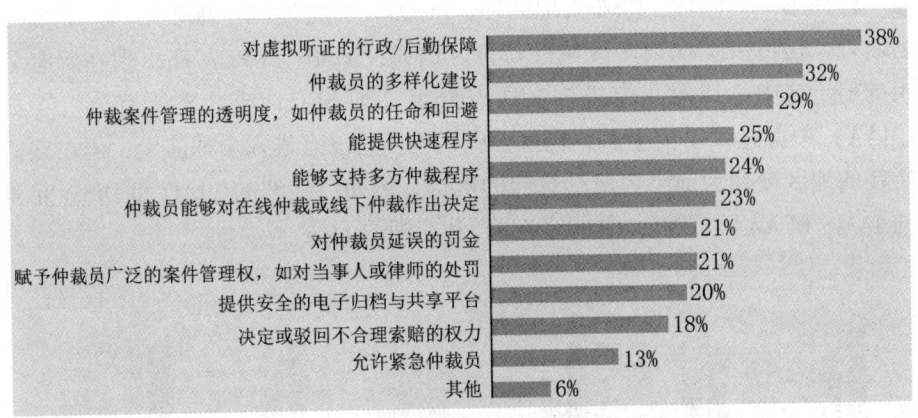

项目	比例
对虚拟听证的行政/后勤保障	38%
仲裁员的多样化建设	32%
仲裁案件管理的透明度，如仲裁员的任命和回避	29%
能提供快速程序	25%
能够支持多方仲裁程序	24%
仲裁员能够对在线仲裁或线下仲裁作出决定	23%
对仲裁员延误的罚金	21%
赋予仲裁员广泛的案件管理权，如对当事人或律师的处罚	21%
提供安全的电子归档与共享平台	20%
决定或驳回不合理索赔的权力	18%
允许紧急仲裁员	13%
其他	6%

图5 怎样作出改变才能提升仲裁机构或者仲裁规则的吸引力？

除此之外，在一些常规问题上，受访者们也表达了他们对仲裁机构的期许。数据显示，仲裁机构备选仲裁员的多样性也是各方关切的问题，尤其在公司内部律师群体中更加突出。更加有趣的是，部分受访者也表示，他们也会根据争议的类型选择一些在国际上并没有太大知名度或者相对新兴的仲裁机构，这取决于该机构能否为争议解决提供更加合适的仲裁员，尤其是了解本行业或本地区情况的仲裁员，这在一定程度上反映了仲裁用户对本土化仲

---

[1] 参见冯硕：《境外仲裁机构内地仲裁的政策动因与法治保障》，载《商事仲裁与调解》2021年第1期。

裁服务的青睐。

相关受访者也对仲裁机构案件管理和决定程序透明度、能否提供快速仲裁程序、强化对仲裁员延误仲裁的惩戒、仲裁员能否加强对案件及相关当事人的管理表示关切，这反映了用户对仲裁效率和灵活性的关注。在调查中部分受访者表示，由于仲裁员在仲裁程序中过度谨慎，使其怠于全面行使仲裁规则赋予的权力，从而导致了仲裁程序的延宕。因此，他们也希望仲裁机构能够加以介入，以提升仲裁员的工作效率与质量。与之相对，部分受访者（主要是全职仲裁员）则表示近年来仲裁机构在管理上过于强势，极大地贬损了仲裁程序的灵活性。质言之，在相关问题上，究竟应当加强仲裁机构权力还是限制仲裁机构权力各方是存在分歧的，这种分歧很大程度上也取决于当事人的立场。

无论双方是否有分歧，一个不容忽视的现实就是近年来国际仲裁机构越发从过去的服务者或者辅助者转变为一个支配者甚至主导者，仲裁机构在国际仲裁规范体系构建和具体仲裁程序推进中享有某些权力也已成为既定事实。在近年来的部分司法案件中，仲裁机构的权力行使往往会被打上侵蚀当事人意思自治的烙印。相关司法案件的确揭露了仲裁机构在规则上的漏洞，但面对漏洞，仲裁机构非但没有弱化其权力反而"变本加厉"地加强甚至扩张权力，形成了一种针锋相对的态势。笔者认为，我们不应总是高举着当事人意思自治这个极度抽象的概念来批驳仲裁机构的权力行使，毕竟此次调查也显示加强仲裁机构的管理权也是部分人的意愿。而真正应当做的或许是挖掘仲裁机构强化权力的原因，并在此基础上探寻如何有效规范仲裁机构权力，以达成仲裁制度的价值目标。[1]

（五）提高仲裁效益的"减法"策略

长期以来，提升仲裁效益是业界关注的重要问题，这其中既包括降低仲裁的费用也包括提升仲裁的效率，实际上是对仲裁"成本—收益"的考量。在此次调查中，项目组采用一种"减法"策略，希望明确受访者为了提升仲裁效益会选择放弃或限制哪些程序要素。

《报告》（图6）显示，限制仲裁文书的长度是各方的首选。这其中既包括限制当事人提交文书的字数，也包括限制仲裁庭裁决的字数。与之类似，

---

[1] See Alexis Mourre, "Standards for Arbitration Institutions", available at: https://journal.arbitration.ru/analytics/standards-for-arbitration-institutions/, last visited on Jun. 14, 2021.

受访者还表示愿意放弃"一轮以上的书面陈述"(24%)。关于程序问题的口头听证(38%)是受访者愿意放弃的第二个程序,他们认为程序问题可能在整个仲裁过程中频繁出现,各方当事人和仲裁庭应谨慎寻求避免程序问题口头审理带来的额外费用和时间负担。文件制作(27%)也是一个可以放弃的程序,许多受访者表示文件制作可能是一个非常昂贵和耗时的过程,并可能成为延宕仲裁程序的一种手段,导致仲裁的投入与收益不成比例。部分受访者(25%)也表示可以放弃面对面听证程序,这或许也是后疫情时代最有可能的选择。

从受访者的态度来看,他们不约而同地都提到了司法化对仲裁灵活性的危害。正如一位仲裁员所言,多年来对仲裁形式的要求,极大地折损了双方在签署仲裁条款时所希望的效率。他们认为可以根据争议的需要调整程序,而不是采用僵化或过于形式主义的程序。同时也有受访者建议,各机构应引入成本预算机制来帮助用户及其资助者监测和规划仲裁潜在的成本风险。

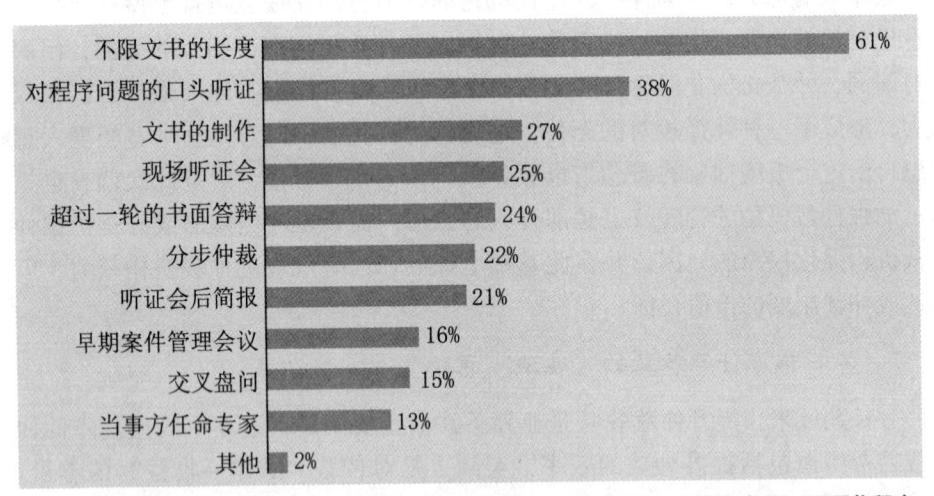

程序	百分比
不限文书的长度	61%
对程序问题的口头听证	38%
文书的制作	27%
现场听证会	25%
超过一轮的书面答辩	24%
分步仲裁	22%
听证会后简报	21%
早期案件管理会议	16%
交叉盘问	15%
当事方任命专家	13%
其他	2%

图6 如果你是寻求仲裁方,为了在仲裁中降低成本或者减少时间,你愿意省略下面哪些程序?

二、仲裁庭多样性建设的前景评估

(一)多样性建设在各方面的具体进步

提升国际仲裁的多样性是近年来国际仲裁业界的基本共识,其中仲裁员的多样性是促进体系多样性的关键所在。《报告》（图7）显示，受访者在被问及是否同意过去三年在仲裁任命的多样性的各个方面（即性别、地域、年龄、文化和种族）取得进展，以及同意或不同意的程度时，很少有受访者对所列五个多样性方面中的任何一个表示强烈同意或不同意，并且多数受访者（61%）认为在性别多样性方面取得了一些进展，而在地域、年龄、文化和种族多样性方面，受访者对近年来取得的进展表示肯定的低于35%。对于多样性的所有方面，很大比例的受访者（21%~35%）采取中立立场，即他们既不同意也不反对已经或尚未取得进展。较之于2018年的《报告》，尽管对该问题的关注度有所提高，但在立场上受访者依旧趋于稳定的中立。

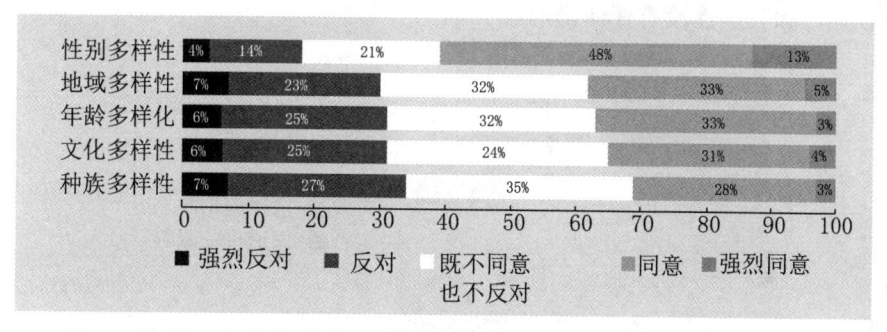

类别	强烈反对	反对	既不同意也不反对	同意	强烈同意
性别多样性	4%	14%	21%	48%	13%
地域多样性	7%	23%	32%	33%	5%
年龄多样化	6%	25%	32%	33%	3%
文化多样性	6%	25%	24%	31%	4%
种族多样性	7%	27%	35%	28%	3%

图7　在过去三年仲裁庭多样化程度所取得的进步中，你认同哪一种进步？

受访者之所以普遍持中立立场，主要是其认为在多样性方面进行量化是相对困难的。虽然各机构公布的与多样性有关的仲裁员任命统计数据能够作为参考，但这些数据带有一定的局限性。同样，受访者提到了界定多样性不同方面的困难。例如，在没有对年龄多样性达成统一标准的前提下，就不能从统计角度衡量年龄多样性。尤其是种族多样性，仍然是受访者认为明显需要改进的一个领域。与2018年的调查一样，在所列的五个多样性方面中，各方对种族多样性的进步程度存在分歧，一些受访者对这一领域缺乏进展表示失望和沮丧。他们认为，除非在仲裁界的参与机会和知名度方面有一个公平的竞争环境，否则很难促进种族多样性。例如，一位受访者就谈到在他参加的一个以非洲仲裁为主题的会议上，竟然没有一位受邀的演讲者来自非洲。虽然项目组向受访者提出的问题仅列出了多样性的一小部分，但有受访者也认为应给予多样性其他方面的考虑。尤其一些来自特定行业受访者认为，在仲裁员的"背景"方面有更大的多样性空间,他们欢迎更多来自相关行业且受过国际仲裁程序培训的仲裁员参与其中,而其并不一定需要具有法律从业资格。

(二)多样性与独立性、公正性之间有联系吗

仲裁员的独立性和公正性是保证仲裁质量的关键,而加强多样性建设是否会对独立性和公正性产生影响则需要关注。《报告》(图8)显示,在该问题上受访者的态度相对分散,只有略超过半数的受访者(57%)认为多样性对仲裁员独立性和公正性有"最积极的影响"(21%)或"积极的影响"(36%)。只有6%的受访者认为它有"消极"(5%)或"最消极的影响"(1%)。然而,超过三分之一的受访者(37%)表示,仲裁员的多样性对仲裁员独立性和公正性没有任何影响。

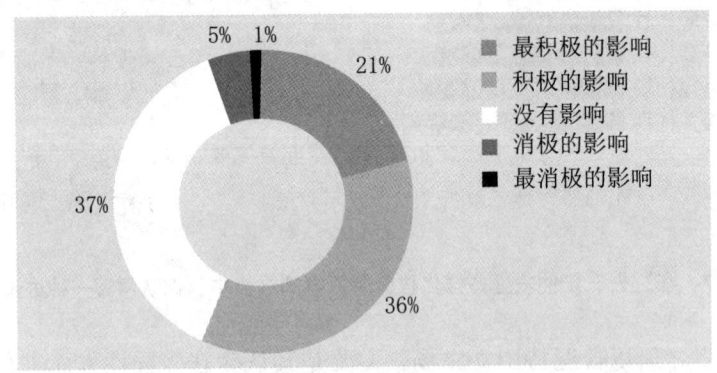

图8 加强多样性建设是否会对独立性和公正性产生影响

在具体方面,受访者认为就性别多样性而言,缺乏性别多样性不会影响他们对仲裁庭独立性和公正性的看法。同样,年龄多样性在很大程度上被认为与独立性和公正性无关,而种族、地域和文化多样性往往被认为可能影响仲裁员的独立公正。一些受访者认为,种族、地域和文化多样性对仲裁员公正性和独立性的影响部分取决于争议的性质。尤其在争议涉及某一国家或地区的现实情况时,由于文化等方面的差异,极有可能导致仲裁员下意识地偏向其更熟悉的地区或文化的当事人。另外,相当多的受访者也表示,在当今时代,根本没有必要通过将多样性与仲裁员的独立性和公正性联系起来,来证明促进多样性是合理的,因为拥有更多样化的仲裁员群体本身就是正确的,而真正的问题是如何在实践中促进多样性。

(三) 如何促进多样性？

针对如何促进仲裁员多样性问题，多数受访者都认为仲裁机构及相关任命机构应当在建议和任命仲裁员上注重多样性。除此之外，当事人及律师在仲裁员的任命上也发挥着重要作用，这其中律师应当着力去影响客户选择仲裁员的倾向。另外，加强不同地区对仲裁员业务水平的提升也是解决多样性的关键一环，只有实现各个地区仲裁员水平的相对统一，才能在保障仲裁质量的同时促进仲裁员的多样性。

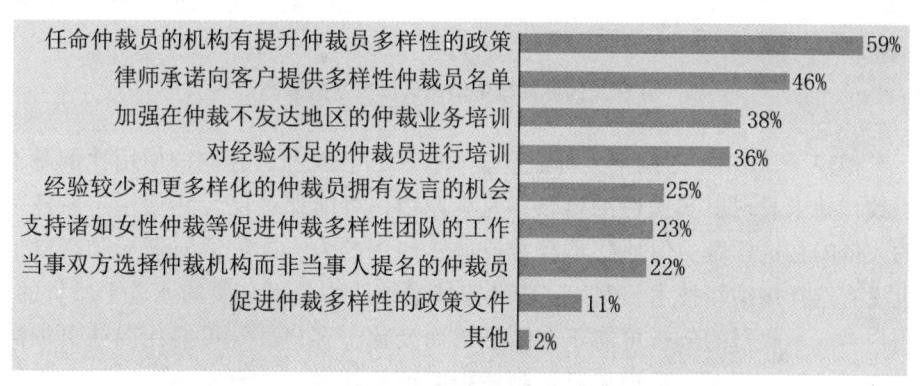

选项	比例
任命仲裁员的机构有提升仲裁员多样性的政策	59%
律师承诺向客户提供多样性仲裁员名单	46%
加强在仲裁不发达地区的仲裁业务培训	38%
对经验不足的仲裁员进行培训	36%
经验较少和更多样化的仲裁员拥有发言的机会	25%
支持诸如女性仲裁等促进仲裁多样性团队的工作	23%
当事双方选择仲裁机构而非当事人提名的仲裁员	22%
促进仲裁多样性的政策文件	11%
其他	2%

图9 你认为下列做法中最能鼓励仲裁任命发展更加多元化？

三、虚拟与现实之间的仲裁技术应用

借助新兴技术开展国际仲裁已经愈发普遍，相关技术对仲裁效率的提高也日益得到国际仲裁界的认可。新兴技术在仲裁中得到了进一步的应用，因此我们需要就以下问题进行思考：一是近年来新技术在仲裁中的应用有哪些变化？二是哪些技术会在未来的国际仲裁中继续得到用户青睐？三是新技术应用，究竟是一种危机驱动下的应激反应，还是一种持续性的演进？

(一) 虽然IT应用增多，但是AI仍是"科幻小说"

项目组根据2018年调查的经验，在此次调查中对受访者在仲裁中使用信息技术（IT）的情况进行了分析。如图10所示，受访者被要求回答他们在国际仲裁中使用以下形式的信息技术的频率，具体包括"视频会议"、"听证室技术（如多媒体演示、实时电子记录）"、"云存储（如FTP站点、数据

站)"、"虚拟听证室"和"人工智能(如数据分析、辅音文档审查)"。其中前两者是较为常用的技术,而 AI 技术则较少出现在仲裁实践当中。

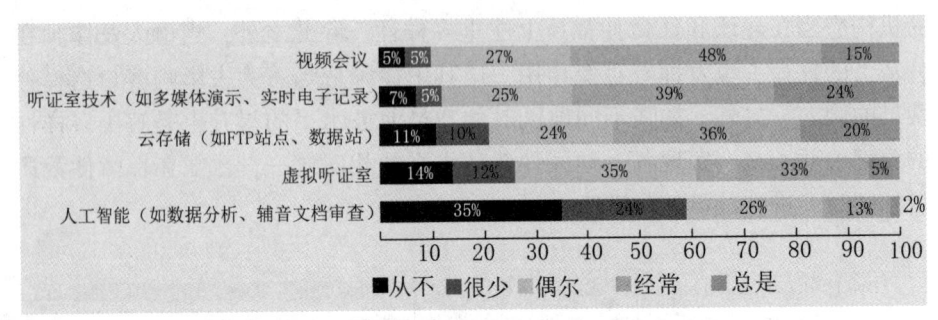

技术	从不	很少	偶尔	经常	总是
视频会议	5%	5%	27%	48%	15%
听证室技术(如多媒体演示、实时电子记录)	7%	5%	25%	39%	24%
云存储(如FTP站点、数据站)	11%	10%	24%	36%	20%
虚拟听证室	14%	12%	35%	33%	5%
人工智能(如数据分析、辅音文档审查)	35%	24%	26%	13%	2%

图 10 国际仲裁中使用信息技术的频率

相较于 2018 年的调查,听证室技术、视频会议和云存储的使用比例基本一致,并未显现出实质性的增长。究其原因,可能那些已经在使用这些技术的人依旧在这样做,但那些不经常或偶尔使用的人,即使面对新冠肺炎疫情也没有选择接纳新技术。例如,听证室技术被认为是不必要的或过于昂贵的,用户对成本收益的分析可能不会因疫情而变化,客户甚至可能比以往更加渴望降低成本。同时,从现场听证到虚拟听证的转变,本身也不一定与是否使用实时转录或多媒体演示等工具存在联系。另外,部分受访者也指出,特定部门的仲裁往往不需要口头听证,而疫情对书面审理的实际影响相对较小,因此参与仲裁的人不太可能提高对某些技术的使用频率。与前述技术应用停滞不前形成鲜明对比的是虚拟听证技术的应用。

人工智能(AI)作为新一轮科技革命的重要成果,已经成为当下各个行业重点关注的新技术。尽管 2018 年的调查中就显示 AI 技术在仲裁中的使用已有所增加,但它的应用仍落后于其他技术。调查显示,当前 AI 在仲裁中的应用主要局限于辅助文档审查,但它的使用费用还是相对高昂的。即使客户能够承担费用,他们也不总是相信这些工具有使用的必要。受访者进一步表示,他们对 AI 技术和算法在预测性司法中的潜在用途保有怀疑,更对这类技术是否会妨碍仲裁公正性有所质疑,并且表示 AI 不能代替人类仲裁员和律师。与之相对,部分受访者则认为我们不能以不熟悉和担心新技术产生不利后果,而放弃相关技术的应用。我们应当主动去学习和掌握相关技术在仲裁中的应用,并且发挥其在风险评估等方面的作用,从而时刻准备好应对新的技术变革。同时，部分受访者也认为，随着技术的发展，AI 的使用成本也将不断降低，未来其也会在标的额较低的争议中发挥作用，尤其从仲裁发展的大局出发，仲裁理应是在争议解决技术革新浪潮中的弄潮儿。

（二）虚拟听证会是昙花一现吗

听证是多数仲裁程序的关键环节，在新冠肺炎疫情蔓延下无法按照预定计划进行当面听证时，《报告》显示（图11）绝大多数受访者（80%）表示愿意"在预定时间进行虚拟听证"，而17%的人则选择"推迟听证会等待当面听证"，同时3%的受访者也表示可以接受"书面审理"。在调查中项目组发现：其一，虚拟听证在新冠肺炎疫情之前虽然使用率不高，但是相关技术实际上是成熟的，因此在疫情期间可以得到广泛应用。其二，虚拟听证技术实际上是在疫情不断持续的背景下得以推广的。在疫情发生之初，多数用户都持有一种观望态度，并多会选择推迟听证。但随着疫情的持续，他们也不得不将听证会移至线上进行。

另外，根据受访者身份的划分，他们对虚拟听证的态度也有所差异。在仲裁员群体中，绝大多数仲裁员（87%）选择按期进行虚拟听证，他们不想因为拖延而打乱原定的工作计划。同时，在诸如海事海商领域的仲裁中，许多受访者会选择书面审理，因为在相关领域的仲裁中听证本不是必备的环节。

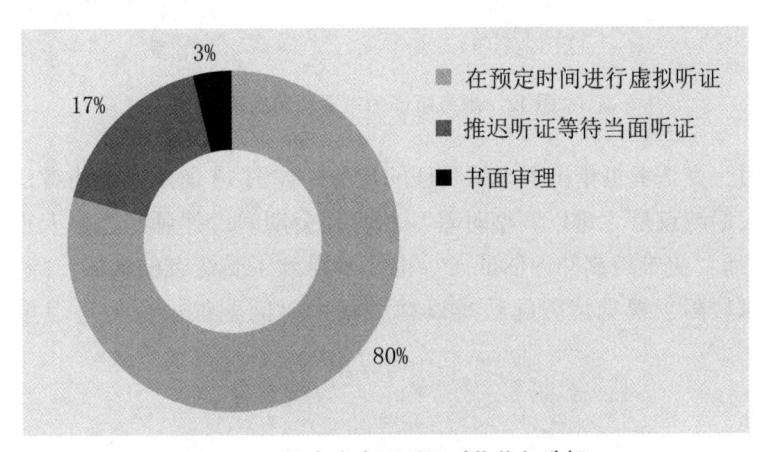

图11 无法出席当面听证时将作何选择

(三) 虚拟听证的利弊分析

总体而言，通过仲裁机构的快速反应和虚拟听证等新技术的应用，实际上解决了仲裁程序停滞的相关问题。在调查中，项目组也就虚拟听证的利弊问题征询了受访者的看法。统计显示（图12），虚拟听证的最大优势是"听证时间更灵活"（65%），其次是"借助技术提高效率"（58%）和使"仲裁程序和行政工程更加灵活"（55%）。34%的受访者表示对"环境影响小于现场听证"，13%的受访者选择了使"律师和仲裁员更加专注"和"促进仲裁庭的多样性"，紧随其后的是"视觉比当面听证更清晰"（12%）。

选项	比例
听证时间更灵活	65%
借助技术提高效率	58%
仲裁程序和行政工作更加灵活	55%
环境影响小于现场听证	34%
促进仲裁庭的多样性	13%
律师和仲裁员更加专注	13%
视觉比当面听证更清晰	12%
其他	5%

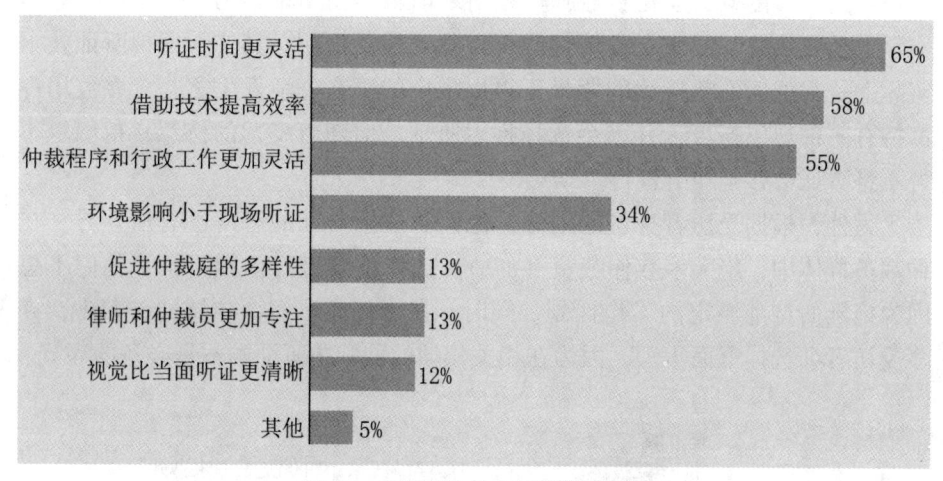

图12 虚拟听证的主要优势在哪？

同时，受访者也指出了虚拟听证的劣势。如图13所示，受访者认为虚拟听证最大的缺点是"难以调整时差"和听证会期间"律师与当事人很难及时沟通"，而"更难控制和评估证人"也几乎得到了受访者的认同。除此之外，诸如技术故障、视觉疲劳导致难以精力集中等问题都被认为是虚拟听证的劣势。

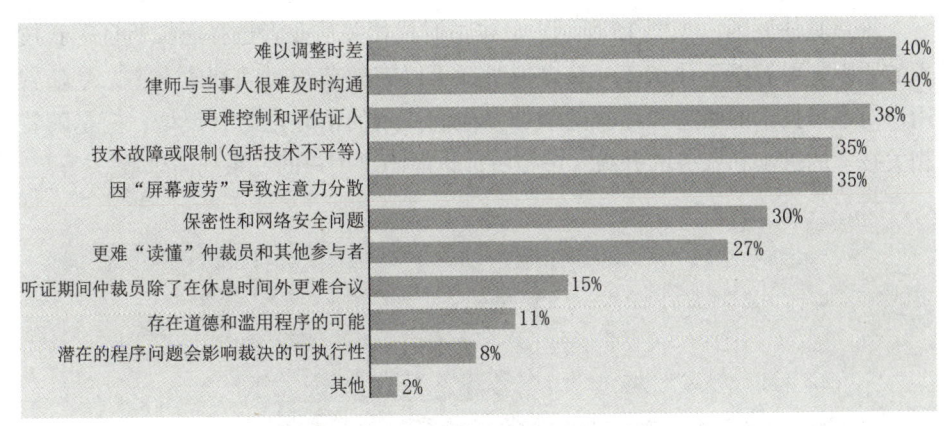

图 13 虚拟听证的主要劣势在哪？

- 难以调整时差 40%
- 律师与当事人很难及时沟通 40%
- 更难控制和评估证人 38%
- 技术故障或限制（包括技术不平等） 35%
- 因"屏幕疲劳"导致注意力分散 35%
- 保密性和网络安全问题 30%
- 更难"读懂"仲裁员和其他参与者 27%
- 听证期间仲裁员除了在休息时间外更难合议 15%
- 存在道德和滥用程序的可能 11%
- 潜在的程序问题会影响裁决的可执行性 8%
- 其他 2%

（四）后疫情时代是否还会选择虚拟听证？

很多人认为采用虚拟听证只是疫情之下的权宜之计，而疫情之后它的作用也会逐渐降低，仲裁依旧会回到现实世界。对此，《报告》（图14）显示，多数受访者都乐于在疫情之后继续通过虚拟与现实相结合的方式进行仲裁。而根据程序类型的不同，受访者也呈现出不同的偏好。例如在实体听证上，选择当面听证的人依旧占到了45%，而在程序性会议和听证会上，选择当面听证的只占到8%。

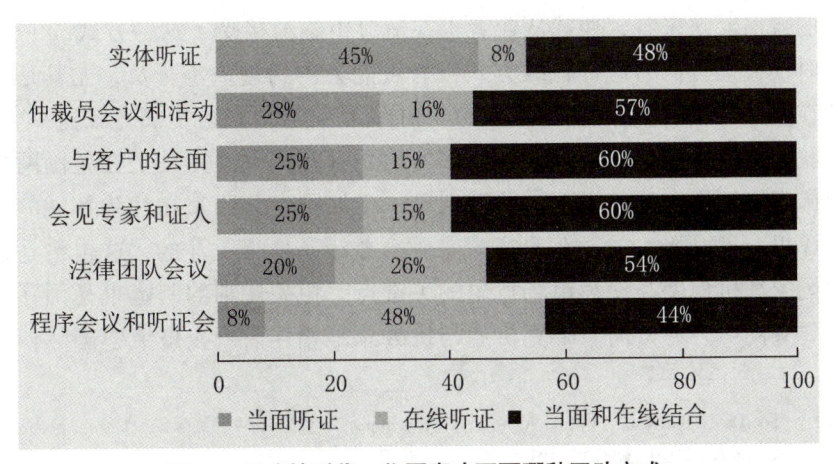

类型	当面听证	在线听证	当面和在线结合
实体听证	45%	8%	48%
仲裁员会议和活动	28%	16%	57%
与客户的会面	25%	15%	60%
会见专家和证人	25%	15%	60%
法律团队会议	20%	26%	54%
程序会议和听证会	8%	48%	44%

图 14 后疫情时代，你更喜欢下面哪种互动方式？

聚焦具体原因，如图 15 所示，后疫情时代相关从业者选择虚拟听证等新技术的原因主要有以下几点：一是虚拟听证可以有效节约时间和成本；二是随着用户对虚拟技术的熟悉和经验的增加，他们使用的信心也与日俱增；三是随着相关技术的进步和服务的升级，虚拟听证也能满足用户的一系列需求等。

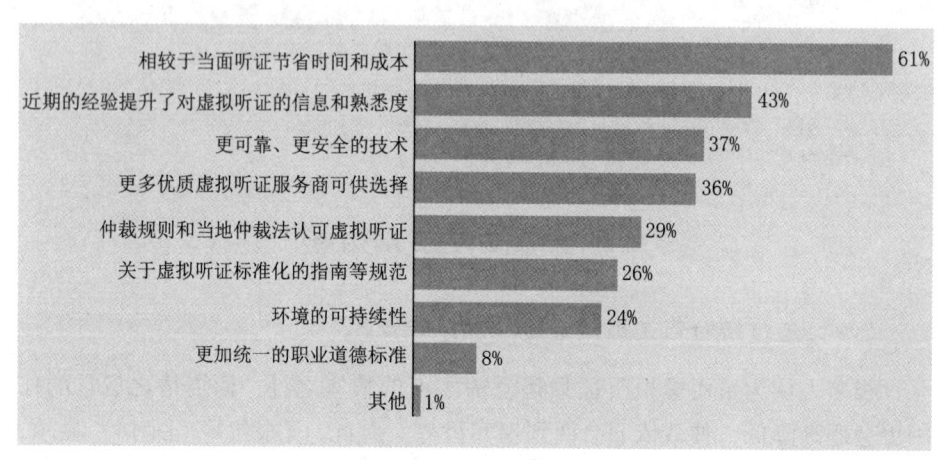

因素	比例
相较于当面听证节省时间和成本	61%
近期的经验提升了对虚拟听证的信任和熟悉度	43%
更可靠、更安全的技术	37%
更多优质虚拟听证服务商可供选择	36%
仲裁规则和当地仲裁法认可虚拟听证	29%
关于虚拟听证标准化的指南等规范	26%
环境的可持续性	24%
更加统一的职业道德标准	8%
其他	1%

图 15 后疫情时代的听证中，哪些因素让你更加倾向选择虚拟听证，而不是面对面听证？

新冠肺炎疫情的全球蔓延已经对包括国际仲裁在内的各个领域造成挑战，而在国际仲裁领域最直接的影响便是导致大量的庭审不得不中断而转至线上。虽然线上听证是一种紧急状态下不得不作出的选择，但从《报告》的数据和业界的普遍反映来看，仲裁从业者也在适应中逐渐接受了这一方式。[1]在后疫情时代，笔者认为这种在线方式极有可能会得到进一步普及，尤其是在线仲裁在降低仲裁成本并便利当事人方面的优势，会令各方更加青睐这一方式。但是我们也应看到，在线仲裁在诸多方面仍存在问题。尤其是在各国网络基础设施发展不均衡的前提下，是否会进一步加剧南北国家在仲裁领域的差距值得深思。[2]因此，通过何种方式来弥合差距是值得关注的，这也将是未来相关国家和机构展开仲裁市场竞争的关键点，相关规则的制定也是国际仲裁界需要共同努力的方向。毕竟机遇与挑战总是相伴而行，疫情中国际仲裁对

---

[1] See David Bateson, "Virtual Arbitration: The Impact of COVID-19", *Indian Journal of Arbitration Law*, Vol. 9, No. 1., 2020, pp. 159-161.

[2] 参见蔡翠红：《国际关系中的大数据变革及其挑战》，载《世界经济与政治》2014 年第 5 期。

新兴技术的应用也让我们看到了国际仲裁业新的发展窗口。能否抓住这个机遇，则关系到相关个人、机构甚至国家在未来国际仲裁领域的竞争力。毕竟时代潮流不可逆转，而我们所能做的则是顺势而为并迎风成长。

四、国际仲裁中的环境可持续发展和信息安全

（一）国际仲裁与环境可持续发展

近年来，国际仲裁与环境可持续发展问题成为一个新兴话题，同时其也是一个日益严肃的问题。因此，项目组着重就仲裁如何减少对环境的破坏进行了调查。在被问及"您曾经采取过或认为应当采取哪些措施减少国际仲裁对环境的影响"时，多数人都认为采用无纸化仲裁方式是最有必要的。这既有利于节省资源和保护环境，也能够有效降低仲裁成本并提高效率。同时，环境可持续发展目标也被认为是影响用户选择在线仲裁活动的一个因素。通过电话会议、视频会议或虚拟听证室举行的程序性会议等方式开展仲裁，也会对环境保护产生积极影响。

在具体的实现路径上，多数受访者表示仲裁机构应当肩负起推动环境可持续发展的责任，通过诸如修改规则等方式强化对电子化文书的使用和认可，进一步推广相应的环保措施。同时，也有受访者建议通过制定相关"软法"来促进国际仲裁的"绿色化"，但也有人担忧这种软法监管模式可能导致过度监督，从而产生不利影响。

近年来，以ICC为代表的国际性仲裁机构通过专项研究的方式展开了对国际仲裁和环境发展的研究。伴随着国际社会日益重视环境的可持续发展，大量的国际商事活动不得不将环境问题纳入考量范围。因各国环境保护政策的变动导致新型商事交易模式的形成和变化，这都促使国际仲裁不得不对此予以关注。从仲裁法理基础出发，环境政策在很大程度上寓于各国公共政策之内，因而仲裁在平衡国际合作利益和主权国家公共政策的过程中必然要对此有所考虑。[1]而摆在我们面前的现实问题则是如何找寻保护环境和发展仲裁的平衡点，这既需要包括主权国家、国际组织和国际仲裁机构通过具体实

---

[1] See Jared E. Hazleton, "Public Policy for Controlling the Environment", *Journal of Urban law*, Vol. 48, No. 3., 1971, pp. 653–656.

践的努力，也需要国际社会通过国际法的发展来予以标准的明晰，这些都需要我们进一步深思。

（二）国际仲裁与数据保护

随着近年来以欧盟为代表的相关法域对包括个人数据在内的信息安全问题的关注，使得包括国际仲裁在内的相关国际活动中的数据跨境问题得到重视。因此，项目组以欧盟《通用数据保护条例》（GDPR）为例调查其对国际仲裁所产生的影响。

调查结果显示（图16），有51%的受访者表示，是否产生影响"取决于参与仲裁的人"，44%的受访者表示这"取决于争议的性质"。关于数据保护对国际仲裁的影响程度，34%的受访者认为"目前影响有限，但可能会增加"，13%的受访者认为他们有"重大影响"，只有9%的受访者认为影响可以忽略不计。这些结果可能表明，人们对世界各地现有的数据保护制度缺乏了解。有趣的是，尽管我们在问题中仅将GDPR作为一个指示性的例子，但在讨论数据保护时，绝大多数受访者都明确提到了它。正如一位受访者指出的那样，GDPR将仲裁中的数据处理业务问责问题提上了议事日程。同时，多数受访者也表示，他们缺乏国际仲裁中进行数据管理的经验与能力。

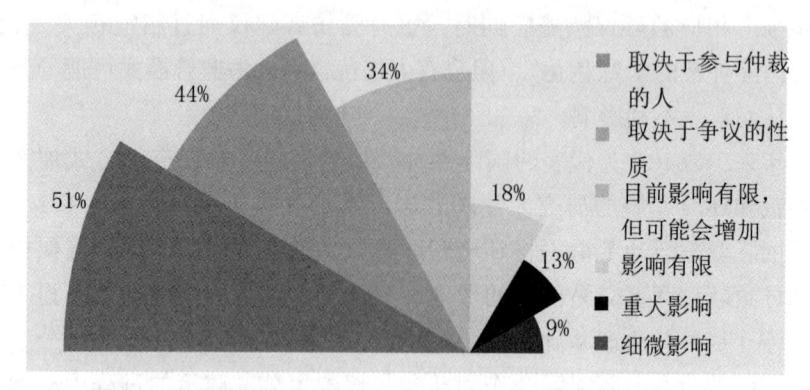

图16 您认为数据保护问题（如GDPR）对仲裁有多大影响？

（三）国际仲裁与网络安全

项目组针对受访者在国际仲裁中采取措施保护电子数据的机密性和安全性的频率进行了调查。结果显示，只有约四分之一的受访者"经常"（18%）

或"总是"（9%）看到网络安全措施在国际仲裁中得到落实。大多数受访者表示，他们在多数情况下（57%）遇到过此类措施，而另有16%的受访者表示"从未"见过此类措施。

许多受访者指出，他们在仲裁中对网络安全的考虑程度主要取决于争议的性质和各方的利益与身份。例如，受访者认为，当争议涉及国家或公共利益时，网络安全可能是一个重要问题。同时，项目组也向受访者抛出了"是否经历过或认为应该使用的具体网络安全措施"这一问题。从反馈结果看，受访者使用最多的方式是"基于云平台，用于共享电子或以电子方式提交的数据"（42%），这表明对许多仲裁用户来说采用该选项已成为一种相对规范的做法。约三分之一的受访者称看到了各种具体的信息技术安全措施和工具的使用，具体包括"限制对指定个人的访问"（37%）、"数据加密"（33%）和"访问控制，例如多因素身份验证"（32%）。其中，22%的受访者表示他们使用了"仲裁机构提供或控制的平台或技术"，并表示欢迎这一方式的存在。从调查来看，在国际仲裁中，业界已经开始关注网络安全问题，并且已经出现了相关实践。但受访者也普遍表示，目前对该问题的关注度仍有所欠缺，该领域依旧需要相关的制度支撑和规则保障。

随着在线争议解决方式的发展和全球信息监管格局的形成，仲裁中的信息安全问题会愈发重要。个人信息跨境监管力度的加强，使得在线仲裁的私法属性被撼动并影响其私密性、效率性和全球性，从而产生相关问题。该问题实际上来自在线仲裁所依靠的个人信息跨境流动与各国信息监管权的对立，[1]这是一个公法与私法融合、国内法与国际法交织的问题，将会对未来国际仲裁的业态发展产生深远影响。尤其在后疫情时代，随着在线争议解决机制的广泛运用，包括国际仲裁在内的相关主体也势必要重视这一领域。

五、结语

总体而言，2021年的《报告》一方面延续了以往调查报告的主要内容，实现了对国际仲裁领域关键问题的持续性关注，勾勒出了国际仲裁不断发展变化的制度变迁图景。另一方面，《报告》也基于新冠肺炎疫情的全球蔓延，尝试作

---

〔1〕参见冯硕：《个人信息跨境监管背景下在线纠纷解决方式的发展困境与出路——以软法为路径》，载《国际经济法学刊》2019年第4期。

出更为现实性和更具前瞻性的研究，以期展望国际仲裁的发展方向。站在中国的立场上，《报告》的内容及方法也对我国仲裁制度改革和仲裁法学研究具有如下的启示，需要我们站在更为客观的角度加以评估。

在调查方法上，《报告》分为了定量和定性两个阶段。在定量阶段，课题组组织了 1218 名答卷人完成了一份由 31 个问题组成的在线问卷。受访者身份囊括了律师、全职仲裁员、公司及公共机构的法务、仲裁机构工作人员等。在定性阶段，课题组先后开展了 198 次视频或电话采访，访谈期间收集的定性信息用于补充定量问卷数据，对所涵盖的特定问题的调查结果进行细微区分和进一步解释。相关受访者来自 39 个国家和 53 个城市，受访者群体反映了不同受访群体的所有类别。笔者认为，课题组的调研基本做到了职业、区域和从业经历的多样性要求，得出的结论也相对客观。但由于调查采用的是问卷方式，因而受访者在调查中是否如实地进行了作答也很难做出评估，故对于真实性的考察也有待商榷。

在具体内容上，《报告》虽然涵盖了国际仲裁领域相对重要的问题，但受限于调查组主观认识的影响，使得许多问题可能过于前沿或特殊，并不能够普遍反映各个国家和地区的现实情况。换言之，由于课题组长期置身于伦敦、中国香港和新加坡等仲裁发达地区，使其对仲裁制度的认知处在一个相对较高的中国层次。从而忽略了某些法域并不具备相应的软硬件条件，更忽略了各地区基于本地特色而制定的仲裁制度，难以全面地反映全球仲裁发展的现状。当其使用一种自认为的"高标准"来衡量各个法域时，一种无形的偏见便会产生并直接影响调查的客观中立和结果的普适性。

总之，《报告》为我们勾勒出了当前国际仲裁发展的基本现状，也向我们展示了在可预期的未来仲裁发展的几个基本的趋向。而身处其中的中国，如何基于本国立场对仲裁制度进行改革并对《仲裁法》进行修改，则是我们应当共同关注的问题。这将直接影响到中国在国际仲裁领域的地位与发展，更关系到"一带一路"建设等国际合作的推进。

国际商事争议多元化解决的理论基础与体系生成
——兼论上海自贸区商事争议多元化解决的改革经验[1]

综合利用诉讼、仲裁与调解多元化方式解决商事争议是近年来的重要趋势。其以灵活多元的方式有效平衡了商事争议解决的公正性与效率性，为当事人提供了更大的选择范围。"把非诉讼纠纷解决机制挺在前面"[2]的司法导向日益明确，推动我国民商事争议解决多元化成为司法体制改革的核心议题。而从更大的视角出发，推动国际商事争议的多元化解决，也是提升我国营商环境、促进制度型开放的重要任务。但在国际商事争议多元化解决机制建设过程中，发挥多元化优势有效解决争议离不开对其理论基础的挖掘和体系生成的回顾。而在当前以中国（上海）自由贸易试验区（本章简称"上海自贸区"）为代表的自贸区建设中，如何探索建立成熟的商事争议多元化解决机制也关系到进一步开放的未来。上海作为中国自贸区改革的发源地，一系列的改革经验为全面深化改革提供了有益经验。其在外商投资等领域所创制的中央授权与地方先行的法制保障模式，有效协调了改革与法治的关系，并使二者形成良性互补，从而在法治引领下充分发挥自贸区先行先试的制度

---

[1] 本章作者冯硕、王誉。
[2] 参见郭声琨：《坚持以习近平新时代中国特色社会主义思想为指导 进一步提升新时代政法工作能力和水平》，载 http://theory.people.com.cn/n1/2019/0603/c40531-31117458.html，最后访问日期：2020年1月20日。

优势，创造了一大批可复制、可推广的改革经验。[1]

因此，本章以国际商事争议多元化解决为主题，首先厘清商事争议多元化解决的理论基础，从而挖掘相应的制度价值；在此基础上，进一步回顾和梳理国际商事争议多元化解决的体系生成路径，从而在历史中探寻未来。最后，本章立足上海自贸区商事争议解决，通过总结其在多元化争议解决上的改革经验，探寻我国商事争议多元化解决的发展方向。

一、商事争议多元化解决的理论基础

从宏观视角看，商事争议多元化解决机制的形成本质上是在政治国家与市民社会二元分离的背景下，伴随着商人法的发展而逐步形成的。而最终以诉讼、仲裁、调解等方式为代表的多元解决机制的构建也离不开国家司法权与社会司法权的融合。

（一）"国家—社会"范式下的多元化争议解决

以仲裁为代表的民间争议解决方式的发展本质上来自于政治国家与市民社会分离后前者对后者的妥协。[2]而从仲裁的发展历程看，其也恰恰印证了政治国家与市民社会分离所产生的影响。

仲裁作为一种古老的争议解决方式，早在古希腊的神话故事中就有所反映。在古巴比伦时代，犹太人社区中发生的争议是通过他们自行进行的审判程序予以决定。[3]而从成文法的角度，公元前621年希腊就有了成文法律制度，其中便包含有仲裁的内容，城邦之间发生争议，常常采用仲裁方式解决。公元前5世纪，罗马共和国时代曾制定了举世闻名的《十二铜表法》，其中对仲裁多有记载。古罗马著名法学家保罗视仲裁与诉讼为并行的两种争议解决方式，其表示"为解决争议，正如可以进行诉讼一样，也可以进行仲裁"。当时地中海沿岸一带，海上交通发达，商品经济取得了长足发展。各城邦和港口之间的商事往来增多，故商人之间的商事争议逐渐增多。为使商事活动得以顺利发展，及时解决商人之间的各种商事争议，在争议当事人自愿的基础

---

〔1〕 参见丁伟：《中国（上海）自由贸易试验区法制保障的探索与实践》，载《法学》2013年第11期。

〔2〕 参见郭树理：《民商事仲裁制度：政治国家对市民社会之妥协》，载《学术界》2000年第6期。

〔3〕 参见赵秀文：《国际商事仲裁及其适用法律研究》，北京大学出版社2002年版，第3页。

第十一章 国际商事争议多元化解决的理论基础与体系生成

上,共同委托大家信赖、德高望重的第三人对争议进行居中裁判。这种方法简便易行,逐渐为商人们所接受,逐步形成了争议双方当事人共同约请第三者居中裁决争议的习惯。[1]

进入中世纪后,地中海岸的意大利城市国家排斥国家干预的民商事仲裁制度依旧发达。然而进入中央集权的君主专制时代后,政治国家的权力开始渗入社会生活的各个层面。这一阶段,社会等级差异明显,而这种等级是横跨市民社会与政治国家的。因为此时市民社会就是政治社会,市民社会的有机原则就是国家的有机原则。[2]在这一背景下,作为民间争议解决方式的民商事仲裁制度亦难以幸免。国家的立法机关认为仲裁的发展将削弱和剥夺国家的司法权,因而对仲裁采取不友好甚至是敌视的态度。如英国发展了所谓"法院管辖权不容剥夺"原则,对一切仲裁裁决,法院均有权重新予以审查,当事人的仲裁协议对法院几乎无拘束,民商事仲裁的地位岌岌可危。[3]

但随着欧洲资本主义萌芽和人文主义的兴起,政治国家与市民社会逐渐分离。一方面,等级秩序的打破让原有的人身依附关系转变为人对物的依赖,人与人之间建立起了广泛的社会联系。人身依附关系的破除令个人的独立性与自主性得以培养,人民开始根据自己的意志自由地与他人签订契约,在实现自身利益的同时也增加了社会整体利益。[4]另一方面,社会结构的变动离不开人的觉醒,即人在自我觉醒的情况下产生自我意志,人的意志依其自身的法则去创设自己的权利义务,当事人的意志不仅是权利义务的渊源而且是其发生根据。[5]所以,市民社会变成了契约产生和运行的场域,并形成了一种市场交换的契约秩序。[6]而这一秩序本质上来自于私主体为追求利益而作出的意思表示,意思自治也渐成市民社会运行的底层逻辑。因此,政治国家与市民社会的分离,将人的社会关系归还给人本身,人们依据自己的目的和意志作出选择,政治国家也逐步为市民社会腾出空间,实现了国家从人格化向

---

[1] 参见黄进等:《仲裁法学》,中国政法大学出版社2002年版,第15页。
[2] 参见《马克思恩格斯全集》(第1卷),人民出版社1972年版,第335~335页。
[3] 参见郭树理:《民商事仲裁制度:政治国家对市民社会之妥协》,载《学术界》2000年第6期。
[4] 参见刘旺洪:《国家与社会:法哲学研究范式的批判与重建》,载《法学研究》2002年第6期。
[5] 参见尹田:《论意思自治原则》,载《政治与法律》1995年第3期。
[6] 参见胡伟:《意思自治的法哲学研究》,中国社会科学出版社2012年版,第69页。

制度化的转变。[1]

因此，从以仲裁为代表的社会化争议解决方式的发展轨迹看，其所经历的从政治国家不干预到过度干预再到有限干预的历程，[2]反映了政治国家与市民社会二元分离背景下争议解决方式的多元化发展历程。可以讲，如果没有政治国家与市民社会的二元分离，现代多元化争议解决机制便不可能形成。

(二) 商人法生成推动多元化争议解决机制形塑

政治国家与市民社会的二元分离，为多元化争议解决机制的形成提供了空间。而在这一空间内，多元化争议解决方式的作用则主要发挥于商事领域。商人之间本着商业利益的持续和稳定产生，逐步认可了非诉讼化解决争议这一模式，其以意思自治为核心，自愿解决争议并愿意接受第三方裁决的约束，大大提高了交易效率并节约了成本。质言之，商人法的不断发展与形成为商事争议多元化解决机制的构建提供了动力。

从整个社会发展看，以仲裁为代表的社会化争议解决方式从产生之初便与商业发展有着密不可分的联系。而现代多元化争议解决方式的形成，也与商业发展同呼吸共命运。这其中离不开政治国家与市民社会二元分离背景下，意思自治的发扬和其之上商人法的逐步形成。在私有财产扩充与个人主义张扬的背景下，社会成员基于对利益的自由追求使得多元利益冲突的格局逐渐形成。而基于意思自治这一底层逻辑，以仲裁为代表的民间争议解决方式应运而生。这既是国家司法权向社会的"归还"与"下落"，也从侧面反映出了西方社会法治产生的深层原因。[3]

然而政治国家对市民社会的妥协并非心甘情愿的，而是面对历史趋势不得不作出的选择。一方面，市民社会的底层逻辑是意思自治，想要排除意思自治通过政治国家的公权力解决争议既失去了正当性，其也无力面对如此多的利益冲突。另一方面，从身份向契约的转变使得人在获取自由并追求利益最大化的同时也趋于理性，而基于意思自治的争议解决起于个人意志也遵从于个人意志，故无需国家政治权力的介入便可实现有效的自我执行并使得收

---

〔1〕 参见高清海、张海东：《社会国家化与国家社会化——从人的本性看国家与社会的关系》，载《社会科学战线》2003年第1期。

〔2〕 参见陈桂明：《仲裁法论》，中国政法大学出版社1993年版，第3页。

〔3〕 参见马长山：《国家、市民社会与法治》，商务印书馆2002年版，第127页。

第十一章　国际商事争议多元化解决的理论基础与体系生成 ❖

益最大化。因此，以仲裁为代表的社会化争议解决方式的产生既是市民社会进一步发展的必然结果，也是意思自治的逻辑延伸，从而为商人法的发展奠定了基础。[1]

商人法的产生与发展起于政治国家与市民社会的二元分离而归于商事主体的自我认可，这也恰恰是商事争议多元解决机制的基础即商事主体的自我认可。商事主体之所以认可这一机制，本质上是其充分满足了商事交往所追求的价值取向——效率与公平。[2]商人对于仲裁机制的选择首先是基于争议裁决效率的需要，其次是结果公正性的要求。尤其在中世纪各种政治集团没有对商事争议提供更符合商业实践和规律的法律的情况下，通过商事仲裁适用商人习惯法提高商事争议解决的正义性，成为商人利益最大化的表现。

非诉化争议解决方式在以下方面满足了商人对于商业利益最大化的诉求：第一，程序简便提高效率。作为一种商人自主创设的争议解决机制，其是当事人意思自治的结果。这种以一裁终局快速解决争议的方式保证了商事交易的连续性和利益产生的持续性，全面降低了争议解决成本，包括时间成本、其他交易的机会成本、争议解决的价格成本等。[3]通过简化程序的设计全面实现了商人低成本高效率的商业价值目标，而这目前仍是商事主体所普遍追求的价值取向。[4]第二，人员专业保证公正性。对商事争议进行裁判的仲裁员是当事人自主选择的结果。通过商人共同体的运行，商人最知道什么样的人能够帮助他们解决商事争议，故具有丰富商业经验、品格公正的人成为商人的首选。人员专业不仅能够保证争议解决的迅速，还能够保证争议解决的公正性。没有公正的效率是无效率，而只有公正的程序没有妥当的结果也是不正义的。这也是为什么法院同样可以提供公正的程序，但商人依旧选择仲裁的原因。只有依据符合商业规律的规则作出符合商业规律的裁判，才会产

---

〔1〕 参见刘晓红、冯硕：《论国际商事仲裁中机构管理权与意思自治的冲突与协调——以快速仲裁程序中强制条款的适用为视角》，载《上海政法学院学报（法治论丛）》2018年第5期。

〔2〕 参见刘晓红：《国际商事仲裁协议的法理与实证》，商务印书馆2005年版，第338页。

〔3〕 参见刘晓红主编：《仲裁"一裁终局"制度之困境及本位回归》，法律出版社2016年版，第29~33页。

〔4〕 根据伦敦玛丽女王大学国际仲裁学院和伟凯（White & Case）律师事务所联合发布的2018年国际仲裁调查报告（以下注释均称《QMUL报告》）显示，提高效率是国际仲裁未来改革的首要任务，而这也得到了超过60%的受访者的认同。参见 Queen Mary University of London, White & Case, 2018 International Arbitration Survey: The Evolution of International Arbitration, p. 38.

生商人利益最大化的效果，也才能实现商业正义。[1]

总之，在政治国家与市民社会二元分离的背景下，国家司法权逐渐与社会司法权相分离。而商人法的不断发展，也让以仲裁为代表的多元化争议解决方式不断发挥作用，并在与国家司法权的对立中实现二者的融合，从而为其提供了国家法秩序层面的保障。

（三）商事主体主导下的自我完善

商事争议多元化解决机制的构建本质上是为了有效解决商事争议，促进商事活动持续健康发展。在这一机制的产生与发展过程中，商事主体起到了关键性作用。

商事交易主体要求多元化争议解决机制不断丰富与完善。而早在20世纪，奥地利法学家尤根·埃利希（Eugen Ehrlich）就曾明确指出法的发展的重心不在立法、法学或判决，而在社会本身。[2]其将司法分为以国家强制力为后盾的"国家司法"和以社会制裁力为后盾的"社会司法"，而以仲裁为代表的非诉化争议解决方式恰恰归属于社会司法的范畴。

商事争议非诉化解决机制的发展，是政治国家与市民社会二元分离背景下商人法不断发展的结果，其反映了商事主体的利益诉求和价值追求。而从当前的发展看，商事争议多元化解决机制的不断丰富与完善也离不开商事交易主体的参与。具言之，商事交易主体的利益诉求深刻影响了多元化争议解决机制的构建与变革。商事主体渴求争议解决的低成本与高效率，催生出以一裁终局为特点的仲裁制度，并在仲裁的不断发展中令仲裁程序不断简化，快速程序也应运而生。

商事主体需要裁决的有效执行，推动了国家司法权开始为民商事仲裁裁决与调解文书加以背书，以国家强制力保障社会化争议解决方式的有效运作。商事主体参与跨国民商事活动日趋增多，其更加希望争议解决文书的跨法域执行。因此，以《承认及执行外国仲裁裁决公约》（本章简称《纽约公约》）为代表的国际公约不断产生，民商事判决、仲裁裁决及调解协议的全球可执

---

[1] 参见林一：《国际商事仲裁意思自治原则论纲——基于现代商业社会的考察》，华东政法大学2015年博士学位论文。

[2] 参见［奥］尤根·埃利希：《法律社会学基本原理》，叶名怡、袁震译，中国社会科学出版社2009年版，第102页。

行性不断增强，其也成为非诉化解决跨国争议的一大优势。[1]所以，从整个商事争议多元化解决的角度看，其自身的发展始终围绕着商事交易主体的需求展开。

商事争议解决机构主导多元化争议解决机制的改革与发展。从国际发展来看，以国际商会仲裁院（International Chamber of Commerce，ICC）为代表的国际仲裁机构越发重视调解在争议解决中的作用，分别依托各自的仲裁机构开始设立相应的调解机构。2014年新加坡国际调解中心的成立，也标志着以解决国际商事争议为目标的独立的国际调解机构开始走向成熟。从国内发展看，早在2011年上海市政府便批准成立了上海经贸商事调解中心，该机构作为独立第三方的商事调解机构，调解中心拥有一支熟悉国际、国内商事法律事务、同时深谙中华文化传统的专家服务团队，它为国内企业组织以及在华的国际企业组织和机构的商事争议提供快捷、高效、经济、灵活的服务，与当事人双方制定"案结事了"的解决方案，大大降低了诉讼成本与诉讼时间，提高解决争议的效率。换言之，近年来随着商事争议的不断增多，全国各地及各个行业均通过设立独立第三方调解中心的方式丰富商事争议的多元化解决，大大促进了多元争议解决机制的构建。尤其是随着"一带一路"倡议的不断推进，中央及最高人民法院先后出台多份文件强调多元化争议解决机制构建的重要性，并着力推动服务于"一带一路"商事争议解决的独立调解机构的成立。

总之，目前多元化争议解决机制的构建，是以商事交易主体需求为导向，以商事仲裁及调解机构为主导的机制，商事主体在机制的完善与发展中起到了举足轻重的作用。

三、商事争议多元化解决的体系生成

在明确商事争议多元化解决的理论基础后，对自贸区商事争议多元化解决机制的研究也离不开对当前整个机制发展现状的检视。而在多元化争议解决机制的构建中，诉讼、仲裁与调解成了我们不得不关注的领域。

---

[1] 根据2018年《QMUL报告》显示，仲裁裁决的全球可执行性是多数人（64%）选择通过仲裁解决争议的首要因素。参见Queen Mary University of London and White & Case，2018 International Arbitration Survey: The Evolution of International Arbitration, p. 7.

（一） 争议多样背景下的融合发展

多元化争议解决方式的发展始终围绕着商事主体的需求展开。因此，在现代商事争议不断多元化的背景下，诉讼、仲裁与调解的融合式发展已然成为趋势。

从国际发展趋势来看，近年来国际仲裁与调解等方式的结合越发得到各方青睐。实际上，从现代国际争议解决机制的角度看，仲裁与调解的结合早已形成共识。无论是在 WTO 争端解决机制下的磋商机制，还是国际投资争端解决中心（The International Centre for Settlement of Investment Disputes，本章简称 ICSID）投资争端解决中的和解及调解机制的引入都极大地提高了争议解决效率并降低了争议解决成本。[1]而从国际商事仲裁发展来看，近年来仲裁与替代争议解决方式（Alternative Dispute Resolution，ADR）结合越发成为主流，在国际仲裁占据国际商事争议解决主导地位的同时（97%），仲裁与 ADR 相结合的模式也日渐得到各方认可（49%）。[2]与此同时，仲裁与 ADR 相结合的争议解决方式也暴露出了部分问题。例如仲裁与 ADR 相结合的机制需要多层次争议解决条款的存在，但该类型条款究竟是权利性条款还是义务性条款，即是否必须经过 ADR 解决争议是存有争议的。再如在仲裁中进行调解，究竟是另行组庭还是在原有仲裁庭基础上进行是存在争议的，因为诸多仲裁参与者也表示，在仲裁中以调压裁的情况的确存在，一定程度上影响了仲裁的公正性和独立性。[3]尽管在实践中仲裁与 ADR 的结合暴露出了部分问题，但其也从侧面反映出目前国际商事仲裁领域对 ADR 的重视，其所发挥的作用也在日渐凸显。

与以仲裁和 ADR 结合为主流的国际争议解决方式不同，在国内争议解决机制的构建中诉讼与调解以及仲裁与调解的结合日渐成为主流，可以说调解已然开始在民商事争议解决中发挥更大的作用。从域外国家的实践来看，2003 年，奥地利率先颁布了欧洲第一部民事案件调解法，该法被公认为欧洲首部法典化的调解程序规则。2008 年 5 月，欧盟颁布了《关于民商事调解若干

---

[1] ICSID Secretariat, Proposals for Amendment of the ICSID Rules-Consolidated Draft Rules, 2018, pp. 326-413.

[2] See Queen Mary University of London and White & Case, 2018 International Arbitration Survey: The Evolution of International Arbitration, p. 5.

[3] See Queen Mary University of London and White & Case, 2018 International Arbitration Survey: The Evolution of International Arbitration, p. 5.

问题的 2008/52 号指令》（本章简称《指令》）。[1]该《指令》对各国争议解决的实践及监管机构的运作产生了积极影响，引发了欧洲各国在实践、立法、学术研究等领域的讨论。律师、法官、咨询委员、调解员等具备中介功能的争议解决的实践者开始质疑传统的争议解决机制，并着手探索如何进一步提高争议解决的效率与质量。由于各欧盟成员国必须在 2011 年 5 月 21 日前实施该《指令》（第 10 条除外，该条必须在 2010 年 11 月 21 日前实施），立法部门必须考虑如何设计新的立法，以体现《指令》的内容；研究部门亦须相应地调整其研究的重点与方向。至 2013 年，大多数成员国相继根据《指令》修改民商法、诉讼法中关于调解的规定，或者制定新的调解法。

欧盟以外，2011 年 1 月 1 日生效的瑞士联邦民事诉讼法对民事程序中的调解制度予以统一规范，并鼓励各州积极使用调解方式解决民事争议。从 20 世纪 90 年代开始，加拿大议会修改了大量制定法以引进调解制度，被广泛运用于民商法甚至公法领域。[2]为提升美国调解实践的管理和技术水平，1998 年至今，美国越来越多的学术机构和行业组织公布了模范标准和统一法案。例如，由美国律师协会、美国仲裁协会和争议解决专业社团合作编写并修订的《调解员行为模范标准》，美国律师协会和统一州法委员会全国会议起草的统一调解法，等等。其中，仅涉及调解的州法规和联邦法规就已经超过 2000 部。[3]

我国有着悠久的调解历史，我国调解也被誉为"争议解决中的东方智慧"。早在西周，在官府中即设有"调人""胥吏"，其作用就是调解官府、民间的各种争议。[4]秦朝官府中的调解制度发展为乡官治事的调解机制。县以下的行政单位即乡、亭、里设"夫"，承担"职听讼"和收赋税两项职能。"职听讼"即调解民间争议。秦时，乡中设有秩、啬夫和三老，掌管道德教化和调解事务，调解不成再到县廷起诉。"汉承秦制"，汉代已建立了一整套较为严密的司法调解制度。自汉代以后，调解日益成为官方解决民间社会争议

---

[1] Klaus J. Hopt & Felix Steffek, *Mediation: Principles and Regulation in Comparative Perspective*, Oxford University Press, 2012, p. 5.

[2] 参见朱立恒：《英美刑事和解探析——以 VOM 模式为中心的考察》，载《环球法律评论》2010 年第 2 期。

[3] 参见齐树洁主编：《美国民事司法制度》，厦门大学出版社 2011 年版，第 147 页。

[4] 参见张晋藩：《中华法制文明的演进》，中国政法大学出版社 1999 年版，第 12 页。

的重要手段，逐步走向了制度化。直至清末民国，这一套体系仍然在解决民间争议当中发挥着重要作用。

中华人民共和国成立以来，党和政府高度重视基层争议的化解，早在20世纪60年代，浙江诸暨枫桥所积累的"枫桥经验"便得到了毛泽东主席的认可，其在不断发展中得以推广，并在习近平总书记的指示下成了新时代我国化解基层争议的重要模式。尤其是党的十八大以来，以习近平同志为核心的党中央致力于推进国家治理体系和治理能力现代化。党的十八届四中全会提出，要健全社会矛盾纠纷预防化解机制，完善调解、仲裁、行政裁决、行政复议、诉讼等有机衔接、相互协调的多元化纠纷解决机制。2015年12月，中共中央办公厅、国务院办公厅印发《关于完善矛盾纠纷多元化解机制的意见》，多元化争议解决机制改革进入了全面系统推进的新阶段。在中央统一部署下，最高人民法院先后发布《最高人民法院关于人民法院进一步深化多元化纠纷解决机制改革的意见》《最高人民法院关于人民法院特邀调解的规定》《最高人民法院关于进一步推进案件繁简分流优化司法资源配置的若干意见》等政策文件或者司法解释，充分发挥改革顶层设计、组织领导和沟通协调作用。[1]

因此，无论是从国际争议解决机制的构建还是域外及我国的实践经验，通过诉讼、仲裁与调解的多维结合化解争议已然成为当前的基本共识。多元化争议解决机制也在多方努力下不断形成，大格局已然初具面貌。

（二）国际公约推动下的全球执行

随着全球化的不断深入，跨国民商事活动的日趋频繁令国际商事争议解决成为了我们关注的重点。因此，在商事争议多元解决机制的构建中，既离不开对当前国内商事争议解决体系的研究，也需要提高站位具备国际视野。而从国际法视角下，国际公约在国际商事争议解决机制的构建中具有重要地位。尤其是当前国际社会围绕仲裁、诉讼与调解三大领域所构筑的全球执行体系，更关系到国际商事争议的有效解决。

从国际商事仲裁角度出发，《纽约公约》所构建的仲裁裁决全球可执行体

---

[1] 参见胡仕浩等：《多元化纠纷解决机制的中国趋势》，载《人民司法（应用）》2018年第1期。

系是当前商事主体选择通过仲裁解决商事争议的主要原因。[1]国际商事仲裁作为长久以来解决跨国民商事争议的主要方式,其发展之迅速主要得益于主权国家通过国际公约限制司法主权。质言之,从《日内瓦公约》到《纽约公约》,国际商事仲裁裁决的承认与执行便是在威斯特伐利亚模式中游走,在尊重和限制国家主权中寻找平衡。

《威斯特伐利亚和约》作为奠定现代国际秩序的重要法律文本,其所强调的国家主权平等原则成为当代国际公约的基础。[2]在国际仲裁领域,承认及执行外国仲裁裁决本身便应由各国法院基于司法主权加以决定。而国际公约的达成本质上便是在追求统一的承认与执行标准的确立,一定程度上是对各国司法主权的限制。然而,这种限制并非一蹴而就,它需要在尊重与限制主权中找寻平衡,唯此才能够实现公约的达成。1927年《日内瓦公约》作为国际仲裁领域第一个国际公约,其在条文设计上高度突出对国家主权的尊重。例如在裁决的效力认定上,《日内瓦公约》第1条d款强调对仲裁地司法主权的尊重,一旦裁决被仲裁地撤销,该份裁决便不能称为"终局裁决",便也失去了在他国承认和执行的可能。[3]而随着时代的发展,想要实现仲裁裁决的全球执行便需要对各国司法主权进一步限制。因此,在《纽约公约》起草的过程中,以国际商会(ICC)为代表的国际组织曾一度想要以"国际裁决"的概念来打破主权国家对仲裁裁决效力的限制。[4]

尽管《纽约公约》最终已然大大削弱了仲裁地对仲裁裁决效力的影响,强调了裁决的承认及执行与仲裁地法院的态度无直接关系。但其仍然在具体条文中渗透出对各国司法主权的尊重,强调每个国家在公约允许范围内保留

---

[1] 根据2018年《国际仲裁调查报告》显示,仲裁裁决的可执行性是多数人(64%)选择通过仲裁解决争议的首要因素。参见 Queen Mary University of London, White & Case, 2018 International Arbitration Survey: The Evolution of International Arbitration, p. 7.

[2] See A. Cassese, *International Law and Politics in a Divided World*, Oxford University Press, 1986, pp. 220-228.

[3] 该条英文为 "That the award has become final in the country in which it has been made, in the sense that it will not be considered as such if it is *open to opposition*, *appel or pourvoi en cassation* (in the countries where such forms of procedure exist) or if it is proved that any proceedings for the purpose of contesting the validity of the award are pending".

[4] See Enforcement of International Arbitral Awards: Report and Preliminary Draft Convention adopted by the Committee on International Commercial Arbitration at its meeting of March 12, 1953, Brochure No. 174 of the International Chamber of Commerce, published in ICC Bull., May 1998, p. 32.

审查仲裁裁决的权利，同时不把自己对仲裁裁决的观点强加于他国。可以讲，这实际上是在尊重主权的基础上进一步推进了主权平等原则在国际仲裁领域的运用，反映了威斯特伐利亚模式的影响。[1]因此，以《纽约公约》为核心的现代国际商事仲裁为国际商事争议解决一体化提供了可行的模板，在该领域主权国家达成了共识，其看到了通过公约进行国际合作的利益所在。主权国家通过自我限制积极支持仲裁裁决的有效执行，有利地促进了国际民商事活动的发展，推动了现代国际民商事秩序的构建。因此，在自贸区商事争议解决中，商事仲裁仍然要坚持贯彻《纽约公约》的基本精神，给予国际仲裁裁决更多的支持和协助，推动国际商事仲裁在自贸区内的发展。

从诉讼来看，不同于仲裁的司法属性，商事诉讼裁决的跨国执行与各国司法主权关系甚大，其也是国际私法中长久关注的问题。海牙国际私法会议于1999年起草了《民商事管辖权和法院判决承认和执行公约草案》以及其后2001年的《临时公约约文》。2011年起海牙国际私法会议开始着手起草有关法院判决承认和执行公约。其后，为此专门成立的工作小组于2012年至2015年间先后召开了5次专门会议，进行公约的起草工作，并于2015年11月完成了《外国判决承认与执行公约建议草案》。2016年6月在荷兰海牙召开的海牙国际私法会议特委会会议，是第一次对该公约草案进行政府间谈判。此项公约草案的起草和谈判将有助于在世界范围内建立国内法院判决全球流通的国际统一法律制度，增强国内法院判决效力的发挥，发挥国内司法对国际贸易和国际投资等国际民商事活动的促进作用。[2]而2019年7月《承认与执行外国民商事法院判决公约》的正式通过，更标志着国际民商事判决全球流通体系的初步形成，它和2005年海牙《选择法院协议公约》一起铺设了一条法院判决全球流通的大道。[3]

在公约之外，近年来各国通过互惠关系承认及执行外国法院判决的比例也不断提高，各国在互惠关系的认定上也趋于开放。以我国为例，根据《民

---

[1] 参见 [法] 伊曼纽尔·盖拉德：《国际仲裁的法理思考和实践指导》，黄洁译，北京大学出版社2010年版，第29页。

[2] 参见徐国建：《建立法院判决全球流通的国际法律制度——〈海牙外国判决承认与执行公约草案〉立法资料、观点和述评》，载《武大国际法评论》2017年第5期。

[3] 参见徐国建：《被攻克的最后堡垒：2019年〈海牙判决公约〉所涉关键问题评析》，载《上海政法学院学报（法治论丛）》2020年第2期。

诉法》规定，互惠原则贯穿了整个国际司法协助领域。而在司法实践中，除了离婚判决以外，外国法院作出的其他民商事判决，我国法院均要对判决作出与我国之间是否存在互惠关系的审查。而在认定标准上，我国法院否定了以我国判决在相对国法律下可以承认和执行来认定互惠关系的"法律互惠"，而采用以对方国家事实上是否给予我国互惠的"事实互惠"标准。[1]随着"一带一路"倡议的提出，2015年公布的《最高人民法院关于人民法院为"一带一路"建设提供司法服务和保障的若干意见》率先提出了对"推定互惠"即只要能确定外国没有拒绝承认本国法院判决的先例就推定存在互惠的认可，而这一观点也在2017年《南宁声明》中得以确认。而2017年10月最高人民法院提出的《最高人民法院关于承认和执行外国法院民商事判决若干问题的规定（征求意见稿）》进一步对互惠关系认定作出规定，并显现出了在"事实互惠"基础上引入"推定互惠"或"法律互惠"的倾向。[2]

从调解来看，20世纪80年代以前，尽管调解在国际商事争议解决领域有一定程度的实践，但它长期遭受冷遇却是不争的事实。世界上主要的仲裁机构多数都有调解规则，可是这些规则都在讨论中不了了之。不过，随着国际贸易的发展，国际商业社会中调解的日益流行，调解立法的质量和数量也不断得到提高，联合国国际贸易法委员会（UNCITRAL）的《调解规则》就是重要证明。该规则在1980年12月4日联合国大会上获得通过，形成联合国第35/52号决议，决议建议在商业关系上产生争端而当事各方寻求通过调解以友好解决争端时使用联合国国际贸易法委员会调解规则。[3]

在该规则的基础上，2003年UNCITRAL的《联合国贸易法委员会国际商事调解示范法》以14条的结构强调了当事人对进程和结果具有支配权，载有定义、程序和关于有关问题的准则等内容。该示范法虽然不具有对主权国家的强制拘束力，但其所发挥的示范作用的确在一定程度上推动了世界各国重视商事调解的作用，并有效地促进了商事调解活动的法制化发展。2014年5月30日美国政府代表团在贸法会第47届大会之前提交提案，提议第二工作

---

[1] 参见杜涛：《互惠原则与外国法院判决的承认与执行》，载《环球法律评论》2007年第1期。

[2] 参见徐伟功：《我国承认与执行外国法院判决制度的构建路径——兼论我国认定互惠关系态度的转变》，载《法商研究》2018年第2期。

[3] 参见罗春明：《〈国际商事调解示范法〉与中国相关立法研究》，武汉大学2004年硕士学位论文。

组拟订一部关于调解达成的国际商事和解协议的可执行性的公约，以便鼓励使用调解。美国的提议得到众多国家的响应，贸法会第48届会议授权第二工作组启动关于和解协议执行议题的工作，以确定相关问题并提出可能的解决办法，包括可能拟订一项公约、示范条文抑或指导意见案文。

经过数年的努力，《联合国关于调解所产生的国际和解协议公约》（本章简称《新加坡公约》）已然在新加坡完成缔约签署。该公约在充分借鉴《纽约公约》的基础上对商事调解中产生的和解协议的跨国执行作出了具体的规制，该公约的达成有力地推动了国际商事调解的发展，国际仲裁裁决的全球可执行体系也将进一步扩展至和解协议中。当然，该公约依旧要借鉴《纽约公约》六十多年来的发展经验，在具体问题上要争取更广泛的支持，并且要根据调解的自身特点与国际商事仲裁和诉讼做好对接。在自我发展中实现各美其美，而在对接合作中实现美美与共。

所以，在以《纽约公约》为代表的国际公约推动下，国际商事争议解决法律文书的全球可执行体系日渐形成。在确保执行的前提下，多元化争议解决机制的国际性也日益凸显，而这当然也是国际商事争议多元解决机制构建中不可忽视的问题。

三、上海自贸区商事争议多元化解决的改革经验

根据《中国（上海）自由贸易试验区管理办法》（本章简称《管理办法》，2013年9月29日公布，2015年4月1日废止）第37条的规定，自贸试验区内企业发生商事纠纷的，可以向人民法院起诉，也可以按照约定，申请仲裁或者商事调解；支持本市仲裁机构依据法律、法规和国际惯例，完善仲裁规则，提高自贸试验区商事纠纷仲裁专业水平和国际化程度；支持各类商事纠纷专业调解机构依照国际惯例，采取多种形式，解决自贸试验区商事纠纷。可见，自贸区内的商事争议可通过诉讼、仲裁以及调解等多元化途径解决，而《管理办法》中更加支持通过仲裁与调解的争端解决方法，并鼓励仲裁或调解机构依据国际惯例提高争端解决的国际化程度。这十年来，上海自贸区商事争议多元解决机制已累积不少可复制、可推广的成功经验，并契合上海海纳百川、大气谦和的城市精神，已逐渐形成诉讼、仲裁、调解各具特色、兼容并蓄发展的海派风格。

第十一章 国际商事争议多元化解决的理论基础与体系生成

（一）自贸区商事争议多元化解决的海派风格

1. "三位一体"的自贸区仲裁争议解决机制

自2013年以来，上海自贸区的商事仲裁实践与创新已取得了一些成效，目前已形成了由"自贸区仲裁院"、"自贸区仲裁规则"和"自贸区仲裁司法保障意见"组成的"三位一体"的自贸区仲裁争议解决机制，并在此基础上初步形成了国际主流仲裁机构集聚、高端国际商事仲裁平台覆盖、国际仲裁法律服务市场活跃的"国际仲裁中心城市"雏形。

2013年10月，上海国际经济贸易仲裁委员会（上海国际仲裁中心）设立中国（上海）自由贸易试验区仲裁院。自2013年11月受理自贸区仲裁第一案以来，截至2018年6月，上海国际仲裁中心共受理涉上海自贸区争议仲裁案件320件，争议金额超过人民币70亿元。2017年，上海国际仲裁中心共受理自贸区争议案件88件，争议金额人民币31.85亿元，其中单起案件争议金额达人民币23.60亿元，争议金额超过人民币1亿元的案件共3件；2018年上半年受理案件68件，争议金额人民币25.58亿元，争议金额超过人民币1亿元的案件共6件。案件类型涉及国际贸易、房屋租赁、融资租赁、公司股权、信托资管、基金资管、商业保险等多个领域。

2014年4月8日，上海国际仲裁中心发布《中国（上海）自由贸易试验区仲裁规则》（本章简称《自贸区仲裁规则》），并在2015年1月1日对该规则进行了修订。该规则在中国仲裁法律的框架内，结合自贸区法制环境建设的特点，最大限度地借鉴吸收了国际商事仲裁的先进理念与制度。[1]该规则也成为国内主要仲裁机构相继修订、完善自身仲裁规则的参考范本。值得注意的是，2017年10月，由大连仲裁委员会制定发布的《中国（辽宁）自由贸易试验区仲裁规则》充分借鉴了《自贸区仲裁规则》中的紧急仲裁员、名册外仲裁员、合并仲裁、小额争议等创新制度。此后，包括中国国际经济贸易仲裁委员会、深圳国际仲裁院在内的国内主要仲裁机构均在其最新修订的仲裁规则中直接吸纳了《自贸区仲裁规则》的各项创新制度，充分体现了《自贸区仲裁规则》的溢出效应。

---

[1] See Xiaohong Liu, Ling Yang, "Redemption of Chinese Arbitration-Comments on the Civil Procedure Law (2012) and Free Trade Zone Arbitration Rules (2014) ", *Chinese Journal of International Law*, Vol. 13, No. 4., 2014, pp. 661-662.

作为相关仲裁案件司法审查的本地法院，上海一中院于2014年4月29日颁布《涉中国（上海）自由贸易试验区案件审判指引》，有效衔接了《自贸区仲裁规则》中临时措施等制度的执行审查；上海二中院于2014年5月3日颁布了《关于适用〈中国（上海）自由贸易试验区仲裁规则〉仲裁案件司法审查和执行的若干意见》，明确了适用《自贸区仲裁规则》仲裁案件的司法审查细则。两个中院对《自贸区仲裁规则》涉及的各项制度创新均作出了积极的回应。同样值得关注的是，2017年2月28日，天津市高院颁布《关于涉外、涉港澳台商事仲裁司法审查案件的审理指南》，标志着上海自贸区商事仲裁司法审查成果的溢出效应。

此外，2015年4月8日国务院发布了《国务院关于印发进一步深化中国（上海）自由贸易试验区改革开放方案的通知》，批准了《进一步深化中国（上海）自由贸易试验区改革开放方案》（本章简称《深改方案》），其中明确提出"支持国际知名商事纠纷解决机构入驻，提高商事争议仲裁国际化程度。探索建立全国性的自贸试验区仲裁法律服务联盟和亚太仲裁机构交流合作机制，加快打造面向全球的亚太仲裁中心"的任务与目标。在《深改方案》颁布后，境外争议解决机构相继入驻上海自贸区，2015年11月19日，香港国际仲裁（HKIAC）中心在上海自贸区设立代表处，2016年2月24日，国际商会仲裁院（ICC）在上海自贸区设立仲裁办公室，2016年3月3日，新加坡国际仲裁中心（SIAC）在上海自贸区设立代表处。未来上海将成为境外仲裁机构在中国大陆的聚集地，并有望成为世界各知名争议解决机构在亚太地区的聚集地，助力上海打造国际仲裁中心。

2. 诉讼、仲裁与调解融合发展

为推进上海自贸区争议解决机制的建立健全，促进自贸试验区商事争议诉讼与非诉讼解决方式的协调和互补，对接国际商事争议解决通行方法，为自贸试验区市场主体提供多元、灵活、高效的争议解决方式，上海市各级法院、仲裁机构与调解机构积极开展"诉—调对接""仲—调对接"，共同推动自贸区多元化争议解决机制的融合发展。

上海一中院自2014年9月以来，与上海经贸商事调解中心、中证中小投资者服务中心有限责任公司、上海银行业保险业纠纷调解中心、上海市金融消费纠纷调解中心建立了相应的委托调解机制及诉调对接机制，至2018年4月

30 日已经委托调解争议 677 件,调解结案 162 件,调解金额达 13.17 亿元。[1] 2016 年 8 月,上海一中院成立"商事 ADR 领导小组"和"商事 ADR 研究小组",并于 2017 年 5 月制定《上海市第一中级人民法院商事多元化纠纷解决机制实施细则》[2],进一步健全商事 ADR 的组织机制,完善非讼解纷机制的流程及相关司法确认程序,为商事 ADR 机制的规范运作提供制度保障。

上海市浦东新区人民法院于 2014 年 5 月 27 日正式启动自贸试验区诉讼与非诉讼相衔接的商事争议解决机制,将商事调解组织、行业调解组织及其他具有调解职能的组织引入自由贸易区法庭,建立特邀调解组织名册,将属于自贸区法庭受案范围的、适宜委托调解的自贸试验区商事争议,经当事人同意,启动非诉调解程序,诉前委派、庭前委托或者审中委托相关调解组织进行调解,法院依照有关规定审查确认调解协议的法律效力。上海经贸商事调解中心作为首家协作单位进驻,在自贸区法庭设立了调解室,参与推进自贸试验区商事争议多元化解工作。截至 2017 年 7 月,自贸区法庭引入调解组织 11 家,其中常驻自贸区法庭 5 家,委托非诉调解 2415 件,正式进入调解程序 1198 件,成功调解 771 件,调解成功率达 64%,平均处理周期 29 天,化解标的额达到 6.89 亿元。[3]

仲裁与调解的协调发展方面,《自贸区仲裁规则》充分体现了仲裁与调解相结合的制度创新,创设仲裁庭组成前的调解员调解制度。当事人有调解意愿的,可以在仲裁庭组成前申请由上海国际仲裁中心指定一名调解员进行调解,调解不成的,再由仲裁庭进行此裁决,除非当事人达成一致,调解员不再担任仲裁庭成员,以此避免身份冲突问题。同时,经过调解员调解达成协议后,可以根据《自贸区仲裁规则》请求仲裁机构组成仲裁庭,由仲裁庭根据和解(调解)协议书制作仲裁裁决书,将和解协议的内容转化为具有强制执行力的法律文书。调解员调解制度是依托上海自贸区对"调仲结合"机制的突破创新,满足了当事人在仲裁庭审理案件前的调解需要,减少调解过程

---

[1] 参见上海市第一中级人民法院、上海市浦东新区人民法院《自贸区司法保障白皮书》,2018 年 5 月。

[2] 参见上海市第一中级人民法院、上海市浦东新区人民法院《自贸区司法保障白皮书》,2018 年 5 月。

[3] 参见《在商言商 调解共赢——上海浦东自贸区法庭商事纠纷多元解决机制见闻》,载《人民法院报》2017 年 9 月 4 日,第 4 版。

对于仲裁员进行案件实体审理的不必要的影响，为当事人提供更为全面的争议解决服务。

在上海自贸区内，各种争议解决机制形成良性协调和衔接，逐步树立法院、仲裁、行政调处、商业调解等争议解决方式并重的理念，激发自贸区内投资、贸易、金融等专业领域已有的或将有的行业协会以及商会在解决争议中的活力，实现各种争议解决方式的有效对接，为当事人提供更多元的争议解决方式，逐步形成可复制、可推广的先进经验，促使多元化争议解决机制更加完善。

（二）自贸试验区商事争议多元解决机制的中国声音

自由贸易试验区是我国改革开放的试验田，是我国构建开放型经济新体制的重要窗口。2015年4月8日，国务院正式印发广东、天津、福建自由贸易试验区总体方案和进一步深化上海自由贸易试验区改革开放方案，自由贸易试验区继续扩容。在此背景下，最高人民法院于2016年12月30日发布了《最高人民法院关于为自由贸易试验区建设提供司法保障的意见》（本章简称《意见》）。《意见》同样适用于2017年3月31日批复成立的辽宁、浙江、河南、湖北、重庆、四川、陕西自由贸易试验区。《意见》内容明确支持在自由贸易试验区建立多元化的争议解决机制，为自贸区商事争议多元解决机制提供了指引与保障。

随着中国成为世界第二大经济体，中国日益走近世界舞台中央，自贸区建设不断纵深发展激发大量创新庞杂的跨境交易模式，自贸区内争议也呈现主体多元化、类型多样化、利益复杂化的特征，区内企业对争议解决机制需求与要求均不断提升，同时，要在国际商事争议解决领域发出更多的中国声音，必须进一步突破创新，扩大自贸区多元争议解决机制的示范效应，充分发挥仲裁在自贸区争议解决领域的优势，完善自贸试验区商事争议多元解决机制，合理对接"一带一路"国家倡议。

1. 充分发挥仲裁在自贸区争议解决领域的优势

随着中国自贸区"1+3+7"新格局的形成，自贸区内的法律争端呈现涉外性高、标的额大、争议复杂专业等特点。因此，仲裁作为一种高端商事争议解决机制，在自贸区具有天然的优势和成长土壤。尤其对自贸区内先行、先试的新型交易模式下产生的新型争议、复杂的跨境交易争议、专业的知识

第十一章 国际商事争议多元化解决的理论基础与体系生成

产权争议,仲裁专家断案、裁决跨境可执行等优势使得这些争议得以高效地解决。同时,对仲裁在自贸区内的一些创新实践加以推广,使得仲裁法律制度在保有中国特色的同时,与国际先进争议解决机制高度接轨,更大程度地提升了自贸区争议解决机制的国际化程度,为区内企业提供更先进、高端、专业的仲裁法律服务。

一是有条件地开放临时仲裁。《意见》第9条"正确认定仲裁协议效力,规范仲裁案件的司法审查",其中提到了涉外因素识别的认定、"禁止反言"原则的运用以及临时仲裁有限开放等三项有关支持自贸区仲裁法律制度发展的意见,成为未来自贸区商事仲裁发展的新热点。

目前,在我国境内开展临时仲裁,由于2017年9月公布的《中华人民共和国仲裁法》(本章简称《仲裁法》)尚未对此予以规定,故在此次《意见》发布之前,过往的司法实践对此更多的是采取了消极否定的态度。而《意见》第9条的规定意味着人民法院在尊重当事人意思自治的基础上,将根据先行先试的原则和精神,允许自贸试验区内的企业之间订立仲裁协议,以临时仲裁的方式解决争议。当然,《意见》下的"临时仲裁"开放是有条件的开放,除适用的主体限定为自贸区内注册的企业外,还设定了"内地特定地点"、"按照特定仲裁规则"和"由特定人员"三个法律条件,这可以说是当前临时仲裁协议在中国境内的生效要件和法律前提,其重要性可见一斑。[1]

如何在尊重临时仲裁制度理念,并且尊重中国仲裁法律服务市场环境的基础上,通过先行先试的制度创新来推动相关立法和配套制度的完善,有待中国仲裁机构在自贸区争议解决机制下破题。上海国际仲裁中心正在积极探索具有操作性的制度落地。以机构仲裁成熟有效的仲裁行政管理服务以及经验丰富的专家资源,与临时仲裁灵活的程序安排相结合的模式,可能是实现两个尊重并举的有效方式,在这种模式上落地的三特定仲裁,或将成为自贸区国家战略以及"一带一路"倡议下中国企业走出去所能对接的涉外、国际仲裁的一个新选项,亦将充分发挥仲裁法律制度在自贸区争议解决机制中的重要作用。

二是先行先试通过仲裁解决自贸区内投资争端。投资者与东道国之间争

---

[1] 参见刘晓红、冯硕:《制度型开放背景下境外仲裁机构内地仲裁的改革因应》,载《法学评论》2020年第3期。

端解决机制允许投资者直接对东道国政府起诉,一般来说,争端由独立于东道国司法机构的仲裁机构裁决案件,一般由国际投资争端解决中心(ICSID)、国际商会仲裁院(ICC)、瑞典斯德哥尔摩商会仲裁院(SCC)等国际知名仲裁机构受理国际投资争端案件。根据我国《仲裁法》第2条"平等主体的公民、法人和其他组织之间发生的合同争议和其他财产权益争议,可以仲裁"的规定,我国仲裁机构未有过受理投资者与东道国之间投资争端的实践。

目前,自贸区内企业与政府间的投资争议解决机制亦无不同,主要是通过行政复议或行政诉讼的途径解决。根据《管理办法》(2013年4月1日废止)第36条规定"当事人对管委会或者有关部门的具体行政行为不服的,可以依照《中华人民共和国行政复议法》或者《中华人民共和国行政诉讼法》的规定,申请行政复议或者提起行政诉讼",不论是境内投资者还是境外投资者,如果对自贸区管委会或其他政府机构的具体行政行为不服,都是通过行政诉讼或者行政复议的方式进行救济。

按照习近平总书记对自贸区"大胆试、大胆闯、自主改"的要求,考虑到国际投资争端的特殊性,建议在《中国(上海)自由贸易试验区条例》中增加有关投资者与东道国政府之间关于投资争端解决机制的原则性规定,并允许由自贸区内仲裁机构受理境外投资者与我国政府(包括自贸区管委会和其他政府机构)之间的投资争端。这既可以积累本国仲裁机构在解决投资争端方面的经验,也可以促进国内法和国际条约义务的接轨[1],为我国新一轮更高水平的对外开放提供更灵活、更国际化的制度保障。

2. 打造自贸区商事争议解决多元化的集群效应

自贸区战略实施以来,上海自贸区从"总体方案"的1.0阶段和"深改方案"的2.0阶段,已步入"全改方案"的3.0阶段,自广东、天津、福建后,辽宁、浙江、河南、湖北、重庆、四川、陕西也相继设立自贸区,中国自贸区"1+3+7"的新格局已形成。2018年4月13日,习近平总书记在庆祝海南建省办经济特区30周年大会上郑重宣布,党中央决定支持海南全岛建设自由贸易试验区,支持海南逐步探索、稳步推进中国特色自由贸易港建设,分步骤、分阶段建立自由贸易港政策和制度体系。

---

[1] 参见叶波、梁咏:《投资者与东道国争端解决机制的新发展及其启示》,载《国际商务研究》2015年第5期。

第十一章 国际商事争议多元化解决的理论基础与体系生成

各自贸区在其区域、功能等方面各有侧重，共同推进中国对外开放新格局的加速形成。上海自贸区的一系列制度创新先发优势突出，主要集中于以负面清单为核心的投资管理制度，以贸易便利化为重点的贸易监管制度，以资本项目可兑换和金融服务业开放为目标的金融创新制度，以政府职能转变为导向的事中事后监管制度，并且已经逐步形成可复制、可推广的经验。福建面向祖国的宝岛台湾，在"对台湾开放"和深化两岸经济合作方面形成新的特点。广东是我国最早进行加工贸易的地方，贸易额占到我国的30%以上，是我国贸易额占比重最大的地方，因此，面向香港、澳门，粤港澳更紧密的经贸关系，合作框架下的试验也有了特点。天津自贸区则承担着贯彻落实京津冀协同发展国家战略的重任，着重于制造业和商业物流的并重开放。其他各自贸区的创新试点都在加快推进，全国不下于20个省市向中央国务院提出要求复制自贸区的试点经验。

为有效应对各自贸区的争议解决特点，充分发挥各自贸区的独特功能优势，响应国务院关于进一步深化中国（上海）自由贸易试验区改革开放方案中提出的探索建立全国性的自贸试验区仲裁法律服务联盟的要求，中国自贸区仲裁合作联盟于2015年4月10日在前海成立。中国自贸区仲裁合作联盟是由上海国际经济贸易仲裁委员会（上海国际仲裁中心）、华南国际经济贸易仲裁委员会（深圳国际仲裁院）等仲裁机构联合发起，为服务中国自贸区法治建设而建立的合作机制。合作联盟具有开放性，如果国家再增设自贸区，也可相应增加参加联盟的仲裁机构范围。经联盟特别邀请，中国其他沿海开放城市的仲裁机构也可以成为特邀成员。仲裁作为中国自贸区多元争议解决机制中不可缺少的重要环节，中国自贸区仲裁联盟的成立产生了良好的示范效应以及可推广的成功经验，有效推动了自贸区内多元化争议解决的突破发展。

在中国自贸区仲裁联盟的成功基础上，建议各自贸区内的法院、仲裁机构、调解机构以及其他争议解决机构携手，共同组建中国自贸区争议解决联盟，集聚自贸区内优质的争议解决资源，充分激发自贸区内各种争议解决机制的活力，鼓励运用仲裁、调解等多元化机制解决自贸试验区民商事争议，进一步探索和完善诉讼与非诉讼相衔接的矛盾争议解决机制，共同提高中国自贸区商事争议多元解决机制的专业化和国际化水平，促进中国自贸区的法治建设，提升中国自贸区的法治化、国际化、便利化营商环境。

3. 主动对接"一带一路"国际商事争议解决机制

自贸区建设与"一带一路"倡议高度契合。大力推进"一带一路"倡议与加快自贸区建设是我国全方位对外开放格局的重要内容；同时，加强"一带一路"倡议与自贸区战略的有效对接和战略联动，将为我国新一轮高水平对外开放提供有力支持。"一带一路"倡议下的"贸易畅通、资金融通"与自贸区践行的"贸易便利化、金融国际化"有异曲同工之妙，开放是两者的共同主题，两者相互促进，相辅相成。

设立自贸区的省市拥有良好的资源禀赋，是我国的经济重镇，大部分都有重要的港口，是连接"一带一路"的桥头堡和重要支点，自贸区的布局对"一带一路"国内核心区域和相关国家具有较强的经济辐射和联动作用。2018年初，最高人民法院设立的两个国际商事法庭也选择落户广东省深圳市与陕西省西安市。

2018年1月23日，习近平总书记主持召开中央全面深化改革领导小组会议，审议通过了《关于建立"一带一路"国际商事争端解决机制和机构的意见》（本章简称《"一带一路"意见》）。该意见指出，建立"一带一路"国际商事争端解决机制和机构，应当遵循以下原则：坚持共商共建共享原则、坚持公正高效便利原则、坚持尊重当事人意思自治原则、坚持争议解决方式多元化原则。该意见还提出，最高人民法院设立国际商事法庭，牵头组建国际商事专家委员会，最高人民法院在广东省深圳市设立"第一国际商事法庭"，在陕西省西安市设立"第二国际商事法庭"，受理当事人之间的跨境商事争议案件。此后，最高人民法院于2018年6月27日公布《最高人民法院关于设立国际商事法庭若干问题的规定》（本章简称《规定》），就最高人民法院国际商事法庭的受案范围、国际商事案件的界定、争议的解决方式等问题作出解释，《规定》自2018年7月1日起施行。《规定》第11条明确，最高人民法院组建国际商事专家委员会，并选定符合条件的国际商事调解机构、国际商事仲裁机构与国际商事法庭共同构建调解、仲裁、诉讼有效衔接的纠纷解决平台，形成"一站式"国际商事纠纷解决机制。

在此背景下，一方面，"一带一路"国际商事争议解决机制下国际商事法庭、国际商事专家委员会、商事争议解决平台的构成模式，给自贸区商事争议多元解决机制的进一步完善提供了新的思路与具体方案。另一方面，自贸区的争议解决机构要主动对接"一带一路"争端解决机制，促使两大战略形成合力，进一步扩大辐射效应，加强与"一带一路"国家争议解决机构的合作，为境内外当事人提供更高端的"一站式"商事争议解决法律服务，同时为中国在国际规则制定与全球治理发出响亮的"中国声音"积累更多经验。

(三) 自贸区商事争议多元解决机制构建的国际趋势

就商事争议多元解决机制的构建而言，由于我国各地经济发展不平衡，商事争议多元解决机制在各地的发展不尽相同，最终只有通过顶层设计和国家立法，才可能建立统一和科学的商事争议多元解决机制。"自由贸易体的纠纷解决机制涉及国际私法、国际经济法和各国国内法及其司法制度，历来是自贸区建设中的一个核心问题。"[1]上海自贸区作为改革试验区，旨在探索我国对外开放的新路径和新模式，在相关制度的构建和创新方面，更加需要把握国际规则，积极借鉴并对接国际通行的商事争议解决机制，以提升上海的国际竞争力。从自贸区商事争议多元解决机制构建的国际趋势来看，主要有以下几个方面：

1. 争议解决模式的多样化

争议解决机制主要包括调解、仲裁、和解、谈判、中立评估、仲裁以及诉讼等多种方式，解决模式包括辅助型、评估型、转化型等不同模式。[2]由于诉讼程序存在程序严格、耗时长以及对抗性强等特点，很多商事主体更加倾向采用谈判、调解等方式解决争议。"在很多国家和地区，司法的重点已经转向解纷服务，非诉化已经成为基层法院和家事法院的大趋势。"[3]从自贸区商事争议多元解决机制的构建目标来看，不只是为了缓解法院工作压力，更为重要的是进一步满足自贸区商事主体的争议解决需求，实现商事案件处理的多元化，尊重商事主体自由选择争议解决方式的权利，从而适应和有效解决自贸区内不同领域、不同类型争议。比如调解的多样性。上海自贸区法庭已经先后引入上海经贸商事调解中心、中国国际贸易促进委员会/中国国际商会上海调解中心、上海市工商联民商事人民调解委员会、浦东新区物协法律调解中心等十多家调解组织，这些调解机构拥有大量的专家型调解员。对于自贸区商事争议，如果争议当事方选择调解，可以根据争议的类型和特点，

---

[1] 范愉：《自贸区建设与纠纷解决机制的创新》，载《法治研究》2017年第1期。
[2] 参见龙飞：《多元纠纷解决机制的国际发展趋势》，载《中国审判》2013年第1期。
[3] 范愉：《当代世界多元化纠纷解决机制的发展与启示》，载《中国应用法学》2017年第3期。

自由选择合适的第三方调解机构。再比如,民商事争议中立评估、无争议事实记载、无异议调解方案认可等新的解决机制,目前也在积极探索之中。

2. 协商调解的重要性不断提高

商事活动以交易和互利为基础,在自贸区内商事主体之间发生经济争议后,从未来商业利益、有效处理争议等多方面考虑,应争取双赢和自主协商解决的机会,减少对抗程序及零和思维的风险,尽可能避免通过法院诉讼方式进行硬性判决以及采取强制执行措施。司法是化解争议的最后一道防线。正如曾任最高法院大法官的奥康纳所言,法院不能成为解决争端首先考虑的地方,而应该是解决纠纷的最后途径,即通过所有其他替代纠纷解决都不能解决时,才由法院解决。[1]在过去30余年来,调解制度已成为世界范围内广为运用的重要的争议解决方式,并逐渐形成"全球调解趋势"。各国和地区在推进完善非诉讼争议解决机制的过程中,通过立法建立调解机制、专门性争议解决机制等,将更多的争议引入非诉讼处理机制。如新加坡《社区调解中心法案》、加拿大《商事调解法》等。2016年2月,联合国国际贸易法委员会第二工作组(仲裁和调解)在纽约召开的第六十四届会议上,对国际商事调解和解协议的可执行性进行了调研,拟通过一项国际公约,促进各国承诺:在司法审查的基础上,赋予对国际商事调解组织主持达成的和解(调解)协议强制执行效力。这一国际趋势与我国在自贸区建设的"一带一路"合作机制中倡导的创新争议解决机制、注重协商调解具有相同的旨趣。在当代世界调解趋势的影响下,国际争端解决机制出现了从重视仲裁转向重视协商解决的趋势。上海自贸区需要顺应争议解决全球化发展趋势,进一步实现调解的多元化,大力发展不同形式的商事调解组织,同时注意与既有的司法诉讼、商事仲裁以及行政复议等程序相互衔接。

3. 争议多元解决趋向专业化

自贸区商事争议大多涉及投资贸易、金融商事、知识产权及房地产等领域,具有很强的专业性,要求商事争议多元解决趋向专业化。如调解机构必须具有专业的争议解决规则和规范,调解人员必须具有相应的专业背景和丰富的实践经验,否则不可能实现快速、便捷、公正、有效地解决自贸区商事

---

[1] 参见[意]迈克尔·麦克爱尔拉斯:《调解能否成为一个真正的职业》,代秋影译,载《人民法院报》2011年9月2日,第6版。

争议的目标。相比法院的专职法官而言，调解人员可以来自不同专业和领域，如大学教授、资深律师、高级工程师、退休法官、IT专家及金融专家等。这些调解人员深谙业务，面对相应领域的商事争议，绝非泛泛空谈或"和稀泥"，而是利用专业知识和实践经验，快速、有效地作出专业判断，并在此基础上积极调和当事人之间的矛盾，尽可能减少双方分歧和差异，从而有效解决自贸区商事主体之间的经济争议。"好的仲裁员决定好的仲裁"，同样，调解员是调解程序中最重要、最具有决定性的因素。为此，各国和地区制定了调解员行为规范，如美国《调解员行为示范规范》、加拿大《模范调解人行为法典》、欧洲《调解员行为准则》等。而且要求争议解决人员必须接受专业培训。如法国"国家家事调解文凭"要经过500小时的培训。中国香港地区2012年成立了调解资格评审协会有限公司，对经过专业培训的调解员进行统一资质认证和资格评审。[1]事实上，专业性的商事争议调解，具有缩短争议周期、减少解纷成本等优势，更加符合"合作共赢"的经商理念，最终必将受到越来越多商事主体的青睐。

4. 争议多元解决走向国际化

2017年7月11日，《国务院关于深化改革推进北京市服务业扩大开放综合试点工作方案的批复》规定"支持国际知名商事争议解决机构在符合京津冀协同发展战略总体要求的前提下，在北京设立代表机构"。国际化是非诉争议解决方式在国际上的普遍趋势。"纠纷解决国际化，在经济全球化、政治多极化和文化多元化的背景下，和平的交流、对话、互利和双赢将成为人类社会的共同主题，发挥协商性解纷机制在国际社会政治、经济、文化、外交等各个领域中的作用，实现多元文化和市场经济下的和谐共处与发展，显得更加重要。"[2]就自贸区商事争议而言，大量争议涉及境外国家和地区的投资主体，当事人之间存在法律文化的多元性，争议解决也不再局限于一个国家或地区的独享服务，而已成为国家之间、地区之间的互通共享服务。上海自贸区要想提升争议解决机制的国际竞争力和公信力，将上海打造成区域性国际商事争议解决中心，吸引更多涉及"一带一路"争议当事人选择在中国化解

---

[1] 参见龙飞：《论国家治理视角下我国多元化纠纷解决机制建设》，载《法律适用》2015年第7期。

[2] 参见范愉：《多元化纠纷解决机制的国际化发展趋势》，载《人民法院报》2016年7月6日，第2版。

争议，在构建自贸区商事争议多元解决机制的过程中应始终保持国际视野，大力推动多元化争议解决机制的国际化发展，包括注重结合本土资源和国际经验；加强与境外其他国家和地区司法机构、仲裁机构、调解组织的交流合作，重视整合国际资源；不断提升商事调解组织的争议解决能力；在国际贸易争议解决中充分尊重国际公约、国际规则以及商事交易习惯等，注重平等保护各方当事人的合法权益。这些国际争端解决平台的设立，将吸引更多的港澳台调解组织和外国调解组织进入内地市场，共同打造繁荣稳定可预期的法治营商环境。

四、结语

国际商事争议的多元化解决，既是政治国家与市民社会分离后民商事争议解决在平衡效率与公平过程中的应然走向，也是根植于商人法发展逻辑并在商事主体推动下逐步形成的必然路径，更是推动我国商事争议解决机制与国际接轨并服务于制度型开放的现实选择。从过去几年全球发展与国内实践看，国际商事争议解决机制的框架初成并已经形成了良好的制度溢出效应。

聚焦我国具体实践，自贸区作为新时代改革开放的制度试验田，其在推动形成可复制、可推广的改革经验上有着举足轻重的作用。而在上海自贸区商事争议多元化解决机制的构建中，已然形成了法治引领下的诸多经验，有效推动了我国国际商事争议解决中心的构建。因此，在顺应商事争议多元化的背景下，不断提高争议解决的协商性、专业化与国际化是推动我国国际商事争议多元化解决的有益经验，而这也必将助力"一带一路"建设。

CHAPTER 12 第十二章

境外仲裁机构内地仲裁的
政策动因与法治保障[1]

一、引言

2019年7月国务院印发的《中国（上海）自由贸易试验区临港新片区总体方案》（本章简称《新片区方案》）允许境外知名仲裁及争议解决机构在新片区开展仲裁业务，标志着自贸区仲裁业开放迈出了实质性步伐。回溯境外仲裁机构入驻上海自贸区的发展历程，其既是法治引领自贸区改革发展的重要内容，也是自贸区制度创新推动国家治理体系和治理能力现代化的有益经验。在对境外仲裁机构内地仲裁问题的研究中，学界同仁都曾作出了较为深入的探讨。[2]但这些研究主要侧重于境外仲裁机构内地仲裁的现实问题与改革应对，对为什么允许和支持境外仲裁机构内地仲裁缺乏更为系统的研究和全面的回答。

仲裁作为社会化的争议解决机制涵摄于一国的法律体系之下，关系到一国的治理能力和发展水平。从全球视野看，由于《承认及执行外国仲裁裁决公约》（本章简称《纽约公约》）等国际法律文本的推动，国际仲裁法律体系的跨域融合已然催生了一个超越主权国家而相对独立的争议解决机制，从

---

[1] 本章作者冯硕。
[2] 相关研究成果可参见刘晓红、冯硕：《制度型开放背景下境外仲裁机构内地仲裁的改革因应》，载《法学评论》2020年第3期；李庆明：《境外仲裁机构在中国内地仲裁的法律问题研究》，载《环球法律评论》2016年第3期；刘晓红、王徽：《论中国引入国际商事仲裁机构的法律障碍与突破进路——基于中国自贸区多元化争议解决机制构建的几点思考》，载《苏州大学学报（法学版）》2016年第3期。

而凸显出推动全球发展和跨国治理的功能。[1]因此,仲裁制度的完善实际上是从国际和国内两个维度推动开放与发展的重要方面。

因此,本章将以境外仲裁机构内地仲裁为主题,首先通过分析相关改革的政策动因,明确境外仲裁机构内地仲裁的时代背景并分析该政策落地后所产生的红利与风险。之后,笔者将针对政策红利和风险,通过聚焦司法、行政和立法三个层面的改革探寻法治保障境外仲裁机构内地仲裁的具体路径,从而实现兴利除弊、科学发展。

二、境外仲裁机构内地仲裁的政策动因

探寻允许境外仲裁机构在我国内地开展仲裁的原因,离不开对该政策实施后对我国开放发展所产生的利弊分析。在这一过程中既需要从国际仲裁发展的角度厘清利弊背后的发展态势,也需要聚焦两个方面结合我国实际情况展开具体分析。

(一)法律全球化与本土化之间的政策权衡

现代国际商事仲裁体系的形成依托于全球化的宏大背景,在这一背景之下,由于国际法的协调性和全球化主导权的更迭,使得民族国家依托主权而坚守的法律本土化也左右着国际商事仲裁体系的形塑。

在全球化的视角下,国际商事仲裁体系的形塑对于市民社会的跨域融合和现代商事法律体系的趋同化发展至关重要。现代仲裁制度是政治国家与市民社会二元分离后前者向后者妥协的产物,[2]而迫使政治国家作出妥协的原动力则在于商业发展下市民社会实力的提升,因此仲裁制度的发展依托于市民社会的成长和商业社会的成熟。随着商业版图的不断扩张,市民社会也实现了跨域融合。因而以解决商事争议为核心的仲裁制度,也在全球化的浪潮中实现了国际化,促使1927年《关于执行外国仲裁裁决的日内瓦公约》(本章简称《日内瓦公约》)和1958年《纽约公约》的形成,从而成为国际法

---

[1] See Alexis Mourre, "Mourre warns against 'nationalisation' of arbitration", available at: https://globalarbitrationreview.com/article/1197622/mourre-warns-against-%E2%80%9Cnationalisation%E2%80%9D-of-arbitration, last visited on Jul. 23, 2020.

[2] 参见郭树理:《民商事仲裁制度:政治国家对市民社会之妥协》,载《学术界》2000年第6期。

第十二章 境外仲裁机构内地仲裁的政策动因与法治保障 ❖

的重要组成部分。[1]透视过去百年来的法律全球化之路,不可否认由于全球化的主导权握于西方发达国家之手,使得这种全球化带有了发达国家借助国际法"驯服"其他国家的色彩,[2]从而激发了发展中国家基于国家主权的法律本土化。

从国际法原教旨出发,滥觞于《威斯特伐利亚和约》的国际法始终把主权平等、势力均衡和不干涉内政作为现代国际法体系的三大原则,而主权更是成为民族国家头顶的王冠,是各国在法律全球化中坚守法律本土化的制度依凭。因此,在国际商事仲裁条约体系发展过程中,如何在尊重各国主权的基础上实现全球化利益成为重点。聚焦相关公约,《日内瓦公约》高度尊重缔约国主权,例如在裁决的效力认定上强调对仲裁地司法主权的尊重,一旦裁决被仲裁地撤销,该份裁决便不能被称为"终局裁决",也失去在他国被承认和执行的可能,凸显了国际商事仲裁体系中的本土化力量。但随着战后全球化的高歌猛进,国际商事仲裁体系再次迎来革新的可能,故在《纽约公约》起草的过程中,国际商会曾一度想以"国际裁决"概念打破主权国家对仲裁裁决效力的限制。[3]尽管《纽约公约》通过取消"双重许可"、调整仲裁协议有效性及举证责任主体等扫除裁决跨国执行障碍,但其仍允许缔约国保留仲裁裁决审查权,反映了威斯特伐利亚模式的影响。

国际商事仲裁体系的形成始终被法律的全球化与本土化左右,而在是否允许境外仲裁机构内地仲裁问题上实际上也离不开对二者的平衡。具言之,允许境外仲裁机构内地仲裁本质上是在顺应国际仲裁的全球化发展,是一种融入或是归顺现代国际商事仲裁体系的举措。回顾过去40余年,只有改革开放才能发展中国已成为我们的基本共识。但在开放的过程中也的确存在着诸多风险需要防范,故拒绝境外仲裁机构内地仲裁实际上是在惮于风险之下作出的政策选择,这也是基于我国主权的合理选择。因此,在决定是否允许境

---

〔1〕 参见刘晓红、冯硕:《论国际商事仲裁中机构管理权与意思自治的冲突与协调——以快速仲裁程序中强制条款的适用为视角》,载《上海政法学院学报(法治论丛)》2018年第5期。

〔2〕 参见沈伟:《驯服全球化的药方是否适合逆全球化?——再读〈驯服全球化:国际法、美国宪法和新的全球秩序〉》,载《人民论坛·学术前沿》2020年第12期。

〔3〕 See International Chamber of Commerce, Enforcement of International Arbitral Awards: Report and Preliminary Draft Convention adopted by the Committee on International Commercial Arbitration at its meeting of March 12, 1953, Brochure No. 174, published in ICC Bulletin, May 1998, p. 32.

外仲裁机构内地仲裁时，实际上需要对开放的政策红利与风险作出全面的评估，这背后便需要探寻国际商事仲裁的全球化与本土化对我国开放的影响。

（二）允许境外仲裁机构内地仲裁的政策红利

自 2015 年国务院《国务院关于印发进一步深化中国（上海）自由贸易试验区改革开放方案的通知》（本章简称《深化改革方案》）针对仲裁提出"支持国际知名商事争议解决机构入驻……加快打造面向全球的亚太仲裁中心"以来，建设面向全球的亚太仲裁中心便成为上海肩负的重大改革开放任务。根据统计，目前全球最受欢迎的仲裁地主要集中在伦敦、巴黎、新加坡、中国香港地区和日内瓦等城市并形成了较为稳定的格局。[1] 仅在亚太地区，新加坡、中国香港通过近十年来的不懈努力更是跃居国际仲裁中心前列，成为上海不断赶超的标杆。而从上述城市的仲裁建设看，境外仲裁机构的入驻更是在相关城市形成了国际仲裁的凝聚效应。以香港为例，除了香港本土大力支持香港国际仲裁中心（HKIAC）的发展外，以国际商会仲裁院（ICC）、新加坡国际仲裁中心（SIAC）和中国国际经济贸易仲裁委员会（CIETAC）为代表的域外仲裁机构更是纷纷在此设立分支机构，通过有效的竞争和合作推动了香港仲裁业的快速发展。因此，允许境外仲裁机构入驻内地已然成为建设国际仲裁中心的必然选择，境外知名仲裁机构的入驻更为当地融入国际仲裁市场提供了可能。

优化营商环境是推动提高中国制度竞争力和实现国家治理现代化的关键环节，不断完善市场化、法治化、国际化的营商环境更是近年来中国着力实现的目标。[2] 长期以来，世界银行主导的全球营商环境报告已然成为衡量一国营商环境的重要参考，而在对中国评估中上海更是占到了 55% 的权重，极大地影响着中国的营商环境建设。在世界银行的评价体系中，商事主体能否通过仲裁等替代性纠纷解决方式化解争议对实现合同的有效执行有着重要的赋值。[3] 所以，境内外商事主体能否通过仲裁解决争议，关系到上海乃至中国

---

〔1〕 See Queen Mary University of London, White & Case, 2018 International Arbitration Survey: The Evolution of International Arbitration, pp. 9–10.

〔2〕 参见习近平：《开放合作 命运与共——在第二届中国国际进口博览会开幕式上的主旨演讲（二〇一九年十一月五日，上海）》，载《人民日报》2019 年 11 月 6 日，第 3 版。

〔3〕 See "Enforcing Contracts methodology", The World Bank, available at: https://archive.doingbusiness.org/en/methodology/enforcing-contracts. , last visited on Jan. 18, 2020.

在"执行合同"中的得分。从商事主体的角度看,赋予商事主体更为丰富的争议解决选择至关重要,而长期以来境外商事主体对 ICC 等国际仲裁机构的信任使得其更乐于到存在相关机构的地区进行商业活动。因此,允许境外仲裁机构在内地开展仲裁,实际上是为境内外当事人提供了更多的争议解决选项,将极大地提高中国的营商环境水平。

除了建设亚太仲裁中心和优化营商环境的需要外,允许境外仲裁机构内地仲裁更能促进我国法域外适用体系的建设。近年来,中央高度强调涉外法治工作水平的提高,而加强我国法域外适用体系的建设更是重中之重。[1] 允许境外仲裁机构内地仲裁,本质上是在倡导当事人选择我国内地为仲裁地开展仲裁活动。而从国际仲裁法律体系看,仲裁地通常是指仲裁裁决作出地,而根据《纽约公约》和《联合国贸易法委员会国际商事仲裁示范法》(本章简称《示范法》)的具体规定看,仲裁地往往对仲裁所适用的准据法产生实质性影响,同时仲裁地法院也拥有撤销国际仲裁裁决的司法权。因此,允许境外仲裁机构在内地开展仲裁,除了当事人明确选择适用域外法律外,很大程度上中国的实体与程序法都会对仲裁产生约束,[2] 仲裁庭在具体的审理中更要尊重中国公共政策且中国法院拥有对国际仲裁全方位的监督权。即使相关裁决无需在中国执行,但依据《纽约公约》被请求执行地的法院也应当根据中国法对仲裁相关内容进行审查,从而强化了中国法被国际仲裁庭和外国法院的使用频次。

(三)允许境外仲裁机构内地仲裁的政策风险

从新片区的制度定位看,其既强调促进改革开放的试验性也重视在风险防范上的压力测试,因此包括境外仲裁机构入驻在内的相关政策实际上仍然存在相应的政策风险,而如何防范风险则关系到境外仲裁机构内地仲裁政策的全面铺开。

境外仲裁机构内地仲裁首先挑战了我国仲裁市场开放的准入限制。根据 WTO 的相关规定,仲裁分属于法律服务范畴并受《服务贸易总协定》的调整。

---

[1] 参见《习近平主持召开中央全面依法治国委员会第三次会议强调全面提高依法防控依法治理能力 为疫情防控提供有力法治保障》,载《人民日报》2020年2月6日,第1版。

[2] 参见覃华平:《国际商事仲裁中仲裁地的确定及其法律意义——从 BNA v. BNB and another 案谈起》,载《商事仲裁与调解》2020年第2期。

而根据中国加入 WTO 时作出的承诺，中国在商业存在领域仅允许外国律师事务所在中国特定地区设立代表处，[1]境外仲裁机构入驻并不被我国所允许。换言之，中国政府对法律服务市场的开放有着较为严格的限制，并不负有开放仲裁市场的国际法义务。究其原因，一方面，仲裁作为一种社会化的纠纷解决机制，尽管其不同于法院诉讼那样具有一定的公权属性，但其作为对一国法律进行解释和适用的活动仍然会影响到国家法秩序的统一。而放开仲裁市场允许境外仲裁机构和仲裁员介入我国法律争议并对中国法进行解释，在一定程度上会影响我国法律体系的独立性。另一方面，在加入 WTO 之时我国仲裁业仍处在起步阶段，尤其是依据 1995 年《中华人民共和国仲裁法》（本章简称《仲裁法》）建立的仲裁市场仍带有较为浓重的计划色彩，并倚重于行政机关的支持与监管。而境外仲裁机构由于属性的特殊，很难完全纳入《仲裁法》的调整范畴且在行政监管上存诸多问题。同时，境外仲裁机构内地仲裁，必然会使得大量的外籍仲裁员及服务人员进入内地，相关外资流动会进一步频繁，其是否会对我国行政和金融管理造成压力也具有不确定性，因而不开放仲裁市场是在入世初期较为理性的选择。

境外仲裁机构内地仲裁除了对我国法秩序统一和行政管理造成风险外，其对我国仲裁机构成长造成的压力也是不言而喻的。从软硬实力看，境内外仲裁机构在软硬实力方面都具有较大差距，国内仲裁机构的国际竞争力仍稍显逊色。从目前全球领先的境外仲裁机构情况看，既存在以 ICC 为代表的依托国际组织支持并长期影响国际仲裁法律体系构建的仲裁机构，也存在以 SIAC 为代表的依托政府有力支持而快速发展的仲裁机构，其无论是在经济实力、案件吸引力和规则影响力上都具有巨大优势。而反观我国，尽管在过去 20 余年中国共设立了 250 余家仲裁委员会，累计处理各类民商事案件 260 万余件，标的额 4 万多亿元，案件当事人涉及 70 多个国家和地区。[2]但也由于我国经济发展的不均衡，使得我国仲裁机构呈现出巨大的实力差距，而即使在东部发达地区的仲裁机构也难以达到境外知名仲裁机构的盈利水平和国际影响力。因此，当境外仲裁机构在内地与内地仲裁机构形成竞争后，本土仲

---

[1] See Report of the Working Party on The Accession of CHINA Addendum Schedule CLII-The People's Republic of China, Part II-Schedule of Specific Commitments on Services List of Article II MFN Exemptions, WT/ACC/CHN/49/Add. 2, 1 October 2001.

[2] 参见张维：《充分发挥仲裁在优化营商环境中的作用》，载《法制日报》2019 年 11 月 12 日。

裁机构是否能够抵挡压力并实现逆势增长是值得忧虑的。

从司法监督角度看，仲裁与国家司法权关系的平衡是法律全球化与本土化之间的博弈，而境外仲裁机构内地仲裁也会令我国法院在仲裁裁决的司法审查上面临巨大压力。一方面，根据《仲裁法》相关规定，仲裁机构在仲裁程序推进过程中需要与机构所在地法院产生联系，而由于我国幅员辽阔各地司法审查尺度的差异性，地方法院能否争取理解境外仲裁机构的具体操作，维护我国司法审查尺度的统一并防范地方主义侵蚀司法公正都需要进一步讨论。另一方面，尽管近年来在中央的有力支持下，最高人民法院（本章简称"最高院"）通过"报核"制度等方式逐步统一了仲裁司法审查权并弱化了地方保护主义，[1]但随着境外仲裁机构内地仲裁后涉外仲裁案件的爆炸增长，最高院如何纾解司法审查压力并保持司法审查尺度的统一都是摆在我们面前的问题。

因此，从政策红利与风险的平衡角度看，尽管允许境外仲裁机构入驻我国内地开展仲裁有利于推动我国建设国际仲裁中心、优化营商环境并加强我国法域外适用体系的建设。但是其也会与我国准入限制政策产生龃龉，进而引发在法秩序统一和行政管理方面的相关风险，进而导致仲裁司法审查的复杂化，为我国仲裁制度改革提出新的挑战。

三、兴利去弊保障境外仲裁机构内地仲裁

面对原生于法律全球化与本土化之间而产生的境外仲裁机构内地仲裁政策红利与风险，如何妥善设计具体的开放方式与发展路径至关重要。在这一过程中，既要坚持开放初衷不断扩大境外仲裁机构内地仲裁的政策红利，也要坚持风险意识妥善预防和化解政策落地中的具体风险，而这便需要司法、行政与立法的综合协调。

（一）以司法监督平衡政策利弊

在保障境外仲裁机构内地仲裁平稳发展的过程中，司法机关都居于主导地位。其一，在法律全球化与本土化左右下形成的现代仲裁制度，实际上是

---

〔1〕 参见沈伟：《地方保护主义的司法抑制之困：中央化司法控制进路的实证研究——以执行涉外仲裁裁决内部报告制度为切入视角》，载《当代法学》2019年第4期。

在平衡合作利益和各国司法主权,而《纽约公约》等国际法文本也赋予了各国法院监督仲裁的权力。因此,围绕司法监督展开对境外仲裁机构内地仲裁的规范是符合国际法规范和国际仲裁实践经验的。其二,允许境外仲裁机构内地仲裁是推动上海建设亚太仲裁中心的关键环节。而回顾国际仲裁中心的建设经验,当地法院对国际仲裁持有开放支持的态度和丰富的国际商事争议解决经验是核心条件。[1]

在明确司法监督的主导地位后,如何妥善行使司法监督权以兴利去弊便值得思考。一方面,要继续树立仲裁友好型司法政策,不断支持仲裁事业发展。改革开放40余年来,在最高院的强力主导下,人民法院逐渐树立起了仲裁友好型的基本立场。无论是通过报核制度这一中央司法控制进路来消除地方保护主义对仲裁的影响,还是在近年来最大限度支持仲裁协议有效性、畅通仲裁临时措施程序和适度放宽自贸区"三特定"仲裁的适用,[2] 都凸显出我国法院法律的解释与适用中对仲裁的支持。所以,在境外仲裁机构内地仲裁的过程中,各级人民法院应当继续坚持这一政策导向,努力支持境外仲裁机构在内地仲裁中有关程序事项,保障境内外当事人合法权益。同时要从支持仲裁的立场出发,严格依照《纽约公约》承认和执行相关仲裁裁决,打消境外仲裁机构和当事人的顾虑。

另一方面,要严格遵照《仲裁法》和《纽约公约》的规定,妥善行使监督权以防范个案和系统风险。首先,要继续坚持《仲裁法》确立的国内仲裁、外国仲裁和涉外仲裁的界分,明确境外仲裁机构在内地进行的仲裁案件应当有涉外因素。这既能够防止境外仲裁机构介入内地商事争议所带来的解释和适用中国法的偏差,也能够弱化境外仲裁机构对我国仲裁市场的冲击和对本土仲裁机构造成的竞争压力。其次,要正确理解《纽约公约》等国际条约的规范意旨,妥善解释我国法律,加强我国法的域外适用。而在相关仲裁程序和实体处理结果突破我国法律规定并影响我国公共政策执行时,要依据相关法律予以撤销或拒绝承认执行。从而维护我国法秩序的统一,防止新片区成为放松仲裁司法审查的制度飞地。最后,要突出新片区的制度特殊性,适当

---

[1] See Gary B. Born, *International Arbitration Forum Selection Agreements: Drafting And Enforcing*, Wolters Kluwer, 2010.

[2] 参见任雪峰:《〈最高人民法院关于审理仲裁司法审查案件若干问题的规定〉解读》,载《人民法治》2018年第5期。

将部分仲裁司法监督审查权赋予上海地方法院。由于新片区尚处在开放试验阶段，相关争议可能具有更高的前沿性和特殊性，而一线法院身处自贸区内，对案件情况的把握也更为充分且上海法院近年来在仲裁案件办理中也具有较高水准，部分放权有利于纾解最高院办案压力并适应新片区发展情况。而从长远来看，放权也有利于构建更为完善的仲裁司法监督体系，通过分层放权、抓大放小的方式也有利于提高法院司法效能，从而实现司法体制改革的基本目标。

（二）以行政支持规范机构运营

法院通过司法监督平衡政策利弊更多聚焦于个案层面，而在保障境外仲裁机构内地仲裁的平稳运行的过程中，行政机关的有力支撑不可或缺。在行政领域，保障境外仲裁机构的运行关键在于解决支持和规范两方面问题。

允许境外仲裁机构内地仲裁的政策红利是推动上海构建亚太仲裁中心并优化我国营商环境的重要举措，在这一过程中我们要始终明确开放的目的在于自我发展。因此，在允许境外仲裁机构内地仲裁的过程中，我们既要依据国际法赋予其国民待遇，同时也要重点支持我国仲裁机构的建设以助力其参与国际竞争。从其他国际仲裁中心的建设经验看，支持和发展本土仲裁机构的建设是关键所在。例如香港在建设国际仲裁中心的过程中，香港特区政府对 HKIAC 给予了诸多政策福利。从其成立以来，历届政府通过提供资金、场地减租和收入减税等方式为其节省了每年数百万港币的成本，同时香港特区政府更是助力 HKIAC 在全球的商业推广，为其提供了大量的行政资源。与之类似，SIAC 成立以来新加坡政府减税、免签等行政支持措施，极大地刺激了仲裁从业人员在新加坡的聚集，形成了巨大的竞争优势。[1]因此，在推动上海建设亚太仲裁中心的过程中，中央和上海市政府应当继续全力支持上海仲裁机构的发展，通过财政、税收、人事和软硬件配套等具体措施支持其发展。

2019 年 1 月 2 日，上海市委全面深化改革委员会审议通过《关于完善仲裁管理机制提高仲裁公信力加快打造面向全球的亚太仲裁中心的实施意见》分别针对理顺仲裁管理机制、推进仲裁行业有序开放、仲裁机构体制改革等五个方面作出规定，首次提出依据《仲裁法》组建上海仲裁协会并建立"两

---

[1] 参见盛雷鸣：《关于尽快打造面向全球的亚太仲裁中心的建议》，载《上海人大月刊》2017年第6期。

结合"管理模式,同时要求根据相关法律进行境外仲裁机构的登记,推动境内外仲裁机构的多种形式合作,促进本地仲裁机构与行政机关脱钩以实现在财政、人员、案件管理等方面的改革。[1]这些具体措施的落地都凸显出上海对本土仲裁机构的支持,也将助力上海建设亚太仲裁中心。

除了行政支持外,有效的行政管理也关系到境外仲裁机构在内地仲裁的发展。我们既要继续坚持《仲裁法》所树立的仲裁机构独立性,杜绝行政干预以打消境外仲裁机构的顾虑;也要直面境外仲裁机构暂不构成《仲裁法》下适格的仲裁委员会的问题,找寻妥善的方式规范其运作以防范风险。对此,上海推行的"两结合"模式,以行业协会自治实现有效管理具有现实性。一方面,通过行业协会吸纳境外仲裁机构并通过行会规范其运作,有效化解了目前境外仲裁机构的适格问题和相应的运行风险;另一方面,通过行业协会的协调,也有助于境内外仲裁机构深化合作共同发展,从而实现了改革与开放的共赢。

(三) 法治引领助力先行先试

境外仲裁机构内地仲裁的改革肇始于上海自贸区更落地于新片区,因而相关改革与开放的推进仍然涵摄于自贸区建设当中。回顾自贸区建设历程,先行先试始终是自贸区创新发展的核心动力,而法治引领更是自贸区稳定发展的基本路径。法治引领自贸区先行先试的重要目标在于通过不断的制度创新,实现从"政策推动"迈向"法治引领"的发展趋势,从而以法治之力破除体制机制障碍,从法治视角提供更为完善的保障。[2]而从现实意义看,相关改革最终必将落脚于立法层面,从而实现全面深化改革和全面依法治国的双轮驱动与两翼协调。

从立法模式上,上海自贸区在外商投资等领域所创制的中央授权与地方先行的法制保障模式,有效协调了改革与法治的关系并使二者形成良性互补,从而在法治引领下充分发挥自贸区先行先试的制度优势,创造了一大批可复

---

[1] 相关政策解读可参见上海市司法局局长陆卫东同志的讲话。陆卫东:《创新打造仲裁改革发展上海特色》,载 http://www.moj.gov.cn/subject/content/2019-03/28/863_231695.html,最后访问日期:2019年5月1日。

[2] 参见刘晓红:《改革于法有据 法治引领改革——自贸试验区法治实践探索》,载《文汇报》2016年10月16日,第8版。

制可推广的改革经验。[1]而境外仲裁机构内地仲裁本质上改变了《仲裁法》所规范的旧有中国仲裁市场,而在目前《仲裁法》修订稳步推进的过程中,尝试在新片区通过中央授权停法、地方立法跟进的方式或许能够解决境外仲裁机构入驻所带来的问题,同时其也能在制度创新中探索《仲裁法》修订的方向和路径,从而补益于国家的立法工作。

从立法方向上,境外仲裁机构的入驻既在机构主体资格、运作方式和行为规范等行政规制方面产生问题,也在仲裁裁决撤销、承认与执行等司法裁量方面产生影响,因而如何在《仲裁法》修订过程中兼顾境内外仲裁机构一体规范,实现行政规制和司法裁量的有机结合就成为问题。在新片区停法改革的过程中,地方立法应当聚焦上述问题展开制度设计。一方面,要弱化行政规制的强制性,突出行业协会的管理协调作用,尊重境内外仲裁机构的独立性;另一方面,要推动司法裁量与相关国际公约的协调性,在仲裁司法审查具体条件时遵守《纽约公约》第5条之规定,借鉴《示范法》的相关规范,进一步推动我国仲裁制度与国际通行规则的接轨。

从立法内容上,新片区立法应当借助境外仲裁机构内地仲裁的历史契机,重点在以下方面完善规则。其一,在仲裁协议效力认定上,应当改变《仲裁法》的机构主义倾向,弱化仲裁委员会对仲裁协议效力的作用。要引入《纽约公约》所确立的仲裁地主义,以仲裁地判定仲裁协议准据法,从而化解20余年来造成的规则脱钩问题。其二,在仲裁程序把控和临时措施发布上,要借鉴《示范法》的相关规定,赋予仲裁庭更大的临时措施发布权,以减轻法院的司法负担并促进仲裁庭自治。其三,在仲裁裁决撤销和承认执行上,要将《仲裁法》和2017年修正的《中华人民共和国民事诉讼法》的相关标准予以整合,借鉴《纽约公约》和《示范法》的相关规定予以规范,全面树立程序性审查立场。

总之,面对允许境外仲裁机构入驻内地开展仲裁的政策变动,通过司法监督防控可能的政策风险,借助行政支持提高中国仲裁的竞争力并沿着自贸区法治引领的改革路径推动《仲裁法》修订的科学化是符合现实情况的。相关方式能够有效推动中国仲裁制度的改革,从而在兴利除弊中助力境外仲裁

---

[1] 参见丁伟:《中国(上海)自由贸易试验区法制保障的探索与实践》,载《法学》2013年第11期。

机构内地仲裁政策的全面落地。

四、结语

境外仲裁机构内地仲裁是法律全球化与本土化博弈平衡中的必然反映，中国的政策选择既是推动亚太仲裁中心建设并优化营商环境的现实选择，也是加强我国法域外适用体系建设的可行之举。而政策施行会产生一定的风险，在境外仲裁机构内地仲裁的过程中，其既会冲击我国仲裁市场的独立性，也会产生相应的行政管理问题，更会为法院的司法审查工作造成多方面的压力。然而面对政策红利与风险并存时，我们需要通过妥善措施应对，以兴利去弊保障改革。

明确司法监督的主导地位，在支持仲裁和严格司法过程中能够兜住改革的基本风险。而加强行政支持，通过支持本土仲裁机构发展和借助行会促进协调合作也有利于亚太仲裁中心的建设。更进一步，借助自贸区法治引领和先行先试的制度优势，通过中央授权停法、地方立法先行的模式，推动《仲裁法》全面修订也将助力于全面深化改革和全面依法治国的两翼协调。

后 记

  本书系作者受上海仲裁委员会开放基金项目资助展开研究而取得的阶段性成果，是作者在前期研究成果基础上整理、更新和修改所形成，聚焦近一时期中国仲裁制度围绕法治化、市场化和国际化三个维度展开的改革、进展和不足，希冀于为当前中国仲裁制度的改革和《仲裁法》的修订提供参考和助力。

  仲裁作为解决国际争议的重要方式，是国际法研究与实践中的重要议题。尤其它所带有的市场化和国际化因素，契合了中国改革开放的总体目标而成为中国全面依法治国推进中关注的重点和重要组成部分。过去几年来，从中央到地方、从立法到司法、从理论到实践，从政府到民间，中国仲裁都经历了快速的发展和加速的改革。而在"把非诉讼纠纷解决方式挺在前面"的要求指引下，如何完善中国仲裁制度并提升其公信力也成为中国法学研究的重要内容。

  在本书的写作和修订过程中，我们得到了刘晓红教授的支持和出版社编辑魏星老师的帮助，在此一并感谢。

  是为后记。

作者
2024 年 3 月 7 日